Recht –
schnell erfasst

Ludwig Gramlich

Internationales Wirtschaftsrecht

Schnell erfasst

Unter Mitarbeit von:
Ines E. Dernedde, Frank Mai,
Kerstin Orantek, Eva Waller

Reihenherausgeber
Dr. iur. Detlef Kröger
Dipl.-Jur. Claas Hanken

Autor
Prof. Dr. iur. Ludwig Gramlich
TU Chemnitz
Fakultät für Wirtschaftswissenschaften
Professur Jura I
09107 Chemnitz

Graphiken
Dirk Hoffmann

ISSN 1431-7559
ISBN 3-540-20403-2 Springer Berlin Heidelberg New York

Bibliografische Information Der Deutschen Bibliothek
Die Deutsche Bibliothek verzeichnet diese Publikation in der Deutschen Nationalbibliografie; detaillierte bibliografische Daten sind im Internet über <http://dnb.ddb.de> abrufbar.

Dieses Werk ist urheberrechtlich geschützt. Die dadurch begründeten Rechte, insbesondere die der Übersetzung, des Nachdrucks, des Vortrags, der Entnahme von Abbildungen und Tabellen, der Funksendung, der Mikroverfilmung oder der Vervielfältigung auf anderen Wegen und der Speicherung in Datenverarbeitungsanlagen, bleiben, auch bei nur auszugsweiser Verwertung, vorbehalten. Eine Vervielfältigung dieses Werkes oder von Teilen dieses Werkes ist auch im Einzelfall nur in den Grenzen der gesetzlichen Bestimmungen des Urheberrechtsgesetzes der Bundesrepublik Deutschland vom 9. September 1965 in der jeweils geltenden Fassung zulässig. Sie ist grundsätzlich vergütungspflichtig. Zuwiderhandlungen unterliegen den Strafbestimmungen des Urheberrechtsgesetzes.

Springer. Ein Unternehmen von Springer Science+Business Media
springer.de

© Springer-Verlag Berlin Heidelberg 2004
Printed in Italy

Die Wiedergabe von Gebrauchsnamen, Handelsnamen, Warenbezeichnungen usw. in diesem Werk berechtigt auch ohne besondere Kennzeichnung nicht zu der Annahme, dass solche Namen im Sinne der Warenzeichen- und Markenschutz-Gesetzgebung als frei zu betrachten wären und daher von jedermann benutzt werden dürften.

Umschlaggestaltung: design & production GmbH, Heidelberg
SPIN 10968963   64/3130/DK-5 4 3 2 1 0 – Gedruckt auf säurefreiem Papier

Vorwort

Wirtschaftliche Aktivitäten sind nicht notwendig oder regelmäßig an einen bestimmten Ort oder ein bestimmtes (Staats-)Gebiet gebunden. Schon lange bevor der Begriff der »Globalisierung« üblich wurde, gab es zahlreiche Sachverhalte, die von dieser Bezeichnung erfasst werden, sei es Fernhandel zwischen und Niederlassungen in fremden Ländern oder Kontinenten, sei es ökonomisch veranlasste Migration Einzelner, von Gruppen wie ganzer Völker aus der einen in eine andere (Welt-)Region. Ein einheitliches Recht der internationalen bzw. grenzüberschreitenden Wirtschaftsbeziehungen – »Internationales Wirtschaftsrecht« (IWR) in einem weiten Sinne – gibt es trotzdem bis heute nicht. Verantwortlich dafür ist nicht nur das sprichwörtliche Nachhinken rechtlicher Regelungen hinter realen Entwicklungen, sondern auch die Komplexität dieses Lebensbereichs: Spätestens mit der Herausbildung von Nationalstaaten in Europa und in Lateinamerika lassen sich in diesem Feld mehrere rechtliche Schichten voneinander trennen, bei denen das Regelungsinteresse unterschiedlichen Akteuren gilt und die jeweiligen Regeln auf unterschiedliche Art getroffen und durchgesetzt werden. Ein großer Teil der für internationale Wirtschaftsbeziehungen relevanten Rechtsvorschriften wird dabei von heute fast 200 staatlichen und einigen »supranationalen« Gesetzgebern in Bezug auf das Verhalten privater Individuen oder Unternehmen erlassen. Soweit es hierbei unmittelbar um die Begründung, Ausgestaltung und Beendigung von Rechtsverhältnissen zwischen solchen privatwirtschaftlichen Akteuren geht, sind die Vorschriften des jeweils einzelstaatlich normierten, in manchen Bereichen aber durch (multilaterale) völkerrechtliche Verträge vereinheitlichten »Internationalen Privatrechts« (IPR) maßgeblich. Diese auch nur in Grundzügen zu erläutern, erforderte eine eigene Darstellung; im Folgenden wird daher auf IPR-Bestimmungen nur punktuell eingegangen. Auch ein zweites, von Staat zu Staat unterschiedlich geregeltes Feld wird nur soweit wie nötig behandelt, nämlich das »Außenwirtschaftsrecht« als Teilbereich des je nationalen öffentlichen (Wirtschafts-)Rechts, wie er in Deutschland durchaus exemplarisch durch § 1 Abs. 1 des Außenwirtschaftsgesetzes (AWG) 1961 näher umschrieben wird als »Regelungen über den Waren, Dienstleistungs-, Kapital-, Zahlungs- und sonstige(n) Wirtschaftsverkehr mit fremden Wirtschaftsgebieten sowie ... Verkehr mit Auslandswerten und Gold zwischen Gebietsansässigen«.

Nationales privates wie öffentliches Wirtschaftsrecht wird jedoch immer ex- und intensiver überlagert von auf internationaler Ebene entstandenen Regelungen, die sowohl den Rahmen für staatliche Rechtsetzung abstecken als auch den Inhalt staatlicher Vorschriften prägen, auch wenn bei der Um- bzw. »Übersetzung« solcher Bestimmungen noch unterschiedlich große nationale Gestaltungsspielräume bleiben. In diesem Sinne, der auch der folgenden Darstellung zugrunde liegt, umfasst Internationales Wirtschaftsrecht zwar in erster Linie völkerrechtliche Vorschriften, erstreckt sich aber zudem auf die Verknüpfungen zwischen internationalen (einschließlich der europäischen) und nationalen Rechts-Schichten.

Eine Einführung in dieses Gebiet muss sich auf Schwerpunkte beschränken. Die ausführlichere Erörterung von Stellung und Aufgaben Internationaler Wirtschafts-Organisationen rechtfertigt sich aus der zunehmenden Internationalisierung ehemals staatlicher Aufgaben, durch deren »Hochzonung« auf eine intergouvernementale Regelungs- und Vollzugsebene. Da sich »Europarecht« zu einem eigenen Gebiet entwickelt hat, werden Vorschriften des EG- bzw. EU-Vertrags nicht eingehender berücksichtigt, sondern nur, um Parallelen und Unterschiede zu anderen Regelungen des Internationalen Wirtschaftsrechts deutlich zu machen. Andererseits wird ein besonderes Augenmerk auf außereuropäische (regionale) Einrichtungen gelegt, auch weil diese durchweg fester Bestandteil der EG-Außenwirtschaftspolitik sind. Im materiellrechtlichen Bereich orientiert sich die Auswahl sowohl an üblichen systematischen Unterteilungen als auch an der (potentiellen) praktischen Bedeutung einzelner wirtschaftlicher Sektoren.

Internationale Rechtstexte sind nicht in gleicher Weise kodifiziert wie solche auf nationaler Ebene und daher selbst im Internet-Zeitalter weniger leicht zugänglich. Aus diesem Grunde haben die Autoren versucht, Rechtsvorschriften in das Zentrum ihrer Darstellung zu rücken, sie soweit wie möglich »für sich selbst sprechen zu lassen«. Die Wiedergabe erfolgt teils in deutscher Übersetzung, teils im englischen Original. Diese Vorgehensweise soll zugleich interessierte, aber mit der Materie bisher nicht vertraute Personen zu näherer und vertiefter Beschäftigung anregen. Als Einführung verzichtet die Darstellung auf einen wissenschaftlichen Apparat und beschränkt sich auf einige ausgewählte Hinweise zu weiteren Fundstellen von Literatur und Rechtsprechung.

Das Sachregister dient zugleich der Entschlüsselung von Abkürzungen und als knapp gefasstes Glossar wichtiger Begriffe; zugleich werden dort noch einmal zusammenfassend die Internetadressen der behandelten Einrichtungen aufgeführt.

Das Buch ist aus Lehrveranstaltungen zum »Internationalen und Europäischen Wirtschaftsrecht« sowie zum »Europäischen Außenwirtschaftsrecht« entstanden. Frühere und jetzige Mitarbeiter, die diese Veranstaltungen begleitet und unterstützt haben, sollten daher auch an der Gesamtdarstellung mitwirken. Sie haben in manchen Diskussionen das Konzept stetig erörtert und verfeinert sowie einzelne Abschnitte selbst verfasst: Dr. Ines Dernedde Abschnitte 2.6.1. und 2.7.2. im Kap. »Akteure im IWR«, Kerstin Orantek Abschnitt 3 im Kap. »Akteure im IWR« und Kap. »IWR und internationale Politik«, Dr. Eva Waller Kap. »Rechtsebenen und Regelungsbereiche des IWR«, Kap. »Akteure im IWR« / Abschnitt 4 (International Non-Governmental Organizations) und Abschnitt 4 (Öffentliche Beschaffung) im Kap. »Welthandelsrecht«, Frank Mai Abschnitte 1.1. – 1.4. und 5. im Kap. »Akteure im IWR«.

Stud. rer. pol. Steffen Wieg danke ich für redaktionelle Unterstützung, Herrn Claas Hanken für die sorgfältige Betreuung des Werkes.

Chemnitz, März 2004   Ludwig Gramlich

Inhaltsübersicht

Rechtsebenen und Regelungsbereiche des IWR   1

- Öffentliches und privates Recht ▪ Internationales Recht der Wirtschaft ▪ Recht der internationalen Wirtschaft ▪ Völkerrecht und innerstaatliches Recht ▪

Akteure im IWR   9

- Staaten als Akteure im IWR ▪ Rechtsstellung und Aufgaben Internationaler Organisationen ▪ Europäische Union/Europäische Gemeinschaften ▪ International Non-Governmental Organizations ▪ Unternehmen ▪

IWR und internationale Politik   155

- Bedeutung nichtwirtschaftlicher Belange im IWR ▪ IWR im Dienste der Außen- und Sicherheitspolitik ▪ Wirtschaft und Entwicklung: Probleme der »less« und »least developed countries« ▪

Sektorenspezifische Regelungen im IWR   169

- Internationale Investitionen ▪ Geistiges und gewerbliches Eigentum ▪ Rohstofffonds, -abkommen ▪ (Fairer) Wettbewerb ▪ Schutz der Umwelt ▪

Welthandelsrecht   201

- Freiheit und Schranken des Warenverkehrs im GATT und anderen WTO-Abkommen ▪ Sonderregeln für einzelne Sektoren ▪ Recht des internationalen Dienstleistungsverkehrs ▪ Öffentliche Beschaffung ▪

Weltwährungs- und -finanzrecht   249

- Recht des IWF ▪ Weitere Regelungen finanzieller Art ▪

Recht des internationalen Personenverkehrs   265

- Freizügigkeit ▪ Rechtsstellung natürlicher und juristischer Personen außerhalb des Heimatstaates ▪ Flüchtlinge ▪ Vorübergehender Aufenthalt im Ausland aus wirtschaftlichen Gründen ▪

Klausurfälle   271

- »Heiße Diamanten« ▪ »Demokratisierung der WTO« ▪ »Flüchtiges Kapital« ▪

Hinweise zur Vertiefung   281

Register/Glossar   283

Zivilrecht		**Öffentliches Recht**	
Bürgerliches Recht Das Recht des täglichen Lebens. Es regelt die privaten Lebensverhältnisse aller Personen untereinander	**Arbeitsrecht** Das Sonderrecht der Arbeitnehmer. Es regelt die Beziehungen zwischen Arbeitnehmer und Arbeitgeber	**Verfassungsrecht** Die Verfassung legt die Grundordnung des Staates und die Grundsätze des gesellschaftlichen Zusammenlebens fest	**Europarecht** In West- und Zentraleuropa geltendes inter- und supranationales Recht mit teilweise erheblichen innerstaatlichen Wirkungen
	Handelsrecht Das Sonderrecht der Kaufleute und der Handelsgesellschaften. Es regelt die »großen« Geschäfte des Wirtschaftslebens	**Verwaltungsrecht** Es bestimmt die Beziehungen zwischen staatlichen Organen (Behörden) sowie zwischen Staat und Bürgern	**Strafrecht** Es regelt Umfang und Inhalt der Strafbefugnisse des Staates gegenüber den seiner Hoheitsgewalt unterstellten Personen
	Gesellschaftsrecht Das Recht der privatrechtlichen Personenvereinigungen, die zur Erreichung eines bestimmten gemeinsamen Zwecks durch Rechtsgeschäft begründet werden	**Internationales Wirtschaftsrecht** Bezieht sich auf das Verhalten von Subjekten des Völkerrechts und den grenzüberschreitenden Wirtschaftsverkehr	**Steuerrecht** Es regelt die staatlichen Befugnisse (Finanzamt) der Steuererhebung gegenüber allen steuerpflichtigen Personen

Vom Überblick zum Durchblick!
Das Geheimnis des Lernens ist nicht, wie häufig praktiziert, möglichst viel Wissen in sich hineinzuschaufeln, sondern Zusammenhänge zu verstehen.
Alle Bücher dieser Reihe liefern einen schnellen Einstieg in die Methodik und die Anwendung des juristischen »Handwerkszeuges« eines jeden Rechtsgebietes.

Rechtsebenen und Regelungsbereiche des IWR

1.	Öffentliches und privates Recht	2
2.	**Internationales Recht der Wirtschaft**	2
2.1.	Völkervertragsrecht	4
2.2.	Völkergewohnheitsrecht und allgemeine Rechtsgrundsätze	5
2.3.	Fremdenrecht – Menschenrechte	6
3.	**Recht der internationalen Wirtschaft**	6
3.1.	Staatliches bzw. europäisches (autonomes) Außenwirtschaftsrecht	7
3.2.	Internationales Privatrecht	7
3.3.	»Transnationales« Recht	8
4.	**Völkerrecht und innerstaatliches Recht**	8
5.	**Wiederholungsfragen**	8

1. Öffentliches und privates Recht

Mehrzahl von Rechtsordnungen

Regeln über das Verhalten, also die Rechte und Pflichten von privaten (nichtstaatlichen) Personen, ergeben sich zunächst aus den verschiedenen nationalen Rechtsordnungen. Das öffentliche Recht eines Staates ist dann anwendbar, wenn etwa die Zulassung zu einer wirtschaftlichen Betätigung, zur Bodennutzung oder ähnliche hoheitlich gewährte Rechte zu beurteilen sind. Ein Unternehmen ist hierbei dem Recht seines Heimatstaates unterworfen, das auch bei Auslandstätigkeit – wenngleich begrenzt – anwendbar bleibt (Personalhoheit). Bei Tätigkeiten im Ausland muss es zudem die Vorschriften des Gaststaates beachten.

Privatrecht und IPR

Rechtsbeziehungen zwischen Privaten und Unternehmen verschiedener Staatsangehörigkeit richten sich regelmäßig nach Privatrecht, welches auch bestimmte Gesellschaftsformen zur Verfügung stellt; (privates) Arbeitsrecht regelt das Verhältnis zwischen Arbeitgeber und Arbeitnehmer. Welches staatliche Privatrecht im Einzelnen gilt, ist nach den Vorschriften des jeweils anzuwendenden Internationalen Privatrechtes zu bestimmen. Privatrecht gilt (allenfalls modifiziert) auch für Staaten, wenn sie »fiskalisch« handeln, d.h. nicht in ihrer Eigenschaft als Hoheitsträger tätig werden.

2. Internationales Recht der Wirtschaft

Wirtschafts-Völkerrecht	**Internationales Recht der Wirtschaft**
Im Verhältnis zwischen Völkerrechtssubjekten in Bezug auf völkerrechtliche Fragen	Alle mehr als einen Staat / ein Staatsgebiet betreffenden wirtschaftlichen Fragen, auch im Verhältnis zwischen Privaten / Unternehmen

Staaten, Individuen, Unternehmen

Die Themen des »Internationalen Rechts der Wirtschaft« bzw. des »Wirtschaftsvölkerrechts« beziehen sich in erster Linie und zum weit überwiegenden Teil auf Verhalten von Subjekten des Völkerrechts. Die wichtigsten Akteure auf dieser Ebene sind Staaten und Internationale

Organisationen. Diese sind oft an Regeln gebunden, die sie mit Wirkung für die Zukunft selbst (einseitig oder durch Zusammenwirken) ändern können, hierin liegt ein wesentlicher Unterschied zur Struktur innerstaatlichen Rechts. Lediglich ein Kernbereich des (Wirtschafts-)Völkerrechts besteht aus zwingenden Vorschriften (»ius cogens«) und gilt daher nicht nur, soweit zwei oder mehr Akteure nicht (untereinander) wirksam Abweichendes vereinbaren, sondern auch gegenüber jedem dritten Völkerrechtssubjekt (»erga omnes«). Auch wenn private Individuen oder Unternehmen Verträge mit anderen als ihren »Heimat«-Staaten oder mit Internationalen Organisationen eingehen, werden sie dadurch nicht selbst und ohne weiteres zu Völkerrechtssubjekten. Völkervertrags- oder -gewohnheitsrecht räumen ihnen aber bestimmte Rechtspositionen auch und gerade fremden Staaten gegenüber ein. Auch in diesen Fällen bleiben Private jedoch in der Regel auf diplomatischen Schutz des Staates angewiesen, dessen An- oder Zugehörigkeit sie innehaben, werden also durch diesen »mediatisiert«. Nur ausnahmsweise erlangen sie (durch völkervertragliche Gewährung) partiell internationale Rechtspersönlichkeit und Handlungsfähigkeit. Die Redeweise von einem »Recht der internationalen Wirtschaft« hingegen hat eine andere Basis; sie bezieht sich auf alle Regelungen, die die Beeinflussung grenzüberschreitender wirtschaftlicher Aktivitäten bezwecken, seien es (wie meist) die privater, seien es solche öffentlicher Unternehmen. Diese (in der Regel nach dem Recht »ihres« Staates selbständigen) Einrichtungen nehmen für ihre internationalen »kommerziellen« Tätigkeiten gerade nicht spezifisch hoheitliche (Vor- oder Sonder-)Rechte in Anspruch, sondern unterliegen generell privatrechtlichen Regelungen für Abschluss, Inhalt und Form ihrer Transaktionen. Dies gilt insbesondere dann, wenn sich öffentliche Unternehmen der allgemeinen Rechtsformen des (Kapital-)Gesellschaftsrechts bedienen (und soweit sie dann nicht ausnahmsweise mit staatlichen Befugnissen beliehen sind). Damit gelten auch für solche Akteure wirtschaftliche Grundrechte (vertikal) gegenüber dem eigenen Staat und – innerhalb eines Integrationsverbandes wie der Europäischen Union (EU) – wirtschaftliche Grundfreiheiten auch (horizontal) gegenüber den anderen Mitgliedstaaten.

Private und öffentliche Unternehmen

Grenzüberschreitende – internationale – Handels- und Wirtschaftsbeziehungen kommen zwischen Rechtssubjekten des nationalen und des Völkerrechts zustande. Unmittelbar handelnde Personen auf diesem Gebiet sind überwiegend private Individuen oder Unternehmen, also Rechtssubjekte, die ihre Rechtspersönlichkeit von der Rechtsordnung eines Staates ableiten und eine Staatsan- oder -zugehörigkeit besitzen. Ihre wirtschaftlichen Tätigkeiten werden daher primär vom Recht dieses Staates, darüber hinaus aber durch Vereinbarungen ermöglicht

Ebenen von Rechtsbeziehungen

(oder auch begrenzt), die ihre Heimatstaat mit anderen Völkerrechtssubjekten trifft. Ferner bestehen unmittelbare völkerrechtliche Handels- und Wirtschaftsbeziehungen, die von Staaten selbst (als Handel treibenden Personen) begründet sind, und Völkerrecht bietet auch die Möglichkeit, mit Anspruch auf Rechtsverbindlichkeit eine Vereinheitlichung des IWR herbei zu führen.

2.1. Völkervertragsrecht

Beziehungen zwischen Staaten im IWR beruhen überwiegend auf völkerrechtlichen Verträgen. Sinn und Zweck derartiger Rechtsgeschäfte, z.B. von Freundschafts-, Handels- und Schifffahrtsverträgen (»treaties on friendship, commerce and navigation«, fcn), ist regelmäßig die gegenseitige Zusage, Unternehmen des Vertragspartners wirtschaftliche Betätigungsmöglichkeiten im eigenen Staatsgebiet zu eröffnen, ihnen Freiheit der Niederlassung, des Grunderwerbs, der Gewerbeausübung, Zugang zu Gerichten und Benutzung öffentlicher Einrichtungen zu gewähren. Dabei ist es in der Regel zulässig, dritte Staaten zu diskriminieren, indem dem Vertragspartner bessere Bedingungen eingeräumt als diesen, es sei denn, es wird auch Meistbegünstigung vereinbart.

Völkerrechtsverträge sind aufeinander bezogene, inhaltlich vom Völkerrecht bestimmte Willenserklärungen zwischen Völkerrechtssubjekten. Bezeichnung oder Regelungsgegenstand sind irrelevant. Häufig verwendete Begriffen sind Vertrag, Abkommen, Protokoll, Konvention, Pakt. Nach der Zahl der an einem Vertrag beteiligten Parteien (Signatare) unterscheidet man zwischen bilateralen (zweiseitigen) und multilateralen (mehrseitigen) Verträgen.

Die herkömmliche Regel, dass ein völkerrechtlicher Vertrag mit der Unterschrift der dazu bevollmächtigten Staatenvertreter wirksam wird, ist häufig durch eine »Ratifikationsklausel« durchbrochen. In diesem Fall tritt die betreffende Vereinbarung (völkerrechtlich) erst nach der Ratifikation in Kraft, d.h. nach einer an den/die Partner gerichteten Mitteilung darüber, dass sie innerstaatlich in Kraft gesetzt wurde. In der Regel sehen multilaterale Verträge eine Mindestzahl von hinterlegten Ratifikationsurkunden als Voraussetzung für dieses Wirksamwerden vor. So lange diese Zahl nicht erreicht ist, tritt daher auch für Staaten, die bereits ratifiziert haben, die völkerrechtliche Bindung nicht ein. Allgemein anerkannte Regelungen zu Abschluss, Beendigung und Vertragsstörungen trifft das Wiener Übereinkommen über das Recht der Verträge (1969).

Internationale Abkommen zum privaten Wirtschaftsverkehr sind auf globaler und auf regionaler Ebene geschlossen worden; zu nennen sind das UN-Abkommen über den Internationalen Warenkauf, in Europa Verträge über die internationale Beförderung gefährlicher Güter auf der Straße und die internationale Eisenbahnbeförderung sowie Schuldrechts- und Vollstreckungsübereinkommen.

Verträge zum IPR

2.2. Völkergewohnheitsrecht und allgemeine Rechtsgrundsätze

Das völkerrechtliche Gewohnheitsrecht schränkt Staaten und Internationale Organisationen bei ihrer Wirtschaftsgestaltung kaum ein. Grenzen ergeben sich aus dem Interventionsverbot (s. Art. 2 Nr. 7 UN-Charta): Staaten dürfen ihre (wirtschaftliche) Macht nicht dazu einsetzen, die freie Selbstbestimmung eines anderen Staates durch unzulässige Einmischung dessen innere oder äußere Angelegenheiten zu behindern. Wirtschaftlicher Druck ist nicht per se rechtswidrig, jedoch bedenklich, wenn ein Erfolg angestrebt wird, der die Rechtsordnung des fremden Staates missachtet oder diesen zu einem rechtswidrigen Verhalten zu zwingen versucht. Die Auferlegung eines Embargos kann aber als Repressalie gerechtfertigt sein.

Völkergewohnheitsrecht entsteht durch wiederholte oder regelmäßige einheitliche Übung (consuetudo), einher gehend mit der Rechtsüberzeugung (opinio iuris) der überwiegenden Mehrheit der Staaten, rechtlich zu diesem Verhalten verpflichtet zu sein (Staatenpraxis). Auch Resolutionen der UN-Generalversammlung können, müssen aber nicht eine Mehrheitsüberzeugung signalisieren.

Kriterien

Für den internationalen Wirtschaftsverkehr von Bedeutung sind die gewohnheitsrechtlichen Regeln über Enteignungen ausländischer Staatsangehöriger; diese sind grundsätzlich nur zulässig, wenn sie einem öffentlichen Zweck dienen, keinen diskriminierenden Charakter haben und mit einer angemessenen Entschädigung verbunden sind.

Regelungsbereiche

Allgemeine Rechtsgrundsätze (des Völkerrechts) sind in ihrem Kern übereinstimmende Prinzipien der innerstaatlichen Rechtssysteme und daher Ausdruck gemeinsamer Rechtsüberzeugungen der Völker. Sie werden im Wege der Rechtsvergleichung der großen (Zivil-)Rechtssysteme gewonnen, vor allem aus Vorschriften des Schuld-, Sachen- und Gesellschaftsrechts. Hierzu rechnen das Verbot des Rechtsmissbrauchs, das Institut der Verwirkung, Grundsätze der ungerechtfertigten Bereicherung, der Geschäftsführung ohne Auftrag sowie das Konzept vertrauensbegründenden Vorverhaltens (»legitimate expectations«). Auch im Hinblick auf Darlehensverbindlichkeiten bei Staa-

Beispiele für Rechtsgrundsätze

tensukzessionen wird auf allgemeine zivilrechtliche Grundsätze für einen Gleichlauf von Aktiva und Passiva zurückgegriffen (res transit cum onere suo). Danach lassen sich die Verbindlichkeiten des untergegangenen Staates auf die Nachfolger nach dem Maßstab des Anteils am (früheren) Gesamtbruttosozialprodukt verteilen.

2.3. Fremdenrecht – Menschenrechte

Ein (Menschen-)Recht auf Einreise oder Einwanderung gibt es nicht; volle Freizügigkeit besteht bislang nur innerhalb der Europäischen Gemeinschaft (EG). Ist die Einreise zulässig erfolgt, trifft den Gaststaat die Pflicht, den Fremden nach den Regeln des Völkerrechts zu behandeln. Das traditionelle Fremdenrecht gewährte Ausländern (meist aus wirtschaftlich mächtigen Heimatstaaten) im Gastland gewisse Rechte, ungeachtet, ob diese auch den Einheimischen (nach nationalem Recht) zustanden. Mit der Verallgemeinerung des Menschenrechtsschutzes durch die beiden UN-Pakte (1966) ist heute ein Mindestmass an Rechten für Einheimische und Fremde gleichermaßen verbürgt, insbesondere auch dadurch, dass die universellen Regelungen durch regionale Abkommen – nach dem Vorbild der Europäischen Menschenrechtskonvention des Europarates (1950) – komplettiert werden. Doch bleiben darüber hinaus noch weitere Garantien zum Schutz des Fremden bestehen. Soweit sie sich nicht aus speziellen Verträgen ergeben, wie etwa aus Art. 1 des 1. Zusatzprotokolls zur EMRK (Eigentum), beruhen sie auf Gewohnheitsrecht; Fremden ist danach ein »Mindeststandard« zuzubilligen. So ist etwa bei Enteignungen eine Entschädigung in Höhe des Verkehrswertes des entzogenen Vermögensrechts zu gewähren, und der Heimatstaat des Betroffenen darf zur Durchsetzung dieses Anspruchs diplomatischen Schutz ausüben. »Politische Rechte« sowie die Berufsfreiheit (Zugang zum inländischen Arbeitsmarkt) dürfen aber weiterhin auf die eigenen Staatsangehörigen beschränkt bleiben (Art. 16 EMRK; ähnlich Art. 8, 9, 12 GG).

Mindestschutz für Fremde

3. Recht der internationalen Wirtschaft

Recht der »internationalen Wirtschaft« bezieht sich auf die Regelung internationaler Wirtschaftsbeziehungen in Gestalt eines Geflechts von völkerrechtlichen und nationalen Rechtsvorschriften. Eine klare Zuordnung zu herkömmlichen Rechtsdisziplinen ist kaum möglich, da eine Aufspaltung der Beziehungen nach Völkerrecht und nationalem Recht oder nach Privatrecht und öffentlichen Recht sachlich begründete Zusammenhänge auseinander reißen würde. Eine angemessene Erfassung des gegenwärtigen Wirtschaftslebens in der Weltgemein-

Querschnittsmaterie

schaft nötig demnach zu einer übergreifenden Gesamtschau. Recht der internationalen Wirtschaft umfassen so (Wirtschafts-)Völkerrecht, nationales Außenwirtschaftsrecht und zivilrechtliche Elemente nationalen wie internationalen Wirtschaftsrechtes.

3.1. Staatliches bzw. europäisches (autonomes) Außenwirtschaftsrecht

Für den grenzüberschreitenden Wirtschaftsverkehr ist nationales öffentliches Recht insbesondere in Form von Verboten und Genehmigungspflichten bedeutsam; dabei ist das deutsche »Außenwirtschaftsrecht« (AWG, AWV; Marktordnungsrecht) weithin durch Vorschriften der EG/EU überlagert; übrig bleiben weithin nur Zuständigkeits-, Verfahrens- und Strafvorschriften. Probleme ergeben sich vor allem aus der grundsätzlich auf das je eigene Staatsgebiet beschränkten Geltung öffentlich-rechtlicher einschließlich strafrechtlicher Vorschriften (Territorialitätsprinzip). Öffentlich-rechtliche Regelungen dürfen nur in speziellen Fällen, etwa auf Grund der Personalhoheit jedes Staates, das Verhalten der eigenen Staatsangehörigen auch im Ausland betreffen (z. B. § 7 Abs. 3 AWG) oder sich auf Vorgänge jenseits der eigenen Grenzen beziehen, die unmittelbare Auswirkungen auf das Inland haben (»Wirkungsprinzip«).

Räumlicher Anwendungsbereich

3.2. Internationales Privatrecht

Das Internationale Privatrecht (IPR) regelt, welches nationale Recht auf einen bestimmten Sachverhalt anwendbar ist. IPR gehört zum Privatrecht, enthält jedoch meist nicht materielles Privatrecht. IPR ist überwiegend auch nicht international (vereinheitlicht), sondern nationales Recht jedes einzelnen Staates. Wesentliche Grundsätze sind jedoch in den meisten Rechtsordnungen ähnlich. Nach dem auch im deutschen IPR geltenden Grundsatz der Parteiautonomie (»freie Rechtswahl«, Art. 27 EGBGB) können Vertragspartner vereinbaren, dass ihr Verhältnis dem Recht des einen oder anderen beteiligten, aber auch dem eines dritten Staates unterliegt. Allerdings bleiben bestimmte zwingende Vorschriften trotzdem anwendbar (z. B. Verbraucherschutz, Art. 29 EGBGB). In einigen Bereichen schließen Staaten auch völkerrechtliche Abkommen, durch die einheitliche privatrechtliche Vorschriften geschaffen werden, so beim internationalen Warenkauf (CISG).

Grundsatz

Besonderheiten

3.3. »Transnationales« Recht

Teil des IWR ist auch das »transnationale« Recht (bzw. »lex mercatoria«). Hierbei handelt es sich um rechtlich verfestigte Gebräuche im internationalen Wirtschaftsverkehr, wie sie insbesondere von internationalen (privaten) Schiedsgerichten in einzelnen Streitfällen aus allgemeinen Rechtsgrundsätzen entwickelt und verallgemeinert wurden. Zum Teil sind diese Regeln in Richtlinien gefasst worden, z.B. bei den so genannten Incoterms oder den Dokumentenakkreditiven (ERA) der International Chamber of Commerce.

Verhältnis zur Parteiautonomie

Prinzipien des transnationalen Rechts bilden keine weitere, autonome Rechtsordnung. Vielmehr bedarf die Geltung dieser Grundsätze jeweils einer Anerkennung entweder durch nationales oder durch Völkerrecht. Schiedsverfahrensrechte vieler Staaten erkennen zunehmend eine Befugnis der Schiedsparteien an, ihre Vertragsbeziehungen in den Grenzen der Parteiautonomie einem solchen nichtnationalen Recht zu unterstellen.

4. Völkerrecht und innerstaatliches Recht

Unterschiede je nach Völkerrechtsquelle

Gem. Art. 25 GG sind die allgemeinen Regeln des Völkerrechts (Völkergewohnheitsrecht, allgemeine Rechtsgrundsätze) unmittelbar Bestandteil des Bundesrechtes im Rang unterhalb der Verfassung, aber über dem einfacher Gesetze. Andere, vor allem völkervertragliche Regelungen bedürfen hingegen der Umsetzung in nationales Recht, um hier unmittelbare Rechtswirkungen erzeugen zu können; dies geschieht wird durch Schaffung (inhaltlich übereinstimmender) innerstaatlicher Rechtssätze. In der Bundesrepublik Deutschland erfolgt dies regelmäßig durch ein »Zustimmungsgesetz« nach Art. 59 Abs. 2 GG.

5. Wiederholungsfragen

1. Welche beiden Bedeutungen hat der Begriff »Internationales Wirtschaftsrecht«? Lösung S. 2
2. Was meint Internationales Privatrecht? Lösung S. 7
3. Wie ist Völkerrecht mit (deutschem) nationalem Recht verknüpft? Lösung S. 8

Akteure im IWR

1.	**Staaten als Akteure im IWR**	**10**
1.1.	Staatliche Souveränität	10
1.2.	Staatsmerkmale und ihre wirtschaftliche Bedeutung	11
1.3.	Staatliche Aktivitäten iure imperii und iure gestionis	24
1.4.	Wirtschaftliche »Grund«-Rechte der Staaten	24
1.5.	Staatenverbindungen	26
1.6.	Wiederholungsfragen	28
2.	**Rechtsstellung und Aufgaben Internationaler Organisationen**	**29**
2.1.	Typen Internationaler Organisationen	29
2.2.	Allgemeine Strukturkriterien von International Governmental Organizations	33
2.3.	Internationale Finanzinstitutionen	52
2.4.	Organisationen mit primär handelspolitischen Aufgaben	86
2.5.	Regionale Freihandelszonen und Zollunionen	91
2.6.	Weitere wirtschaftliche Integrationsverbände außerhalb Europas	94
2.7.	Andere Intergouvernementale Organisationen mit Bedeutung für Wirtschaft und Währung	117
2.8.	Ausschüsse, Gruppen und andere intergouvernementale Einrichtungen ohne eigene Rechtspersönlichkeit	130
2.9.	Wiederholungsfragen	134
3.	**Europäische Union / Europäische Gemeinschaften**	**135**
3.1.	Entwicklung und Bestandteile der EU	135
3.2.	Struktur und Rechtsstellung der EU	138
3.3.	Organe der EU/EG	139
3.4.	Außenwirtschaftliche Kompetenzen der EG und Mitgliedschaft in der WTO	144
3.5.	Wiederholungsfragen	148
4.	**International Non-Governmental Organizations**	**149**
4.1.	INGOs	149
4.2.	Wiederholungsfragen	151
5.	**Unternehmen**	**152**
5.1.	Unternehmensbegriff	152
5.2.	Private und öffentliche Unternehmen	152
5.3.	Verantwortung von Staaten für öffentliche Unternehmen	153
5.4.	Trans-/multinationale Unternehmen	153
5.5.	Wiederholungsfragen	154

1. Staaten als Akteure im IWR

1.1. Staatliche Souveränität

Staaten sind »ursprüngliche« Völkerrechtssubjekte, ihre umfassende Rechts- und Handlungsfähigkeit auf internationaler Ebene ergibt sich unmittelbar aus dem (allgemeinen) Völkerrecht. Dadurch unterscheiden sie sich von anderen, »abgeleiteten« Subjekten des Völkerrechts, wie Internationalen Organisationen (i. e. S.); deren Rechtspersönlichkeit beruht auf dem jeweiligen Gründungsvertrag und reicht nur soweit, wie sie dort vorgezeichnet wird. Staaten sind in ihrer Willensbildung keiner anderen Autorität untergeordnet (»äußere Souveränität«) und stehen zueinander im Verhältnis der Gleichheit, wie dies Art. 2 Nr. 1 der UN-Charta zum Ausdruck bringt:

Die Organisation [der Vereinten Nationen] beruht auf dem Grundsatz der souveränen Gleichheit aller ihrer Mitglieder.

In rechtlicher Hinsicht ist Souveränität gekennzeichnet durch die Fähigkeit eines Staates, Angelegenheiten nach seinem eigenen Willen zu regeln. Abgesehen von Fällen des Untergangs durch Aufgehen in bzw. Vereinigung mit einem andern Staat, wie im Falle der DDR und/in der BRD, sowie durch Auflösung oder Aufteilung in mehrere neue Staaten (Ex-Jugoslawien), bleibt die staatliche Existenz von wirtschaftlichem, sozialem oder gesellschaftlichem Wandel in einem Territorium unberührt. Insbesondere ein Wechsel der Regierung oder auch der Umsturz der Gesellschaftsordnung ändern nichts an der staatlichen Identität.

Ein Staat im Sinne des Völkerrechts ist dann gegeben, wenn drei Elemente vorhanden sind – (Staats-)Volk, (Staats-)Gebiet und nach außen unabhängige (Staats-)Gewalt in Bezug auf Volk und Gebiet; die staatliche Einheit muss ferner von gewisser Dauerhaftigkeit sein. Im Zweifel (wie z.B. Nord-Zypern) kann die (Nicht-)Anerkennung durch Regierungen anderer Staaten den Ausschlag geben.

1.2. Staatsmerkmale und ihre wirtschaftliche Bedeutung

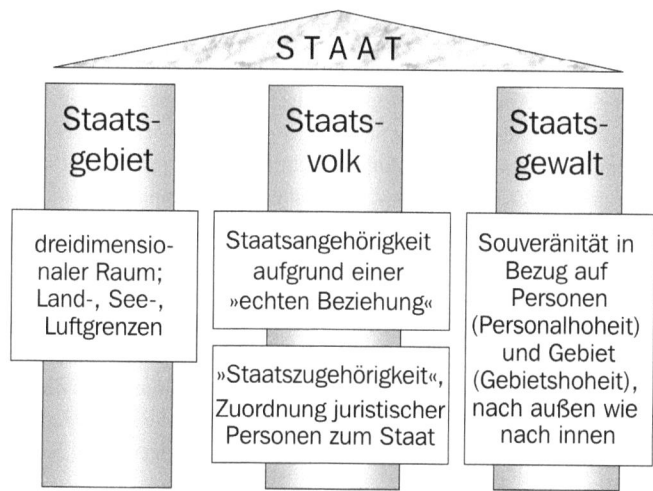

1.2.1. Staatsgebiet

Kein Staat existiert ohne eigenes Gebiet, jeder Staat übt über einen bestimmten Teil der Erde territoriale Souveränität aus. (Staats-)Gebiet ist für den Staat ebenso konstitutiv wie das (Staats-)Volk. Staatsgebiet (im juristischen Sinne) ist der geographische Raum, in dem ein Staat seine Souveränität (gebietsbezogen) ausübt, in Bezug auf den er frei verfügt, dessen Entwicklung er organisiert und in dem er seine Rechtsordnung geltend macht und durchsetzt.

Die territoriale Souveränität ist mit dem Institut des Eigentums insoweit vergleichbar, als sie wie dieses ein umfassendes Recht darstellt, welches bei Wegfall von Beschränkungen im vollen Umfang wieder auflebt; sie ist jedoch von privaten Eigentumsrechten, die auch dem Staat zustehen können, zu unterscheiden und fällt mit diesen räumlich nicht zusammen (was sich z.B. beim Grunderwerb im Ausland für ein Botschaftsgebäude zeigt).

Souveränität vs. Eigentum

Staatsgebiet ist nicht flächenhaft, sondern dreidimensional, es erfasst neben der Erdoberfläche auch den beherrschbaren Raum darunter (in Richtung Erdmittelpunkt) sowie den Luftraum. Gebiete von Staaten sind notwendig gegeneinander abgegrenzt. Nicht erforderlich ist aber, dass Staatsgrenzen bis ins letzte Detail festgeschrieben und eindeutig demarkiert sind. Anders als etwa in Europa sind die Grenzen zwischen

Abgrenzung staatlicher Räume

Saudi-Arabien und seinen südlichen Nachbarstaaten bis heute nur tendenziell festgelegt. Ähnlich verhält es sich zwischen Irak und Kuwait: Hier existieren sog. neutrale Zonen in den besonders strittigen Gebieten, insbesondere über Erdöllagerstätten.

<small>Grenzziehungen, -änderungen</small>

Grenzen gegenüber anderen Staaten können nicht einseitig festgelegt werden, vielmehr bedarf es dazu eines völkerrechtlichen (Grenz-)Vertrages, einer Anerkennung oder stillschweigenden Billigung ihres Verlaufs durch die Beteiligten oder einer (schieds)gerichtlichen Grenzziehung anhand völkergewohnheitsrechtlicher Kriterien (z.B. Berücksichtigung der Kolonial- bzw. kolonialen Verwaltungsgrenzen; sog. Thalweg, wenn zwei Staaten durch einen Fluss getrennt sind). Änderungen des Staatsgebiets können durch Abtretung von Gebietsteilen an oder Eingliederung eines gesamten Staates in einen anderen erfolgen; (gewaltsame) Annexionen (wie in Bezug auf die syrischen Golan-Höhen durch Israel) erkennt das Völkerrecht nicht als rechtmäßige Vergrößerungen des Staatsgebiets an. Zu diesem gehören auch die von einem fremden Staat umschlossenen Gebietsteile; eine solche Exklave ist z.B. die deutsche Gemeinde Büsingen im schweizerischen Kanton Schaffhausen.

Das Staatsgebiet umfasst Land-, Wasser- und Luftraum wie auch den unterirdischen Raum unter Land- und Wassergebieten ohne exakte Begrenzung der Tiefe; diese bestimmt sich letztlich durch die jeweiligen technischen Zugangsmöglichkeiten (etwa für die Erforschung und Gewinnung von Bodenschätzen).

<small>Landgebiet</small>

Das Landgebiet eines Staates ist jener Teil der Erdoberfläche, der von dessen Land- oder – bei einem Küstenstaat – auch den Seegrenzen umschlossen wird. Es muss sich nicht um ein geschlossenes Territorium handeln. Zerfällt das Gebiet eines Staates in mehrere räumlich getrennte Teile, hat dieser keinen Anspruch aus Völkergewohnheitsrecht gegen andere Staaten auf Gewährung eines erleichterten Verkehrs zwischen seinen verschiedenen Gebietsteilen; das Recht der friedlichen Durchfahrt durch Küstengewässer (Art. 17 SRÜ) hat auf dem Lande kein entsprechendes Gegenstück.

<small>**Art. 17 UN-Seerechts-übereinkommen (SRÜ) 1982**</small>

Vorbehaltlich dieses Übereinkommens genießen die Schiffe aller Staaten, ob Küsten- oder Binnenstaaten, das Recht der friedlichen Durchfahrt durch das Küstenmeer.

Die Verbindung zwischen Alaska und den anderen Staaten der USA muss(te) daher mit Kanada vertraglich geregelt werden.

<small>Binnenstaaten</small>

Damit jeder Staat gleichberechtigt am internationalen Verkehr teilnehmen kann, wäre es zudem erforderlich, einem von dem (Land-)Gebiet anderer Staaten umschlossenen »Binnenstaat« den Zugang zur (Meeres-)Küste sowie zu und von (großen) Verkehrsstraßen auch durch das Territorium benachbarter Staaten einzuräumen. Intensive Diskussionen auf der UN-Dritten Seerechtskonferenz (UNCLOS III) führten jedoch zu keiner generellen Regelung. Für einige »internationalisierte« Flüsse (wie z.B. den Rhein) werden aber durch mehrseitigen völkerrechtlichen Vertrag nicht nur Schiffen der Parteien (hier einschließlich des Binnenlandes Schweiz), sondern auch solchen dritter Staaten Verkehrsrechte gewährt.

(1) Die Schifffahrt auf dem Rhein und seinen Ausflüssen von Basel bis in das offene Meer, soll, sowohl aufwärts als abwärts, unter Beachtung der in diesem Vertrage festgesetzten Bestimmungen und der zur Aufrechterhaltung der allgemeinen Sicherheit erforderlichen polizeilichen Vorschriften, den Fahrzeugen aller Nationen zum Transport von Waren und Personen gestattet sein.
(2) Abgesehen von diesen Vorschriften soll kein Hindernis, welcher Art es auch sein mag, der freien Schifffahrt entgegengesetzt werden. ...

Art. 1 Rheinschifffahrtsakte 1868

Handelt es sich bei den räumlich getrennten Teil um eine Exklave, muss jedoch, soweit dies zur Aufrechterhaltung der Ordnung und Sicherheit in diesem Gebiet erforderlich ist, Durchgangsverkehr gestattet werden, wenn der Staat, zu dem die Exklave gehört, die hiermit verbundenen Lasten trägt.

Auch (in der Regel vertraglich überlassene) militärische Stützpunkte auf fremdem Staatsgebiet gewähren dem »Gastland« zwar vielfältige Nutzungsrechte ähnlich einem Mieter oder Pächter, es kommt aber nicht zu einem Wechsel der territorialen Souveränität.

»Natürliche« Grenzen sind z.B. Gebirgskämme, Wüsten, Wasserläufe, »künstliche« Grenzen auf einer geografischen Karte gezogene Linien, wie zwischen Kanada und den USA oder in Nordafrika. Manchmal fallen politische und wirtschaftliche Grenze nicht zusammen, so vor allem bei Zollgrenzen. Exklaven werden oft zollrechtlich als Teil des sie umgebenden Staatsgebiets behandelt, aber auch bei auf dem eigenen Staatsgebiet eingerichteten Freizonen o.ä. gelangt eine Ware erst dann in den freien Verkehr, wenn sie diesen besonderen Raum verlässt.

Das Wassergebiet eines Staates umfasst die inneren Gewässer (Binnen-, Eigen- oder nationale Gewässer, »internal waters«) sowie das Küstenmeer (Territorial- oder Küstengewässer, »territorial sea«) als Hoheitsgewässer eines Staates. Darüber hinaus existieren weitere Wassergebiete, über die ein Staat nur begrenzte Hoheitsgewalt ausübt. Wichtige Regeln ergeben sich hier aus dem Seerecht, einer der ältesten Materien des Völkerrechts, dessen wichtiges (klassisches) Prinzip die jetzt in Art. 87 SRÜ normierte Freiheit der Meere ist.

Wassergebiet

Art. 87 Abs. 1 SRÜ	(1) Die Hohe See steht allen Staaten, ob Küsten- oder Binnenstaaten, offen. Die Freiheit der Hohen See wird gemäß den ... Regeln des Völkerrechts ausgeübt. Sie umfaßt für Küsten- und Binnenstaaten unter anderem a) die Freiheit der Schiffahrt, b) die Freiheit des Überflugs, c) die Freiheit, ... unterseeische Kabel und Rohrleitungen zu legen, d) die Freiheit, ... künstliche Inseln und andere nach dem Völkerrecht zulässige Anlagen zu errichten, e) die Freiheit der Fischerei ... f) die Freiheit der wissenschaftlichen Forschung ...

Der Grundsatz beinhaltet: ein Verbot für alle Völkerrechtssubjekte, sich irgendeinen Teil der »Hohen See«, d.h. des offenen Meeres (Art. 86 SRÜ) anzueignen; die Freiheit auf Hoher See für alle Staaten gleichermaßen; Regeln über die Ausübung staatlicher Hoheitsrechte auf Hoher See. Fortschritte in der Technologie machten es möglich, in immer größerem Umfang Meeres(boden)schätze auszubeuten, und veranlassten die Staaten dazu, ihre Befugnisse über die an ihre Küste angrenzenden Teile der Hohen See sowohl qualitativ als auch quantitativ immer weiter auszudehnen. Das Recht des Küstenstaates auf »sein« Küstenmeer war schon zur Zeit der Haager Konferenz für die Kodifikation des Völkerrechts (1930) dem Grunde nach allgemein anerkannt.

Freiheit der Hohen See

Im Einzelnen gilt heute:

Zu den inneren Gewässern – zwischen dem tatsächlichen Ende des trockenen Landes und der Grundlinie (»base line«, Art. 5 SRÜ), von der an ihre Breite gemessen wird – gehören alle Flüsse, Kanäle, Binnenseen (mit Ausnahme internationaler und geschlossener Meere), die Gewässer der Häfen und Reeden sowie gewisse Buchten und Gewässer, die landwärts von der Basislinie des Küstenmeeres gelegen sind (Art. 8 – 12 SRÜ). Der Umfang der Hoheitsgewalt, die der Küstenstaat über sie ausübt, ist mit der über festes Land fast identisch; dagegen wird seine Hoheit über das Küstenmeer (Art. 3, 4 SRÜ) durch das Recht der friedlichen Durchfahrt (Art. 17 ff. SRÜ) beschränkt. In inneren Gewässern übt der Küstenstaat Straf- und Zivilgerichtsbarkeit über fremde Handelsschiffe aus. Außerdem hat er öffentlich-rechtliche Befugnisse (z.B. Zulassung fremder Schiffe, Vollzug der Zollvorschriften). Auch das Recht des Fischfangs ist gewöhnlich ausschließlich Angehörigen des Küstenstaates vorbehalten. In Bezug auf staatliche Handelsschiffe agiert ein Staat als Subjekt des öffentlichen Rechts wie eine Person des Privatrechts (iure gestionis); eine Gleichstellung mit privaten Handelsschiffen ist gleichwohl streitig.

Innere Gewässer

Die Hoheitsgewalt eines Uferstaates erstreckt sich auf den ganzen Verlauf nationaler Flüsse (bzw. Kanäle) und auch auf die Strecken mehrstaatlicher wie internationaler, d.h. vom Meer her natürlich schiffbarer Flüsse innerhalb seiner Staatsgrenzen. Grenzflüsse werden durch die geographische Mittellinie oder den Hauptschifffahrtskanal (»Thalweg«) zwischen den Uferstaaten geteilt. Handelsschiffe aller Staaten haben prinzipiell freien Zugang zu internationalisierten Flüssen (Donau, Kongo). Die Nutzung als Verkehrsweg (und zunehmend auch als natürliche Ressource) wird meist von internationalen Flusskommissionen – den frühesten Internationalen Organisationen – überwacht; so besteht für den Rhein eine Zentralkommission mit Sitz in Strasbourg (Art. 43 ff. Rheinschifffahrtsakte 1868). Binnenseen und umschlossene Meere sind Teile eines Staatsgebiets, soweit sie vollständig von dem Landgebiet eines einzigen Staates umschlossen sind (z.B. Aralsee, Müritz). Andernfalls (wie bei Bodensee, Genfer See, Kaspischem Meer) regeln die Anliegerstaaten den Grenzverlauf (z.B. nach der Mittellinie) gewöhnlich durch (völkerrechtlichen) Vertrag. Problematisch ist die Einordnung mit der Hohen See in Verbindung stehender sog. internationaler Binnenseen (z.B. Schwarzes Meer, Ostsee). In der Mehrzahl werden sie als offene Meere angesehen und gelten daher keine Einschränkungen in Bezug auf Kriegsschiffe oder -luftfahrzeuge.

Flüsse

Als Küstenmeer wird der unmittelbar an die Küste eines Staates angrenzende Seestreifen bezeichnet; die Breite wird von der Basislinie (Niedrigwasserlinie entlang der Küste) aus gemessen. Bei tiefen Einbuchtungen, Einschnitten oder anderen atypischen Verläufen können gerade Basislinien gezogen werden, die geeignete Punkte miteinander verbinden und der allgemeinen Richtung der Küste folgen. Heute ist allgemein anerkannt, dass die Breite des Küstenmeers bis zu 12 Seemeilen (ca. 22 km) betragen darf (Art. 3 SRÜ). Viele Staaten einschließlich USA und Vereinigtem Königreich halten an der herkömmlichen Dreimeilenzone (Reichweite eines Kanonenschusses) an. Sonderfragen werfen Meerengen (z.B. Korfu-Kanal, Bosporus) und internationale Kanäle (z.B. Suez-, Panama-Kanal) aufgrund ihrer Bedeutung für die internationale Schifffahrt auf; das für sie geltende Regime ist in (speziellen) internationalen Verträgen geregelt. Nach Völkergewohnheitsrecht gilt ein Transitrecht durch (oder über) Meerengen, die zwei Teile der Hohen See miteinander verbinden und der internationalen Schifffahrt dienen, entsprechend dem klassischen Recht der friedlichen Durchfahrt (»right of innocent passage«) im Küstenmeer. Nur im letzteren Bereich kann der Küstenstaat dieses Recht vorübergehend in genau bestimmten Gebieten suspendieren, falls es für seine Sicherheit notwendig ist und ohne Diskriminierung zwischen fremden Schiffen erfolgt; ansonsten präzisiert Art. 24 SRÜ ein Duldungsge- bzw. Behin-

Küstenmeer

derungsverbot. Auf das Küstenmeer, den darüber befindlichen Luftraum und den darunter liegenden Meeresboden(grund) erstreckt sich die territoriale Souveränität des Küstenstaates (Art. 1 und 2 Genfer Küstenmeerkonvention 1958; Art. 2 SRÜ); sie ist nach Maßgabe dieser beiden Verträge und der sonstigen Regeln des Völkerrechts auszuüben. Diesem Staat steht also das Recht zu, Wasser, Meeresboden und Untergrund wirtschaftlich zu nutzen bzw. die Nutzung (durch andere) zu kontrollieren, vor allem die Fischerei sich selbst und seinen Staatsangehörigen vorzubehalten. Straf- und Zivilgerichtsbarkeit des Küstenstaats dürfen im Hinblick auf das Küstenmeer befahrende Schiffe nur in Ausnahmefällen (bei erheblichen gebietsbezogenen Auswirkungen) ausgeübt werden; zwecks Unterbindung des unerlaubten Handels mit Betäubungsmitteln bestehen aber Untersuchungs- und Verfolgungsrechte (Art. 27, 28 SRÜ).

Seegebiete sui generis

Anschluss- (»contiguous zone«) und ausschließliche Wirtschaftszone (»exclusive economic zone«, EEZ) sind ebenso wie der Festlandsockel (»continental shelf«) Seegebiete »sui generis«, kein Teil eines Staatsgebietes. Sie grenzen an das Küstenmeer an, sind aber ein Teil der Hohen See, für den spezifische Regeln gelten.

Anschlusszone

Die Anschlusszone umfasst nach Art. 33 SRÜ eine Zone bis 24 (zuvor 12) Seemeilen. In diesem Bereich darf der Küstenstaat Kontrollaufgaben wahrnehmen, um (drohende) Verletzungen seiner Zoll-, Steuer-, Einwanderungs- oder Gesundheitsvorschriften innerhalb seines Landgebietes oder Küstenmeeres zu verhindern und erfolgte Verstöße zu ahnden. Sicherheits- oder Sperrzonen, wie sie gelegentlich von einzelnen Staaten beansprucht wurden oder noch werden, um hierauf gestützt auf/über Hoher See Zwangsmassnahmen gegen Schiffe oder Flugzeuge zu ergreifen, sind nur in akuten Notwehr- oder Notstandssituationen zulässig. Die Küstenstaaten nehmen auch weitere Befugnisse in Anspruch, z.B. zur Verhinderung der Meeresverschmutzung oder zum Schutz ihrer Fischereirechte.

Ausschließliche Wirtschaftszone

In seiner ausschließlichen Wirtschaftszone – sie darf 200 Seemeilen, gemessen von der Basislinie des Küstenmeeres, nicht überschreiten (Art. 57 SRÜ) – stehen dem Küstenstaat nach Art. 56 SRÜ Rechte zur Erforschung und Ausbeutung, Erhaltung und Bewirtschaftung der Naturschätze des Meeresbodens (lebende wie nicht lebende Ressourcen), des Untergrundes und der darüber liegenden Gewässer zu. So darf er z.B. Fangmengen für die lebenden Naturschätze festlegen und entscheiden, ob er anderen Staaten Zugang zu dem Überschuss gewährt. Binnenstaaten sind berechtigt, an der Ausbeutung der lebenden Naturschätze der EEZ der angrenzenden Küstenstaaten teilzunehmen (Art. 69 SRÜ). Wie bereits die Bezeichnung verdeutlicht, üben letztere in der EEZ keine volle Souveränität, sondern nur funktional begrenzte, allerdings ausschließliche Hoheitsrechte aus. Wesentlich sind dabei insbesondere die Regelungen über die Fischerei: Die Kompetenz für die Erhaltung und Bewirtschaftung der Bestände liegt nach Art. 62 SRÜ allein beim jeweiligen Küstenstaat; dieser kann die Fischereirechte weit gehend seinen eigenen Staatsangehörigen reservieren. Kontroll- und Durchsetzungsmaßnahmen gegenüber Schiffen unter fremder Flagge werden in Art. 73 SRÜ näher konkretisiert.

Der Festlandsockel bildet einen Teil des die Kontinente umgebenden Meeresbodens; er ist die unterseeische Verlängerung der Küste und fällt langsam bis zu einem Punkt, bei dem der Kontinentalabhang zur Tiefsee beginnt. Früher stellte eine Konvention (von 1958) auf den Bereich bis zu einer Wassertiefe von 200 m ab, erweiterte dies aber um das Merkmal der Möglichkeit zur Ausbeutung der Naturschätze. Eine neuere Ansicht, die auch in Art. 76 SRÜ Eingang gefunden hat, knüpft primär an der »natürlichen Verlängerung des Landgebietes des Staates« (als einer Art Zubehör des Festlandes) an. Auch über den Festlandsockel übt der Küstenstaat ausschließliche Hoheitsrechte aus (Art. 77 SRÜ); sie betreffen die Erforschung und Ausbeutung seiner mineralischen Naturschätze (wie Erdöl und -gas) und lebender Organismen (wie Austern und Krebstiere), nach dem Prinzip »das Land beherrscht die See«. Allerdings steht dies unter der Bedingung, dass die Nutzung die Schifffahrt, die Fischerei, das Legen und Unterhalten von Unterwasserkabeln und -rohrleitungen usw. in den darüber liegenden Gewässern nicht ungerechtfertigt behindert (Art. 78, 79 SRÜ).

Festlandsockel

Vor allem bei ausschließlicher Wirtschaftszone und Festlandsockel stellt sich häufig das Problem der Abgrenzung zwischen zwei oder mehr (Küsten-)Staaten, die einander gegenüber oder nebeneinander liegen. Soweit hierzu keine zwei- oder mehrseitigen Vereinbarungen getroffen werden, ist vor allem das Prinzip der gleich weiten Entfernung (Äquidistanz) von den nächstgelegenen Punkten der Basislinien dieser Staaten maßgebend, des Weiteren die Billigkeit (»equity«, Art. 74, 83 SRÜ). Fragen dieser Art haben mehrfach den Internationalen Gerichtshof (IGH) beschäftigt, sowohl im Verhältnis zwischen Industrie- und Entwicklungsländern als auch innerhalb der jeweiligen Staatengruppe.

Abgrenzungsfragen

Fraglich ist, ob Kompetenzen der EG auch den Festlandsockel beinhalten. Art. 299 EGV bezieht sich nur auf die Hoheitsgebiete der Vertragsstaaten. Die Rechtsordnung der EG kann aber auch Sachverhalte außerhalb des dort umschriebenen Raumes zu erfassen. Dies folgt aus Art. 80 EGV, der Gemeinschaftskompetenzen für Seeschiff- und Luftfahrt vorsieht; auch ermächtigt Art. 102 der Beitrittsakte 1973 die Gemeinschaft, Fischereiregelungen zu treffen, um den Schutz der Bestände und der biologischen Schätze des Meeres zu sichern. Insbe-

Seerechtskompetenzen der EG

sondere für die Fischereipolitik, die nach Art. 32 EGV zur Agrarpolitik zählt, hat der EuGH bereits mehrfach festgestellt, dass die (gebietsbezogene) Regelungsmacht der EG soweit reicht, wie ihr eine Sachkompetenz zusteht. Bislang hat es die EG freilich vermieden, (sekundärrechtliche) Bestimmungen über den Festlandsockel zu treffen. Wirtschaftszonen- und Festlandsockelregime bestehen unabhängig voneinander, auch wenn sie – im Hinblick auf die Nutzung nicht lebender Ressourcen des Meeresbodens – den gleichen Lebenssachverhalt erfassen. Die Rechte des Küstenstaates am Festlandsockel stehen diesem allerdings ohne weiteres zu (Art. 77 Abs. 3 SRÜ), bei der Wirtschaftszone sind sie von einer entsprechenden Proklamation abhängig.

Luftraum

Der nationale Luftraum eines Staates umfasst die Luftsäule senkrecht über den jeweiligen Land- und Wassergebieten. Seine äußere Grenze wird heute allgemein bei ca. 80 – 100 km über dem Meeresspiegel gezogen. Jeder Staat übt hier volle und ausschließliche Souveränität aus. Lande- und Überflugrechte ausländischer Luftfahrzeuge werden durch zahlreiche zwei- oder mehrseitige Verträge geregelt; einen Rahmen dafür bilden das Abkommen über die Internationale Zivilluftfahrt (Chicago Convention) und die Vereinbarung über den Durchflug im internationalen Fluglinienverkehr, beide aus dem Jahr 1944. Der Luftraum umfasst auch das Küstenmeer. Anders als bei Schiffen braucht der Küstenstaat damit die »Durchfahrt« fremder Luftflugzeuge nicht zu dulden. Nicht umfasst wird der Äther. Jeder Staat ist befugt, von seinem Gebiet aus Funkwellen in oder durch Gebiete anderer Staaten zu senden; jedoch muss der »Empfänger«- oder »Transitstaat« auf solche Sendungen nur insoweit Rücksicht nehmen, als ihm die »Konstitution« der Internationalen Fernmeldeunion (ITU) in Art. 45 »harmful interference« untersagt. Der Luftraum teilt das rechtliche Schicksal des darunter befindlichen Gebiets, kann somit nicht Gegenstand selbstständiger Verfügungen (Okkupation, Annexion, Abtretung) sein.

Weltraum

Der Weltraum (jenseits des Luftraums) ist nicht dem Rechtsregime eines einzelnen Staates unterworfen; vielmehr legt der Weltraumvertrag von 1967 hierfür fest:

Weltraumvertrag 1967

Art. I: Die Erforschung und Nutzung des Weltraums einschließlich des Mondes und anderer Himmelskörper wird zum Vorteil und im Interesse aller Länder ohne Ansehen ihres wirtschaftlichen und wissenschaftlichen Entwicklungsstandes durchgeführt und ist Sache der gesamten Menschheit.
Allen Staaten steht es frei, den Weltraum … ohne jegliche Diskriminierung, gleichberechtigt und im Einklang mit dem Völkerrecht zu erforschen und zu nutzen; es besteht uneingeschränkter Zugang zu allen Gebieten auf Himmelskörpern.
Die wissenschaftliche Forschung im Weltraum … ist frei …

Art. II: Der Weltraum einschließlich des Mondes und anderer Himmelskörper unterliegt keiner nationalen Aneignung durch Beanspruchung der Hoheitsgewalt, durch Benutzung oder Okkupation oder durch andere Mittel.

Weltraumvertrag 1967

Art. III: Bei der Erforschung und Nutzung des Weltraums ... üben die Vertragsstaaten ihre Tätigkeit in Übereinstimmung mit dem Völkerrecht einschließlich der (UN-)Charta im Interesse der Erhaltung des Weltfriedens und der internationalen Sicherheit sowie zur Förderung internationaler Zusammenarbeit und Verständigung aus.

Auch im Hinblick auf die Antarktis gilt eine spezielle internationale Ordnung: Der erste und wichtigste Vertrag über diesen »Sechsten Kontinent« (von 1959) verwirft zwar bestehende Gebietsansprüche einzelner Staaten nicht völlig, friert sie aber ein und lässt keine neuen oder weiteren zu (Art. IV). Art. I – III beschränken Nutzungen auf friedliche, vor allem auf Forschungs-Zwecke, Art. V Abs. 1 verbietet die Beseitigung radioaktiven Abfalls. Nach Art. VI gilt der Antarktis-Vertrag für das gesamte Gebiet südlich von 60 Grad südlicher Breite einschließlich aller Eisbänke, er lässt jedoch

Antarktis

... die Rechte oder die Ausübung der Rechte eines Staates nach dem Völkerrecht in bezug auf die Hohe See in jenem Gebiet unberührt.

Art. VI Antarktis-Vertrag 1959

1.2.2. Staatsvolk

Nur eine Gruppe von Menschen, die sich durch ihn und in ihm organisieren, macht einen Staat erforderlich. Staatsvolk ist die Personengemeinschaft, die einen Staat trägt; dieses Staatselement ist also durch ein personales Band gekennzeichnet. Auf welchen Grundlagen die Staatsangehörigkeit einer (natürlichen) Person beruht, bestimmt jeder Staat selbst; das Völker(gewohnheits)recht verlangt lediglich, zwischen einer Person und »ihrem« Staat eine echte Beziehung (»genuine link«) müsse bestehen. Diese kann daraus herrühren, dass ein Mensch in einem bestimmten Gebiet geboren wird (ius soli, »Recht des Bodens«), aber auch aus der Abstammung von einer Person, deren Staatsangehörigkeit (Nationalität) der Neugeborene automatisch erlangt (ius sanguinis, »Recht des Blutes). Die Erwerbstatbestände können auch abgewandelt oder kombiniert werden. Wegen der unterschiedlichen Regelungen kann es sowohl zu mehrfacher Staatsangehörigkeit als auch zu Staatenlosigkeit kommen. Nicht nur, aber auch für solche Fälle kommen Änderungen der ursprünglichen Nationalität in Betracht, bei denen allgemein das Ziel im Vordergrund steht, jedem Menschen eine einzige Staatsangehörigkeit zuzuerkennen.

Erwerb der Staatsangehörigkeit

Allgemeine Erklärung der Menschenrechte 1948, Artikel 17

(1) Jeder hat das Recht auf eine Staatsangehörigkeit.
(2) Niemandem darf seine Staatsangehörigkeit willkürlich entzogen noch das Recht versagt werden, seine Staatsanghörigkeit zu wechseln.

Dies kann erfolgen durch Einbürgerung insbesondere von langjährig ansässigen, kulturell assimilierten Personen durch den Wohnsitzstaat (unter gleichzeitigem Verzicht auf die oder Wegfall der bisherigen Nationalität) bzw. durch Aufgabe einer zweiten Staatsangehörigkeit. Staatsvolk und Wohnbevölkerung (gebietsansässige Personen) sind nie ganz identisch: Ein Auslandsaufenthalt führt nicht per se zum Verlust der Staatsangehörigkeit, kann aber die Ausübung politischer Rechte im Heimat- wie im Gastland verhindern oder erschweren. Gebietshoheit erstreckt sich andererseits auch auf Ausländer und Staatenlose, die sich in einem Staatsgebiet aufhalten.

Die Beziehung der Staatsangehörigen zu ihrem Heimatstaat wird durch ein besonderes Treueverhältnis gekennzeichnet. Für juristische Personen ist dies nicht der Fall, eine derartige Loyalität könnte hier lediglich über die für diese handelnden natürlichen Personen begründet werden.

Staatszugehörigkeit

Auch bei Kapitalgesellschaften und anderen juristischen Personen (privaten Rechts) wird gleichwohl analog zur Staatsan- von einer Staatszugehörigkeit ausgegangen: Als notwendige, aber auch ausreichende Sonderbeziehung zu einem Staat sind die Gründung nach einer bestimmten nationalen Rechtsordnung oder der (Verwaltungs-)Sitz in einem bestimmten Staatsgebiet allgemein anerkannt. Auch wenn ein Unternehmen nach heimischem Recht errichtet wurde und im Inland (ansässig und) tätig ist, wird es aber in kriegerischen oder anderen Konflikten zuweilen als »fremd« behandelt, weil die Leitung (überwiegend) aus ausländischen Staatsangehörigen besteht oder die Anteile (mehrheitlich) Gesellschaftern fremder Nationalität gehören. Bei dieser Staatszugehörigkeit kraft Kontrolle wird durch die juristische Person hindurch auf natürliche Personen abgestellt (»piercing the corporate veil«); diese Vereinnahmung wird weithin verworfen, auch seitens des IGH im Barcelona Traction-Fall (1970). Dort ging es um die wichtigste völkerrechtliche Folge der Staatsan- bzw. -zugehörigkeit, das Recht

Diplomatischer Schutz

des Heimatstaats zur Gewährung diplomatischen Schutzes für seine Angehörigen (natürliche wie juristische Personen) gegenüber anderen Völkerrechtssubjekten auf internationaler Ebene (durch sog. »diplomatische« Mittel). Dazu zählt auch, bei (angeblich) entschädigungsloser oder sonst völkerrechtswidriger Enteignung durch einen fremden Staat Schadenersatzansprüche gegen diesen geltend zu machen. Maßgeblich ist hierbei regelmäßig die Nationalität der Gesellschaft, nicht die der Gesellschafter; nur dem Gründungs- oder Sitzstaat der ersteren steht das auf Beseitigung der Beeinträchtigung abzielende Schutzrecht zu. Der tatsächlich geschädigte Einzelne besitzt ein subjektives Recht gegenüber seinen Heimatstaat auf Tätigwerden gegenüber fremden Staaten jedoch nur, soweit die innerstaatliche Rechtsordnung einen solchen Anspruch normiert, was in Deutschland heute nicht ausdrücklich vorgesehen ist (»Hess«-Entscheidung des BVerfG).

1.2.3. Staatsgewalt und staatliche Jurisdiktion

Die für die Existenz jedes Staates wesentliche (souveräne) Staatsgewalt ist nach außen durch Unabhängigkeit, nach innen durch Selbstregierung (Verfassungsautonomie) gekennzeichnet. Gegenüber eigenen wie fremden Staatsangehörigen muss sie den vom Völkerrecht abgesteckten räumlichen und inhaltlichen Rahmen einhalten.

Außen- und Innensicht

Staatsgewalt meint die Herrschaftsmacht eines Staates über das eigene Gebiet, d.h. dort befindliche Personen und Gegenstände (Gebiets-/Territorialhoheit), über die ihm angehörenden (natürlichen oder juristischen) Personen auch außerhalb des eigenen Territoriums (Personalhoheit). Nur ihr (auf Dauer angelegtes) Bestehen ist Voraussetzung für die Anerkennung als Staat (Effektivität), nicht dagegen eine bestimmte Gesellschaftsordnung oder (demokratische oder anders gestaltete) Regierungsform. Wesentlich ist jedoch die äußere Souveränität als Fähigkeit eines Gemeinwesens, die Einheit aus Staatsgebiet und -volk nach außen darzustellen, Vereinbarungen mit anderen Staaten einzugehen und bei diesen Erwartungen zu erzeugen, dass eingegangene Verpflichtungen in konkretes Verhalten umgesetzt werden können. Notwendig dafür ist ein Minimum an organisatorischer Struktur.

Definition

STAAATSGEWALT

Wesen der Staatsgewalt	Die »Gewalt« eines Staates innerhalb seines Territoriums (Territorialitätsprinzip) ist umfassend (Universalitätsprinzip; Allzuständigkeit). Alle übrigen öffentlich-rechtlichen Körperschaften in diesem Gebiet leiten ihre Befugnisse von der Staatsgewalt her. In einem Bundesstaat ist sie zwischen Gesamtstaat (in der Bundesrepublik Deutschland der Bund) und den Gliedstaaten (die einzelnen Bundesländer) geteilt; jeder von diesen hat originäre Staatsgewalt (und damit Staatsqualität), die aber durch die (zentralstaatliche) Verfassung nach bestimmten Aufgabengebieten aufgeteilt wird.
... im Bundesstaat	
Grundgesetz (GG) Art. 30	Die Ausübung der staatlichen Befugnisse und die Erfüllung der staatlichen Aufgaben ist Sache der Länder, soweit dieses Grundgesetz keine andere Regelung trifft oder zuläßt.
Aspekte staatlicher Jurisdiktion	Hoheitsgewalt (Jurisdiktion) ist ein Ausfluss staatlicher Souveränität, nämlich die Befugnis, einseitig-hoheitlich Regelungen für Menschen und in Bezug auf Gegenstände zu treffen und (durch Behörden oder Gerichte) auch durchzusetzen. Unterschieden wird zwischen der Gebietshoheit als dem Recht, auf einem Staatsgebiet (und in weiteren Räumen, in Bezug auf welche Hoheitsrechte ausgeübt werden dürfen, wie in Teilen des Meeres) gegenüber den dort sich aufhaltenden Personen Hoheitsakte zu setzen, also Gesetze zu erlassen, Steuern zu erheben, Rechtsverletzer zu verhaften und abzuurteilen usw. Die Personalhoheit wird bedeutsam, wenn sich Personen oder Verkehrsmittel außerhalb ihres Heimatlandes befinden. Für natürliche Personen folgt daraus eine Treuepflicht gegen den Staat (z. B. Militärdienst), ihr Personenstand und die (Zuständigkeit zur) Gewährung des diplomatischen Schutzes ihnen gegenüber, aber auch eine (teils subsidiäre) Geltung des heimatlichen Strafrechts.
§ 7 Strafgesetzbuch (StGB)	(1) Das deutsche Strafrecht gilt für Taten, die im Ausland gegen einen Deutschen begangen werden, wenn die Tat am Tatort mit Strafe bedroht ist oder der Tatort keiner Strafgewalt unterliegt. (2) Für andere Taten, die im Ausland begangen werden, gilt das deutsche Strafrecht, wenn die Tat am Tatort mit Strafe bedroht ist oder der Tatort keiner Strafgewalt unterliegt und wenn der Täter 1. zur Zeit der Tat Deutscher war oder es nach der Tat geworden ist...
Schiffe, Luftfahrzeuge	Schiffe und Luftfahrzeuge besitzen die Staatsan-/-zugehörigkeit des Staates, in dem sie registriert sind bzw. und dessen Flagge sie führen oder dessen Staatsangehörigkeitszeichen sie tragen. Die Bedingungen für die Verleihung dieser Rechte legt jeder Staat selbst fest.
Chicago Konvention	Art. 17: Luftfahrzeuge haben die Staatszugehörigkeit des Staates, in dem sie eingetragen sind. Art. 19: Die Eintragung ... von Luftfahrzeugen erfolgt in jedem Vertragsstaat nach dessen Gesetzen und Vorschriften.

Die Souveränität eines Staates wird nicht dadurch beseitigt, dass er sich durch völkerrechtliche Verträge eines Teils seiner Entscheidungsfreiheit begibt oder sich Urteilen internationaler Gerichte oder der Regelungskompetenz von Organen intergouvernementaler Organisationen unterwirft, wie dies in einem ausgeprägten Maße die Mitglieder der EG getan haben. Der »point of no return« ist erst erreicht, wenn eine Internationale Organisation oder ein anderer Staat den weitaus überwiegenden Teil der öffentlichen Aufgaben übernehmen, so dass die ursprünglich völkerrechtliche Beziehung zwischen den Akteuren sich zu einer staatsrechtlichen wandelt.

<small>Schranken der Jurisdiktion</small>

<small>Völker- oder staatsrechtlicher Verbund?</small>

Aufgrund des Territorialitätsprinzips erfasst staatliche Jurisdiktion – gleich ob in Gestalt von Legislative, Judikative oder Exekutive – zunächst natürliche und juristische Personen, gleichgültig welcher Staatsangehörigkeit, auf einem je bestimmten Staatsgebiet. Der Regelungsgewalt des Staates werden dabei durch völkerrechtliche Bestimmungen (z.B. speziell im Hinblick auf Diplomaten und Konsuln und allgemeiner durch fremden- bzw. menschenrechtliche Garantien) Grenzen gezogen. Davon abgesehen ist von einer Allzuständigkeit der Staaten in Bezug auf Lebenssachverhalte, die sich innerhalb der territorialen Grenzen ihrer Hoheitsgewalt vollziehen, auszugehen; die erforderliche »echte Verknüpfung« ergibt sich hier bereits aus dem Gebietsbezug, auch dann, wenn die Regelung neben inländischen auch sachnahe Auslandssachverhalte betrifft. Vor allem die Regelungskompetenz (»jurisdiction to prescribe«) eines Staates ist nicht auf das Inland beschränkt, sondern erstreckt sich auch auf Staatsangehörige im Ausland.

... (3) Zu[m Schutz der Sicherheit und der auswärtigen Interessen der Bundesrepublik Deutschland] können auch Rechtsgeschäfte und Handlungen Deutscher in fremden Wirtschaftsgebieten beschränkt werden, die sich auf [Waffen, Munition und Kriegsgerät etc.] einschließlich ihrer Entwicklung und Herstellung beziehen, wenn der Deutsche
1. Inhaber eines Personaldokumentes der Bundesrepublik Deutschland ist oder
2. verpflichtet wäre, einen Personalausweis zu besitzen, falls er eine Wohnung im Geltungsbereich dieses Gesetzes hätte.

§ 7 Außenwirtschaftsgesetz (AWG)

Jedoch wird diese Personengruppe häufig nicht oder nur partiell erfasst, weil sie regelmäßig auch die Vorschriften ihres Gastlandes befolgen muss und vermieden werden soll, dass für eine konkrete Situation zwei widersprüchliche Ge- oder Verbote Geltung beanspruchen. Demgegenüber ist die Durchsetzungskompetenz (»jurisdiction to enforce«) in der Regel auf das eigene Staatsgebiet beschränkt; behördliche oder gerichtliche Hoheitsakte im Ausland – »extraterritorial« – dürfen nur mit Zustimmung des Staates erfolgen, auf dessen Gebiet sie

<small>Unterschiede zwischen Rechtsetzung und Durchsetzung</small>

vorgenommen werden sollen. Insoweit bestehen zahlreiche, meist bilaterale Verträge über gegenseitige Amts- oder Rechtshilfe.

1.3. Staatliche Aktivitäten iure imperii und iure gestionis

Staaten wirken nicht nur lenkend auf wirtschaftliches Verhalten Privater ein, sondern nehmen vielfach – meist als öffentliches Unternehmen in einer öffentlich- oder privatrechtlich selbständigen Organisationsform, (auch) am grenzüberschreitenden Wirtschaftsverkehr unmittelbar teil. Auch insoweit ergibt sich aus ihrer Souveränität der Rechtsgedanke »par in parem non habet imperium«, ihnen kommt also grundsätzlich (staatliche) Immunität gegenüber gerichtlichen Erkenntnis- und Vollstreckungsmaßnahmen anderer Staaten zu (»immunity from jurisdiction« bzw. »execution«). Unbestritten ist diese völkergewohnheitsrechtliche, auch in Verträgen und nationalen Gesetzen anerkannte Regel allerdings nur im Hinblick auf hoheitliches Handeln (iure imperii). Keine Befreiung wird jedoch »kommerziellen« Handlungen eingeräumt, wobei die Abgrenzung überwiegend nach der Rechtsauffassung des Staates vorgenommen wird, in dem ein Prozess geführt werden soll (»Forumstaat«). Bei Betätigungen öffentlicher Unternehmen kann oft auch ein (zumindest stillschweigender) Verzicht jedenfalls auf Immunität im Erkenntnisverfahren gegeben sein, soweit Vermögenswerte nicht (wie bei einer Zentralbank oder Botschaft) hoheitlichen Zwecken dienen. Im Einzelnen ist allerdings die Qualifizierung eines Verhaltens als »commercial transaction« (iure gestionis) oft schwierig.

Staatenimmunität

Grenzen der Immunität

Immunität Internationaler Organisationen

Immunität gleicher Art, jedoch funktionell auf die jeweiligen Aufgaben begrenzt, wird auch Internationalen Organisationen – in aller Regel durch völkerrechtlichen Vertrag – zuerkannt, so der UNO durch Art. 105 Abs. 1 der UN-Charta.

1.4. Wirtschaftliche »Grund«-Rechte der Staaten

Bereits die beiden UN-Menschenrechtspakte von 1966 formulierten gleich lautend in Art. 1:

> (1) Alle Völker haben das Recht auf Selbstbestimmung. Kraft dieses Rechts entscheiden sie frei über ihren politischen Status und gestalten in Freiheit ihre wirtschaftliche, soziale und kulturelle Entwicklung.

(2) Alle Völker können für ihre eigenen Zwecke frei über ihre natürlichen Reichtümer und Mittel verfügen, unbeschadet aller Verpflichtungen, die aus der internationalen wirtschaftlichen Zusammenarbeit auf der Grundlage des gegenseitigen Wohles sowie aus dem Völkerrecht erwachsen. In keinem Falle darf ein Volk seiner eigenen Existenzmittel beraubt werden.

Ende 1974 verabschiedete dann die UN-Generalversammlung eine »Charta der wirtschaftlichen Rechte und Pflichten der Staaten« (Charter of Economic Rights and Duties of States, CERDS), gleichsam ein Verfassungsentwurf für eine »Neue Weltwirtschaftsordnung«, der jedoch wegen einiger allzu zugespitzter Postulate von führenden Industrieländern abgelehnt wurde. Trotz mangelnder Ausgewogenheit und einer eher diffusen Mischung, die sowohl eine Kodifizierung geltender Grundsätze als auch rechtspolitische Anliegen enthielt, bildet dieser (rechtlich unverbindliche) Beschluss – Resolution 3281 (XXIX) – als Zusammenstellung wesentlicher Eckpunkte noch heute eine wichtige Facette des IWR.

»Neue Weltwirtschaftsordnung«

Economic as well as political and other relations among States shall be governed, *inter alia*. by the following principles:
(a) Sovereignty, territorial integrity and political independence of States;
(b) Sovereign equality of States;
(d) Non-intervention;
(e) Mutual and equitable benefit;
(f) Peaceful coexistence;
(g) Equal rights and self-determination of peoples;
(h) Peaceful settlement of disputes; ...
(j) Fulfilment in good faith of international obligations;
(k) Respect for human rights and fundamental freedoms; ...
(m) Promotion of international social justice;
(n) International co-operation for development. ...

CERDS, Chapter 1

Kapitel II listet sodann in 28 Vorschriften einzelne Rechte (und Pflichten) auf, u.a.

Wichtige Rechte und Pflichten

Art. 1: Every State has the sovereign and inalienable right to choose its economic system as well as its political, social and cultural systems in accordance with the will of its people, without outside interference, coercion or threat in any form whatsoever.
Art. 2: (1) Every State has and shall freely exercise full permanent sovereignty, including possession, use and disposal, over all its wealth, natural resources and economic activities. ...
Art. 4: Every State has the right to engage in international trade and other forms of economic co-operation irrespective of any differences in political, economic and social systems. [E]very State is free to choose the forms of organization of its foreign economic relations...

CERDS, Chapter 2

»Gemeinsame Verantwortlichkeiten«

Gemeinsame Verantwortlichkeiten gegenüber der internationalen Gemeinschaft werden formuliert im Hinblick auf den Meeresboden und dessen Schätze (als »common heritage of mankind, Art. 29) sowie in Bezug auf Schutz, Bewahrung und Verbesserung der Umwelt für gegenwärtige wie künftige Generationen (Art. 30). In einer Schlussvorschrift verlautet:

CERDS, Chapter III Article 31

All States have the duty to contribute to the balanced expansion of the world economy, taking duly into account the close interrelationship between the well-being of the developed countries and the growth and development of the developing countries, and the fact that the prosperity of the international community as a whole depends upon the prosperity of its constituent parts.

Von Grundrechten Einzelner ist außer der Erwähnung in Kap. 1 nirgends die Rede.

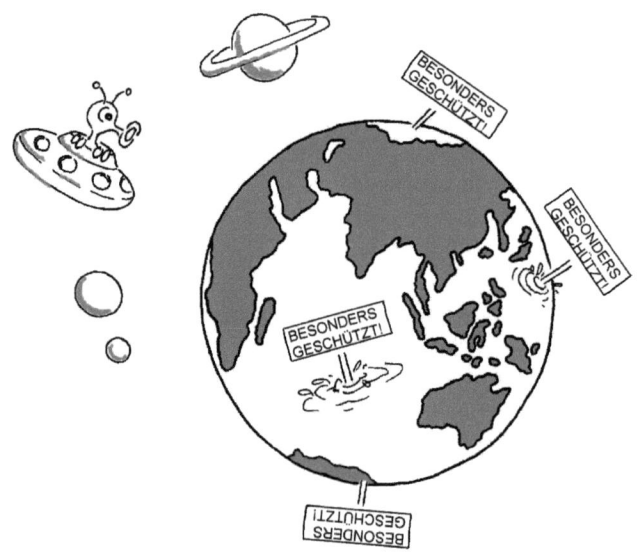

»COMMON HERITAGE«

1.5. Staatenverbindungen

Typen von Staatenverbindungen

Zwei oder mehr Staaten können sich durch völkerrechtlichen Vertrag nicht nur zu einem einzigen neuen Staat zusammenschließen oder die staatlichen Grenzen untereinander verändern (Gebietsabtretung oder -tausch), sondern auch eine institutionalisierte Verbindung begründen.

Dabei lassen sich zwei Typen unterscheiden: Entsteht auf diese Weise ein Bundesstaat (»federal State«), büssen dabei die Gliedstaaten ihre (äußere) Souveränität ein und werden in einen Zentralstaat eingeordnet. Wirtschafts- und sonstige völkerrechtliche Beziehungen zu dritten Staaten können nur noch mit Zustimmung des übergeordneten Zentralstaats aufrechterhalten oder neu eingegangen werden. Für das Verhältnis der beiden staatlichen Ebenen ist die bundesstaatliche Verfassung maßgeblich; Völkerrecht kommt insoweit allenfalls ergänzend zur Anwendung.

(1) Die Pflege der Beziehungen zu auswärtigen Staaten ist Sache des Bundes. ... **Art. 32 GG**
(3) Soweit die Länder für die Gesetzgebung zuständig sind, können sie mit Zustimmung der Bundesregierung mit auswärtigen Staaten Verträge abschließen.

Der Bund hat die ausschließliche Gesetzgebung über: **Art. 73 GG**
1. die auswärtigen Angelegenheiten ...; ...
5. die Einheit des Zoll- und Handelsgebietes, die Handels- und Schiffahrtsverträge, die Freizügigkeit des Warenverkehrs und den Waren- und Zahlungsverkehr mit dem Auslande ...

In bundeseigener Verwaltung werden geführt der Auswärtige Dienst,... **Art. 87 Abs. 1 GG**

Art. 3: Die Kantone sind souverän, soweit ihre Souveränität nicht durch die Bundesverfassung beschränkt ist ... **Schweizerische Bundesverfassung**
Art. 54 Abs. 1: Die auswärtigen Angelegenheiten sind Sache des Bundes. ...
Art. 56: (1) Die Kantone können in ihren Zuständigkeitsbereichen mit dem Ausland Verträge schliessen.
(2) Diese Verträge dürfen dem Recht und den Interessen des Bundes sowie den Rechten anderer Kantone nicht zuwiderlaufen. ...
(3) Mit untergeordneten ausländischen Behörden können die Kantone direkt verkehren. ...
Art. 101 Abs. 1: Der Bund wahrt die Interessen der schweizerischen Wirtschaft im Ausland. ...

Auf der anderen Seite des Spektrums steht der Staatenbund (»federation«); bei dieser Konstruktion bleibt die Souveränität der Mitgliedstaaten erhalten, diese gehen lediglich im Hinblick auf Angelegenheiten von gemeinsamem Interesse Bindungen ein und errichten Beratungs- oder Beschluss-Organe, in denen alle Seiten vertreten sind. Wesentliche Entscheidungen sind nach wie vor Sache der Mitglieder; diesen obliegen alle wichtigen staatlichen Funktionen, und Entscheidungen der Bundes-Organe müssen durchweg erst auf nationaler Ebene umgesetzt werden.

Souveränitätsproblem

Intergouvernementale, aber auch »supranationale« Organisationen sind typologisch noch immer Staatenverbindungen, bei denen die Mitglieder »Herren« der völkerrechtlichen Gründungs-/Änderungsverträge geblieben sind. Zwar sind ihnen partiell und auf je bestimmte Bereiche beschränkt staatliche Hoheitsrechte »übertragen« worden (s. Art. 24 Abs. 1 GG) und werden ihre Organe ganz oder teilweise anstelle mitgliedstaatlicher Organe tätig. Dieser Transfer kann jedoch (rechtlich) wieder rückgängig gemacht werden; eine Kompetenz-Kompetenz, also eine Befugnis, ihren eigenen Zuständigkeitsbereich selbständig zu bestimmen, ist bislang keinem »Staatenverbund« zugewiesen worden. Auch Art. 6 Abs. 4 EU-Vertrag ist nicht in diesem Sinne zu verstehen, wenn es dort heißt:

Art. 6 Abs. 4 EU-Vertrag

Die Union stattet sich mit den Mitteln aus, die zum Erreichen ihrer Ziele und zur Durchführung ihrer Politiken erforderlich sind.

Erst mit der eigenständigen Souveränität einer Einheit auf der höheren Ebene aber wäre die Schwelle zwischen Völker- und Staatsrecht, vom Staatenbund zum Bundesstaat überschritten.

1.6. Wiederholungsfragen

Wie werden Landgrenzen bestimmt und abgegrenzt? Lösung S. 11 f.

Was ist unter der Freiheit der Hohen See zu verstehen? Lösung S. 14

Welche Anknüpfungspunkte bestehen für die Staatsangehörigkeit natürlicher Personen? Lösung S. 19

Welche Besonderheiten gelten beim diplomatischen Schutz für juristische Personen? Lösung S. 20

Warum gilt Staatenimmunität nicht für »kommerzielle Transaktionen«? Lösung S. 24

Wie unterscheiden sich Staatenbund und Bundesstaat? Lösung S. 27

2. Rechtsstellung und Aufgaben Internationaler Organisationen

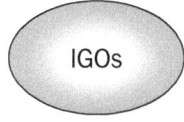

IGOs
Intergouvernementale Organisationen: Rechtsstellung aufgrund völkerrechtlichen Gründungsvertrags

INGOs
(Internationale) non-gouvernementale (nichtstaatliche) Organisationen: Rechtsstellung abgeleitet aus nationaler Rechtsordnung, aber Aktivitäten auch außerhalb des »Heimatstaats«

Multi- oder transnationale Unternehmen
Multinationale und transnationale Unternehmen: (primär) wirtschaftliche Aktivitäten

2.1. Typen Internationaler Organisationen

Neben Staaten als den ursprünglichen Subjekten der Völkerrechtsordnung treten seit etwa 200 Jahren und rasch zunehmend nach 1945 als weitere Akteure auf internationaler Ebene Internationale Organisationen in unterschiedlicher Struktur, Zusammensetzung und Aufgabenstellung auf den Plan. Ungeachtet ihrer Vielzahl und Vielfalt ist eine deutliche Teilung in zwei Typen festzustellen:

Internationale Organisationen im engeren Sinne werden von Staaten errichtet. Beispiele hierfür sind die UNO oder der Internationale Währungsfonds (IWF).

Zwei Typen

UN-Charta 1945, Art. 4
Mitglied der Vereinten Nationen können alle ... friedliebenden Staaten werden...

IWF-Übereinkommen 1944/1990, Art. II
... (2) Die Mitgliedschaft steht ... Ländern zu den Zeitpunkten und unter den Bedingungen offen, die der Gouverneursrat festsetzen kann...

Diese Völkerrechtssubjekte haben als weitere reguläre Mitglieder allenfalls – und noch eher selten – andere Internationale Organisationen desselben, gouvernementalen oder zwischenstaatlichen Typs, so etwa nach dem Übereinkommen über die Errichtung der Welthandelsorganisation (WTO) oder aufgrund der »Verfassung« der Welternährungsorganisation (FAO).

WTO-Übereinkommen 1994, Art. XI

(1) Die Vertragsparteien des GATT 1947, die zum Zeitpunkt des Inkrafttretens dieses Übereinkommens solche sind, und die EG ... werden ursprüngliche Mitglieder der WTO.

FAO Constitution 1945, Art. II

... (3) The Conference may by a two-thirds majority of the votes cast, provided that a majority of the Member Nations of the Organization is present, decide to admit as a Member of the (FAO) any regional economic integration organization meeting the criteria set out in paragraph 4 of this Article, which has submitted an application for membership and a declaration made in a formal instrument that it will accept the obligations of the Constitution as in force at the time of admission....
(4) To be eligible to apply for membership of the (FAO) under paragraph 3 of this Article, a regional economic integration organization must be one constituted by sovereign States, a majority of which are Member Nations of the (FAO), and to which its Member States have transferred competence over a range of matters within the purview of the (FAO), including the authority to make decisions binding on its Member States in respect of those matters.

Mitgliedschaft und Status

Daneben und unterschieden von jenen existieren zahlreiche International Non-Governmental Organizations, deren Mitglieder ebenfalls aus mehr als einem Staat stammen (und nicht notwendig ausschließlich Privatpersonen oder Unternehmen sein müssen) und deren Tätigkeitsfelder an staatlichen Grenzen nicht halt machen. Diese Einrichtungen haben jedoch anders als intergouvernementale Organisationen keine (abgeleitete) Völkerrechtspersönlichkeit und auch nicht den damit verbundenen Sonderstatus von Privilegien und Immunitäten gegenüber Einwirkungen von Mitglieds- wie von Drittländern.

UN-Charta 1945, Art. 105

... (2) Vertreter der Mitglieder der Vereinten Nationen und Bedienstete der Organisation genießen ebenfalls die Vorrechte und Immunitäten, deren sie bedürfen, um ihre mit der Organisation zusammenhängenden Aufgaben in voller Unabhängigkeit wahrnehmen zu können.

IWF-Übereinkommen 1944/1990, Art. IX

... (2) Der Fonds besitzt volle Rechtspersönlichkeit und insbesondere die Fähigkeit,
(i) Verträge zu schließen;

(ii) unbewegliches und bewegliches Vermögen zu erwerben und darüber zu verfügen;
(iii) vor Gericht zu stehen.
(3) Der Fonds und seine Vermögenswerte, gleichviel wo und in wessen Besitz sie sich befinden, genießen Immunität von jeder Gerichtsbarkeit, soweit er nicht im Einzelfall oder auf Grund vertraglicher Bestimmungen ausdrücklich hierauf verzichtet.
(4) Die Vermögenswerte des Fonds ... genießen Immunität von jeder Durchsuchung, Beschlagnahme, Einziehung, Enteignung oder sonstigen Form des Zugriffs durch Regierungs- oder Gesetzgebungsmaßnahmen. ...
(9) (a) Der Fonds, seine Vermögenswerte und Einkünfte sowie seine ... zugelassenen Operationen und Transaktionen sind von jeder Besteuerung und von allen Zollabgaben befreit...
(b) Auf Gehälter und andere Bezüge, die der Fonds an Exekutivdirektoren, Stellvertreter, Amtsträger oder Angestellte des Fonds zahlt, die nicht Staatsbürger, Untertanen oder sonstige Staatsangehörige des Gastlands sind, oder im Zusammenhang mit solchen Gehältern und Bezügen dürfen keine Steuern erhoben werden.

Satzung des Europarats 1949, Art. 40
(a) Der Europarat, die Vertreter der Mitgliedstaaten und des Sekretariats genießen in den Gebieten der Mitgliedstaaten die für die Ausübung ihrer Amtstätigkeit erforderlichen Immunitäten und Privilegien. Insbesondere können die Vertreter der Beratenden Versammlung auf Grund dieser Immunität innerhalb der Hoheitsgebiete aller Mitgliedstaaten wegen der von ihnen im Laufe der Verhandlungen in der Versammlung, in ihren Komitees oder Ausschüssen geäußerten Meinungen oder abgegebenen Stimmen weder verhaftet noch strafrechtlich belangt werden.

Vielmehr sind diese Organisationen juristische Personen aufgrund und nach Maßgabe der Rechtsordnung eines bestimmten Staates. Jenseits des Gebiets dieses »Herkunftslandes« können sich bei ihnen (noch immer) Probleme bei der Anerkennung ihrer Rechtsfähigkeit ergeben. International Governmental Organizations (IGOs), auch wenn ihr Gründungsakt sie nicht ausdrücklich als (juristische) Person des Völkerrechts kennzeichnet, erlangen hingegen diese Stellung im Verhältnis zu ihren Mitgliedern bereits dadurch, dass diese an der Errichtung teilnehmen und damit ihr Einverständnis mit der Einräumung des internationalen Status erklären. Rechte und Pflichten gegenüber Drittstaaten wie anderen Internationalen Organisationen ergeben sich aber anders als bei Staaten erst aus einer Anerkennung, die durch die Aufnahme von offiziellen Kontakten, insbesondere aber durch einen Abschluss von (völkerrechtlichen) Verträgen mit der (neuen) Organisation vonstatten geht. Mit demjenigen (Mitglied-)Staat, in dessen Gebiet eine

IGO als Völkerrechtssubjekt

Sitzabkommen

IGO ihren Sitz (»headquarters«) hat, wird regelmäßig ein Sitzabkommen geschlossen. Hierdurch wird die Organisation auch einer juristischen Person des innerstaatlichen Rechts der Mitgliedsländer gleichgestellt, und sie kann Verträge z.B. über den Erwerb von Grundstücken, die Beschäftigung lokaler Bediensteter oder die Eröffnung eines Bankkontos schließen, die dann der Rechtsordnung des Sitzlandes unterliegen.

UN-Charta 1945, Art. 104

Die Organisation genießt im Hoheitsgebiet jedes Mitglieds die Rechts- und Geschäftsfähigkeit, die zur Wahrnehmung ihrer Aufgaben und zur Verwirklichung ihrer Ziele erforderlich sind.

EBRD-Übereinkommen 1991, Art. 45

Die Bank besitzt volle Rechtspersönlichkeit und insbesondere die uneingeschränkte Rechtsfähigkeit,
(a) Verträge zu schließen;
(b) unbewegliches und bewegliches Vermögen zu erwerben und darüber zu verfügen; und
(c) vor Gericht zu stehen.

Eine Aussage über die Rechtsstellung der EG mit einer klaren Unterscheidung zwischen den Ebenen des Völker- und des (mitglied)staatlichen Rechts trifft der EG-Vertrag.

Art. 281: Die Gemeinschaft besitzt Rechtspersönlichkeit.
Art. 282: Die Gemeinschaft besitzt in jedem Mitgliedstaat die weitestgehende Rechts- und Geschäftsfähigkeit, die juristischen Personen nach dessen Rechtsvorschriften zuerkannt ist; sie kann insbesondere bewegliches und unbewegliche Vermögen erwerben und veräußern sowie vor Gericht stehen ...

Sonderfall BIZ

Einen Sonderfall stellt insoweit die Bank für Internationalen Zahlungsausgleich (BIZ) dar: Diese internationale Finanzinstitution wurde 1930 als juristische Person innerstaatlichen (schweizerischen) Rechts gegründet; im Hinblick auf ihre Aufgaben und die Eigenart ihrer Rechtsbeziehungen zu (anderen) Völkerrechtssubjekten wird sie jedoch heute ebenfalls (kraft Völkergewohnheitsrechts) als IGO behandelt.

Convention respecting the Bank for International Settlements 1930, Art. 1

Switzerland undertakes to grant to the Bank ...the following Constituent Charter having force of law: not to abrogate this Charter, not to amend or add to it, and not to sanction amendments to the Statutes of the Bank ... otherwise than in agreement with the other signatory Governments.

Constituent Charter of the BIS 1930/1969

(1) The Bank ... is hereby incorporated.
(2) Its constitution, operation and activities are defined and governed by the annexed Statutes...
(5) The said Statutes ... shall be valid and operative notwithstanding any inconsistency therewith in the provisions of any present or future Swiss law.

2.2. Allgemeine Strukturkriterien von International Governmental Organizations

Rechtsstellung, Struktur und Aufgaben Internationaler Organisationen leiten sich im Einzelnen aus dem Errichtungsakt der (zwei oder mehr) Gründer(staaten) ab. Wie bei anderen selbständigen Einheiten (des innerstaatlichen Rechts) besagt die Einordnung als juristische Person auch hier nur, dass die Einrichtung, handelnd durch ein oder mehrere Organe, am (Völker-)Rechtsverkehr teilnehmen, Verträge schließen und für ihr zurechenbares Fehlverhalten selbst (neben oder anstelle der Gründer/Mitglieder) verantwortlich sein kann. Art und Umfang ihres jeweiligen Auftrags ergeben sich erst aus der Organisations-»Verfassung«, d.h. aus dem Gründungsvertrag sowie dessen Ergänzungen und Fortschreibungen in persönlicher – durch Aufnahme neuer Mitglieder – und sachlicher Hinsicht (durch Erweiterung oder Modifizierung der ursprünglichen Zielsetzung).

Handeln durch Organ(e)

Bedeutung der Organisationsverfassung

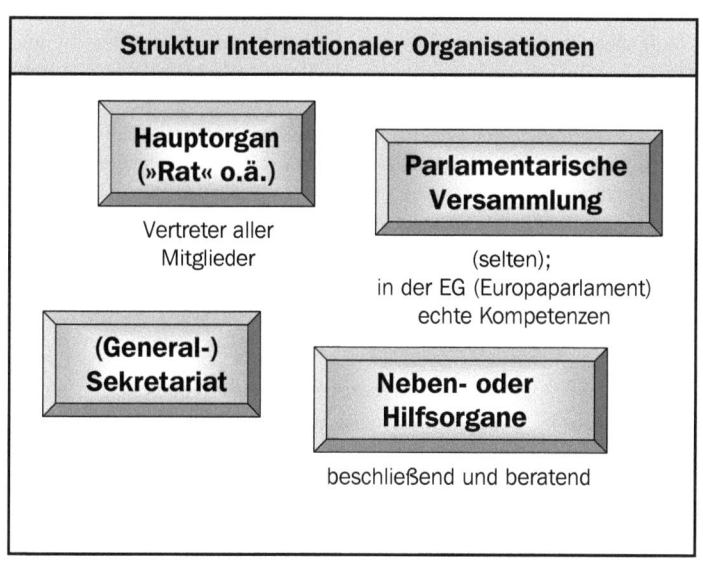

UNESCO Constitution 1945, Art. 1

(1) The purpose of the Organization is to contribute to peace and security by promoting collaboration among the nations through education, science and culture in order to further universal respect for justice, for the rule of law and for the human rights and fundamental freedoms which are affirmed for the peoples of the world, without distinction of race, sex, language or religion, by the Charter of the United Nations.
(2) To realize this purpose the Organization will:
(a) Collaborate in the work of advancing the mutual knowledge and understanding of peoples, through all means of mass communication and to that end recommend such international agreements as may be necessary to promote the free flow of ideas by word and image ...

IWF-Übereinkommen 1944/1990, Art. I

Der Internationale Währungsfonds hat folgende Ziele:
(i) die internationale Zusammenarbeit auf dem Gebiet der Währungspolitik durch eine ständige Einrichtung zu fördern, die als Apparat zur Konsultation und Zusammenarbeit bei internationalen Währungsproblemen zur Verfügung steht;
(ii) die Ausweitung und ein ausgewogenes Wachstum des Welthandels zu erleichtern und dadurch zur Förderung und Aufrechterhaltung eines hohen Beschäftigungsgrads und Realeinkommens sowie zur Entwicklung des Produktionspotentials aller Mitglieder als oberste Ziele der Wirtschaftspolitik beizutragen;
(iii) die Stabilität der Währungen zu fördern, geordnete Währungsbeziehungen unter den Mitgliedern aufrechtzuerhalten und Währungsabwertungen aus Wettbewerbsgründen zu vermeiden;
(iv) bei der Errichtung eines multilateralen Zahlungssystems für die laufenden Geschäfte zwischen den Mitgliedern und bei der Beseitigung von Devisenverkehrsbeschränkungen, die das Wachstum des Welthandels hemmen, mitzuwirken;
(v) das Vertrauen der Mitglieder dadurch zu stärken, daß ihnen zeitweilig unter angemessenen Sicherungen die allgemeinen Fondsmittel zur Verfügung gestellt werden und ihnen so Gelegenheit gegeben wird, Unausgeglichenheiten in ihrer Zahlungsbilanz zu bereinigen, ohne zu Maßnahmen Zuflucht nehmen zu müssen, die dem nationalen oder internationalen Wohlstand schaden ...
Der Fonds läßt sich in seiner Geschäftspolitik sowie bei allen Beschlüssen von den in diesem Artikel niedergelegten Zielen leiten.

Kompetenzen und Haftung

Handeln ihre Organe jenseits dieser »Verbandskompetenzen«, so ist fraglich, ob die Organisation selbst gleichwohl wirksam verpflichtet wird oder zumindest haftet. Anders als für Staaten, bei der insoweit die Wiener Vertragsrechtskonvention (1969) in Art. 31 – 33 wichtige Regelungen kodifiziert, ist ein paralleles Übereinkommen für IGOs nicht über das Entwurfsstadium hinaus gelangt und hat sich für das

Problem des Handelns »ultra vires« auch keine völkergewohnheitsrechtlich anerkannte Lösung entwickelt. In einem Streitfalle müßten daher insoweit zunächst allgemeine Rechtsgrundsätze ermittelt und dann zur Lösung herangezogen werden.

Art. 27: Eine Vertragspartei kann sich nicht auf ihr innerstaatliches Recht berufen, um die Nichterfüllung eines Vertrages zu rechtfertigen. Diese Bestimmung läßt Art. 46 unberührt.

WVRK 1969, Art. 27

Art. 46
(1) Ein Staat kann sich nicht darauf berufen, daß seine Zustimmung, durch einen Vertrag gebunden zu sein, unter Verletzung einer Bestimmung seines innerstaatlichen Rechts über die Zuständigkeit zum Abschluß von Verträgen ausgedrückt wurde und daher ungültig sei, sofern nicht die Verletzung offenkundig war und eine innerstaatliche Rechtsvorschrift von grundlegender Bedeutung betraf.

WVRK 1969, Art. 46

(1) Dieses Übereinkommen steht den Vertragsparteien des GATT 1947 sowie den Europäischen Gemeinschaften, die nach Art. XI dieses Übereinkommens ursprüngliche Mitglieder der WTO werden können, zur Annahme offen, die durch Unterzeichnung oder auf andere Weise erfolgen kann. ...

WTO-Übereinkommen, Art. XIV

(1) Der Bundespräsident ... schließt im Namen des Bundes die Verträge mit auswärtigen Staaten...
(2) Verträge, welche die politischen Beziehungen des Bundes regeln oder sich auf Gegenstände der Bundesgesetzgebung beziehen, bedürfen der Zustimmung oder der Mitwirkung der jeweils für die Bundesgesetzgebung zuständigen Körperschaften in der Form eines Bundesgesetzes...

GG, Art. 59

Häufig wird in dieser Übergangsphase zwischen Abschluss des Gründungsabkommens und dessen Wirksamwerden aber bereits ein Vorbereitungsausschuß eingerichtet, wenn eine völlig neue Einrichtung entstehen soll. Wird hingegen eine schon bestehende Organisation nur im Hinblick auf Bezeichnung und Aufgabe modifiziert, kann Kontinuität durch ein zeitweiliges Nebeneinander von alter und neuer Organisation gewahrt werden; dies war bei OEEC/OECD und GATT 1947/WTO der Fall.

Kontinuität und Wandel bei IGOs

WTO-Übereinkommen 1994, Art. XVI

... (2) Soweit praktisch möglich, wird das Sekretariat des GATT 1947 zum Sekretariat der WTO, und der Generaldirektor der VERTRAGSPARTEIEN des GATT 1947 übernimmt bis zu dem Zeitpunkt, zu dem die Ministerkonferenz nach Art. VI Abs. 2 dieses Übereinkommens einen Generaldirektor ernannt hat, die Aufgaben des Generaldirektors der WTO.

Wechsel von Mitgliedern

Der Kreis der Mitglieder kann sich in der Folge durch Beitritt bzw. Aufnahme (auf Antrag) vergrößern, aber auch verkleinern, sei es durch (freiwilligen) Austritt, sei es durch Ausschluss aufgrund der nicht nur geringfügigen oder einmaligen Nichterfüllung von Mitgliedschafts-, insbesondere von (finanziellen) Beitrags-Pflichten.

IWF-Übereinkommen 1944/1990

Art. II
(1) Ursprüngliche Mitglieder des Fonds sind die auf der Währungs- und Finanzkonferenz der Vereinten Nationen vertretenen Länder, deren Regierungen die Mitgliedschaft vor dem 31. Dezember 1945 erwerben.
(2) Die Mitgliedschaft steht anderen Ländern zu den Zeitpunkten und unter den Bedingungen offen, die der Gouverneursrat festsetzen kann. Diese Bedingungen ... beruhen auf Grundsätzen, die mit denen vereinbar sind, welche für andere Länder galten, die bereits Mitglieder sind.

Art. XXVI
(1) Ein Mitglied kann jederzeit durch eine an die Zentrale des Fonds gerichtete schriftliche Erklärung seinen Austritt aus dem Fonds erklären. Der Austritt wird bei Eingang der Mitteilung wirksam.
(2) (a) Erfüllt ein Mitglied eine seiner Verpflichtungen nach diesem Übereinkommen nicht, so kann der Fonds dem Mitglied die Berechtigung zur Inanspruchnahme der allgemeinen Fondsmittel entziehen.
(b) Wenn das Mitglied nach Ablauf einer angemessenen Frist im Anschluß an einen Berechtigungsentzug gemäß Buchstabe a weiterhin Verpflichtungen nach diesem Übereinkommen nicht erfüllt, kann der Fonds mit einer Mehrheit von siebzig Prozent aller Stimmen die Stimmrechte des Mitglieds aussetzen... Der Fonds kann mit einer Mehrheit von siebzig Prozent aller Stimmen die Aussetzung jederzeit aufheben.
(c) Wenn das Mitglied nach Ablauf einer angemessenen Frist im Anschluß an einen Beschluß über die Aussetzung der Stimmrechte gemäß Buchstabe b weiterhin Verpflichtungen nach diesem Übereinkommen nicht erfüllt, kann es durch einen Beschluß des Gouverneursrats, der einer 85 Prozent aller Stimmen umfassenden Mehrheit der Gouverneure bedarf, zum Austritt aus dem Fonds veranlaßt werden.
(d) Durch Regelungen ist sicherzustellen, daß das Mitglied innerhalb einer angemessenen Frist von der gegen es erhobenen Beschwerde unterrichtet wird und daß ihm ausreichend Gelegenheit gegeben wird, seinen Fall mündlich und schriftlich vorzutragen, bevor gegen das Mitglied nach Buchstabe a, b oder c vorgegangen wird.

WTO-Übereinkommen 1994

Art. XII

(1) Jeder Staat oder jedes gesonderte Zollgebiet, der/das in der Wahrnehmung seiner Außenhandelsbeziehungen und hinsichtlich der übrigen in diesem Übereinkommen ... behandelten Angelegenheiten volle Handlungsfreiheit besitzt, kann diesem Übereinkommen unter Bedingungen beitreten, die zwischen ihm und der WTO vereinbart werden...
(2) Beitrittsbeschlüsse werden von der Ministerkonferenz gefaßt. Die Ministerkonferenz genehmigt die Einigung über die Beitrittsbedingungen mit Zweidrittelmehrheit der Mitglieder der WTO.

Art. XV

(1) Jedes Mitglied kann von diesem Übereinkommen zurücktreten. Der Rücktritt gilt sowohl für dieses Übereinkommen als auch für die Multilateralen Handelsübereinkommen und wird mit Ablauf von sechs Monaten nach Eingang der schriftlichen Rücktrittsanzeige beim Generaldirektor der WTO wirksam.

Einige Gründungsverträge, z.B. die Verträge über die Gründung der Europäischen Wirtschafts- (EWG) bzw. Atomgemeinschaft (EAG) von 1957, enthalten jedoch überhaupt keine Vorschriften über eine ordentliche oder außerordentliche »Kündigung« der Mitgliedschaft; auch die UN-Charta befasst sich in Art. 5 und 6 lediglich mit deren zeitweiligem Entzug sowie dem unfreiwilligen Ausschluss. Dass ein austrittswilliger Mitgliedstaat auch ohne ausdrückliche Regelung in deren Statuten aus einer Intergouvernementalen Organisation ausscheiden kann, wird damit begründet, dass die Mitgliedstaaten »Herren« der (Gründungs-)Verträge bleiben und ihnen daher bei allseitigem Einverständnis eine entsprechende Vertragsänderung möglich sein müsse.

<small>Austritt und Ausschluss</small>

Eine irreversible Bindung wird allenfalls – und auch dort nur bei Fehlen einer anderweitigen Festlegung – bei der auf einer Einigung der Beteiligten beruhenden Errichtung eines Bundesstaates eingegangen. In diesem Grenzfall einer Staatenverbindung büßen die Gliedstaaten ihre äußere und innere Souveränität ein; Kompetenzen auch auf internationaler Ebene, im Verhältnis zu dritten Staaten und anderen Völkerrechtssubjekten, stehen ihnen nur noch im Rahmen und nach Maßgabe der zentralstaatlichen (Bundes-)Verfassung zu.

Jede Internationale Organisation findet ihr Ende, wenn die Zahl der Mitglieder unter zwei sinkt oder wenn die Geltungsdauer von vornherein befristet ist, wie dies bei der »Montanunion« (Europäische Gemeinschaft für Kohle und Stahl, EGKS) von 1951 der Fall war.

<small>Beendigung</small>

EGKS-Vertrag 1951, Art. 97

Dieser Vertrag gilt für die Dauer von fünfzig Jahren vom Zeitpunkt seines Inkrafttretens an [bis 23. Juli 2002].

EU-Vertrag 1993, Art. 51
Dieser Vertrag gilt auf unbegrenzte Zeit.

Räumlicher Anwendungsbereich

Die Mitwirkung in Intergouvernementalen Organisationen kann entweder allen Staaten offen stehen oder auf einen bestimmten Erdteil (Weltregion) oder einen territorial noch enger begrenzten Teilnehmerkreis beschränkt sein; je nachdem handelt es sich um »universelle«, »regionale« oder »subregionale« Einrichtungen, wobei die Übergänge aber teilweise fließend sind.

ILO Constitution 1919/1945, Art. 1
... (2) The Members of the ILO shall be the States which were Members of the Organization on 1 November 1945 and such other States as may become Members in pursuance of the provisions of paragraphs 3 and 4 of this article.

OECD-Übereinkommen 1960
Art. 4
Mitglieder der Organisation sind die Vertragsparteien dieses Übereinkommens.

Art. 16
Der Rat kann beschließen, eine jede Regierung, welche die Pflichten eines Mitglieds zu übernehmen bereit ist, zum Beitritt zu diesem Übereinkommen einzuladen ...

EWR-Abkommen 1992/1993, Art. 128
(1) Jeder europäische Staat, der Mitglied der (EG) wird, beantragt, und die Schweizerische Eidgenossenschaft sowie jeder europäische Staat, der Mitglied der EFTA wird, kann beantragen, Vertragspartei dieses Abkommens zu werden. ...

Willensbildung

Auch Internationale Organisationen sind von ihrem Typus her Körperschaften, bei denen die (staatlichen) Mitglieder nicht nur bei der Errichtung, sondern auch über den Verlauf der gesamten Tätigkeit hinweg maßgeblichen Einfluss auf die Willensbildung in der Organisation nehmen können, ganz abgesehen von der Möglichkeit einer späteren Änderung des Gründungsübereinkommens, für die nicht (mehr) in jedem Fall eine Zustimmung aller erforderlich ist.

IWF-Übereinkommen 1944/1990, Art. XXVIII
(a) Jeder Vorschlag zur Änderung dieses Übereinkommens, gleichviel ob er von einem Mitglied, einem Gouverneur oder dem Exekutivdirektorium ausgeht, ist dem Vorsitzenden des Gouverneursrats zuzuleiten... Haben drei Fünftel der Mitglieder, die über fünfundachtzig Prozent aller Stimmen verfügen, der vorgeschlagenen Änderung zuge-

stimmt, so bestätigt dies der Fonds durch eine förmliche Mitteilung an alle Mitglieder. ...

Satzung des Europarats 1949, Art. 41

(a) Vorschläge auf Änderung dieser Satzung können dem Ministerkomitee ... unterbreitet werden.
(b) Das Komitee empfiehlt die von ihm für wünschenswert erachteten Änderungen der Satzung und sorgt für ihre Aufnahme in ein Protokoll.
(c) Jedes Änderungsprotokoll tritt in Kraft, sobald es von zwei Dritteln der Mitglieder ratifiziert ist.

Eine Versammlung aus Vertretern aller Mitglieder – aus dem Bereich der (staatlichen) Regierungen/Exekutiven – nimmt regelmäßig die zentrale Rolle in einer Internationalen Organisation ein; sie befasst sich als Hauptorgan in regelmäßigen Abständen mit grundsätzlichen politischen Fragen. Demgegenüber stehen internationale Bedienstete unter der Leitung eines Generaldirektors oder -sekretärs, denen das Tagesgeschäft obliegt, einschließlich Vorbereitung und Durchführung der Beschlüsse der Mitgliederversammlung, von dieser eingesetzter Ausschüsse und weiterer Organe oder Gremien der Organisation. Vor allem bei Organisationen mit wirtschaftlicher oder finanzieller Aufgabenstellung besteht typischerweise ein drittes Organ, oft als »Rat« bezeichnet, welches entweder zwischen den Treffen der Staatenvertreter in deren Zuständigkeitsbereich (Eil-)Entscheidungen trifft oder ähnlich wie bei Kapitalgesellschaften nationalen Rechts als kollegialer Vorstand fungiert. Im Einzelnen bestehen hier vielgestaltige Organisationsformen, deren Unterschiede verschiedensten Ursachen politischer, kultureller, historischer und anderer Art geschuldet sind.

Haupt- und andere Organe

IWF-Übereinkommen 1944/1990, Art. XII

(1) Der Fonds hat einen Gouverneursrat, ein Exekutivdirektorium, einen Geschäftsführenden Direktor und Personal...
(2) (a) Alle Befugnisse aus diesem Übereinkommen, die weder dem Gouverneursrat noch dem Exekutivdirektorium oder dem Geschäftsführenden Direktor unmittelbar übertragen sind, liegen beim Gouverneursrat. Der Gouverneursrat besteht aus je einem Gouverneur und je einem Stellvertreter, die von jedem Mitglied in einer von ihm bestimmten Weise bestellt werden...
(3) (a) Das Exekutivdirektorium ist für die Geschäftsführung des Fonds verantwortlich und übt zu diesem Zweck alle ihm vom Gouverneursrat übertragenen Befugnisse aus.
(b) Das Exekutivdirektorium setzt sich aus den Exekutivdirektoren und dem Geschäftsführenden Direktor als Vorsitzendem zusammen. Von den Exekutivdirektoren werden
(i) 5 von den Mitgliedern mit den fünf größten Quoten ernannt und

(ii) 15 von den anderen Mitgliedern gewählt...
(4) (a) Das Exekutivdirektorium wählt einen Geschäftsführenden Direktor, der weder Gouverneur noch Exekutivdirektor sein darf...
(b) Der Geschäftsführende Direktor ist Leiter des Dienst tuenden Personals des Fonds und führt nach Weisung des Exekutivdirektoriums die gewöhnlichen Geschäfte des Fonds. Unter der allgemeinen Kontrolle des Exekutivdirektoriums ist er für den Einsatz, die Einstellung und die Entlassung des Personals verantwortlich.

WTO-Übereinkommen 1994

Art. IV
(1) Eine Ministerkonferenz, die sich aus Vertretern aller Mitglieder zusammensetzt, tritt mindestens einmal alle zwei Jahre zusammen. Die Ministerkonferenz nimmt die Aufgaben der WTO wahr und trifft die dafür erforderlichen Maßnahmen...
(2) Ein Allgemeiner Rat, der sich aus Vertretern aller Mitglieder zusammensetzt, tritt zusammen, wann immer dies zweckdienlich ist. Zwischen den Tagungen der Ministerkonferenz nimmt der Allgemeine Rat deren Aufgaben wahr...
(3) Der Allgemeine Rat tritt gegebenenfalls zusammen, um die Aufgaben des in der Vereinbarung über Streitbeilegung vorgesehenen Streitbeilegungsgremiums wahrzunehmen...

Art. VI
(1) Ein Sekretariat der WTO ... steht unter der Leitung eines Generaldirektors.
(2) Die Ministerkonferenz ernennt den Generaldirektor und nimmt Bestimmungen über die Befugnisse, die Aufgaben, die Dienstbedingungen und die Amtszeit des Generaldirektors an.
(3) Der Generaldirektor ernennt die Mitglieder des Personals des Sekretariats und legt deren Aufgaben und Dienstbedingungen in Übereinstimmung mit den von der Ministerkonferenz angenommenen Bestimmungen fest.

Gleiche Stimmen

Das aus der rechtlichen Gleichheit aller Staaten in ihrer Souveränität herrührende Prinzip »one State – one vote« findet sich zwar auch bei Intergouvernementalen Organisationen wieder.

Satzung des Europarats 1949, Art. 14

Jedes Mitglied hat im Ministerkomitee einen Vertreter, jeder Vertreter hat eine Stimme...

UN-Charta 1945, Art. 9

(1) Die Generalversammlung besteht aus allen Mitgliedern der UN.
Art. 18
(1) Jedes Mitglied der Generalversammlung hat eine Stimme.

Eine besondere Ausprägung erfährt der Grundsatz bei der WTO im Hinblick darauf, dass dieser sowohl die EG als auch deren Mitgliedstaaten angehören.

WTO-Übereinkommen 1994, Art. IX
(1) ... Auf den Tagungen der Ministerkonferenz und des Rates verfügt jedes Mitglied der WTO über eine Stimme. Wenn die EG ihr Stimmrecht ausüben, verfügen sie über eine Anzahl von Stimmen, die der Anzahl ihrer Mitgliedstaaten, die Mitglieder der WTO sind, entspricht...
Fußnote: Die Anzahl der Stimmen der EG und ihrer Mitgliedstaaten darf die Anzahl der Mitgliedstaaten der EG in keinem Fall übersteigen.

Soweit jedoch finanzielle und monetäre Fragen im Vordergrund der Aktivitäten einer Organisation stehen, wird das Prinzip formaler Gleichheit durch eine Stimmenwägung (»weighted voting«) ergänzt und überlagert. Unterschiede in Wirtschaftskraft und -potenzial zwischen den Mitgliedern schlagen sich hier in der Höhe der Geldmittel, die einer Organisation zur Finanzierung von deren Aufgaben zu leisten sind, aber auch und jener korrespondierend im Umfang von Stimmrechten nieder. Ein Mindestmass an Mitwirkungsrechten bleibt jedoch jedem Mitgliedstaat unabhängig von seiner ökonomischen Bedeutung erhalten. Auch sind die Organisationsstatuten bestrebt, wirtschaftliche Ungleichheiten nicht unvermittelt in Mitgliedschaftsrechte (und –pflichten) zu »übersetzen«, und sie sehen zudem vor, dass bei einem Wandel der einer Stimmenwägung zugrunde liegenden Umstände eine entsprechende Revision der Mitwirkungsregeln stattfinden kann oder sogar muss.

Stimmenwägung

IWF-Übereinkommen 1944/1990

Art. XII
... (5) (a) Jedes Mitglied hat zweihundertfünfzig Stimmen und eine zusätzliche Stimme für jeden Teil seiner Quote, der einhunderttausend Sonderziehungsrechten entspricht.

Art. III
(1) Jedem Mitglied wird eine in Sonderziehungsrechte ausgedrückte Quote zugeteilt...
(2) (a) Der Gouverneursrat nimmt in Abständen von höchstens fünf Jahren eine allgemeine Überprüfung der Quoten der Mitglieder vor und schlägt eine Änderung vor, sofern er diese für angebracht hält. Er kann auch ... zu jeder anderen Zeit die Änderung einer bestimmten Quote auf Antrag des betreffenden Mitglieds in Erwägung ziehen...

EG-Vertrag 1993/1999, Art. 205

(2) Ist zu einem Beschluß des Rates die qualifizierte Mehrheit erforderlich, so werden die Stimmen der Mitglieder wie folgt gewogen:

Belgien	5
Dänemark	3
Deutschland	10 ...
Spanien	8 ...
Luxemburg	2 ...
Österreich	4 ...

Einstimmigkeit bzw. Konsens

Stimmenwägung erlangt keine Bedeutung, wenn ein Gremium nur einstimmig Beschlüsse fassen kann, denn hier reicht ein einziges Nein zum Vetorecht. Zuweilen wird das Erfordernis der »Unanimität« auch dadurch modifiziert, dass Stimmenthaltungen unbeachtlich sind (so Art. 205 Abs. 3 EGV). Eine Variante zum einstimmigen Beschluss besteht darin, dass nicht förmlich abgestimmt, sondern möglichst durch Konsens entschieden wird.

WTO-Übereinkommen 1994, Art. IX

(1) Die WTO setzt die nach dem GATT 1947 übliche Praxis der Beschlußfassung durch Konsens fort. Falls ein Beschluß nicht durch Konsens gefaßt werden kann, wird durch die strittige Angelegenheit durch Abstimmung beschlossen...
Fußnote: Ein Beschluß ... gilt als durch Konsens gefaßt, wenn kein ... anwesendes Mitglied gegen den Beschluß förmlich Einspruch erhebt.

Mehrheitsregeln

Statt der – als Regel festgelegten – einfachen Mehrheit der (abgegebenen) Stimmen werden durchweg in allen bedeutsamen Angelegenheiten qualifizierte Mehrheiten verlangt. Hierbei ist teilweise lediglich die Zahl der abstimmenden Mitglieder maßgeblich, teils auch die (gleiche oder andere) Majorität der gewichteten Voten. Im Extremfall führt dies dazu, dass – ähnlich wie (aus anderen, hochpolitischen Gründen) bei ständigen Mitgliedern des UN-Sicherheitsrates nach Art. 27 Abs. 3 UN-Charta – ein einziges Gremiumsmitglied das Zustandekommen eines Beschlusses verhindern kann. Bis heute beträgt etwa die Quote der USA im IWF mehr als 15 v.H. (und macht damit eine »Sperrminorität« aus).

IWF-Übereinkommen 1944/1990

Art. III
... (2) (c) Für jede Quotenänderung ist eine Mehrheit von fünfundachtzig Prozent aller Stimmen erforderlich.

Art. V
... (7) (e) Ein Mitglied hat in Einklang mit Geschäftsgrundsätzen, die der Fonds mit einer Mehrheit von siebzig Prozent seiner Stimmen beschließt, diejenigen Bestände des Fonds an seiner Währung zurückzukaufen, die nicht als Folge von Käufen erworben wurden...

Art. XII
... (5) (c) Sofern nicht ausdrücklich etwas anderes bestimmt ist, werden alle Beschlüsse des Fonds mit der Mehrheit der abgegebenen Stimmen gefaßt...
--- (6) (d) Der Fonds kann jederzeit mit einer Mehrheit von siebzig Prozent aller Stimmen beschließen, einen beliebigen Teil der allgemeinen Rücklagen zu verteilen...

Art. XXVIII
[D]ie Zustimmung aller Mitglieder [ist] erforderlich zur Änderung
(i) des Rechts zum Austritt aus dem Fonds (Art. XXVI Abschn. 1),
(ii) der Bestimmung, wonach die Quote eines Mitglieds ohne seine Zustimmung nicht geändert werden darf (Art. III Abschn. 2 [d])...

Unterschiedliche (qualifizierte) Mehrheiten werden andererseits auch dann davon gefordert, wenn eine Stimmenwägung (noch) nicht vorgesehen ist.

WTO-Übereinkommen 1994

Art. IX
... (2) Die Ministerkonferenz und der Allgemeine Rat sind ausschließlich befugt, dieses Übereinkommen und die Multilateralen Handelsübereinkommen auszulegen... Der Beschluß zur Annahme einer Auslegung wird mit Dreiviertelmehrheit der Mitglieder gefaßt. ...
(3) Unter außergewöhnlichen Umständen kann die Ministerkonferenz beschließen, ein Mitglied von einer Verpflichtung aus diesem Übereinkommen oder einem dem Multilateralen Handelsübereinkommen zu entbinden; jedoch muß dieser Beschluß von drei Vierteln der Mitglieder gefaßt werden, sofern in diesem Absatz nichts anderes vorgesehen ist...

Art. X
... (2) Änderungen dieses Artikels und der folgenden Artikel treten nur nach Annahme durch alle Mitglieder in Kraft:
Art. IX dieses Übereinkommens;
Art. I und II des GATT 1994; ...   [Anlage 1A]
Art. 4 des Übereinkommens über TRIPS.   [Anlage 1C]
(4) Änderungen dieses Übereinkommens oder der Multilateralen Handelsübereinkommen der Anlagen 1A und 1C, ausgenommen die in den Absätzen 2 und 6 genannten, die so beschaffen sind, daß sie die Rechte und Pflichten der Mitglieder nicht ändern würden, treten nach Annahme durch zwei Drittel der Mitglieder für alle Mitglieder in Kraft.

Parlamentarisierung von IGOs?

Die Funktionenteilung im (internen) Recht Intergouvernementaler Organisationen entspricht bislang weder formal noch inhaltlich der aus dem innerstaatlichen Bereich bekannten Struktur der Gewaltenteilung. Am nächsten kommt der nationalen Unterscheidung zwischen Legislative, Exekutive und Judikative noch die Struktur der supranationalen Europäischen Gemeinschaften (E[W]G, EAG), die über ein von den Unionsbürgern direkt gewähltes Parlament verfügen, welches am Erlass von Rechtsakten auf Gemeinschaftsebene in unterschiedlich starkem Masse mitwirkt und auch im Übrigen bestimmte Funktionen nationaler Volksvertretungen innehat. Parlamentarische Versammlungen in anderen regionalen Organisationen haben bis dato regelmäßig lediglich beratende Befugnisse und sind allenfalls an der Aufstellung des Organisationshaushalts beteiligt.

Satzung des Europarats 1949

Art. 22
Die Beratende Versammlung ist das beratende Organ des Europarates. Sie erörtert Fragen, die in ihr Aufgabengebiet fallen, ... und übermittelt ihre Beschlüsse dem Ministerkomitee in Form von Empfehlungen.

Art. 23
(a) Die Beratende Versammlung kann über alle Fragen, die ... der Aufgabe des Europarats entsprechen und in dessen Zuständigkeit fallen, beraten und Empfehlungen ausarbeiten...

Cartagena-Abkommen (Andenpakt) 1969

Art. 42
The Andean Parliament is the deliberative body of the System. It has a community nature, it represents the peoples of the Andean Community and it shall be made up of representatives chosen by universal and direct suffrage...

Art. 43
The Andean Parliament's responsibilities are:
(a) To participate in the promotion and direction of the Andean Subregional integration process, with the aim of consolidating Latin American integration;
(d) To suggest to the bodies and institutions of the System actions or decisions, having as a goal or effect, the adoption of modifications, adjustments, or new general guidelines in relation to the programmed objectives and the institutional structure of the System;
(e) To participate in the law-making process by suggesting to the bodies of the System draft rules and regulations on subjects of common interest, for incorporation to the Andean Community Law;
(f) To promote the harmonization of Member Countries' legislation; and,

g) To promote relationships for cooperation and coordination with the Parliaments of Member Countries, the bodies and institutions of the System, as well as with integration or cooperation parliamentary bodies from third countries.

Die herkömmliche Erklärung für dieses (demokratische bzw. Legitimitäts-)Defizit besteht darin, dass bei der Umsetzung internationaler Regelungen und Maßnahmen noch eine hinreichende Kontrolle in die jeweilige staatliche Rechtsordnung erfolge, weil für Eingriffe in »Freiheit und Eigentum« sowie für alle anderen »wesentlichen« staatlichen Entscheidungen die Zustimmung der gesetzgebenden Körperschaften notwendig sei. Diese sieht sich jedoch zunehmender Kritik ausgesetzt: Nicht nur dann, wenn (wie bei der EG) »Hoheitsrechte« auf »zwischenstaatliche Einrichtungen« »übertragen« sind (Art. 24 Abs. 1 GG), sondern auch bei zahlreichen weiteren Betätigungen Intergouvernementaler – und teils auch nicht-gouvernementaler – Organisationen ergeben sich aus deren Akten faktisch ähnlich bedeutsame Bindungen der staatlichen Legislativen und Exekutiven wie bei dem supranationalen Anwendungsvorrang des Gemeinschafts- vor jedem mitgliedstaatlichen Recht(sakt). Damit läuft die parlamentarische Verantwortlichkeit mitgliedstaatlicher Regierungen, deren Vertreter auf internationaler Ebene in Gremien Internationaler Organisationen bestenfalls verhindern, jedoch nicht selbst gestalten können, weithin leer. Die Debatte über Art und Ausmaß einer Parlamentarisierung Internationaler Organisationen steht freilich erst am Anfang.

Demokratiedefizit?

Im Verhältnis von Intergouvernementalen Organisationen untereinander, aber auch von diesen zu Nichtregierungsorganisationen internationalen Zuschnitts bestehen intensive Kooperations-Beziehungen. Im Rahmen der UN-»Familie« gruppieren sich etwa zahlreiche »Sonderorganisationen« (»specialized agencies«) um die UNO.

UN-Familie

UN-Charta 1945

Art. 57
Die verschiedenen durch zwischenstaatliche Übereinkünfte errichteten Sonderorganisationen, die auf den Gebieten der Wirtschaft, des Sozialwesens, der Kultur, der Erziehung, der Gesundheit und auf verwandten Gebieten weitreichende, in ihren maßgebenden Urkunden umschriebene internationale Aufgaben zu erfüllen haben, werden gemäß Art. 63 mit den Vereinten Nationen in Beziehungen gebracht.

Art. 63
(1) Der Wirtschafts- und Sozialrat kann mit jeder der in Art. 57 bezeichneten Organisationen Abkommen schließen, in denen die Beziehungen der betreffenden Organisation zu den Vereinten Nationen geregelt werden.
(2) Er kann die Tätigkeit der Sonderorganisationen koordinieren.

Art. 70
Der Wirtschafts- und Sozialrat kann Abmachungen dahingehend treffen, daß Vertreter der Sonderorganisationen ohne Stimmrecht an seinen Beratungen ... teilnehmen, und daß seine eigenen Vertreter an den Beratungen der Sonderorganisationen teilnehmen.

Andere »Gruppen«

Bei IWF und Weltbank ist die Mitgliedschaft in dieser von der Zugehörigkeit zu jener Organisation abhängig (Art. II Abschn. 1 IBRD-Abkommen), und in der Regel kann nur ein Staat, der Mitglied dieser universellen bzw. einer regionalen Entwicklungsbank ist, anderen Einrichtungen der jeweiligen Gruppe (etwa der um die Weltbank) beitreten.

MIGA-Übereinkommen 1985, Art. 4
(a) Die Mitgliedschaft in der Agentur steht allen Mitgliedern der Bank und der Schweiz offen.

ICSID-Übereinkommen 1965, Art. 67
Dieses Übereinkommen liegt für die Mitgliedstaaten der Bank zur Unterzeichnung auf. Es liegt ferner für jeden anderen Staat zur Unterzeichnung auf, der Vertragspartei der Satzung des Internationalen Gerichtshofes ist und den der Verwaltungsrat mit Zweidrittelmehrheit seiner Mitglieder zur Unterzeichnung des Übereinkommens eingeladen hat.

Arten der Kooperation

Universelle wie regionale Organisationen sind ihrerseits auf (arbeitsteilige) Vernetzung mit anderen Einrichtungen in Form vertraglicher oder auch institutionalisierter Kooperation angelegt.

IWF-Übereinkommen 1944/1990, Art. X
Der Fonds arbeitet im Rahmen der Bestimmungen dieses Übereinkommens mit allen allgemeinen Internationalen Organisationen und mit öffentlichen Internationalen Organisationen zusammen, die auf verwandten Gebieten besondere Aufgaben haben. ...

WTO-Übereinkommen 1994, Art. V
(1) Der Allgemeine Rat trifft geeignete Vorkehrungen zur wirksamen Zusammenarbeit mit anderen zwischenstaatlichen Organisationen, deren Aufgaben mit denen der WTO im Zusammenhang stehen.
(2) Der Allgemeine Rat kann geeignete Vorkehrungen für Konsultationen und Zusammenarbeit mit nichtstaatlichen Organisationen treffen, die sich mit Angelegenheiten befassen, die mit denen der WTO im Zusammenhang stehen.

UN-Charta 1945, Art. 71
Der Wirtschafts- und Sozialrat kann geeignete Abmachungen zwecks Konsultation mit nichtstaatlichen Organisationen treffen, die sich mit Angelegenheiten seiner Zuständigkeit befassen. Solche Abmachungen können mit Internationalen Organisationen und, soweit angebracht, nach Konsultation des betreffenden Mitglieds der UN auch mit nationalen Organisationen getroffen werden.

EG-Vertrag 1993/1999
Art. 302
Die Kommission unterhält alle zweckdienlichen Beziehungen zu den Organen der UN und ihrer Fachorganisationen. Sie unterhält ferner, soweit zweckdienlich, Beziehungen zu allen Internationalen Organisationen.

Art. 303
Die Gemeinschaft führt jede zweckdienliche Zusammenarbeit mit dem Europarat herbei.

Art. 304
Die Gemeinschaft führt ein enges Zusammenwirken mit der Organisation für Wirtschaftliche Zusammenarbeit und Entwicklung herbei...

Nicht nur können, auf solche Rechtsgrundlagen gestützt, völkerrechtliche (Mitgliedschafts- oder Austausch-)Verträge geschlossen werden, vielmehr existiert auch eine enge Zusammenarbeit in Sachfragen, nicht zuletzt, um das jeweilige Spezialwissen anderer für eigene Zwecke fruchtbar zu machen.

GATT 1947/1994, Art. XV
(1) Die VERTRAGSPARTEIEN werden bestrebt sein, mit dem IWF zusammenzuarbeiten, damit bei den in die Zuständigkeit des Fonds fallenden Fragen des Zahlungsverkehrs und bei den in die Zuständigkeit der VERTRAGSPARTEIEN fallenden Fragen der mengenmäßigen Beschränkungen und anderer handelspolitischer Maßnahmen eine einheitliche Politik verfolgt wird

SPS-Abkommen 1994
Art. 3
(1) Mit dem Ziel, eine möglichst weitgehende Harmonisierung der gesundheitspolizeilichen und pflanzenschutzrechtlichen Maßnahmen zu erreichen, stützen sich die Mitglieder ... auf internationale Normen, Richtlinien oder Empfehlungen, soweit diese bestehen...
Anhang A   Definitionen
Internationale Normen, Richtlinien und Empfehlungen
(a) für die Nahrungsmittelsicherheit die Normen, Richtlinien oder Empfehlungen der Kommission des Codex Alimentarius ...;

> (b) für Tiergesundheit und Zoonosen die Normen, Richtlinien oder Empfehlungen, die unter der Schirmherrschaft des Internationalen Tierseuchenamts entwickelt werden;
> (c) für Pflanzengesundheit die internationalen Normen. Richtlinien oder Empfehlungen, die unter der Schirmherrschaft des Sekretariats der Internationalen Pflanzenschutzkonvention in Zusammenarbeit mit im Rahmen der (K)onvention tätigen regionalen Organisationen entwickelt werden …

Informations- und Gedankenaustausch ist nicht auf administrative Bereiche beschränkt, sondern findet zunehmend auch im Rahmen internationaler Streitbeilegung statt, etwa im Rahmen der WTO.

WTO-Streitbeilegungsvereinbarung 1994, Art. 13
> (1) Jedes Panel hat das Recht, von jeder Einzelperson oder jedem Gremium, die es für geeignet hält, Informationen oder fachlichen Rat einzuholen…

Unabhängigkeit des IGO-Personals

Um die Internationalisierung von Aufgaben und Befugnissen im Rahmen einer Internationalen Organisation von sachfremden (Versuchen von) Einflussnahmen seitens einzelner Mitglieder – sei dies das Sitzland, seien dies politisch und/oder wirtschaftlich bedeutendere Mitgliedstaaten – freizuhalten, werden dem Personal (»staff«) solcher Einrichtungen nicht nur Vorrechte und Befreiungen eingeräumt. Vielmehr normieren die Gründungsabkommen auch eine Verpflichtung für alle Mitglieder, die Unabhängigkeit dieser Personengruppe zu achten. Umgekehrt darf ein Organisationsbediensteter auch nicht von sich aus – im Hinblick auf vermeintliche Loyalität dem »eigenen« Staat gegenüber – um Rat oder gar Weisung »seiner« Regierung nachsuchen.

UN-Charta 1945, Art. 100
> (1) Der Generalsekretär und die sonstigen Bediensteten dürfen bei der Wahrnehmung ihrer Pflichten von einer Regierung oder von einer Autorität außerhalb der Organisation Weisungen weder erbitten noch entgegennehmen. Sie haben jede Handlung zu unterlassen, die ihrer Stellung als internationale, nur der Organisation verantwortliche Bedienstete abträglich sein könnte.
> (2) Jedes Mitglied der UN verpflichtet sich, den ausschließlich internationalen Charakter der Verantwortung des Generalsekretärs und der sonstigen Bediensteten zu achten und nicht zu versuchen, sie bei der Wahrnehmung ihrer Aufgaben zu beeinflussen.

Satzung des Europarats 1949, Art. 36
> … (e) Jedes Mitglied des Personals des Sekretariats muß … versichern …, seine Amtspflichten gewissenhaft zu erfüllen, ohne sich durch irgendwelche Rücksichten nationaler Art beeinflussen zu lassen. Es

muß dabei seinen Willen zum Ausdruck bringen, daß es bei Ausübung des Dienstes weder von einer Regierung noch von irgendeiner außerhalb des Rates stehenden Stelle Weisungen einholen oder entgegennehmen wird und daß es sich jeder Handlung enthalten wird, die mit seiner Stellung als internationaler, ausschließlich dem Rate gegenüber verantwortlicher Beamter unvereinbar ist. ...

Als »Grundsatz« für die UNO wie für ihre Mitglieder legt Art. 2 Nr. 7 UN-Charta allgemein ein Interventionsverbot fest. Freilich liegt das Problem gerade darin festzustellen, wo die Grenzen zwischen den (mitglied)staatlicher Regelung vorbehaltenen Angelegenheiten (»domaine réservé«) und solchen Bereichen liegt, bei denen etwa humanitäre bzw. menschenrechtliche Gründe eine Befassung durch Internationale Organisationen legitimieren können. In einigen Gründungsabkommen wird insoweit eine Konkretisierung des Grenzverlaufs angestrebt.

Keine Einmischung in innere Angelegenheiten

IBRD-Übereinkommen 1944/1965, Art. IV
... (10) Die Bank und ihre Beamten sollen sich nicht in die politischen Angelegenheiten eines Mitglieds einmischen; sie dürfen sich in ihren Entscheidungen auch nicht von dem politischen Charakter des betreffenden Mitglieds oder der betreffenden Mitglieder beeinflussen lassen. Für ihre Beschlüsse müssen ausschließlich wirtschaftliche Gesichtspunkte maßgebend sein, und diese sind unparteiisch zu wägen, damit die in Artikel I genannten Zwecke [der IBRD] erreicht werden.

MIGA-Übereinkommen 1985, Art. 34
Die Agentur, ihr Präsident und ihr Personal dürfen sich nicht in die politischen Angelegenheiten eines Mitglieds einmischen. Unbeschadet des Rechts der Agentur, alle Umstände im Zusammenhang mit einer Investition zu berücksichtigen, dürfen sie sich in ihren Beschlüssen nicht von der politischen Ausrichtung des oder der betreffenden Mitglieder beeinflussen lassen...

UNESCO Constitution 1945, Art. I
... (3) With a view of preserving the independence, integrity and fruitful diversity of the cultures and educational systems of the States Members of the Organization, the Organization is prohibited from intervening in matters which are essentially within their domestic jurisdiction.

Rechtsakte Intergouvernementaler Organisationen leiten ihre Form, den zulässigen Inhalt und die Rechtsverbindlichkeit aus dem Gründungsabkommen her; dabei können explizite Rechtsetzungsermächtigungen oder Entscheidungsbefugnisse durch (im Wege der Auslegung zu ermittelnde) »implied powers« ergänzt und abgerundet werden. Die

Rechtsetzung

Materie Rechtsetzung fällt nach diesen primärrechtlichen Normen regelmäßig in die Kompetenz des allgemeinen Staatenvertreterorgans, ob nun Mitgliedstaaten direkt (durch Beschluss) zu bestimmtem normativen Handeln angehalten werden oder den Verpflichtungen aus einer im Rahmen der Organisation erarbeiteten (multilateralen) Konvention Rechnung tragen müssen.

UN-Charta 1945

Art. 25
Die Mitglieder der UN kommen überein, die Beschlüsse des Sicherheitsrats im Einklang mit dieser Charta anzunehmen und durchzuführen.

Art. 41
Der Sicherheitsrat kann beschließen, welche Maßnahmen – unter Ausschluß von Waffengewalt – zu ergreifen sind, um seinen Beschlüssen Wirksamkeit zu verleihen; er kann die Mitglieder der UN auffordern, diese Maßnahmen durchzuführen...

Art. 62
(3) (Der Wirtschafts- und Sozialrat) kann über Angelegenheiten, für die er zuständig ist, Übereinkommen entwerfen und der Generalversammlung vorlegen.
(4) Er kann nach den von den UN festgesetzten Regeln internationale Konferenzen über Angelegenheiten einberufen, für die er zuständig ist.

OECD-Übereinkommen 1960, Art. 5

Um ihre Ziele zu erreichen, kann die Organisation
(a) Beschlüsse fassen; diese sind für alle Mitglieder bindend, soweit nichts anderes vorgesehen,
(b) Empfehlungen an die Mitglieder richten,
(c) mit Mitgliedern, Nichtmitgliedstaaten und Internationalen Organisationen Vereinbarungen abschließen.

Satzung des Europarats 1949, Art. 15

(a) Auf Empfehlung der Beratenden Versammlung oder auf eigene Veranlassung prüft das Minister-Komitee die Maßnahmen, die geeignet sind, die Aufgaben des Europarats zu verwirklichen, einschließlich des Abschlusses von Abkommen und Vereinbarungen ...
(b) Die Beschlüsse des Minister-Komitees können gegebenenfalls in die Form von Empfehlungen an die Regierungen gekleidet werden. Das Komitee kann diese ersuchen, ihm mitzuteilen, was sie auf diese Empfehlungen hin veranlaßt haben.

Darüber hinaus können (unter verschiedenen Bezeichnungen, z.B. auch »Deklaration« oder »Resolution«) auch rechtlich unverbindlich, aber juristisch nicht völlig unerhebliche Sekundärrechtsakte ergehen.

UN-Charta 1945

Art. 13

(1) Die Generalversammlung ... gibt Empfehlungen ab,
(a) um die internationale Zusammenarbeit auf politischem Gebiet zu fördern und die fortschreitende Entwicklung des Völkerrechts sowie seine Kodifizierung zu begünstigen;
(b) um die internationale Zusammenarbeit auf den Gebieten der Wirtschaft, des Sozialwesens, der Kultur, der Erziehung und der Gesundheit zu fördern und zur Verwirklichung der Menschenrechte und Grundfreiheiten für alle ohne Unterschied der Rasse, des Geschlechts, der Sprache oder der Religion beizutragen.

Art. 62

(1) Der Wirtschafts- und Sozialrat kann [zu] internationale[n] Angelegenheiten auf den Gebieten der Wirtschaft, des Sozialwesens, der Kultur, der Erziehung, der Gesundheit und auf verwandten Gebieten ... an die Generalversammlung, die Mitglieder der UN und die in Betracht kommenden Sonderorganisationen Empfehlungen richten.
(2) Er kann Empfehlungen abgeben, um die Achtung und Verwirklichung der Menschenrechte und Grundfreiheiten für alle zu fördern.

EG-Vertrag 1993/1999, Art. 249

(1) Zur Erfüllung ihrer Aufgaben und nach Maßgabe dieses Vertrags (sprechen) das Europäische Parlament und der Rat gemeinsam, der Rat und die Kommission ... Empfehlungen aus oder geben Stellungnahmen ab. ...
(5) Die Empfehlungen und Stellungnahmen sind nicht verbindlich.

Bei klassischen Intergouvernementalen Organisationen sind Rechtsvorschriften, die sich unmittelbar an Individuen richten, auf den Innenbereich des Verbands beschränkt und umfassen insbesondere Regelungen zu Rechtsverhältnissen des Personals sowie Bestimmungen zu Organisation und Verfahren.

Satzung des Europarats 1949, Art. 16

Vorbehaltlich der ... Vollmachten der Beratenden Versammlung, regelt das Minister-Komitee mit bindender Kraft alle Fragen, die sich auf die Organisation und die inneren Angelegenheiten des Europarats beziehen. Es erläßt zu diesem Zweck die erforderlichen Finanz- und Verwaltungsanordnungen.

2.3. Internationale Finanzinstitutionen

2.3.1. Auf dem Weg zu einer internationalen »Finanzarchitektur«

In den letzten Jahren haben sich eine Gruppe von (derzeit 26 staatlichen) Zentralbanken, Währungs- und Bankenaufsichtsbehörden und einige Internationalen Organisationen und Gremien mit monetären und/oder finanziellen Tätigkeitsschwerpunkten im Rahmen eines Financial Stability Forum (FSF) zusammengefunden. Das 1999 errichtete Forum mit dem Ziel

Financial Stability Forum

FSF

> to promote international financial stability through information exchange and international co-operation in financial supervision and surveillance,

weist selbst jedoch kaum institutionelle Züge auf; vielmehr steht ihm »in persönlicher Eigenschaft« ein leitender Bediensteter einer der teilnehmenden Einrichtungen vor und werden Sekretariatsdienste durch die BIZ, die ebenfalls am FSF beteiligt, zur Verfügung gestellt.

Als »internationale Finanzinstitutionen« sind hier IWF und Weltbank mit je 2, die BIZ und die Organisation für Wirtschaftliche Zusammenarbeit und Entwicklung (OECD) mit je einem Vertreter beteiligt. Ferner wirken »international standard setting, regulatory and supervisory groupings« mit, nämlich

- der Baseler Ausschuss für Bankenaufsicht (Basel Committee on Banking Supervision, BCBS), auch nach einem früheren Vorsitzenden »Cooke Committee« genannt),
- der (nicht-gouvernementale) International Accounting Standards Board (IASB),
- die International Association of Insurance Supervisors (IAIS) sowie
- die International Organisation of Securities Commissions (IOSCO).

Hinzu kommen schließlich zwei mit Zentralbankexperten besetzte Ausschüsse – die Committee(s) on Payment and Settlement Systems (CPSS) bzw. on the Global Financial System (CGFS) – sowie die Europäische Zentralbank (EZB).

Das FSF könnte sich schrittweise zu einem Eckstein einer internationalen »Finanzarchitektur« entwickeln.

2.3.2 Organisationen mit primär währungspolitischen Aufgaben

2.3.2.1. Internationaler Währungsfonds

Der IWF – International Monetary Fund (IMF), Fonds Monétaire International (FMI) – ist zusammen mit der Weltbank ein Produkt angloamerikanischer Konzeptionen für eine liberale Weltwirtschaftsordnung nach Ende des Zweiten Weltkriegs. Während auf einer Konferenz im Sommer 1944 in Bretton Woods (New Hampshire, USA) die Gründungsverträge dieser beiden Organisationen erfolgreich zustande kamen, scheiterte (zunächst) das fast noch ehrgeizigere, parallele Projekt einer International Trade Organization (ITO); von ihr nur erlangte ein vorab beschlossener Teil, das General Agreement on Tariffs and Trade (GATT), Anfang 1948 rechtliche Wirksamkeit.

Bretton Woods-Einrichtungen

Inhaltlich haben die Regelungen des IWF-Übereinkommens mehrfach erhebliche Änderungen erfahren, das ursprüngliche »System von Bretton Woods« ist durch die am 1.4.1978 in Kraft getretene zweite Satzungsnovelle nach seinem faktischen Zusammenbrechen im Jahr 1971 auch rechtlich grundlegend modifiziert worden. Die wesentlichen Organisationsstrukturen des Fonds sind hingegen bis heute fast unverändert geblieben.

Änderungen seit 1944

Der IWF ist eine UN-Sonderorganisation mit Haupt-Sitz »im Hoheitsgebiet des Mitglieds mit der größten Quote« (Art. XIII Abschn. 1 IWF-Übereinkommen); seine Zentrale war also von Anfang an in den USA (Washington, D.C.) belegen. Derzeit zählt der IWF 184 (staatliche) Mitglieder, deren Quoten sich auf insgesamt über 200 Mrd. Sonderziehungsrechte (SZR), d.h. knapp 300 Mrd. $ addieren.

Mitglieder und Sitz

Der Gouverneursrat (Board of Governors) setzt sich aus je einem Gouverneur und einem Stellvertreter zusammen, in der Regel Finanzminister und Zentralbankpräsident jeden Mitgliedstaates, deren Stimmen nach Art. XII Abschn. 5 des Übereinkommens gewogen werden. Alle Befugnisse, die das Übereinkommen nicht dem Exekutivdirektorium (Executive Board) oder dem Geschäftsführenden Direktor (Managing Director) überträgt, stehen diesem Gremium zu, das jährlich bei gemeinsam mit der Weltbank stattfindenden Treffen (annual meetings) zusammenkommt (Art. XII Abschn. 2).

Gouverneursrat

Soweit das Übereinkommen dies nicht ausdrücklich verbietet, kann der Gouverneursrat seine Befugnisse auf das Exekutivdirektorium übertragen. Im Übrigen ist dieses z. Zt. 24 Mitglieder zählende Organ für die Geschäftsführung des IWF verantwortlich; es tritt wöchentlich mehrmals unter Leitung des Geschäftsführenden Direktors zusammen. Die

Exekutivdirektorium

fünf Mitgliedstaaten mit den größten Quoten (USA, Japan, Deutschland, Frankreich, Vereinigtes Königreich) ernennen je einen Exekutivdirektor, ebenso China, Russland und Saudi-Arabien. Die restlichen 16 Mitglieder des Gremiums werden gewählt; dabei repräsentiert ein Exekutivdirektor jeweils eine (oft heterogene) Staatengruppe, etwa »Helvetistan« mit der Schweiz, Polen (Stellvertreter) sowie Aserbaidschan, Kirgistan, Serbien und Montenegro, Tadschikistan, Turkmenistan und Usbekistan. Förmliche Abstimmungen, wie in Art. XII Abschn. 3 des Übereinkommens vorgesehen, erfolgen selten; in der Regel entscheidet das Exekutivdirektorium durch (vom Vorsitzenden festgestellten) Konsens.

Geschäftsführender Direktor

Stellung und Aufgaben des Geschäftsführenden Direktors, bis vor kurzem der Deutsche Horst Köhler, ergeben sich aus Art.XII Abschn. 4:

IWF-Übereinkommen Art. XII Abschn. 4

(a) Das Exekutivdirektorium wählt einen Geschäftsführenden Direktor, der weder Gouverneur noch Exekutivdirektor sein darf. Der Geschäftsführende Direktor ist Vorsitzender des Exekutivdirektoriums, hat aber kein Stimmrecht außer einer entscheidenden Stimme bei Stimmengleichheit. Er kann an den Sitzungen des Gouverneursrats teilnehmen, hat aber ... kein Stimmrecht...

(b) Der Geschäftsführende Direktor ist Leiter des diensttuenden Personals des Fonds und führt nach Weisung des Exekutivdirektoriums die gewöhnlichen Geschäfte des Fonds...

Für die Zusammensetzung des (internationalen) Personals gilt eine auch in Bundesstaaten (s. Art. 36 Abs. 1 GG) bekannte Regelung.

IWF-Übereinkommen Art. XII Abschn. 4

(d) Bei der Einstellung des Personals hat der Geschäftsführende Direktor gebührend darauf zu achten, daß die Auswahl auf möglichst breiter geographischer Grundlage erfolgt, wobei jedoch einem Höchstmaß an Leistungsfähigkeit und Sachkunde vorrangige Bedeutung zukommt.

IMFC

Das International Monetary and Financial Committee (IMFC) wurde 1999 durch eine Entschließung des Gouverneursrats eingerichtet und ersetzt das Interim Committee of the Board of Governors on the International Monetary System (»Interimsausschuss«), das seit 1974 bestand. Der Sache, nicht aber der Form nach handelt es sich um den in Art. XII Abschn. 1 vorgesehenen Rat auf Ministerebene, denn dem Beratungsgremium gehören nur (z. Zt. 24) IWF-Gouverneure an, wobei die Mitgliedschaft die Zusammensetzung des Exekutivdirektoriums widerspiegelt. Das IMFC tritt regelmäßig zwei Mal pro Jahr, während der Frühjahrs- und Herbsttagungen der Bretton Woods-Institutionen zusammen; als Beobachter können Vertreter zahlreicher Internationaler Organisationen, nicht zuletzt aus der Weltbankgruppe, teilnehmen.

Development Committee

Ebenfalls 1974 eingerichtet wurde ein Joint Ministerial Committee of the Boards of Governors of the Bank and Fund on the Transfer of Real

Resources to Developing Countries (besser bekannt als Development Committee), dessen Aufgabe darin besteht, die Gouverneursräte von IWF und Weltbank zu bestimmten Themenkreisen zu beraten. Ursprünglich bezog sich dies auf »critical development issues« einschließlich der »financial resources required to promote economic development in developing countries«. Der wie der IMFC halbjährlich tagende, ebenfalls 24-köpfige Entwicklungsausschuss interpretiert sein Mandat heute dahin, dass er auch »trade and global environmental issues« ansprechen könne, »in addition to traditional development matters«. Seine Mitglieder, meist die jeweiligen Minister für Finanzen oder wirtschaftliche Entwicklung, sollen das gesamte Spektrum der IWF-/Weltbank-Mitgliedstaaten umfassen; sie werden für eine Amtszeit von zwei Jahren von den Staaten(gruppen) benannt, die auch Mitglieder in das Exekutivdirektorium von IWF oder IBRD entsenden.

Die hauptsächliche Quelle für die (Finanz-)Mittel des IWF sind Quoten (Zeichnung und Zuführung von Kapital).

Quoten

Art. III

(1) Jedem Mitglied wird eine in SZR ausgedrückte Quote zugeteilt... Die Subskription jedes Mitglieds entspricht seiner Quote und ist in voller Höhe bei der zuständigen Hinterlegungsstelle an dem Fonds zu zahlen.

IWF-Übereinkommen

Art. XIII

(2) (a) Jedes Mitglied bestimmt seine Zentralbank oder ... eine andere dem Fonds genehme Institution für alle Fondsbestände in seiner Währung. ...

Die Quote bestimmt die Obergrenze der finanziellen Verpflichtungen eines Mitglieds gegenüber dem IWF, sein Stimmrecht und -gewicht und bildet die Grundlage für den Zugang zu »Krediten« (Fazilitäten) des Fonds. Die Gesamtsumme aller Quoten, die entweder bereits bei der Gründung oder bei einem späteren Beitritt vom Gouverneursrat festgelegt werden, betrug Anfang 2003 213 Mrd. SZR; die Spannweite reicht von den USA (über 37 Mrd. SZR) bis zu Palau (3,1 Mio. SZR).

IWF-Übereinkommen, Art. XII

... (5) (a) Jedes Mitglied hat zweihundertfünfzig Stimmen und eine zusätzliche Stimme für jeden Teil seiner Quote, der einhunderttausend Sonderziehungsrechten entspricht.

Demgemäß haben die USA über 370.000, damit mehr als 17 % der Stimmen – was für alle wesentlichen Entscheidungen ein Vetorecht bedeutet –, während Palau lediglich über 281 Stimmen (= 0,013 %) verfügt. Die konkrete Höhe einer Quote bestimmt sich nach der Wirtschaftskraft eines Mitgliedstaats im Verhältnis zu der anderer; als

Faktoren werden etwa Bruttoinlandsprodukt, Zahlungsbilanz und Währungsreserven herangezogen. Ein Viertel der Subskription ist in SZR oder »bezeichneten« Währungen anderer Mitglieder (»usable currencies«) zu zahlen, der Rest in der eigenen Währung (Art. III Abschn. 3). Auch für eine (allgemeine) SZR-Zuteilung sind nach Art. XVIII Abschn. 2 (b) die jeweiligen Quoten maßgebend.

»quota review«

Art. III Abschn. 2 sieht generelle und individuelle Quotenüberprüfungen (und ggf. -änderungen vor). Die letzte allgemeine Erhöhung 1999 im Rahmen der periodischen, in fünfjährigen Abständen erfolgenden »review« wurde veranlasst durch Änderungen in der Weltwirtschaft, das gestiegene Risiko von Finanzkrisen und die rasche Liberalisierung von Handels- und Kapitalverkehr. Eine Änderung ad hoc und im Einzelfall erfolgte 2001 für China im Hinblick auf die (Wieder-)Eingliederung Hongkongs.

Mittelaufnahme

Die für die Aufgaben des IWF nötigen Mittel stammen außer aus Mitgliederzahlungen aufgrund von Quotenerhöhungen (Art. III Abschn. 3) aus »Gebühren« für die Inanspruchnahme seiner Mittel (Art. V Abschn. 8). Anders als internationale Banken ist der Fonds aber nicht befugt, sich durch Aufnahme von Krediten oder Emission von Anleihen auf nationalen oder internationalen Finanzmärkten weitere Mittel zu verschaffen. Daher hat er im Laufe seiner Geschichte zur Refinanzierung mehrfach Vereinbarungen mit Regierungen (bzw. Zentralbanken) wirtschaftlich-finanziell bedeutsamer Staaten geschlossen; die Möglichkeit, neben den eigenen auch Mittel zu verwalten, die von (einzelnen) Mitgliedern auf Abruf zur Verfügung gestellt werden, sieht Art. V Abschn. 2 (b) des IWF-Übereinkommens ausdrücklich vor.

Zusätzliche Mittel aus GAB und NAB

Die erste derartige ergänzende Quelle zusätzlicher Mittel, die Allgemeine Kreditvereinbarung (General Arrangements to Borrow, GAB), wurde 1962 eingerichtet, eine weitere – New Arrangements to Borrow (NAB) – im Jahre 1998. Aufgrund der GAB kann der IWF bestimmte Beträge von ursprünglich zehn, nach Beitritt der Schweiz 11 Industriestaaten (bzw. der Deutschen Bundesbank, der Schweizerischen Nationalbank und der Sveriges Riksbank) zu marktbezogenen Zinssätzen leihen; die Bundesbank nimmt dabei mit der zweitgrößten Summe (2,38 Mrd. SZR) nach den USA (4,25 Mrd. SZR) teil. Der Fonds kann insgesamt 17 Mrd. SZR Kredit aufnehmen; dazu kommen bis zu 1,5 Mrd. SZR aus einer mit den GAB verknüpften Vereinbarung mit der Währungsbehörde Saudi-Arabiens. Die GAB wurden mehrfach verlängert, zuletzt Ende 2002 für weitere fünf Jahre; die heutige Obergrenze wurde bei einer Überprüfung in der Folge der lateinamerikanischen Schuldenkrise 1983 festgelegt. GAB-Mittel können auch anderen IWF-Mitgliedern als den an der Vereinbarung Beteiligten zur

Verfügung gestellt werden. Durch einen vom Exekutivdirektorium gefassten Beschluss wurden im Rahmen der NAB sowohl die dem Fonds verfügbaren Mittel verdoppelt (auf 34 Mrd. SZR) als auch die Zahl der beteiligten Kreditgeber auf 26 erhöht; auch bei dieser Vereinbarung geht es darum, Probleme des internationalen Währungssystems zu bewältigen oder eine außerordentliche Bedrohung von dessen Stabilität abzuwehren, wobei seither zunächst und hauptsächlich auf diese Finanzquelle zurückgegriffen werden soll. Auch bei den NAB richten sich die Beiträge nach dem Vorbild der Quoten an der unterschiedlichen wirtschaftlichen Stärke der Teilnehmer aus. Bei der erstmaligen Verlängerung um fünf Jahre (ab November 2003) stieß neu der Banco Central de Chile (als Vertreter für dieses südamerikanische Land) hinzu, mit 340 Mio. SZR. Weiterhin stellen die USA die höchste Summe zur Verfügung (6,64 Mrd. SZR), es folgen (mit jeweils 3,519 Mrd. SZR) die Bundesbank und Japan. Mitwirkende sind auch Schwellenländer wie Süd-Korea, Malaysia, Singapur, Thailand, die Währungsbehörde von Hongkong sowie Kuwait und (weiterhin) Saudi-Arabien. Bei GAB wie bei NAB unterbreitet der Geschäftsführende Direktor des IWF einen Vorschlag, dem die potenziellen Kreditgeber-Staaten zustimmen müssen; dann entscheidet das IWF-Exekutivdirektorium. In Anspruch genommen wurde das NAB bislang nur einmal (Brasilien Ende 1998), das GAB zehnmal. Die Notwendigkeit eines Rückgriffs sank, als 1999 erneut eine Erhöhung der Quoten im Fonds wirksam wurde.

Erfüllt ein Mitglied eine der Verpflichtungen nach dem IWF-Übereinkommen (insbes. nach Art. V) nicht, kann ihm zunächst die Berechtigung zur Inanspruchnahme der allgemeinen Fondsmittel (Art. V Abschn. 3) entzogen werden; führt diese erste »Verwarnung« nicht binnen angemessener Frist zu einer Korrektur des Fehlverhaltens, kommt mit qualifizierter Mehrheit die Suspension der Stimmrechte in Betracht (Art. XXVI Abschn. 2 [a], [b]). Bleibt auch diese Maßnahme ohne Ergebnis, kann der Gouverneursrat mit 85 % der Stimmen das Mitglied aus dem Fonds ausschließen. Ein derartiges Verfahren nach Art. XXVI Abschn. 2 (c) wurde im Dezember 2003 gegen Zimbabwe eingeleitet, weil dieser Staat Verpflichtungen im Rahmen der Poverty Reduction and Growth Facility (PRGF) nicht nachkam – ein bisher einmaliger Fall.

Sanktionen

Für jede Inanspruchnahme – inklusive Abschluss von Bereitschaftskredit- (stand-by arrangements, Art. XXX [b]) oder ähnlichen Vereinbarungen – der finanziellen Ressourcen des IWF, also auch schon beim Zugriff auf die »allgemeinen« Fondsmittel gelten »Geschäftsgrundsätze« des Fonds; nach Art. V Abschn. 3 (a) sind diese

IWF-Übereinkommen Art. V Abschn. 3 (a)	... darauf auszurichten, daß sie den Mitgliedern bei der diesem Übereinkommen gemäßen Lösung ihrer Zahlungsbilanzprobleme helfen und ausreichende Sicherungen dafür schaffen, daß die allgemeinen Fondsmittel nur zeitweise in Anspruch genommen werden.

Eine Berechtigung eines Mitglieds, Mittel des Fonds zu »ziehen«, d.h. von diesem »gegen Zahlung eines entsprechenden Betrags in seiner Währung die Währungen anderer Mitglieder zu kaufen«, entsteht aber erst, wenn weitere Bedingungen erfüllt sind (Art. V Abschn. 3 [b]), vor allem eine ungünstige Zahlungsbilanz- oder Währungsreserve-Situation vorliegt oder droht ([ii]) und eine Obergrenze eingehalten wird ([iii]). Werden ausreichende Sicherheiten geboten, kann der IWF teilweise auf Bedingungen verzichten (Art. V Abschn. 4). Für die wirtschaftlich als Kredit zu erachtenden Käufe muss das ziehende Mitglied »Gebühren« (Sollzinsen) entrichten; die Tilgung erfolgt in Form eines Rückkaufs der eigenen Währung. Andererseits hat ein Mitglied Anspruch auf eine »Vergütung« (Habenzins) für den Betrag seiner Währung, die er beim Fonds über das Gebotene hinaus hält (Art. V Abschn. 7 – 9).

»Kreditvergabe« durch den IWF

Der Fonds verknüpft seine finanzielle Unterstützung mit bestimmten Bedingungen, die sich letztlich aus seiner Aufgabe (Art. I) ableiten (»conditionality«); die wichtigsten sind vom Exekutivdirektorium in Richtlinien niederlegt. Sie reichen von allgemeinen Zusagen, mit dem IWF bei der Formulierung der Wirtschafts- und Währungspolitik zusammenzuarbeiten, bis zur Vorgabe konkreter Kennziffern für die Haushalt- und Finanzpolitik. Die Ausgestaltung der »Konditionen« hängt auch von der (an der Quote ausgerichteten, in mehrere »Tranchen« aufgegliederten) Höhe der Mittelinanspruchnahme ab. Grundlage hierfür ist ein vom Mitglied vorgelegter »letter of intent«, der (mit Zustimmung des betr. Staats) auch (im Internet) publiziert werden wird. Durch diese Form – und durch das vom Fonds zugesagte standby arrangement – soll klar gestellt werden, dass eine Kreditzusage kein »international agreement« sei.

»Konditionalität«

Mehrere, oft nur vorübergehend eingerichtete »spezielle Fazilitäten« des IWF setzen ebenfalls regelmäßig an der Quote eines Mitglieds an. 1999 geschaffene, zur Krisenprävention vorgesehene Contingent Credit Lines (CCL) enthielten kein solches Limit, wurden 2003 aber aufgegeben, weil sie nicht genutzt wurden. Mehrjährige Laufzeiten sind vor allem dann üblich, wenn mit der Mittelvergabe auch andere Wirkungen neben der »ökonomischen Dimension« und über diese hinaus intendiert werden; Beispiele hierfür waren/sind die ursprüngliche und später erweiterte (»enhanced«) Structural Adjustment Facility ([E]SAF) und – in Kooperation insbesondere mit der Weltbank – die Poverty Reduction and Growth Facility (PRGF). Aus der PRGF unter-

Neuere Entwicklungen

stützte Programme beziehen sich auf umfassende, länderspezifische Poverty Reduction Strategy Papers (PRSPs); diese werden von den Regierungen in Kooperation mit der »civil society«, d.h. Nichtregierungsorganisationen (und den Hilfsbedürftigen selbst) erarbeitet und sind dann Grundlage für strukturierte Kredite (»concessional lending«) und für Schuldenabbau (»debt relief«) nach der Initiative für die hochverschuldeten armen Länder (»heavily-indebted poor countries«, HIPC). Die Mittel hierfür werden vom IWF auf zwei speziellen Treuhandkonten, dem PRGF und dem PRGF-HIPC Trust verwaltet; die erforderlichen Zinssubventionen stammen bilateral von einzelnen Geberländern sowie aus den eigenen Mitteln des Fonds.

Die Grenzen zur (verbotenen) Einmischung in die »allgemein-politischen« Angelegenheiten eines Mitglieds sind dabei im Einzelfall nicht immer klar – auch und gerade wenn eine »Ziehung« von Fondsmitteln nicht ohne oder gar gegen den Willen der Staatsführung erfolgen kann –, vor allem dann, wenn das »Rezept« des Fonds zu Kürzungen von Sozialleistungen oder Preiserhöhungen bei Grundnahrungsmitteln Anlass gibt.

»Unpolitischer« IWF?

2.3.2.2. Bank für Internationalen Zahlungsausgleich

Die Errichtung der BIZ – Bank for International Settlements (BIS), Banque de Règlements Internationaux (BRI) – erfolgte als Ergebnis der Haager Konferenzen 1929/30 über die von Deutschland nach dem Ersten Weltkrieg geschuldeten Reparationen (Young-Plan). In der Präambel der in den Gründungsvertrag integrierten Constituent Charter vom Jan. 1930 wird deshalb darauf Bezug genommen, dass

Entstehung

... the central banks of Belgium, France, Germany, Great Britain, Italy and Japan [and] a banking group including Messrs. J. P. Morgan & Co. of New York, the First national Bank of New York, and the First National Bank of Chicago have undertaken to found [an International] Bank and have guaranteed or arranged for the guarantee of the subscription of its authorised capital amounting to 500 million Swiss francs equal to 145,161,290.32 grammes fine gold, divided into 200,000 shares; ...

BIS Constituent Charter 1930

Seit 1969 beträgt das genehmigte Stammkapital 1,5 Mrd. Gold-Franken und ist in 600.000 Namensaktien aufgeteilt (Art. 4 der Statuten); davon stehen nach Art. 5, 6 noch ein Teil für die Aufnahme weiterer Aktionäre (inzwischen auch außereuropäische Zentralbanken) zur Verfügung und muss zunächst nur ein Betrag von 25 % der gezeichneten Aktien eingezahlt werden (Art. 7).

Nach Art. 1 der Statuten, einem Anhang zur Constituent Charter (Ziff. 2), ist die BIZ eine Aktiengesellschaft nach schweizerischem Recht;

Atypischer Status

jedoch gelten zum einen besondere Regelungen für Änderungen der Statuten (Ziff. 3, 4) und sind spätere Änderungen des innerstaatlichen (Gesellschafts-)Rechts unbeachtlich (Ziff. 5 der Charter). Die BIZ ist damit »internationalisiert«, was sich auch darin zeigt, dass sie gewisse Privilegien und Immunitäten genießt (Art. 6 ff.) und Streitigkeiten mit dem Sitzstaat Schweiz – das »registered office« der Bank ist in Basel (Art. 2 der Statuten) – einem internationalen Schiedsgericht unterbreitet werden (Art. 11 der Charter).

Aufgaben

Die Aufgabenstellung ergibt sich aus Art. 3 der Statuten:

BIS Statutes 1930 Art. 3

to promote the co-operation of central banks and to provide additional facilities for international financial operations; and to act as a trustee or agent in regard to international financial settlements entrusted to it under agreements with the parties concerned.

Die BIZ erfüllt diese Aufgaben als ein Forum, das Diskussionen unter Zentralbanken und in internationalen Finanz- und Aufsichtskreisen fördert und die Entscheidungsfindung erleichtert, ferner als Zentrum für Währungs- und Wirtschaftsforschung und als »erste Adresse« für Finanzgeschäfte von Zentralbanken; 50 dieser Währungs- und Notenbanken halten Anteile an der BIZ. 2001 erfolgte eine Änderung der Statuten; eine außerordentliche Generalversammlung schloss die bis dahin vorhandenen privaten Aktionäre gegen Zahlung einer Entschädigung für den Verlust der Mitgliedschaft aus. Einige davon riefen gem. Art. 54 der Statuten den Haager Schiedshof an, der im Herbst die exakte Entschädigungssumme festlegte.

Ausschluss privater Aktionäre 2001

Die Neufassung des Art. 15 besagt seither:

BIS Statutes 1930 Art. 15

Shares may be subscribed or acquired only by central banks, or by financial institutions appointed by the Board in accordance with the terms and conditions laid down in Article 14.

»Trabanten«

Zusammen mit dem Basel Committee on Banking Supervision betreibt die BIZ das Financial Stability Institute (FSI). Neben jenem von den G10-Zentralbankpräsidenten eingesetzten Ausschuss kooperiert sie eng mit weiteren Gremien: dem Ausschuss für Zahlungsverkehrs- und Abrechnungssysteme (CPSS), dem Ausschuss für das weltweite Finanzsystem (CGFS) und dem Märkteausschuss. Auch beherbergt sie die Sekretariate des FSF, der International Association of Deposit Insurers (IADI) und der IAIS.

Befugnisse

Die Befugnisse der Bank werden in Art. 19 ff. der Statuten im Hinblick auf zulässige Geschäfte und taugliche Geschäftspartner detailliert abgegrenzt; ihre Ausübung muss stets mit der Währungspolitik der betroffenen Staaten abgestimmt sein. Einige Tätigkeiten sind explizit verboten (Art. 24):

The Bank may not:
(a) issue notes payable at sight to bearer;
(b) "accept" bills of exchange;
(c) make advances to Governments;
(d) open current accounts in the name of Governments;
(e) acquire a predominant interest in any business concern...

**BIS Statutes 1930
Art. 24**

Art. 21 der Statuten führt andererseits die wichtigsten Arten erlaubter »operations« auf. Letztlich entscheidet über deren Ausmaß der Verwaltungsrat (Board). Nach dessen ständiger Praxis nimmt die BIZ von Privaten und Unternehmen weder Einlagen an noch erbringt sie diesen beiden Gruppen Finanzdienstleistungen.

Neben der einmal im Jahr zusammentretenden Generalversammlung (general meeting, Art. 46 ff. der Statuten), bei der nur (Mitglieds-)Zentralbanken stimmberechtigt sind, aber auch andere Währungs- und Finanzinstitutionen teilnehmen können, als dem Hauptorgan ist die Geschäftsführung (administration) der BIZ einem (z.Zt.) 17-köpfigen Verwaltungsrat (Art. 26 ff.) zugewiesen. Der Vorsitzende ist (i.d.R.) zugleich Präsident der Bank (Art. 38). Dem Verwaltungsrat gehören kraft Amtes die Zentralbankpräsidenten der Gründungsmitglieder (außer Japan) an, die je einen weiteren eigenen Staatsangehörigen in das Gremium berufen; darüber hinaus können bis zu 9 weitere »Gouverneure« von Mitgliedszentralbanken bestellt werden (Art. 27). Der Verwaltungsrat setzt General Manager und Stellvertreter ein, die an der Spitze des Bankpersonals stehen und dem Präsidenten für das laufende Geschäft verantwortlich sind (Art. 40). Schließlich wurde von der Möglichkeit des Art. 42 der Statuten Gebrauch gemacht:

Organisationsstruktur

The Board may ... appoint from among its members an Executive Committee to assist the President of the Bank in the administration of the Bank.
The President of the Bank shall be a member of this Committee.

**BIS Statutes 1930
Art. 42**

Außer bei der Generalversammlung treffen sich die Präsidenten der BIZ-Mitglieds- und anderer Zentralbanken regelmäßig alle zwei Monate. Diese Zusammenkünfte sollen die Zusammenarbeit der Zentralbanken bei der Beobachtung des Geschehens an Devisenmärkten, der Beobachtung und Analyse der Entwicklung an den Finanzmärkten sowie der Überwachung von Zahlungsverkehrs- und Abwicklungssystemen erleichtern.

Treffen der Zentralbankpräsidenten

2.3.3. Organisationen mit primär entwicklungspolitischen Aufgaben

2.3.3.1. Weltebene: Weltbankgruppe

Die Weltbank oder, wie die korrekte Bezeichnung lautet, International Bank for Reconstruction and Development (IBRD) ist zum einen institutionell eng mit dem IWF verknüpft; nur dessen Mitglieder können auch ihr beitreten bzw. angehören.

IWF und Weltbank

Weltbank-Abkommen Art. VI

... (3) Ein Mitglied, dessen Mitgliedschaft beim Internationalen Währungsfonds erlischt, verliert automatisch nach Ablauf von drei Monaten seine Mitgliedschaft bei der Bank, es sei denn, daß die Bank mit Dreiviertelmehrheit der gesamten Stimmenzahl seinem Verbleiben als Mitglied zustimmt.

Die Fülle und Vielfalt der Aufgaben der IBRD haben bewirkt, dass schrittweise neue, spezialisierte Institutionen neben der ursprünglichen Organisation gegründet wurden, die zwar von ihr rechtlich geschieden sind, jedoch personell und organisatorisch eng verflochten bleiben, so dass die Gesamtheit der Einrichtungen als Weltbankgruppe gekennzeichnet wird. Zur IBRD kamen hierbei zunächst die International Finance Corporation (IFC) und die International Development Association (IDA) hinzu, dann das International Center for the Settlement of Investment Disputes (ICSID) und schließlich die Multilateral Investment Guarantee Agency (MIGA).

Mitglieder der Weltbankgruppe

ICSID-Übereinkommen 1965

Art. 2: Sitz des Zentrums ist der Sitz der IBRD...

Art. 3: Das Zentrum besteht aus einem Verwaltungsrat und einem Sekretariat...

Art. 4: ... (2) Erfolgt keine andere Ernennung, so sind der von einem Vertragsstaat ernannte Gouverneur der IBRD und dessen Stellvertreter von Amts wegen Vertreter und Stellvertreter.

Art. 5: Der Präsident der IBRD ist von Amts wegen Vorsitzender des Verwaltungsrats...

MIGA-Übereinkommen 1985

Art. 1
... (b) Die Agentur besitzt volle Rechtspersönlichkeit...

Art. 2
Ziel der Agentur ist es, den Fluß von Investitionen für produktive Zwecke unter den Mitgliedstaaten, insbesondere in die in der Entwicklung befindlichen Mitgliedstaaten, zu fördern und dadurch die Tätig-

keit der IBRD, der IFC und anderer internationaler Entwicklungsfinanzierungsinstitutionen zu ergänzen.

Art. 35
Die Agentur arbeitet im Rahmen der Bestimmungen dieses Übereinkommens mit den UN und anderen zwischenstaatlichen Organisationen, die auf verwandten Gebieten besondere Aufgaben, insbesondere der IBRD und der IFC, zusammen.

Die Aufgaben der Weltbank – Internationale Bank für Aufbau und Entwicklung, International Bank for Reconstruction and Development (IBRD), Banque Mondiale – sind in Art. I des Gründungsübereinkommens niedergelegt; sie bestehen darin:

Aufgaben der Weltbank

(i) Den Wiederaufbau und die Entwicklung der Gebiete der Mitglieder zu unterstützen durch Erleichterung der Kapitalanlage für produktive Zwecke, einschließlich der Wiederherstellung durch den Krieg zerstörter oder zerrütteter Volkswirtschaften, der Umstellung der Produktionsanlagen auf den Friedensbedarf und der Förderung der Entwicklung von Produktionsanlagen und Hilfsquellen in weniger entwickelten Ländern.
(ii) Die private ausländische Investitionstätigkeit durch die Übernahme von Garantien oder durch Beteiligung an Darlehen und anderen von privaten Geldgebern durchgeführten Investitionen zu fördern, und wenn privates Kapital nicht zu annehmbaren Bedingungen erhältlich ist, die private Investitionstätigkeit dadurch zu ergänzen, daß sie aus ihrem eigenen Kapital, aus von ihr aufgebrachten Geldern oder aus ihren anderen Mittel zu geeigneten Bedingungen Kapital für produktive Zwecke bereitstellt,
(iii) Eine auf lange Sicht ausgewogene Ausdehnung des internationalen Handels und die Aufrechterhaltung des Gleichgewichts der Zahlungsbilanzen durch die Anregung internationaler Investitionen zwecks Entwicklung der Produktionsquellen von Mitgliedern zu fördern und damit zu einer Hebung der Produktivität, des Lebensstandards und der Arbeitsbedingungen in deren Gebieten beizutragen.
(iv) Die von ihr gewährten oder garantierten Anleihen mit auf anderem Wege gewährten internationalen Anleihen abzustimmen, so daß die nützlicheren und dringlicheren Projekte, große und kleine in gleicher Weise, zuerst bearbeitet werden...

Weltbank-Abkommen Art. I

Diese Ziele werden insbesondere in den Vorschriften über die »Verwendung der Mittel« (Art. III Abschn. 1) und zu »Bedingungen« der Vergabe oder Garantie von Darlehen (Art. III Abschn. 4) wieder aufgegriffen.

Die Organisation der Weltbank (Art. V des Gründungsübereinkommens) gleicht derjenigen des IWF. Statt eines Geschäftsführenden Direktors steht ein Präsident an der Spitze der Bank (Art. V Abschn. 5) und bekleidet diese Stellung zugleich bei den Schwesterinstitutionen

Organisationsstruktur

IFC, IDA und ICSID; bei MIGA ist die Personalunion nicht zwingend vorgeschrieben.

Weitere im Übereinkommen selbst vorgesehene Gremien sind ein Beirat (external advisory council, z.Zt, bestehend aus 18 Personen aus 16 Ländern), und Darlehensausschüsse (loan committees).

Mitglieder der Weltbank können nur die ursprünglichen oder später beigetretenen Mitglieder des IWF sein (Art. II Abschn. 1). Das genehmigte Grundkapital der Bank beträgt seit 1959 21 Mrd. SZR, jeder Anteil hieran hat einen Nennwert von 100.000 SZR (Art. II Abschn. 2).

Kapital und Quote

Die Quote jedes Mitglieds (Art. II Abschn. 3) ist wie beim IWF maßgeblich für das Stimmgewicht in den Bank-Organen, insbesondere soweit sie über die jedem zustehende Anzahl von 250 Stimmen hinausreicht (Art. V Abschn. 3 [a]). Anteile sind zunächst nur zu 20 % (nach näherer Maßgabe des Art. II Abschn. 7) einzuzahlen, ansonsten erst bei Abruf durch die Bank (Art. II Abschn. 5). Die Haftung jedes Mitglieds aus seinem Anteil beschränkt sich auf den nicht eingezahlten Teil des Ausgabepreises (Art. II Abschn. 6 i.V.m. 4).

Mittelaufnahme

Die Mittel für ihre Geschäftstätigkeit (Gewährung »direkter Darlehen« bzw. Erleichterung von deren Aufnahme, Art. IV Abschn. 3, 4; Übernahme von Bürgschaften/Garantien, Art. IV Abschn. 5; jeweils nur im Verhältnis zu Mitgliedstaaten bzw. bei Vorliegen einer Garantie durch diese und zur IFC, Art. III) erlangt die Bank aus eigenen Mitteln »entsprechend ihrem unverminderten eingezahlten Kapital«, dem Gewinn sowie (vorbehaltlich von Art. IV Abschn. 6, 7 für Fälle des Zahlungsverzugs) aus ihren Reserven, ferner durch Aufnahme am Markt eines Mitglieds (mit dessen Zustimmung) oder sonst im Kreditwege (Art. IV Abschn. 1 [a]). Daher enthält Art. IV Abschn. 8 eine (subsidiäre) Ermächtigung an die Bank, »verschiedene Geschäfte« vorzunehmen:

Geschäfte

Weltbank-Abkommen Art. VI Abschn. 8

(i) von ihr ausgegebene oder garantierte Wertpapiere oder Wertpapiere, in denen sie Gelder angelegt hat, zu kaufen und zu verkaufen, vorausgesetzt, daß die Bank hierzu die Zustimmung des Mitglieds erhält, in dessen Gebieten die Wertpapiere gekauft oder verkauft werden sollen;
(ii) Wertpapiere, in denen sie Gelder angelegt hat, zu garantieren, um ihre Unterbringung zu erleichtern;
(iii) mit Zustimmung eines Mitglieds dessen Währung zu entleihen;
(iv) andere Wertpapiere zu kaufen und zu verkaufen, die das Direktorium mit Dreiviertelmehrheit der gesamten Stimmenzahl für die Anlage der Gesamtheit oder eines Teils der in Abschnitt 6 dieses Artikels genannten Sonderreserve für geeignet hält.

Bei der Ausübung der in diesem Abschnitt erteilten Befugnisse kann die Bank mit jeder Privatperson, Gesellschaft, Vereinigung, Körperschaft oder jeder anderen juristischen Person in den Gebieten eines jeden Mitglieds geschäftlich verkehren.

Art. X (»stillschweigende Zustimmung«) legt dabei fest, die erforderliche Zustimmung eines Mitglieds gelte als erteilt, wenn dieses nicht

... innerhalb einer angemessenen, von der Bank in ihrer Mitteilung an das Mitglied über die vorgeschlagene Maßnahme festgesetzten Frist Einspruch erhebt.

Weltbank-Abkommen Art. X

1955 wurde durch ein multilaterales Übereinkommen neben der IBRD die International Finance Corporation – Internationale Finanz-Korporation, Société Financière Internationale –, errichtet; sie hat heute 175 Mitglieder. Zu deren Verhältnis zur Weltbank besagt Art. IV Abschn. 6 dieses Übereinkommens:

IFC und Weltbank

(a) The Corporation shall be an entity separate and distinct from the (World) Bank and the funds of the Corporation shall be kept separate and apart from those of the Bank. The Corporation shall not lend to or borrow from the Bank...
(b) Nothing in this Agreement shall make the Corporation liable for the acts or obligations of the Bank, or the Bank liable for the acts or obligations of the Corporation.

IFC-Übereinkommen Art. IV Abschn. 6

Zweck der IFC

Den Zweck der intergouvernementalen Organisation (Art. VI Abschn. 2) legt Art. I näher fest:

The purpose of the Corporation is to further economic development by encouraging the growth of productive private enterprise in member countries, particularly in the less developed areas, thus supplementing the activities of the I.B.R.D. In carrying out this purpose, the Corporation shall:
(i) on association with private investors, assist in financing the establishment, improvement and expansion of productive private enterprises which would contribute to the development of its member countries by making investments, without guarantee of repayment by the member government concerned, in cases where sufficient private capital is not available on reasonable terms;
(ii) seek to bring together investment opportunities, domestic and foreign private capital, and experienced management; and
(iii) seek to stimulate, and to help create conditions conducive to the flow of private capital, domestic and foreign, into productive investment in member countries...

IFC-Übereinkommen Art. VI Abschn. 2

Die Vorschriften über »Mitgliedschaft und Kapital« (Art. II) gleichen denen im IBRD-Übereinkommen, ebenso die Bestimmungen über »Organisation und Management« (Art. IV). Das genehmigte Kapital der IFC beträgt 2,45 Mrd. US-$. Die Tätigkeit (Art. III des Übereinkommens) wird jedoch durch einige Besonderheiten gekennzeichnet.

Aktivitäten

(1) The Corporation may make investments of its funds in productive private enterprises in the territories of its members. The existence of a government or other public interest in such an enterprise shall not

IFC-Übereinkommen Art. III

necessarily preclude the Corporation from making an investment therein.

(2) (a) The Corporation's financing shall not take the form of investments in capital stock. (It) may make investments of its funds in such form or forms as it may deem appropriate in the circumstances, including (but without limitation) investments according to the holder thereof the right to participate in earnings and the right to subscribe to, or to convert the investment into, capital stock.

(b) The Corporation shall not itself exercise any right to subscribe to, or to convert any investment into, capital stock.

(3) The operations of the Corporation shall be conducted in accordance with the following principles:

(i) the Corporation shall not undertake any financing for which in its opinion sufficient private capital could be obtained on reasonable terms;

(ii) the Corporation shall not finance an enterprise in the territories of any member if the member objects to such financing;

(iii) the Corporation shall impose no conditions that the proceeds of any financing by it shall be spent in the territories of any particular country;

(iv) the Corporation shall not assume responsibility for managing any enterprise in which it has invested;

(v) the Corporation shall undertake its financing on terms and conditions which it considers appropriate, taking into account the requirements of the enterprise, the risks being undertaken by the Corporation and the terms and conditions normally obtained by private investors for similar financing;

(vi) the Corporation shall seek to revolve its funds by selling its investments to private investors whenever it can appropriately do so on satisfactory terms;

(vii) the Corporation shall seek to maintain a reasonable diversification in its investments.

Wie bei allen anderen Organisationen der Weltbankgruppe enthält auch das IFC-Übereinkommen eine Vorschrift zum Verbot »politischer Aktivität« (Art. III Abschn. 9).

Bedeutung

Die IFC ist die wichtigste intergouvernementale Quelle der Kredit- und Beteiligungsfinanzierung für Vorhaben des privaten Sektors in Entwicklungsländern; dabei unterstützt sie dort ansässige Privatunternehmen auch dabei, Mittel auf internationalen Finanzmärkten aufzunehmen, und erbringt Beratungs- sowie technische Unterstützungsleistungen an private wie staatliche Empfänger. Soweit das eingezahlte Kapital der Mitglieder und die Erträge aus Zinsen und anderen Entgelten für ihre Tätigkeit nicht ausreichen, darf die IFC Mittel an internationalen Finanzmärkten aufnehmen (Art. III Abschn. 6). Ihre rechtliche und wirtschaftliche Stellung, die in einer Bewertung (»rating«) mit AAA, d.h. dem bestmöglichen Urteil der einschlägigen Agenturen zum Ausdruck kommt, ermöglichen ihr dabei die Vereinbarung günstiger, von den Entwicklungsländern als Kreditnehmer selbst nicht erreichbarer Konditionen.

Als dritte Organisation im Rahmen der Weltbankgruppe wurde 1960 eine International Development Association (IDA) errichtet, die trotz der ungewöhnlichen Bezeichnung Assoziation eine normale intergouvernementale Organisation mit den üblichen Privilegien und Immunitäten ist (Art. VIII des IDA-Übereinkommens).

IDA

Das Motiv für die Gründung dieses weiteren Verbands findet sich in der Präambel des Errichtungsabkommens:

mutual cooperation for constructive economic purposes, healthy development of the world economy and balanced growth of international trade foster international relationships conducive for the maintenance of peace and world prosperity,

IDA-Übereinkommen
Präambel

an acceleration of economic development which will promote higher standards of living and economic and social progress in the less-developed countries is desirable not only in the interests of those countries but also in the interests of the international community as a whole,

achievement of these objectives would be facilitated by an increase in the international flow of capital, public and private, to assist in the development of the resources of the less-developed countries.

Daraus ergibt sich die Zielsetzung der IDA (Art. I):

Aufgaben

The purposes of the Association are to promote economic development, increase productivity and thus raise standards of living in the less-developed areas of the world included within the Association's membership, in particular by providing finance to meet their important developmental requirements on terms which are more flexible and bear less heavily on the balance of payments than those of conventional loans, thereby furthering the developmental objectives of the I.B.R.D. and supplementing its activities.

IDA-Übereinkommen
Art. I

Wie Weltbank und IFC hat auch IDA einen Gouverneursrat als Hauptorgan (Art. VI Abschn. 2), ein Exekutivdirektorium, das für die »general operations« der Einrichtung zuständig ist (Art. VI Abschn. 4) sowie eigenes Personal, dem in Form einer Personalunion der Präsident der Weltbank vorsteht (Art. VI Abschn. 5). Über das jedem Mitglied zustehende Mindestgewicht hinaus ergeben sich die Stimmrechte aus dem Betrag der ursprünglichen Subskriptionen und Festlegungen des Gouverneursrats bei späteren Beitritten. Zu den hieraus stammenden Mitteln der IDA (Art. II). Hinzu kommen Mittelauffüllungen nach Art. III:

Struktur

IDA-Übereinkommen Art. III

(1) (a) IDA shall ... at intervals of approximately five years ... review the adequacy of its resources and, if it deems desirable, shall authorize a general increase in subscriptions. [G]eneral and individual increases in subscriptions may be authorized at any time, provided that an individual increase shall be considered only at the request of the member involved...
(b) [W]hen additional subscriptions are authorized, the amounts authorized for subscription and the terms and conditions relating thereto shall be as determined by IDA.
(c) When any additional subscription is authorized, each member shall be given an opportunity to subscribe, under such conditions as shall be reasonably determined by IDA, an amount which will enable it to maintain its relative voting power, but no member shall be obligated to subscribe.
(d) All decisions under this Section shall be made by a two-thirds majority of the total voting power.

Nach Art. III Abschn. 2 können überdies der IDA von einzelnen Mitgliedern zusätzliche Mittel im Rahmen von speziellen Vereinbarungen zur Verfügung gestellt werden.

Befugnisse

Rahmen und Grenzen von »operations« der IDA werden durch Art. V des Übereinkommens abgesteckt:

IDA-Übereinkommen Art. V

(1)... (b) Financing provided by the IDA shall be for purposes which in the opinion of the IDA are of high developmental priority in the light of the needs of the area or areas concerned and, except in special circumstances, shall be for specific projects.
(c) IDA shall not provide financing if in its opinion such financing is available from private sources on terms which are reasonable for the recipient or could be provided by a loan of the type made by the (World) Bank...
(e) IDA shall not provide financing for any project if the member in whose territories the project is located objects to such financing.
(2)(a) Financing by IDA shall take the form of loans...
(b) IDA may provide financing in such forms and on such terms as it may deem appropriate, having regard to the economic position and prospects of the area or areas concerned and to the nature and requirements of the project.
(c) IDA may provide financing to a member, the government of a territory included within IDA's membership, a political subdivision of any of the foregoing, a public or private entity in the territories of a member or members, or to a public international or regional organization.
(d) In the case of a loan to an entity other than a member, IDA may, in its discretion, require a suitable governmental or other guarantee or guarantees. ...

(4) IDA shall cooperate with those public international organizations and members which provide financial and technical assistance to the less-developed areas of the world.

Die IDA unterstützt die ärmsten Länder durch Vergabe von zinslosen »Krediten«, die erst nach Ablauf einer 10-jährigen »grace period« über einen Zeitraum von 35 bis 40 Jahren hinweg getilgt werden müssen. Dabei arbeitet die Organisation zunehmend enger mit ihren Kreditnehmern und anderen Institutionen der Entwicklungskooperation (auch dem IWF) zusammen, etwa bei der Erstellung von Poverty Reduction Strategy Papers. Auch bemüht sie sich um stärkere Transparenz, wie sich z.B. beim Verfahren bei der 13. Mittelauffüllung (IDA-13 replenishment) zeigte.

Bedeutung

Ziel der seit 1988 tätigen MIGA – Multilateral Investment Guarantee Agency –, einer intergouvernementalen Organisation (Art. 1 des Abkommens vom 11.10.1985) mit Sitz in Washington, D.C. (Art. 36), ist es gemäß Art. 2 (Abs. 1, 2),

MIGA

den Fluß von Investitionen für produktive Zwecke unter den Mitgliedstaaten, insbesondere in die in der Entwicklung befindlichen Mitgliedstaaten, zu fördern und dadurch die Tätigkeit der IBRD., der IFC. und anderer internationaler Entwicklungsfinanzierungsinstitutionen zu ergänzen.
Zur Erreichung ihrer Ziele wird die Agentur
(a) Garantien einschließlich Mitversicherung und Rückversicherung für nichtkommerzielle Risiken in Bezug auf Investitionen in einem Mitgliedstaat, die aus anderen Mitgliedstaaten kommen, gewähren;
(b) geeignete zusätzliche Tätigkeiten zur Förderung des Flusses von Investitionen in einem Mitgliedstaat in die in der Entwicklung befindlichen Mitgliedstaaten und zwischen ihnen durchführen und
(c) sonstige Befugnisse auszuüben, die sich aus ihrer Tätigkeit ergeben und zur Erreichung ihres Zieles notwendig oder wünschenswert sind.

MIGA-Abkommen
Art. 2

Mitglieder der MIGA sind über 160 Staaten, die zugleich der IBRD angehören, sowie die Schweiz (Art. 4 Abs. 1). Das ursprüngliche genehmigte Grundkapital von 1 Mrd. SZR wurde aufgrund eines Beschlusses des Gouverneursrats (Art. 31 i.V.m. 5 Abs. 3) um ca. 850 US-$ erhöht. Neben diesem Hauptorgan ist für die allgemeine Geschäftstätigkeit ein Direktorium aus mindestens 12 Personen zuständig (Art. 32); der Rat kann diesem Gremium auch andere Befugnisse übertragen – bis auf (zehn) ihm ausdrücklich vorbehaltene. Unter der allgemeinen Aufsicht des Direktoriums agiert internationales Personal unter der Leitung eines Präsidenten (Art. 33).

Mitgliedschaft und Organisationsstruktur

MIGA wirkt als wichtiger »Katalysator«, um ausländische Direktinvestitionen in Entwicklungsländer zu lenken, auch mittels technischer und juristischer Unterstützung. Dass das Konzept erfolgreich ist, zeigt das

Aktivitäten

Engagement in über 500 Projekten in knapp 80 Staaten der »Dritten Welt«. Hierbei wurden ca. 9 Mrd. US-$ garantiert, seit den Anfängen beläuft sich die Gesamtsumme auf über 40 Mrd. Ein zusätzliches »Cooperative Underwriting Program« zielt darauf, private Versicherungsunternehmen zu veranlassen, an Geschäften mitzuwirken, die sie ansonsten nicht getätigt hätten. Darüber hinaus bestehen mit anderen Versicherern Ko- und Rückversicherungsprogramme in Bezug auf politische Risiken in Form von etwa 20 Partnerschaften. Auch existiert ein »Dispute Mediation Program«, durch welches Staaten und Investoren bei der Beilegung von Konflikten unterstützt werden. Bei allen Aktivitäten der MIGA geht es letztlich um eine Verbesserung des »Investitionsklimas« im Gastland.

Zweck des durch ein 1965 abgeschlossenes Übereinkommens am Sitz der Weltbank (Art. 2) errichteten Internationalen Zentrum für die Beilegung von Investitionsstreitigkeiten (ICSID) – International Centre for the Settlement of Investment Disputes, Centre International pour le Règlement des Différends –, mit »voller internationaler Rechtspersönlichkeit« (Art. 18) ist es (gem. Art. 1 Abs. 2),

ICSID-Übereinkommen, Art. 1 Abs. 2

Vergleichs- und Schiedseinrichtungen zur Beilegung von Investitionsstreitigkeiten zwischen Vertragsstaaten und Angehörigen anderer Vertragsstaaten zur Verfügung zu stellen.

Struktur

Das Zentrum besteht gem. Art. 3 S. 1 aus einem Verwaltungsrat – mit einem Vertreter jeder Vertragspartei (Art. 4) – und einem Sekretariat unter der Leitung eines Generalsekretärs als gesetzlichem Vertreter der Einrichtung (Art. 9 ff.). Dem Verwaltungsrat, dem von Amts wegen (ohne Stimmrecht) der Präsident der Weltbank vorsteht (Art. 5), obliegen insbesondere Beschlüsse zu den Verfahrensordnungen für Vergleichs- und für Schiedsverfahren (Art. 6 Abs. 1 [c]); hierfür bedarf es einer Zweidrittelmehrheit der Mitglieder. Das Sekretariat führt nach Art. 3 S. 2 je ein Vermittler- und ein Schiedsrichterverzeichnis; die Benennung für solche Tätigkeiten qualifizierter Personen ist Sache der Mitgliedstaaten (Art. 12 ff. des Übereinkommens).

Dem ICSID kann nicht nur jedes Mitglied der Weltbank beitreten, sondern gem. Art. 67 S. 2 auch jeder andere Staat,

ICSID-Übereinkommen, Art. 67

der Vertragspartei der Satzung des IGH ist und den der Verwaltungsrat mit Zweidrittelmehrheit seiner Mitglieder zur Unterzeichnung des Übereinkommens eingeladen hat.

Finanzierung

Finanziert wird die Tätigkeit des ICSID zum einen aus für die Inanspruchnahme seiner Vermittlungs- und schiedsgerichtlichen Dienste gezahlten Gebühren. Ein Fehlbetrag wird gem. Art. 17 des Übereinkommens von den Mitgliedern, die der IBRD angehören, im Verhältnis ihrer Zeichnungen auf deren Grundkapital und von anderen Staaten nach Maßgabe der vom Verwaltungsrat beschlossenen Regeln (Art. 6 Abs. 1 [a], [e]) gedeckt.

Die Zuständigkeit des Zentrums ergibt sich aus zwei in der in der Präambel des Übereinkommens formulierten Prämissen:
der Notwendigkeit, zugunsten der wirtschaftlichen Entwicklung international zusammenzuarbeiten, und ... der Bedeutung, welche internationalen privaten Investitionen auf diesem Gebiet zukommt,
im Hinblick darauf, daß im Zusammenhang mit derartigen Investitionen Streitigkeiten zwischen Vertragsstaaten und Angehörigen anderer Vertragsstaaten jederzeit entstehen können.

Aufgaben

ICSID-Übereinkommen, Präambel

Art. 25 (Abs. 1 S. 1) bezieht daher die ICSID-Kompetenz
auf alle unmittelbar mit einer Investition zusammenhängenden Rechtsstreitigkeiten zwischen einem Vertragsstaat (oder einer von diesem dem Zentrum benannten Gebietskörperschaft oder staatlichen Stelle) einerseits und einem Angehörigen eines anderen Vertragsstaats andererseits, wenn die Parteien schriftlich eingewilligt haben, die Streitigkeiten dem Zentrum zu unterbreiten.

ICSID-Übereinkommen, Art. 25

Wenn kein Vergleichs- (Art. 28 ff.), sondern ein Schiedsverfahren (Art. 36 ff.) durchgeführt werden soll, steht den Übereinkommensparteien nur diese Rechtsbehelfsmöglichkeit offen (Art. 26); ein solches Vorgehen ist bis auf weiteres vorrangig gegenüber anderen Maßnahmen auf internationaler Ebene, etwa der Gewährung diplomatischen Schutzes für eigene Staatsangehörige (Art. 27 des ICSID-Übereinkommens).

Vergleichs- und Schiedsverfahren

Bezug genommen auf eine schiedsgerichtliche Streitbeilegung durch ICSID wird in einer Vielzahl bilateraler »investment treaties«, wie sie insbesondere zwischen Industrie- und Entwicklungsländern bestehen, und in mehreren multilateralen Verträgen wirtschaftlichen Zuschnitts (NAFTA, Mercosur; Energiecharta). Auch die von der Bundesrepublik Deutschland abgeschlossenen Verträge über die Förderung und den gegenseitigen Schutz von Kapitalanlagen enthalten regelmäßig eine Vorschrift mit dem nachstehenden (oder einem ähnlichen) Inhalt.

ICSID und »investment treaties«

Vertrag mit Bosnien-Herzegowina 2001, Art. 10
(1) Streitigkeiten in Bezug auf Kapitalanlagen zwischen einem der Vertragsstaaten und einem Investor des anderen Vertragsstaats sollen ... zwischen den Streitparteien gütlich beigelegt werden.
(2) Kann die Streitigkeit innerhalb einer Frist von sechs Monaten ab dem Zeitpunkt ihrer Geltendmachung durch eine der beiden Streitparteien nicht beigelegt werden, so wird sie auf Verlangen des Investors des anderen Vertragsstaats einem Schiedsverfahren unterworfen. Sofern die Streitparteien keine abweichende Vereinbarung treffen, wird

die Streitigkeit einem Schiedsverfahren im Rahmen des (ICSID-) Übereinkommens ...unterworfen.
(3) Der Schiedsspruch ist bindend und unterliegt keinen anderen als den in dem genannten Übereinkommen vorgesehenen Rechtsmitteln oder sonstigen Rechtsbehelfen. Er wird nach innerstaatlichem Recht vollstreckt.
(4) Der an der Streitigkeit beteiligte Vertragsstaat wird während eines Schiedsverfahrens oder der Vollstreckung eines Schiedsspruchs nicht als Einwand geltend machen, daß der Investor des anderen Vertragsstaats eine Entschädigung für einen Teil des Schadens oder den Gesamtschaden aus einer Versicherung enthalten hat.

Zusatzfazilität

Seit 1978 bestehen neben den ausdrücklich im Abkommen vorgesehenen Verfahrensarten »additional facility rules«, die das ICSID-Sekretariat ermächtigen, sich mit bestimmten Streitigkeiten zu befassen, die nicht in den Anwendungsbereich des Übereinkommens fallen: Dies betrifft zum einen den Fall, dass entweder der Gast- oder der Heimatstaat des (ausländischen) Investors nicht Partei des Übereinkommens sind, und des weiteren andere als »investment disputes«, vorausgesetzt, dass sich der Streit auf einen Vorgang bezieht, der sich von einer »ordinary commercial transaction« unterscheidet. In diesem Rahmen können auch bloße »fact-finding proceedings« stattfinden, wenn ein Staat oder ein fremder Staatsangehöriger lediglich die Ermittlung bestimmter tatsächlicher Umstände anstrebt. Schließlich wird der Generalsekretär des ICSID auch tätig bei der Bestellung von Schiedsrichtern im Falle von ad hoc, d.h. nicht institutionalisierten Verfahren, vor allem auf Grund der UNCITRAL Arbitration Rules.

2.3.3.2. Regionale und subregionale Ebenen

Dem Modell der Weltbank folgend, werden in mehreren Weltregionen oder Teilen davon weitere Entwicklungsbanken tätig, wobei häufig ebenfalls neben der Hauptorganisation Einrichtungen für spezielle Zwecke eingerichtet wurden. Ein besonderes Kennzeichen dieser regionalen Einrichtungen ist die Mitgliedschaft außerregionaler (Industrie-)Staaten; damit soll gewährleistet werden, dass stets ausreichende Mittel für die Geschäftstätigkeit vorhanden sind bzw. beschafft werden können.

Asiatische Entwicklungsbank

Die Asiatische Entwicklungsbank (Asian Development Bank, ADB) wurde 1966 gegründet, ihr Kapital zunächst von 57 Mitgliedern, darunter 41 aus der Region Asien und Pazifik, gezeichnet. Das Hauptquartier befindet sich in Manila, Philippinen (Art. 37 des Gründungsabkommens); daneben werden in der Region selbst, aber auch in Frankfurt/M., Tokio und Washington, D.C. Zweigstellen, Repräsentanzen oder »missions« unterhalten. Derzeit sind 62 Länder Mitglieder der ADB (Art. 3, 64).

Zweck und Funktionen sind in Art. 1 und 2 des Gründungsübereinkommens näher umschrieben:

Art. 1: The purpose of the Bank shall be to foster economic growth and co-operation in the region of Asia and the Far East ... and to contribute to the acceleration of the process of economic development of the developing member countries in the region, collectively and individually. ...

Art. 2: To fulfil its purpose, the Bank shall have the following functions:

(i) to promote investment in the region of public and private capital for development purposes;

(ii) to utilize the resources at its disposal for financing development of the developing member countries in the region, giving priority to those regional, sub-regional as well as national projects and programmes which will contribute most effectively to the harmonious economic growth of the region as a whole, and having special regard to the needs of the smaller or less developed member countries in the region;

(iii) to meet requests from members in the region to assist them in the coordination of their development policies and plans with a view to achieving better utilization of their resources, making their economies more complementary, and promoting the orderly expansion of their foreign trade, in particular, intra-regional trade;

(iv) to provide technical assistance for the preparation, financing and execution of development projects and programmes, including the formulation of specific project proposals;

(v) to co-operate, in such manner as the Bank may deem appropriate, within the terms of this Agreement, with the United Nations, its organs and subsidiary bodies including, in particular, the Economic Commission for Asia and the Far East, and with public international organizations and other international institutions, as well as national entities whether public or private, which are concerned with the investment of development funds in the region, and to interest such institutions and entities in new opportunities for investment and assistance; ...

ADB-Gründungsübereinkommen 1966

Als Organe verfügt sie über einen Gouverneursrat (Art. 27 ff.), ein Direktorium (Art. 30 ff.) und einen Präsidenten samt Stellvertreter(n), Art. 34, 35; dazu kommt das zur Aufgabenerfüllung erforderliche Personal (Art. 26). Zu den Befugnissen des Hauptorgans Gouverneursrat gehört es nach Art. 28 Abs. 4 auch

ADB-Organisation

... by a vote of two-thirds of the total number of Governors, representing not less than three-fourths of the total voting power of the members, from time to time (to) determine which countries or members of the Bank are to be regarded as developed or developing countries or members, taking into account appropriate economic considerations.

ADB-Gründungsübereinkommen Art. 28 Abs. 4

Dies bezieht sich auf die Mitgliedschaft von »non-regional developed countries« (Art. 3 Abs. 1 (ii) des Abkommens). Außerregionale Staaten stellen drei der 10 Mitglieder des Direktoriums (Board of Directors), die »persons of high competence in economic and financial matters« sein müssen (Art. 30); das Gremium ist zuständig für die Durchführung der allgemeinen Geschäfte der ADB (Art. 31). Bestimmte wichtige Entscheidungen können nur mit qualifizierter Mehrheit der Stimmen (Art. 33) getroffen werden, d.h. nicht gegen die einhellige Meinung der 16 nicht-regionalen Mitglieder und der anderen – regionalen – Industriestaaten.

Mittel

Die Geschäfte der Bank unterteilen sich (Art. 10) in reguläre, die aus den »ordinary capital resources« (Art. 8) der Bank finanziert werden, und »special operations« (Art. 9). Dafür stehen »special fund resources« (Art. 20) zur Verfügung. Deren Verwendungszweck ergibt sich aus Art. 19 Abs. 2, 3, je nachdem, ob »special funds« vom Gouverneursrat hierzu bestimmt werden (Abs. 1 [i]) oder der Bank in anderer Weise zufließen (Abs. 1 [ii]):

ADB-Gründungs-übereinkommen Art. 19

2. Special Funds established by the Bank pursuant to paragraph 1(i) ... may be used to guarantee or make loans of high developmental priority, with longer maturities, longer deferred commencement of repayment and lower interest rates than those established by the Bank for its ordinary operations. ...
3. Special Funds accepted by the Bank under paragraph 1 (ii) ... may be used in any manner and on any terms and conditions not inconsistent with the purpose of the Bank and with the agreement relating to such Funds. ...

Sonderfonds ADF

Die ADB verfügt auf dieser Grundlage seit 1973 mit dem Asiatischen Entwicklungsfonds (Asian Development Fund, ADF) über einen eigenen Sonderfonds zur Gewährung von Krediten zu besonders weichen Bedingungen. Die Mittel des Fonds werden ausschließlich für Finanzierungen in den ärmsten Entwicklungsländern im Tätigkeitsgebiet der Bank (Pro Kopf-Einkommen unter US-$ 1000 pro Jahr) verwendet und stammen aus Beitragsleistungen der entwickelten Mitgliedsländer für jeweils 4 Jahre. Das achte »replenishment« (ADF VIII) deckt die Jahre 2001 bis 2004 ab. Im Sommer 2003 wurde im Zusammenhang mit dem drohenden Klimawandel (Kyoto-Protokoll) eine Clear Development Mechanism (CDM) Facility für die Entwicklungsländer-Mitglieder errichtet.

Aktivitäten

Der Betätigungskreis der ADB ergibt sich aus Abschn. III des Gründungsübereinkommens; dort verlautet Art. 11 zu »recipients and methods of operation«:

ADB-Gründungs-übereinkommen Art. 11

[T]he Bank may provide or facilitate financing to any member, or any agency, instrumentality or political subdivision thereof, or any entity or enterprise operating in the territory of a member, as well as to international or regional agencies or entities concerned with economic development of the region. The Bank may carry out its operations in any of the following ways:

(i) by making or participating in direct loans with its unimpaired paid-in capital and, except as provided in Art. 17 of this Agreement, with its reserves and undistributed surplus; or with the unimpaired Special Funds resources;

(ii) by making or participating in direct loans with funds raised by the Bank in capital markets or borrowed or otherwise acquired by the Bank for inclusion in its ordinary capital resources;

(iii) by investment of funds referred to in (i) and (ii) of this Article in the equity capital of an institution or enterprise ...; or

(iv) by guaranteeing, whether as primary or secondary obligor, in whole or in part, loans for economic development participated in by the Bank.

Obergrenzen sind in Art. 12 festgelegt, verwendbare Währungen in Art. 13; Art. 14 listet insgesamt 14 »operating principles« auf, nicht zuletzt die Einhaltung von Grundsätzen eines »sound banking« (Ziff. xiv). 2001 vergab die AGB Kredite in Höhe von insgesamt über 5 Mrd. US-$.

Abschn. IV handelt über »borrowing and other miscellaneous powers«. Die zentrale Regelung über »general powers« der Bank in Art. 21 ermächtigt diese u.a. dazu:

... (i) to borrow funds in member countries or elsewhere, and in this connection to furnish such collateral or other security therefore as the Bank shall determine ...;

(ii) buy and sell securities the Bank has issued or guaranteed or in which it has invested...

Die Gruppe um die African Development Bank (AfDB) umfasst drei Einrichtungen, die Afrikanische Entwicklungsbank selbst, den African Development Fund (AfDF) und einen Nigeria Trust Fund (NTF). Die AfDB wurde 1964 gegründet; ihr Sitz ist in Abidjan, Elfenbeinküste, und sie zählt heute 77 Mitgliedstaaten aus Afrika, Nord- und Südamerika, Asien und Europa.

Der Auftrag dieser regionalen Entwicklungsbank besteht gem. Art. 1 des Gründungsabkommens darin,

to contribute to the economic development and social progress of its regional members – individually and jointly.

Die Bank soll regionale Mitgliedstaaten dabei unterstützen, den »vicious cycle of poverty« aufzubrechen, in welchem sie gefangen sind. Zur Erfüllung dieser Aufgabe ist die AfDB-Gruppe bestrebt, den Zufluss

Befugnisse

ADB-Gründungsübereinkommen Art. 21

AfDB-Gruppe

Aufgabe der AfDB

auswärtiger wie inländischer finanzieller Mittel öffentlicher oder privater Herkunft zu erleichtern und anzuregen, Investitionen zu fördern sowie den regionalen Mitgliedern technische Hilfe und Politikberatung zu geben. Auch bei der AfDB-Gruppe konzentrieren sich die Operationen auf Armutsbekämpfung und Erhöhung der Produktivität. Landwirtschaft und ländliche Entwicklung sind dabei ein kritischer Bereich für Interventionen, des Weiteren Erziehungs- und Gesundheitswesen.

BOAD-Gruppe

Seit 1973 besteht die von 8 regionalen Staaten errichtete Westafrikanische Entwicklungsbank (Banque Ouest Africaine de Développement, BOAD); 1994 wurde die Einrichtung formal in die Westafrikanische Wirtschafts- und Währungsunion (Union Économique et Monétaire Ouest Africaine, UMEA/engl. ECOWAS) einbezogen, ohne ihre Zielsetzung – Förderung der ausgewogenen Entwicklung ihrer regionalen Mitglieder – zu verändern. Anteilseigner ist auch die Zentralbank der UMEA, die Banque Centrale des Etats de l'Afrique de l'Ouest. Weiterhin halten Anteile (der Serie B) Frankreich und Belgien, die AfDB, die DEG für Rechnung Deutschlands und die EIB für Rechnung der EG. Die BOAD kann sowohl Staaten als auch Private (aus unterschiedlichen »Töpfen«) finanziell unterstützen; zulässig sind auch Maßnahmen zugunsten gemeinschaftlicher Projekte von Mitglied- und (subregionalen) Nichtmitgliedstaaten. Organe der Bank sind ein Präsident und ein Verwaltungsrat. Ihre finanziellen Aktivitäten werden über verschiedene Fonds abgewickelt. 1995 errichtete die BOAD die CAURIS Investissement SA als Gesellschaft, die Wagniskapital (»venture capital«) bereitstellt, seit demselben Jahr besteht auch ein der MIGA ähnlicher Fonds de Garantie des Investissements Privés en Afrique de l'Ouest (Fonds GARI).

BDEAC

Seit 1973 gibt es die Banque de développement des Etats de l'Afrique Centrale (BDEAC) mit Sitz in Brazzaville, deren Kapital überwiegend von den 6 regionalen Mitgliedstaaten der Zentralafrikanischen Wirtschafts- und Währungsunion (CEMAC) gehalten wird, ferner von Frankreich, Deutschland, Kuwait, der AfDB und von der (Zentral-)Bank dieser zentralafrikanischen Staaten (BEAC). Ihr Ziel ist die finanzielle Förderung multinationaler und der wirtschaftlichen Integration dienlicher Projekte in der Region.

IDB-Gruppe

Die Inter-American Development Bank (IDB), die älteste und größte regionale Entwicklungsbank, wurde Ende 1959 errichtet, um die wirtschaftliche und soziale Entwicklung in Lateinamerika und in der Karibik zu fördern. Ursprünglich gehörten ihr außer 19 regionalen Mitgliedern nur die USA an, die noch immer mehr als 30 % der Anteile hält. Später stießen acht weitere Staaten der westlichen Hemisphäre, unter ihnen Kanada, hinzu. Von 1976 an erwarben insgesamt 20 nichtregionale (Industrie-)Länder die Mitgliedschaft in der IDB, die heute 46

Teilnehmerstaaten zählt. Zur IDB-Gruppe gehören ferner die Inter-American Investment Corporation (IIC) mit dem Auftrag, private kleine und mittlere Unternehmen in der Region zu finanzieren, sowie der 1993 geschaffene Multilateral Investment Fund (MIF), der Reformen bei Investitionen fördern und die Entwicklung des privaten Sektors stimulieren soll.

Die IDB hat ihren Hauptsitz in Washington, D.C., und die »klassische« Organisationsstruktur mit einem Gouverneursrat und einem 14-köpfigen Exekutivdirektorium, in dem die USA und Kanada einen »eigenen« Direktor stellen. Hauptaufgaben sind dem Gründungsabkommen (Art. I Abs. 2 [a]) zufolge

Struktur und Aufgaben

... to promote the investment of public and private capital for development purposes;
to utilize its own capital, funds raised by it in financial markets, and other available resources, for financing the development of the borrowing member countries ...;
to encourage private investment in projects, enterprises, and activities contributing to economic development and to supplement private investment when private capital is not available on reasonable terms and conditions;
to provide technical assistance for the preparation, financing, and implementation of development plans and projects, including the study of priorities and the formulation of specific project proposals.

IDB-Gründungs-übereinkommen Art. I Abs. 2

Die IDB hat von Anfang an auch soziale Projekte etwa im Gesundheits- und Bildungsbereich finanziert; Anliegen war dabei, ihre Mittel direkt zugunsten niedriger Einkommensgruppen einzusetzen, auch für den sog. »informellen« Sektor. Seit den 90er Jahren engagiert sich die Bank verstärkt im Rahmen der »poverty reduction«; auch vergibt sie bis zu 5 % ihrer ordentlichen Mitteldirekt und ohne staatliche Garantien an private Empfänger. Für Projekte in die 5 am wenigsten entwickelten (Mitglieds-)Länder gewährt ein (regelmäßig von den außerregionalen Mitgliedern wieder aufgefüllter) Fund for Special Operations (FSO) Kredite zu Vorzugsbedingungen (Art. IV).

Aktivitäten

Die 1969 errichtete sub-regionale Karibische Entwicklungsbank (Caribbean Development Bank, CDB) zählt 17 englischsprachige Karibikstaaten mit ca. 6 Mio. Einwohnern zu ihren regionalen Mitgliedern, deren wirtschaftliche und soziale Entwicklung und die gegenseitige Zusammenarbeit sie fördern will, u.a. durch Finanzierung von Projekten und Programmen, die Mobilisierung zusätzlicher Mittel für die Region, die Förderung regionaler Vorhaben und die Abstimmung der Entwicklungsprogramme der Mitglieder aufeinander mit dem Ziel der Ergänzung.

CDB

CDB-Gründungsabkommen 1969

Art. 1
The purpose of the Bank shall be to contribute to the harmonious economic growth and development of the member countries in the Caribbean ... and to promote economic co-operation and integration among them, having special and urgent regard to the needs of the less developed members of the region.

Art. 2
To carry out its purpose, the Bank shall have the following functions:
(a) to assist regional members in the co-ordination of their development programmes with a view to achieving better utilization of their resources, making their economies more complementary, and promoting the orderly expansion of their international trade, in particular intra-regional trade;
(b) to mobilize within and outside the region additional financial resources for the development of the region;
(c) to finance projects and programmes contributing to the development of the region or any of the regional members;...
(e) to promote public and private investment in development projects by, among other means, aiding financial institutions in the region and supporting the establishment of consortia;
(f) to co-operate and assist in other regional efforts designed to promote regional and locally controlled financial institutions and a regional market for credit and savings;
(g) to stimulate and encourage the development of capital markets within the region...
(2) The Bank shall, where appropriate, co-operate with national, regional or international organizations or other entities concerned with the development of the region.

Auch für die CDB ist die Beteiligung außerregionaler Industriestaaten kennzeichnend; Mitgliedsländer sind Kanada und Großbritannien (von Anfang an), Italien (1988), Deutschland (1989) und China (1998). Jedoch sollen mindestens 60 % der Anteile an der CDB von den Mitgliedern der Region gehalten werden.

Aktivitäten

**CDB-Gründungs-
übereinkommen
Art. 15**

Zur Geschäftstätigkeit (»operating principles«) besagt Art. 15:

(a) The operations of the Bank shall provide principally for the financing of specific projects, including those forming part of a national, sub-regional or regional development programme. They may ... include loans to, or guarantees of loans made to, national development banks or other suitable financial institutions...
(m) The Bank shall seek to maintain reasonable diversification in its investments in equity capital.
(n) The Bank may provide financing to meet either external or local expenditures in respect of a project being assisted, provided that in its

ordinary operations the Bank shall provide financing for local expenditures in the territory in which the project is located only in exceptional circumstances and not exceeding a reasonable proportion of the total of such expenditures ...

Neben dem regulären Haushalt hat die Bank eine Reihe von Sonder- (Special Development Fund) und Treuhandfonds (z.B. den Basic Needs Trust Fonds) eingerichtet, die freiwillig wieder aufgefüllt und aus denen Programme und Projekte mit dem Ziel der Armutsbekämpfung finanziert werden.

Der Board of Governors bestimmt die Grundlagen der Politik (Art. 27), er ist oberstes Entscheidungsorgan der CDB (Art. 27 Abs. 1), kann jedoch Kompetenzen an den Board of Directors delegieren. Auf dem Jahrestreffen des Board of Governors im Jahre 1996 legte dieses Organ fest, dass Kreditnehmer-Staaten immer eine Stimmenmehrheit in der CDB haben sollen; die regionalen Mitgliedsländer sollen zudem eine Mehrheit der Direktoren stellen. Die Leitung der Bank liegt in den Händen des Präsidenten, der zugleich Vorsitzender des Board of Directors (Art. 30) ist. Wie in anderen Internationalen Organisationen unterstreicht das CDB-Gründungsübereinkommen den internationalen Charakter der Bank und verbietet ihr die Einmischung in die Politik ihrer Mitglieder (Art. 35).

Struktur

Die CDB operiert in einem schwierigen Umfeld. Die 17 Kreditnehmenden Länder, überwiegend kleine Inselstaaten, haben wirtschaftlich und sozial ähnliche Probleme: Konzentration der Ausfuhren auf wenige landwirtschaftliche Produkte (Zucker, Bananen, Rum), damit eine starke Abhängigkeit von den Weltmarktpreisen, auch im Hinblick auf Deviseneinnahmen aus dem Tourismus, kleine, für eine Industrialisierung kaum taugliche Binnenmärkte, häufig auftretende Naturkatastrophen wie tropische Wirbelstürme und Vulkanausbrüche. Ohne eine stärkere (regionale) wirtschaftliche Integration werden sich die sozioökonomischen Verhältnisse der Staaten in der Karibik kaum verbessern lassen. Bisher haben CDB und CARICOM nur ansatzweise Erfolge aufzuweisen; die Integration bleibt weit hinter der des Mercosur zurück.

Spezifische Probleme

Im gleichen Jahr wie der Zentralamerikanische Gemeinsame Markt (1960) wurde auch die Zentralamerikanische Bank für wirtschaftliche Integration (Central American Bank for Economic Integration, CABEI) gegründet. Diese multilaterale Entwicklungsbank ist die größte Finanzinstitution der Region. Sie soll die institutionelle und soziale Entwicklung und Integration fördern und begleitet zu diesem Zweck finanziell sowohl größere öffentliche als auch private Investitionen, als eine der Hauptfinanzierungsquellen für multilaterale Wirtschaftsprogramme

CABEI

und Projekte in Mittelamerika. Kleinere private Projekte können durch Einschaltung privater Banken finanziert werden.

EBRD

Die spezielle Rolle der Europäischen Bank für Wiederaufbau und Entwicklung (European Bank for Reconstruction and Development, EBRD; Banque Européenne pour la Reconstruction et le Développement) erhellt bereits aus der Präambel des Gründungsübereinkommens von 1991, wonach die Vertragsparteien handeln

> im Bekenntnis zu den Grundprinzipien der Mehrparteiendemokratie, der Rechtsstaatlichkeit, der Achtung der Menschenrechte und der Marktwirtschaft;
> unter Hinweis auf die Schlußakte der Konferenz von Helsinki über Sicherheit und Zusammenarbeit in Europa und insbesondere auf die Prinzipienerklärung dieser Konferenz;
> erfreut über die Absicht der mittel- und osteuropäischen Länder, die praktische Umsetzung der Mehrparteiendemokratie, die Stärkung der demokratischen Einrichtungen, die Rechtsstaatlichkeit und die Achtung der Menschenrechte zu fördern, sowie über ihre Bereitschaft, am Ziel der Marktwirtschaft ausgerichtete Reformen durchzuführen;
> in Anbetracht der Bedeutung einer engen und abgestimmten Zusammenarbeit in dem Bemühen, den wirtschaftlichen Fortschritt der mittel- und osteuropäischen Länder zu fördern, um ihren Volkswirtschaften zu mehr internationaler Wettbewerbsfähigkeit zu verhelfen, sie bei ihrem Wiederaufbau und ihrer Entwicklung zu unterstützen und dadurch gegebenenfalls Risiken im Zusammenhang mit der Finanzierung ihrer Volkswirtschaften zu verringern;
> überzeugt, daß die Gründung eines multilateralen Finanzinstituts, das im wesentlichen europäisch und bezüglich seiner Mitglieder weitgehend international ist, dazu beitragen würde, diesen Zielen zu dienen, und eine neue und einzigartige Struktur der Zusammenarbeit in Europa schaffen würde ...

Zweck

Ihr Zweck besteht daher darin (Art. 1),

**EBRD-Gründungs-
übereinkommen
Art. 1**

> ... durch Unterstützung des wirtschaftlichen Fortschritts und Wiederaufbaus ... die sich zu den Grundsätzen der Mehrparteiendemokratie, des Pluralismus und der Marktwirtschaft bekennen und diese anwenden, den Übergang zur offenen Marktwirtschaft zu begünstigen sowie die private und unternehmerische Initiative zu fördern.

Aufgaben

Nach Art. 2 ist demzufolge Aufgabe der EBRD

**EBRD-Gründungs-
übereinkommen
Art. 2**

> (1) ... die Empfängermitgliedländer bei der Durchführung struktureller und sektoraler Wirtschaftsreformen einschließlich Beseitigung der Monopole, Dezentralisierung und Privatisierung [zu unterstützen], um ihren Volkswirtschaften zu voller Integration in die internationale Wirtschaft zu verhelfen, und zwar durch Maßnahmen mit dem Ziel:
> (i) mit Hilfe privater und sonstiger interessierter Investoren die Schaffung, Verbesserung und Ausweitung der produktiven, wettbe-

werbsorientierten und privatwirtschaftlichen Tätigkeit, insbesondere von Klein- und Mittelbetrieben, zu fördern;
(ii) zu dem unter Ziffer i) beschriebenen Zweck inländisches und ausländisches Kapital aufzubringen und erfahrenes Management zu gewinnen;
(iii) produktive Investitionen einschließlich solcher im Dienstleistungs- und Finanzsektor und in der damit zusammenhängenden Infrastruktur zu fördern, wo dies zur Stützung der privaten und unternehmerischen Initiative notwendig ist, um dadurch zur Schaffung eines vom Wettbewerb geprägten Umfeldes sowie zur Verbesserung der Produktivität, des Lebensstandards und der Arbeitsbedingungen beizutragen: ...
(v) die Entwicklung von Kapitalmärkten anzuregen und zu unterstützen;
(vi) solide und wirtschaftlich gesunde Vorhaben zu fördern, an denen mehr als ein Empfängermitgliedland beteiligt ist:
(vii) im Rahmen ihrer gesamten Tätigkeiten eine ökologisch auch langfristig unbedenkliche Entwicklung zu fördern; ...
(2) Bei der Erfüllung der in Absatz 1) genannten Aufgaben arbeitet die Bank eng zusammen mit allen ihren Mitgliedern sowie in einer Weise, die sie nach Maßgabe dieses Übereinkommens als angemessen erachtet, mit dem Internationalen Währungsfonds, der Internationalen Bank für Wiederaufbau und Entwicklung, der Internationalen Finanz-Corporation, der Multilateralen Investitions-Garantie-Agentur und der Organisation für Wirtschaftliche Zusammenarbeit und Entwicklung; sie arbeitet ferner zusammen mit den Vereinten Nationen und deren Sonderorganisationen sowie sonstigen damit in Beziehung stehenden Gremien und allen öffentlichen oder privaten Stellen, die sich mit der wirtschaftlichen Entwicklung der mittel- und osteuropäischen Länder und mit Kapitalanlagen in diesen Ländern befassen.

Dies betrifft derzeit 27 (Empfänger-)Staaten von Ostmitteleuropa bis nach Zentralasien (s. Art. 8).

Der Bank gehören 60 Staaten an, gem. Art. 3 Abs. 1 (i) des Gründungsabkommens entweder europäische Länder oder jedenfalls IWF-Mitglieder, ferner (lit. [ii]) die E(W)G und die Europäische Investitionsbank (EIB). — Mitglieder

Zur Erfüllung ihrer Ziele und Aufgaben kennzeichnet Art. 11 (Abs. 1) näher die »methods of operation« der Bank, insbesondere: — Befugnisse

(i) Gewährung beziehungsweise – zusammen mit multilateralen Insitutionen, Geschäftsbanken oder sonstigen interessierten Kapitalgebern – Kofinanzierung von Darlehen oder Beteiligung an Darlehen an privatwirtschafliche Unternehmen oder an auf Wettbewerbsgrundlage arbeitende und eine Teilnahme an der Marktwirtschaft anstrebende staatseigene Unternehmen sowie an staatseigene Unternehmen, deren Übergang in Privateigentum und unter private Kontrolle dadurch erleichtert werden soll; insbesondere soll dabei die Beteiligung von privatem

und/oder ausländischem Kapital an solchen Unternehmen erleichtert beziehungsweise verstärkt werden;
(ii) (a) Kapitalbeteiligung an privatwirtschaftlichen Unternehmen;
(b) Kapitalbeteiligung an auf Wettbewerbsgrundlage arbeitenden und eine Teilnahme an der Marktwirtschaft anstrebenden staatseigenen Unternehmen sowie an staatseigenen Unternehmen, deren Übergang in Privateigentum und unter private Kontrolle erleichtert werden soll; insbesondere soll dabei die Beteiligung von privatem und/oder ausländischem Kapital an solchen Unternehmen erleichtert beziehungsweise verstärkt werden;
(c) Übernahme von Wertpapieremissionen privatwirtschaftlicher Unternehmen sowie der unter Buchstabe b) genannten staatseigenen Unternehmen für die unter jenem Buchstaben genannten Ziele, falls andere Finanzierungsformen nicht geeignet sind;
(iii) Erleichterung des Zugangs zu inländischen und internationalen Kapitalmärkten für privatwirtschaftliche Unternehmen oder andere unter Ziffer i) bezeichnete Unternehmen ... durch Gewährung von Garantien, falls andere Finanzierungsformen nicht geeignet sind, sowie durch Finanzberatung und sonstige Formen der Unterstützung;
(iv) Einsatz von Sonderfondsmitteln entsprechend den für ihre Verwendung geltenden Übereinkünften;
(v) Gewährung von Darlehen oder Beteiligung an Darlehen sowie Bereitstellung technischer Hilfe zum Wiederaufbau oder zum Ausbau der für die Entwicklung einer Privatwirtschaft und den Übergang zur Marktwirtschaft erforderlichen Infrastruktur einschließlich Umweltprogramme.

Art. 11 Abs. 3 setzt sowohl insgesamt als auch in Bezug auf einzelne Empfängerländer für Kredite, Beteiligungen und andere Leistungen an den staatlichen Sektor eine Obergrenze von 40 % fest. Darüber hinaus verbietet Art. 12 – außer in Krisensituationen – Beteiligungen der EBRD, die dieser eine Kontrolle über ein Unternehmen ermöglichen (Abs. 2); untersagt werden auch Garantien für Ausfuhrkredite und Versicherungsaktivitäten (Abs. 4). Zu den 13 »operating principles« der Bank zählen die Einhaltung von »sound banking principles« ([i]), die Beschränkung von Finanzierung spezifischer Projekte und von technischer Unterstützung ([ii]), eine angemessene Diversifizierung ([v]), der Nachrang gegenüber anderweit erhältlicher Finanzierung ([vii]) und der revolvierende Einsatz der Mittel ([x]). Art. 20 (»general powers«) gestattet die Aufnahme der erforderlichen Mittel in Mitglieds- wie in Drittstaaten (und deren Währungen), wenn diese zustimmen, aber auch weitere finanzielle Transaktionen.

Organisationsstruktur

Die Struktur der EBRD weist an der Spitze einen Gouverneursrat (Art. 23 ff.) auf, ferner den (23-köpfigen) Board of Directors (Art. 26 ff.), wobei neun EG-Staaten, die EG und die EIB je einen Vertreter nominieren, einen Präsidenten und mindestens einen Vizepräsidenten, dazu das erforderliche Personal (Art. 30 f.). Sitz der Bank ist London (Art. 33 Abs. 1).

Die Europäische Investitionsbank (European Investment Bank, EIB; Banque Européenne d'Investissement) ist das Finanzinstitut der EU. Ihre Aufgabe ist in Art. 267 EGV umschrieben, nämlich:

> ... zu einer ausgewogenen und reibungslosen Entwicklung des Gemeinsamen Marktes im Interesse der Gemeinschaft beizutragen; hierbei bedient sie sich des Kapitalmarkts sowie ihrer eigenen Mittel. In diesem Sinne erleichtert sie ohne Verfolgung eines Erwerbszwecks durch Gewährung von Darlehen und Bürgschaften die Finanzierung der nachstehend bezeichneten Vorhaben in allen Wirtschaftszweigen:
> (a) ... zur Erschließung der weniger entwickelten Gebiete;
> (b) ... zur Modernisierung oder Umstellung von Unternehmen oder zur Schaffung neuer Arbeitsmöglichkeiten, die sich aus der schrittweisen Errichtung des Gemeinsamen Marktes ergeben ...;
> (c) ... von gemeinsamem Interesse für mehrere Mitgliedstaaten, die wegen ihres Umfangs oder ihrer Art mit den in den einzelnen Mitgliedstaaten vorhandenen Mitteln nicht vollständig finanziert werden können.

Zu diesem Zweck erleichtert die EIB die Finanzierung von Investitionsprogrammen in Verbindung mit der Unterstützung aus den Strukturfonds (Art. 159 ff. EGV) und anderen Finanzierungsinstrumenten der EG; nach Art. 179 Abs. 2 EGV trägt sie zu Maßnahmen der Entwicklungszusammenarbeit (Art. 177) bei, etwa im Hinblick auf die AKP-Staaten im Rahmen des Cotonou-Abkommens sowie als ALA-Finanzierung in Bezug auf andere Ländern Asien (vor allem Mitglieder der ASEAN) und Amerikas (wie Parteien des Mercosur, des CACM und der Andengemeinschaft).

Der rechtlich selbständigen EIB gehören alle EG-Mitgliedstaaten an (Art. 266 Abs. 1, 2 EGV). Die Satzung der Bank ist dem EG-Vertrag als Anlage beigefügt, kann jedoch teilweise auf vereinfachte Weise geändert werden (Art. 266 Abs. 3 EGV). Sie regelt neben der Kapitalausstattung und Anteilsstruktur (Art. 4) vor allem den organisatorischen Aufbau, d.h. das Zusammenwirken von Gouverneursrat (Art. 9 f.), Verwaltungsrat (Art. 11 f.) und Direktorium (Art. 13), ferner Kreditvergabe und Entgelte hierfür (Art. 18 f., 21), Geschäftsgrundsätze (Art. 20), Mittelaufnahme (Art. 22) und -anlage (Art. 23 f.). Aufgrund von Art. 30 der EIB-Satzung hat der Gouverneursrat einstimmig den Europäischen Investitionsfonds (EIF) mit eigener Rechtspersönlichkeit und finanzieller Autonomie errichtet, zu dessen Mitglieder die EIB selbst gehört (als Mehrheitseigner), ferner die EG und fast 30 andere an den Zielen des Fonds interessierte Finanzinstitute. EIB und EIF bilden

Aufgaben seit 2000 die EIB-Gruppe. Diese Neuausrichtung führte auch zu einem Wandel bei den Zielen des Fonds: Seine Hauptaufgabe ist es, die Gründung und Tätigkeit kleiner und mittlerer Unternehmen (KMU) zu unterstützen, indem teils aus eigenen Mitteln, teils aus von der EIB oder der EG zugewiesenen Geldern Risikokapital zur Verfügung gestellt oder Garantien übernommen werden; dabei handelt der Fonds als Katalysator für private Finanzierungen. Der EIF wird nur in den EG-, den Beitritts- und den EFTA-Staaten tätig.

I(s)DB Die verwirrender Weise ebenso wie die Interamerikanische mit IDB abgekürzte Islamische Entwicklungsbank (Islamic Development Bank) wurde in Umsetzung einer Absichtserklärung der Konferenz der Finanzminister muslimischer Staaten 1973 errichtet und nahm 1975 ihre Tätigkeit auf. Ihr Ziel besteht darin, wirtschaftliche Entwicklung und sozialen Fortschritt der Mitgliedstaaten und von muslimischen Gemeinschaften, sowohl individuell als auch gemeinsam, zu fördern, im *Prägung durch Islam* Einklang mit den Prinzipien der Scharia, d.h. islamischen Rechts. Zu diesem Zweck beteiligt sich die I(s)DB an Unternehmen und vergibt Kredite für Projekt und an Unternehmen; daneben unterstützt sie ihre Mitgliedstaaten in anderer Weise finanziell. Zu ihren Sonderfonds zählt auch ein Hilfsfonds für muslimische Gemeinschaften in Drittländern. Die Hereinnahme von Einlagen und die Mobilisierung finanzieller Mittel darf nur in mit der Scharia vereinbarer Form ist. Diese Vorgabe gilt auch für weitere Aktivitäten, wie Förderung des Exports (vor allem von Kapitalgütern) zwischen Mitgliedsländern, technische Unterstützung und Aus-/Weiterbildung von Personal für Entwicklungszwecke. Der Unterschied zum westlichen Bankensystem besteht vor allem im Management von Risiken: Ein Muslim darf dem islamischen Verständnis von Gerechtigkeit zufolge Gewinne nur einstreichen, wenn er dafür ein persönliches Risiko eingeht, was bei Guthaben-Zinsen regelmäßig nicht der Fall ist.

Mitglieder und Kapital Der I(s)DB gehören derzeit 55 Staaten an, die Mitglied der Organization of the Islamic Conference sind. Ihr autorisiertes Kapital wurde von ursprünglich 2 Mrd. zunächst auf 6 (1992) und 2001 auf 15 Mrd. Islamische Dinars (im Wert dem SZR des IWF entsprechend) angehoben, das Subskriptionskapitel auf heute 8,1 Mrd. Hauptsitz der Bank ist Dschidda (Saudi-Arabien); daneben unterhält sie drei Regionalbüros (Rabat, Kuala Lumpur, Alma-Ata) und elf Repräsentanzen.

I(s)DB-Gruppe Zur I(s)DB-Gruppe gehören auch die Islamic Corporation for Insurance of Investments and Export Credits (ICIEC), ein 1994 errichtetes Unternehmen, an dem die Bank zu 50% beteiligt ist. ICIEC befasst sich mit Exportkredit- und Investitionsversicherungs-»Produkten«, die ebenfalls den Anforderungen islamischen Rechts entsprechen müssen. 1999 beschloss der Gouverneursrat der I(s)DB, die Islamic Corporation for the Development of the Private Sector (ICD) mit Sitz ebenfalls in Dschidda und einem autorisierten Kapital von 1 Mrd. US-$, zu errichten, deren Aufgabe die Weiterentwicklung ihrer Mitgliedstaaten durch Investitionen im Privatsektor und das Angebot von Finanzdienstleistungen an privatwirtschaftliche Unternehmen besteht. Die I(s)DB hält die Hälfte des Kapitals, die Mitgliedstaaten 30 %, öffentliche Finanzinstitute aus diesen Ländern den Rest. Auch wenn das Spektrum ihrer Tätigkeiten nicht darauf beschränkt ist, liegt der Schwerpunkt bislang in den Bereichen Telekommunikation, Wasser und Abwasser, Gesundheit sowie im Pharmasektor. Ein viertes Mitglied der Gruppe ist das Islamic Research and Training Institute (IRTI). Der Zweck dieser Einrichtung ergibt sich schon aus ihrer Bezeichnung.

Der Internationale Fonds für landwirtschaftliche Entwicklung (International Fund for Agricultural Development, IFAD) wurde 1977 in der Folge der Welternährungskonferenz von 1974 errichtet mit dem Ziel

IFAD

to finance agricultural development projects primarily for food production in the developing countries

Der Fonds, dem heute 163 (UN-Mitglied-)Staaten angehören, hat daher einen spezifischen Auftrag, nämlich Hunger und ländliche Armut in Entwicklungsländern zu bekämpfen. Dies soll durch gesamtgesellschaftliche Entwicklung, Gleichbehandlung der Geschlechter, Schaffung höherer Einkünfte, Verbesserung der Ernährungssituation, (ökologische) Nachhaltigkeit und Praktiken einer »good governance« erreicht werden. IFAD vergibt niedrig verzinsliche Kredite mit langjähriger Laufzeit, aber auch Zuschüsse, teils im Wege der Kofinanzierung mit unterschiedlichen Partnern, nicht zuletzt Nichtregierungsorganisationen; die hierfür erforderlichen Mittel werden regelmäßig für mehrere Jahre im voraus eingeworben. Daneben existieren ergänzende Treuhandfonds, die ad hoc von Mitgliedstaaten aufgefüllt werden. Auch IFAD hat die übliche Organisationsstruktur mit einem Governing Council, einem 18-köpfigen Executive Board und einem Präsidenten, der zugleich dem Direktorium vorsitzt.

1976 errichteten die Mitgliedstaaten der Organization of the Petroleum Exporting Countries (OPEC) den OPEC Fund for International Development. Dieser zielt im Sinne einer Solidarität des »Südens« auf Zusammenarbeit zwischen OPEC- und anderen Entwicklungsländern und soll insbesondere die wirtschaftliche und soziale Entwicklung von »least-developed countries« unterstützen, wobei von OPEC-Staaten freiwillig geleistete finanzielle Mittel sowohl (und überwiegend) für den öffentlichen Sektor als auch für private Projekte in Empfängerländern bereitgestellt werden.

OPEC Fund

AFSED · Bereits 1971 trat das Übereinkommen über die Schaffung eines Arab Fund for Social and Economic Development in Kraft (AFSED), dem alle Mitglieder der Arabischen Liga angehören). Diese rechtlich selbständige Einrichtung wird von einem Board of Directors geleitet, dessen Vorsitzender zugleich dem Sekretariat vorsteht. Der Fonds soll zum einen die Entwicklung in arabischen Ländern fördern, indem (vornehmlich gemeinsame) Projekte finanziert, öffentliche wie private Investitionen angeregt und technische Unterstützung geleistet werden. AFSED erbringt zudem Dienste für das Coordination Secretariat of Arab National and Regional Development Institutions, das die Zusammenarbeit zwischen dem Fonds selbst, der I(s)DB, dem OPEC-Fonds und staatlichen Entwicklungsfonds sowie der (1974 gegründeten) Arab Bank for Economic Development in Africa organisiert;

BADEA · letztere soll arabisch-afrikanische Solidarität im Geiste der Freundschaft und Gleichheit praktizieren, indem sie die wirtschaftliche Entwicklung in nicht-arabischen Ländern Afrikas unterstützt und den Zufluss arabischen Kapitals dorthin stimuliert.

2.4. Organisationen mit primär handelspolitischen Aufgaben

2.4.1. Welthandelsorganisation

Die Anfang 1995 errichtete Welthandelsorganisation (World Trade Organization, WTO; Organisation Mondiale du Commerce) entspringt – so die Präambel des multilateralen Gründungsvertrags – dem Bestreben der ursprünglich 128 und inzwischen ca. 150 Parteien des WTO-Übereinkommens, zu denen neben Staaten auch die EG zählt (Art. XI Abs. 1),

Ziel

WTO-Übereinkommen Präambel

... ein integriertes, funktionsfähiges und dauerhafteres ... Handelssystem zu entwickeln, welches das Allgemeine Zoll- und Handelsabkommen, die Ergebnisse früherer Handelsliberalisierungsbemühungen und sämtliche Ergebnisse der Multilateralen Handelsverhandlungen der Uruguay-Runde umfaßt.

Aufgaben · Wirkungsbereich und Aufgaben der in Genf ansässigen intergouvernementalen Organisation (Art. VIII) sind in Art. II und III des Gründungsabkommens näher umschrieben.

WTO-Übereinkommen, Art. II

(1) Die WTO bildet den gemeinsamen institutionellen Rahmen für die Wahrnehmung der Handelsbeziehungen zwischen ihren Mitgliedern in

Angelegenheiten im Zusammenhang mit den in den Anlagen dieses Übereinkommens enthaltenen Übereinkommen und dazu gehörigen Rechtsinstrumenten.
(2) Die Übereinkommen und die dazugehörigen Rechtsinstrumente ... in den Anlagen 1, 2 und 3 (... »Multilaterale Handelsübereinkommen« ...), sind Bestandteil dieses Übereinkommens und für alle Mitglieder verbindlich.
(3) Die Übereinkommen und die dazugehörigen Rechtsinstrumente ... in Anlage 4 (... »Plurilaterale Handelsübereinkommen« ...), sind ebenfalls Bestandteil dieses Übereinkommens für diejenigen Mitglieder, die sie angenommen haben, und sind für diese Mitglieder verbindlich. Die Plurilateralen Handelsübereinkommen begründen für die Mitglieder, die sie nicht angenommen haben, weder Pflichten noch Rechte.

Von den zunächst 4 »plurilateralen« Abkommen sind zwei, das Internationale Übereinkommen über Milcherzeugnisse sowie die Übereinkunft über Rindfleisch, Ende 1997 außer Kraft getreten. Nur die beiden anderen Verträge, deren einer – das Übereinkommen über das öffentliche Beschaffungswesen (Government Procurement Agreement, GPA) – allerdings durch die Uruguay-Runde eine neue, erweiterte Fassung erhalten hatte, gelten weiter.

»Multilateral« sind nicht nur das GATT 1994 (Art. II Abs. 4) sowie 12 weitere Übereinkommen zum Warenhandel (Anlage 1A), sondern auch das Allgemeine Übereinkommen über den Handel mit Dienstleistungen (General Agreement on Trade in Services, GATS; Anlage 1B), das Übereinkommen über Handelsbezogene Aspekte der Rechte des geistigen Eigentums (Trade-Related Intellectual Property Rights, TRIPS; Anlage 1C), ferner die Streitbeilegungsvereinbarung (Dispute Settlement Understanding, DSU; Anlage 2) und der Mechanismus zur Überprüfung der Handelspolitik (Trade Policy Review Mechanism, TPRM; Anlage 3).

Multilaterale Abkommen

WTO-Übereinkommen, Art. III

(1) Die WTO erleichtert die Durchführung, die Verwaltung und die Wirkungsweise dieses Übereinkommens und der Multilateralen Handelsübereinkommen sowie die Verwirklichung ihrer Ziele; sie bildet auch den Rahmen für die Durchführung, die Verwaltung und die Wirkungsweise der Plurilateralen Handelsübereinkommen.
(2) Die WTO dient als Forum für Verhandlungen zwischen ihren Mitgliedern über deren multilaterale Handelsbeziehungen in den Bereichen, die im Rahmen der in den Anlagen dieses Übereinkommens enthaltenen Übereinkünfte behandelt werden. Die WTO kann auch als Forum für weitere Verhandlungen zwischen ihren Mitgliedern über deren multilaterale Handelsbeziehungen sowie als Rahmen für die

Durchführung der Ergebnisse solcher Verhandlungen dienen, wie dies von der Ministerkonferenz beschlossen wird.

Durch diese Öffnungsklausel zugunsten des zentralen Staatenvertreterorgans (Art. IV Abs. 1), das bisher fünfmal zusammen getreten ist (Singapur 1996, Genf 1998, Seattle 1999, Doha 2001, Cancún 2003), können unter dem »Dach« der WTO weitere handelsbezogene Felder des IWR näher regelt und schließlich kodifiziert werden. Dabei sieht Art. III Abs. 5 »im Interesse einer kohärenten Gestaltung der weltweiten wirtschaftspolitischen Entscheidungen« eine Zusammenarbeit mit dem IWF und der Weltbankgruppe vor.

Breites Forum

WTO-Übereinkommen Art. III

... (3) Die WTO verwaltet die in Anlage 2 dieses Übereinkommens enthaltene Vereinbarung über Regeln und Verfahren zur Beilegung von Streitigkeiten...
(4) Die WTO verwaltet das in Anlage 3 dieses Übereinkommens enthaltene Verfahren zur Überprüfung der Handelspolitiken...

Organisationsstruktur

Der Aufbau der WTO knüpfte an bestehende Einrichtungen – des GATT (1947) – an; die Organisation wurde freilich weitaus differenzierter als zuvor ausgestaltet. Zwischen den mindestens alle 2 Jahre stattfindenden Sitzungen der Ministerkonferenz aus Vertretern aller Mitglieder, der es obliegt, »die Aufgaben der WTO wahr(zunehmen)« und die »dafür erforderlichen Maßnahmen« zu treffen (Art. IV Abs. 1), wird ein »Allgemeiner Rat« tätig. In dessen Kompetenz fällt es auch, für geeignete Vorkehrungen zu einer Zusammenarbeit mit anderen intergouvernementalen wie nicht-gouvernementalen Organisation zu sorgen (Art. V).

Ministerkonferenz und Allgemeiner Rat

WTO-Übereinkommen, Art. IV

... (2) Ein Allgemeiner Rat, der sich aus Vertretern aller Mitglieder zusammensetzt, tritt zusammen, wann immer dies zweckdienlich ist. Zwischen den Tagungen der Ministerkonferenz nimmt der Allgemeine Rat deren Aufgaben wahr. Der Allgemeine Rat nimmt auch die Aufgaben wahr, die ihm durch dieses Übereinkommen übertragen sind...
(3) Der Allgemeine Rat tritt gegebenenfalls zusammen, um die Aufgaben des in der Vereinbarung über Streitbeilegung vorgesehenen Streitbeilegungsgremiums wahrzunehmen...
(4) Der Allgemeine Rat tritt gegebenenfalls zusammen, um die Aufgaben des im TPRM vorgesehenen Organs zur Überprüfung der Handelspolitiken wahrzunehmen...

Die Ministerkonferenz muss bestimmte Ausschüsse einsetzen – für Handel und Entwicklung, für Zahlungsbilanzbeschränkungen und für Haushalt, Finanzen und Verwaltung (s. Art. VII Abs. 1, 2) – und kann weitere errichten (Art. IV Abs. 7). Die Konferenz ernennt ferner den Generaldirektor, unter dessen Leitung das Sekretariat der WTO steht

(Art. VI Abs. 1), und trifft Bestimmungen über dessen Aufgaben, Befugnisse, Amtszeit und Dienstbedingungen (Art. VI Abs. 2). In die Zuständigkeit der Ministerkonferenz fallen auch die Auslegung des WTO- und der Multilateralen Handelsübereinkommen – insoweit von einer gleichartigen Befugnis des Allgemeinen Rats (Art. IX Abs. 2) ergänzt –, die Erteilung einer Ausnahmegenehmigung (»waiver«; Art. IX Abs. 3, 4), der Beschluss über Änderungen des WTO- und der Multilateralen Handelsübereinkommen sowie zur Aufnahme eines Handelsübereinkommens in Anlage 4 oder zur Streichung aus dieser (Art. X) und die Entscheidung über Beitrittsanträge (Art. XII WTO).

Unter der allgemeinen Leitung des Allgemeinen Rates befassen sich drei weitere Räte – für den Handel mit Waren, mit Dienstleistungen und für Handelsbezogene Aspekte der Rechte des geistigen Eigentums – damit, die Wirkungsweise der betreffenden Multilateralen Handelsübereinkommens zu überwachen; daneben erfüllen sie Aufgaben, die in diesen Übereinkommen niedergelegt oder ihnen vom Allgemeinen Rat übertragen sind (Art. IV Abs. 5). Auch sie können nachgeordnete Gremien einsetzen (Art. IV Abs. 6).

Im Unterschied insbesondere zu den Internationalen Finanzinstitutionen gelten in Gremien der WTO regelmäßig die Prinzipien »one State – one vote« und der Unanimität, indem hier die nach dem GATT 1947 übliche Praxis der Beschlussfassung durch »Konsens« fortgesetzt wird.

Konsens-Regel...

Die amtliche Fußnote 1 zu Art. 9 Abs. 1 WTOÜ besagt dazu:

Ein Beschluß des betreffenden Organs über eine ihm zur Prüfung vorgelegte Angelegenheit gilt als durch Konsens gefaßt, wenn kein auf der beschlußfassenden Tagung anwesendes Mitglied gegen den vorgeschlagenen Beschluß förmlich Einspruch einlegt.

Abweichend vom Konsens-Prinzip kennt das WTO-Übereinkommen jedoch für einige Fälle Entscheidungen mit unterschiedlicher Mehrheit; so sehen Art. IX Abs. 2, 3 und Art. X Abs. 5 eine Dreiviertelmehrheit der Mitglieder und Art. X Abs. 1 Abs. 1, 3 und Art. XII Abs. 2 eine Zweidrittelmehrheit vor. Im Übrigen gilt:

... und Ausnahmen

WTO-Übereinkommen, Art. IX
(1) ... Falls ein Beschluß nicht durch Konsens gefaßt werden kann, wird über die strittige Angelegenheit durch Abstimmung beschlossen, sofern nichts anderes vorgesehen ist... Beschlüsse der Ministerkonferenz und des Allgemeinen Rates werden mit der Mehrheit der abgegebenen Stimmen gefaßt, sofern in diesem Übereinkommen oder in dem einschlägigen Multilateralen Handelsübereinkommen nichts anderes vorgesehen ist.

Wird der Allgemeine Rat als Streitbeilegungsgremium (Dispute Settlement Body, DSB) tätig, stellt Fußnote 3 zu Art. IX klar, dass hier allein eine Entscheidung im Konsens nach Art. 2 Abs. 4 DSU in Betracht kommt.

EG-Sonderregelung

Dem Umstand, dass sowohl die EG als solche als auch ihre Mitgliedstaaten Mitglieder der WTO sind, trägt Art. IX Abs. 1 dadurch Rechnung, dass die EG über die Anzahl der Stimmen ihrer Mitglieder (15 bzw. 25) entspricht, diese aber (so Fußnote 2) in keinem Fall übersteigen darf.

2.4.2. Konferenz der Vereinten Nationen für Handel und Entwicklung

»Organisation«?

Wie bereits der Name verdeutlicht, ist die UNCTAD (United Nations Conference on Trade And Development; Conférence des Nations Unies sur le Commerce et le Développement) jedenfalls von ihrer Entstehung her (die »Konferenz« wurde 1964 als besonderes Organ der UN-Generalversammlung durch eine Resolution dieses Gremiums errichtet) keine »normale« intergouvernementale Organisation. Andererseits enthält die Gründungsresolution auch die UNCTAD-Satzung, aus der sich durchaus typische Strukturmerkmale ergeben.

Ziele und Verfahren

UNCTAD bezweckt eine »entwicklungsgerechte« Integration von »less developed countries« in die Weltwirtschaft. In dieser Einrichtung soll die Erörterung von Handels- und Entwicklungsfragen gebündelt werden, zudem mit der Behandlung sachnaher Probleme wie Finanzen, Technologie, Investitionen und ökologische Nachhaltigkeit. Hierzu werden Forschungen und Politikanalysen unternommen sowie Informationen gesammelt und ausgewertet, ferner – gemeinsam mit der WTO – technische Unterstützung speziell für »least developed countries« geleistet. Hauptfunktion ist wohl die eines zwischenstaatlichen Diskussions- und Beratungsgremiums:

Struktur

So tritt alle vier Jahre eine Ministerkonferenz mit Vertretern aller Mitgliedstaaten zusammen; UNCTAD XI findet 2004 in Brasilien statt. In der Zwischenzeit amtiert ein Trade and Development Board (TDB), der einmal pro Jahr in Genf und darüber hinaus bis zu drei Mal zur Behandlung dringendere Punkt tagt. Dem TDB zugeordnet sind drei Ausschüsse, die Commission(s) on Trade in Goods and Services, and Commodities, on Investment, Technology and Related Issues bzw. on Enterprise, Business Facilitation and Development; diese werden durch zahlreiche Experten in Bezug auf spezifische Problemkreise unterstützt. Das UNCTAD-Sekretariat wird nicht nur für die Einrichtung selbst, sondern auch für die

Commission on Science and Technology for Development, ein Hilfsorgan des ECOSOC tätig.

2.5. Regionale Freihandelszonen und Zollunionen

Der Europäischen Freihandelsassoziation (European Free Trade Association, EFTA) gehören heute neben dem Gründungsmitglied Schweiz drei weitere europäische Staaten an, die gleichzeitig zusammen mit der EG (und deren Mitgliedstaaten) den Europäischen Wirtschaftsraum (EWR) bilden. Fünf der (7) ursprünglichen Mitglieder sind zu unterschiedlichen Zeitpunkten (nach Art. 43 des Gründungsübereinkommens, der »Stockholmer Konvention« von 1960) aus dieser Internationalen Organisation aus- und der EG beigetreten. Im Zusammenhang mit dem Ausscheiden Dänemarks und des Vereinigten Königreichs schlossen die verbleibenden EFTA-Staaten mit der EG bilaterale Freihandelsabkommen, an deren Inhalte das EWR-Abkommen anknüpfen konnte.

EFTA

EFTA-Konvention 1960/2001

Art. 1
An international organisation to be known as the European Free Trade Association ... is hereby established.

Art. 2
The objectives of the Association shall be
(a) to promote a continued and balanced strengthening of trade and economic relations between the Member States with fair conditions of competition, and the respect of equivalent rules, within the Area of the Association;
(b) the free trade in goods;
(c) to progressively liberalise the free movement of persons;
(d) the progressive liberalisation of trade in services and of investment;
(e) to provide fair conditions of competition affecting trade between the Member States;
(f) to open the public procurement markets of the member States;
(g) to provide appropriate protection of intellectual property rights, in accordance with the highest international standards.

Kern der EFTA ist die Bildung einer Zone freien Verkehrs zwischen Waren, die aus den Mitgliedstaaten stammen (s. Art. 5 und Annex A).

Zielsetzung

EFTA-Konvention

Art. 3
Customs duties on imports and exports, and any charges having equivalent effect, shall be prohibited between the Member States. This shall also apply to customs duties of a fiscal nature.

Art. 4
(1) No Member State shall impose, directly or indirectly, on the products of other Member States any internal taxation of any kind in excess of that imposed directly or indirectly on similar domestic products. ...

Art. 7
Quantitative restrictions in imports and exports, and all measures having equivalent effect, shall be prohibited between the Member States.

Struktur

Einziges Organ der Organisation ist ein Rat, in dem je ein Vertreter jedes Mitgliedstaates eine Stimme hat; er kann weitere Organe, Ausschüsse und Gremien einsetzen (Art. 43 Abs. 3, 53 Abs. 2 und Anhang S). Seine Entscheidungen oder Empfehlungen trifft der Rat in der Regel einstimmig (Art. 43 Abs. 5)

EFTA-Konvention Art. 43

(1) It shall be the responsibility of the Council
(a) to exercise such powers and functions as are conferred upon it by the Convention;
(b) to decide on amendments to this Convention in accordance with the provisions therein;
(c) to supervise the application of this Convention and keep its operation under review; ...
(f) to seek to establish such relationships with other international organisations as may facilitate the attainment of the objectives of the Association;
(g) to negotiate trade and co-operation agreements between the Member States and any other Sate, union of States or international organisation ...

NAFTA

Das zwischen Kanada, den USA und Mexiko abgeschlossene, Anfang 1994 in Kraft getretene North Atlantic Free Trade Agreement (NAFTA) folgt auf ein Free Trade Agreement zwischen Kanada und den USA (1988), welches es inhaltlich erweitert und vertieft.

NAFTA-Vertrag, Art. 101

The Parties to this Agreement, consistent with Article XXIV of the GATT, hereby establish a free trade area.

Breite Zielsetzung

Die Vereinbarung errichtet nicht nur eine Freihandelszone zwischen den Vertragsparteien, sondern deckt auch weitere Bereiche ab, z.B. Investitionen (Art. 1101 ff.) und geistiges Eigentum (Art. 1701 ff.)

NAFTA-Vertrag, Art. 102

(1) The objectives of this Agreement, as elaborated more specifically through its principles and rules, including national treatment, most-favoured-nation treatment and transparency, are to:

(a) eliminate barriers to trade in, and facilitate the cross-border movement of, goods and services between the territories of the Parties;

(b) promote conditions of fair competition in the free trade area;

(c) increase substantially investment opportunities in the territories of the Parties;

(d) provide adequate and effective protection and enforcement of intellectual property rights in each Party's territory;

e) create effective procedures for the implementation and application of this Agreement, for its joint administration and for the resolution of disputes; and

(f) establish a framework for further trilateral, regional and multilateral cooperation to expand and enhance the benefits of this Agreement.

Bislang eher unüblich ist eine Klausel zum Verhältnis der NAFTA-Regeln zu »environmental and conservation agreements«: *Umweltklausel*

NAFTA-Vertrag, Art. 104

(1) In the event of any inconsistency between this Agreement and the specific trade obligations set out in:

(a) the Convention on International Trade in Endangered Species of Wild Fauna and Flora (1973) …..,

(b) the Montreal Protocol on Substances that Deplete the Ozone Layer (1987) …,

(c) the Basel Convention on the Control of Transboundary Movements of Hazardous Wastes and Their Disposal (1989) …,

such obligations shall prevail to the extent of the inconsistency, provided that where a Party has a choice among equally effective and reasonably available means of complying with such obligations, the Party chooses the alternative that is the least inconsistent with the other provisions of this Agreement. …

»Institutional arrangements« (und Streitbeilegungsregelungen) werden in Kap. 20 getroffen. Eine aus Regierungsvertretern gebildete, jährlich tagende und in der Regel per Konsens entscheidende Kommission wird dabei von einem aus drei nationalen Abteilungen bestehenden Sekretariat unterstützt (Art. 2002). *Struktur*

NAFTA-Vertrag, Art. 2001

…(2) The Commission shall:

(a) supervise the implementation of this Agreement;

(b) oversee its further elaboration;

> (c) resolve disputes that may arise regarding its interpretation or application;
> (d) supervise the work of all committees and working groups established under this Agreement ...; and
> (e) consider any other matter that may affect the operation of this Agreement.

Die Kommission wirkt auch bei der Beilegung von Streitigkeiten mit, welche aber letztlich durch ein internationales Schiedsgericht (arbitral panel; Art. 2006 ff.) entschieden werden.

FTAA

Seit einigen Jahren verdichten sich Bestrebungen, eine Free Trade Area of the Americas (FTAA) zu schaffen (www.ftaa-alca.org); das Schicksal dieses Vorhabens ist allerdings zur Zeit ungewiss.

2.6. Weitere wirtschaftliche Integrationsverbände außerhalb Europas

2.6.1. Lateinamerika

Bereits General Simon Bolivar, der »Befreier Lateinamerikas«, hing der Vision einer politischen Einheit des Subkontinents an. Auf dem Ersten Kongress der Amerikanischen Staaten beschlossen die ehemaligen spanischen Kolonien 1826 eine lateinamerikanische Allianz, doch die Vertragsdokumente wurden nicht von allen Parteien ratifiziert. Interessengegensätze zwischen lateinamerikanischen Staaten stehen einem Zusammenschluss bis heute entgegen; jedoch gab und gibt es eine Vielzahl von (sub)regionalen Integrationsprozessen. Dabei rückte zunehmend der ökonomische Aspekt in den Vordergrund. In einer globalisierten Welt wollen die lateinamerikanischen Länder den sich weltweit bildenden Wirtschaftsblöcken nicht als Einzelne machtlos gegenüberstehen. Zudem kam es zu einem Paradigmenwechsel: Frühere Bestrebungen zielten auf einen Schutz der Volkswirtschaften vor dem Weltmarkt. Die regionale Integration Lateinamerikas in den 60er und 70er Jahren wurde entscheidend geprägt von der Wirtschaftstheorie Raúl Prebischs, des Generalsekretärs der CEPAL (Comisión Economica para América Latina), daher »Cepalismo«: Die wirtschaftliche Abhängigkeit Lateinamerikas sei an erster Stelle auf die unvorteilhaften Handelsbeziehungen zwischen Industrie- und Entwicklungsländern zurückzuführen: Während die Preise gewerblicher Produkte längerfristig stiegen, fielen die Rohstoffpreise, was ein beträchtliches Ungleichgewicht zwischen den Handelspartnern bewirke. Als Reaktion hierauf sollten im regionalen Verbund Märkte geschaffen und Industrien

Ausgangslage

aufgebaut werden, die teure Einfuhren aus den Industrieländern ersetzen sollten.

Dieses Experiment (einer »Importsubstitution«) kann als gescheitert gelten: Die mit zum Teil erheblichem Aufwand geschaffenen Industriezweige sind bis heute auf dem Weltmarkt kaum wettbewerbsfähig. Durch die regionale Isolation wurden Investitionsgüter in Bereiche gelenkt, die Marktmechanismen nicht standhalten können. Aktuelle Integrationsprojekte bauen auf Strukturen und Erfahrungen der sechziger Jahren des 20. Jahrhunderts auf; anders als seinerzeit sollen regionale Zusammenschlüsse heute aber die Integration in den Weltmarkt fördern, sie sind zunehmend exportorientiert ausgerichtet. So wurden allein zwischen 1990 und 1992 in Lateinamerika 16 neue Handelsabkommen geschlossen, die zu einem erheblichen Anstieg des Wirtschaftsverkehrs zwischen den Staaten der Region führten. Denn als weitere Folge der Abschottung der Märkte in Lateinamerika seit 1945 war der eigene Subkontinent als Absatzmarkt von geringerer Bedeutung als der der USA.

_{Neuorientierung}

1958/59 richtete die CEPAL eine Arbeitsgruppe ein, deren Ziel es war, einen Rahmen für den Zusammenschluss der südamerikanischen Märkte auszuarbeiten; 1960 wurde auf dieser Grundlage in Montevideo die Lateinamerikanische Freihandelszone (ALALC) ins Leben gerufen. Mit Ausnahme von Guyana, Surinam und Französisch-Guayana traten ihr alle Länder Südamerikas bei. Ziel des (LAFTA-)Vertrages war die Liberalisierung des Warenhandels durch schrittweise Abschaffung von Handelshindernissen. Dazu wurde ein System von Listen entwickelt, auf denen Produkte verzeichnet waren, für die Handelserleichterungen eingeräumt wurden. Die Inhalte der Listen sollten (wie im GATT) in periodisch stattfindenden Verhandlungsrunden von den Mitgliedstaaten festgelegt werden. Doch deren binnenorientierte Politik verhinderte, dass der vereinbarte Zeitplan zur völligen Liberalisierung der Märkte eingehalten wurde. Die Listen wurden bald wieder gekürzt. Zwar wurde die Übergangsphase bis Ende 1980 verlängert, aber auch dieses Datum nicht eingehalten. Gründe für das Scheitern der ALALC sind das begrenzte Ausmaß selektiver Zollsenkungen, das Fehlen engerer finanzieller und kreditpolitischer Verbindungen innerhalb des Wirtschaftsraumes sowie eine mangelhafte Kommunikations- und Verkehrsinfrastruktur, des Weiteren erhebliche Unterschiede zwischen den Mitgliedstaaten hinsichtlich Größe und Wirtschaftskraft. Größere Länder profitierten anscheinend stärker von der Integration als kleinere.

ALALC

ALADI

Der Vertrag von Montevideo 1980 errichtete dann die Lateinamerikanische Integrationsassoziation (ALADI), die an die Stelle der ALALC trat. Unterzeichner waren die elf ALALC-Mitglieder.

ALADI-Vertrag, Art. 1

Mit dem vorliegenden Vertrag setzen die Vertragsstaaten den Prozeß der wirtschaftlichen Integration fort, um eine wirtschaftlich-soziale Entwicklung zu fördern, Harmonie und Ausgewogenheit in der Region zu verbessern...Auf lange Sicht ... soll im Wege der graduellen, schrittweisen Annäherung ein gemeinsamer lateinamerikanischer Markt geschaffen werde.

Ziele

Die grundlegenden Ziele der ALADI ergeben sich aus Art. 2 des Abkommens: Förderung und Regulierung des gegenseitigen Handels, wirtschaftliche Ergänzung und Entwicklung von Maßnahmen wirtschaftlicher Zusammenarbeit, die eine Ausdehnung der Märkte begünstigen sollen. Als Konsequenz aus dem Scheitern der ALALC normierte Art. 3 als Prinzipien der neuen Organisation (politischen) Pluralismus, Konvergenz hin zu einem Gemeinsamen Markt, (mehr) Flexibilität, unterschiedliche Behandlung unterschiedlich entwickelter Volkswirtschaften. Bis heute wurde im Rahmen der ALADI mehr als 80 regionale und auf einzelne Staaten begrenzte Abkommen zwischen den Mitgliedern geschlossen, ferner über 30 Verträge zwischen ALADI-Staaten und Drittländern aus Zentralamerika und der Karibik. Die relative Unverbindlichkeit der Regeln führte aber dazu, dass auf das ursprüngliche Ziel der ALADI nicht wirklich hingearbeitet und die Assoziation zunehmend durch andere Institutionen verdrängt wird. Sie wirkt daher mittlerweile eher als Diskussionsforum für Fragen lateinamerikanischer Integration. Zudem steht sie bei Verhandlungen über wirtschaftliche Fragen ihren Mitgliedern unterstützend zur Seite.

Andenpakt

Als sich die Erfolglosigkeit der ALALC abzeichnete, gründeten 1969 die kleineren ALALC-Staaten Bolivien, Chile, Kolumbien, Ecuador und Peru durch das Abkommen von Cartagena den Andenpakt (Pacto Andino, PA). Die Integration in diesem engeren Rahmen verlief jedoch nicht gradlinig, es kam es – auch durch die politische Entwicklung in Chile ab 1970 – zu Differenzen zwischen den teilnehmenden Staaten. Zunächst zielte der Andenpakt auf eine nach innen gerichtete Integration ab (Importsubstitution), auch hier mit wenig Erfolg. Die Volkswirtschaften des Andenpakts wuchsen in dieser Zeit des regionalen Protektionismus weit geringer als andere, offenere. 1974 trat Venezuela bei. Wegen grundsätzlicher Divergenzen mit Peru verließ Chile das Bündnis 1976. 1983 eskalierte die Situation, und der Handel zwischen den Andenpakt-Staaten kam fast zum Erliegen.

Weltwirtschaftliche und weltpolitische Veränderungen wirkten sich aber auch hier aus: Das Abkommen von Cartagena wurde weiterentwickelt, mit dem Abkommen von Trujillo 1996 die Andengemeinschaft (Comunidad Andina, CAN) errichtet. Damit gelangte der Pakt in eine neue, vertiefte Integrationsphase.

Andengemeinschaft

Das Abkommen von Cartagena beinhaltet die Schaffung einer Freihandelszone, die bis 2005 sich in eine Zollunion weiter entwickeln soll. Die Zielsetzung ergibt sich aus Art. 1:

Ziele

to promote the balanced and harmonious development of the Member Countries under equitable conditions, through integration and economic and social cooperation; to accelerate their growth and the rate of creation of employment; and to facilitate their participation in the regional integration process, looking ahead toward the gradual formation of a Latin American Common Market.

Abkommen von Cartagena, Art. 1

This Agreement also seeks to reduce external vulnerability and to improve the positioning of the Member Countries within the international economic context; to strengthen subregional solidarity, and to reduce existing differerces in levels of development among the Member Countries.

These objectives are aimed at bringing about an enduring improvement in the standard of living of the subregion's population.

Eine ausgewogene und harmonische Entwicklung in den Mitgliedstaaten soll mit einer fairen Verteilung der Vorteile des Zusammenschlusses erreicht werden, um so die Unterschiede zwischen den einzelnen Teilnehmerländern zu vermindern (Art. 2).

Eine Freihandelszone besteht zwischen Bolivien, Kolumbien, Ecuador und Venezuela. Peru war zeitweilig ausgeschieden, da es seine Zollsätze nicht im verlangten Umfang abbauen zu können meinte. Ihm wurde dann zunächst ein Sonderstatus eingeräumt, nunmehr wird dieser Staat wieder schrittweise eingebunden.

Das Abkommen von Cartagena weist eine klare entwicklungsorientierte Ausrichtung auf: Durch Harmonisierung der nationalen Wirtschaftspolitiken und regionale Investitionspläne soll eine Harmonisierung der Wirtschafts- und Sozialpolitik und damit eine ausgewogene Entwicklung erreicht werden. Zu diesem Zweck sollen Entwicklungsprogramme für den Industrie- und den Agrarsektor sowie für die Infrastruktur aufgestellt werden (Art. 60 ff.). Letztlich ist eine industrielle Spezialisierung zwischen den Mitgliedstaaten beabsichtigt.

Entwicklungsorientierung

Abkommen von Cartagena, Art. 64

The aim of Industrial Complementarity Agreements shall be to promote industrial specialization among the Member Countries. Such

> Agreements may be entered into and carried out by two or more Countries and must be approved by the Commission.

Hinzu kommen ein gemeinsames Marketing für die in die Programme aufgenommenen Güter und gemeinsame Forschungseinrichtungen. Auch Finanzierungsfragen sollen auf Gemeinschaftsebene geregelt und über dafür vorgesehene Einrichtungen sollen Mittel verteilt werden. Darüber hinaus ist die Andengemeinschaft bemüht, Qualitätskontrollen, Standardisierungen und gemeinsame Zertifizierungsverfahren einzuführen. Sie schreitet gegen Praktiken ein, die den freien Wettbewerb verhindern, geht gegen Dumping und Subventionen vor, die den Markt verzerren und Produkte aus anderen Mitgliedsländern benachteiligen. Touristen sollen sich möglichst bald in der gesamten Gemeinschaft frei bewegen können.

Die Andengemeinschaft ist jedoch mehr als nur ein Integrationsverband wirtschaftlicher Art: Eine Gemeinsame Außenpolitik soll dazu führen, den kleinen Staaten international eine stärkere Präsenz und mehr Einfluss zu sichern und für sie bessere Bedingungen im lateinamerikanischen Integrationsprozess auszuhandeln; insoweit versteht sich die CAN als eine Zwischenstufe. Auch Demokratie, Menschenrechte und Förderung der andinen Kultur stehen auf der Agenda der Gemeinschaft.

Zum Rechtsstatus der Andengemeinschaft besagt Art. 48:

Abkommen von Cartagena, Art. 48

> The Andean Community is a subregional organization with an international legal capacity or status.

Umgestaltung

Durch das Abkommen von Trujillo wurde insbesondere das institutionelle System des Andenpakts neu gestaltet. Das 1997 in Quito unterzeichnete Protokoll von Sucre brachte weitere Änderungen des Cartagena-Abkommens und vertiefte die Integrationsgemeinschaft.

Organisationsstruktur

In einem »Anden-Integrationssystem« (Sistema Andino de Integración, SAI) wird das Zusammenwirken der Organe, Institutionen und Vereinbarungen koordiniert. Das SAI ist – zusammen mit den Mitgliedstaaten – Teil der Comunidad Andina. Wichtigstes Organ ist der Rat der Präsidenten. Diese politische Führung der Gemeinschaft setzt sich aus den Staatsoberhäuptern der Mitgliedstaaten zusammen (Art. 11 ff. Cartagena-Abkommen). Seit 1989 werden jährlich Gipfeltreffen abgehalten (Art. 13) und dort die Grundlinien der Gemeinschaftspolitik festgelegt. Führungs- und Entscheidungsorgane sind der Außenministerrat und die Kommission. Diese (Art. 21 ff.) besteht aus bevollmächtigten Vertretern der Mitgliedstaaten und ist das Hauptrechtsetzungsorgan. Entscheidungen werden mit Zweidrittelmehrheit, bei zentralen Fragen einstimmig gefällt (Art. 26). Der Außenministerrat (Art. 15 ff.) tagt jährlich oder bei Bedarf; er formuliert die gemeinsame Außenpolitik und koordiniert den Integrationsprozess. Exekutivorgan ist das Generalsekretariat (Art. 29 ff.). Diese Stelle unter Leitung eines vom Außenministerrat bestellten Generalsekretärs verwaltet den Vereinigungsprozess, indem sie die Ausführung der Vereinbarungen überwacht; sie hat Initiativfunktionen und macht Entscheidungsvorschläge (Art. 30). Sein Sitz ist in Lima, Peru (Art. 31). Im Andinischen Parlament (www.parlamentoandino.org) werden die Integrationsschritte diskutiert. Die Versammlung setzt sich aus je fünf Abgeordneten der Mitgliedstaaten zusammen und hat beratende Funktion.

Andenparlament

Der 1979 gegründete Gerichtshof mit Sitz in Quito (Ecuador) – Tribunal de Justicia, <www.tribunalandino.org.ec> – dient der Streitschlichtung und der Auslegung der Rechtsetzungsakte der CAN. Einzelheiten über seine Tätigkeit sind im Cochabamba-Protokoll geregelt. Der Gerichtshof setzt sich aus je einem Richter der Mitgliedstaaten zusammen; diese sind unabhängig, werden für sechs Jahre ernannt und dürfen einmal wiedergewählt werden. Untersagt sind ihnen bezahlte wie unbezahlte Nebentätigkeiten (Art. 6 bis 8). Die Kompetenzen des Gerichtshof umfassen die Aufhebung von Entscheidungen der Kommission oder von Resolutionen des Generalsekretariats, die das andine Rechtssystem verletzen (Art. 18 ff.), die Entscheidung darüber, ob ein Mitgliedstaat seine Verpflichtungen aus dem andinen Rechtssystem erfüllt hat (Art. 23 ff.), sowie Entscheidungen in Vorlageverfahren. Befinden mitgliedstaatliche Richter über eine Frage, deren Beantwortung von einer Vorschrift des andinen Rechtssystems abhängt, müssen sie das Problem dem Gerichtshof vorgelegen. Dadurch soll die Einheit der Rechtsauslegung im gesamten Gebiet der CAN gesichert werden (Art. 32 ff.); möglich sind ferner Untätigkeitsklagen gegen den Außenministerrat und das Generalsekretariat, wenn diese ihren Verpflichtungen aus dem andinen Vertragswerk nicht nachkommen, sowie Schlichtung von Streitigkeiten, die im Zusammenhang mit der Auslegung und Anwendung von Gemeinschaftsrecht auftreten, sowohl zwischen den CAN-Organen als auch dann, wenn Private dies vereinbaren (Art. 38 ff.). Schließlich werden arbeitsgerichtliche Streitigkeiten innerhalb der Institutionen der Andengemeinschaft (Art. 40) umfasst.

Andentribunal

Außer diesen Organen verfügt die Andengemeinschaft über weitere Einrichtungen, überwiegend mit beratender oder empfehlender Funktion.

Sie bezeichnet sich selbst – in Anlehnung an den Begriff »supranational« aus dem EG-Recht – als supraregionale Organisation, um sich dadurch von üblichen Internationalen Organisationen abzuheben. Diese spezifische Qualität wird auch durch das Primärrecht der Gemeinschaft verdeutlicht.

supranationale Natur

> **Cochabamba-Protokoll 1979**
>
> Art. 2
> Decisions become binding for Member Countries as of the date they are approved by the Andean Council of Foreign Ministers or the Commission of the Andean Community.
>
> Art 3
> The decisions of the Commission shall be directly applicable in the Member Countries as of the date they appear in the Official Publication of the Agreement, unless those Decisions stipulate a later date...

Das Recht der CAN muss also, um seine Wirkung zu entfalten, nicht erst in den Mitgliedstaaten umgesetzt werden; Sekundärrecht bindet alle Bereiche und Ebenen der Mitgliedsländer. Angehörige der teilnehmenden Staaten können ihre Ansprüche aus Primär- oder Sekundärrecht sowohl vor nationalen Gerichten als auch vor dem Gerichtshof der Gemeinschaft geltend machen. Dabei hat dieser bereits mehrmals betont, dass Gemeinschaftsrecht dem nationalen Recht im Rang vorgehe.

CAN in der Region

1998 haben die fünf Anden- und die vier Mercosur-Staaten ein Rahmenübereinkommen über eine Freihandelszone zwischen beiden Wirtschaftsblöcken abgeschlossen. Der vorgesehene Prozess ist zweistufig: Zunächst wurden die Zölle »gebunden«, spätestens 2005 soll die Freihandelszone eingeführt werden. Zwar wuchs der Handel zwischen beiden Organisationen seit 1992 fast beständig, insgesamt befindet er sich allerdings auf einem recht geringen Niveau, und bislang überwiegen Importe aus dem Mercosur in die Andengemeinschaft.

CAN und EG

Seit den 80er Jahren, insbesondere aber seit dem Gipfel 1995 in Madrid hat die EG – ähnlich auch wie zu anderen lateinamerikanischen Wirtschaftsintegrationen – einen umfassenden institutionellen Rahmen für ihr Verhältnis zur Andengemeinschaft geschaffen. Regelmäßige Konsultationen bewirken einen immer weiteren Ausbau der Beziehungen. Die EG sind für die CAN der zweitgrößte Handelspartner und Investor. Die Beziehungen zwischen beiden beruhen auf vier Säulen: einem politischen Dialog, dem Zugang zum europäischen Markt, einem Rahmenübereinkommen über Zusammenarbeit und einem speziellen Dialog zur Drogenkontrolle, wobei Drogenbekämpfung einen besonderen Stellenwert einnimmt.

CAN und USA

Haupt-Handelspartner der CAN sind die USA. Die Beziehungen erfuhren einen starken Schub durch ein im Oktober 1998 unterzeichnetes Abkommen über die Schaffung eines Handels- und Investitionsrates, einer neuen multilateralen Einrichtung, die schon existierende bilaterale Handels- und Investitionsabkommen ergänzen und den Dialog zwischen den Regionen vertiefen soll. Seit August 2002 wird durch ein

(US-)Gesetz (Bipartisan Trade Promotion Authority Act) der Handel mit der CAN noch stärker als bisher gefördert.

Alle Andenländer – nicht die CAN selbst – sind Mitglieder der WTO; dort beanspruchen sie eine spezielle und differenzierte Behandlung, damit ihre wirtschaftspolitischen Entwicklungsbemühungen nicht durch allgemeine WTO-Regeln konterkariert werden.

CAN und WTO

Mercosur (»Gemeinsamer Markt des Südens«, www.mercosur.org.uy) ist, gemessen an der Zahl seinen Einwohner, nach China, der EU und der NAFTA der viertgrößte Handelsblock der Welt. Der Gründungsvertrag (Tratado para la constitución de un mercado común, Tratado de Asunción) wurde 1991 von Argentinien, Brasilien, Paraguay und Uruguay unterzeichnet.

Mercosur

Schon kurze Zeit nach der Errichtung der ALADI hatte sich abgezeichnet, dass auch dieser Staatenverbund nicht wesentlich zur wirtschaftlichen Integration Lateinamerikas beitragen würde. Insbesondere fehlte eine Meistbegünstigungsklausel. Da der Abschluss regionaler Abkommen zwischen Mitgliedern erlaubt war, gewannen bald solche bilateralen Verträge an Bedeutung. 1986 kam ein Integrations- und Kooperationsübereinkommen zwischen Argentinien und Brasilien (Akte von Buenos Aires) zustande, wodurch ein Integrationsprogramm, das sog. PICAB, installiert wurde. Ein weiterer Vertrag (Tratado de Integración, Cooperación y Desarrollo) sah 1988 als Ziel bereits einen gemeinsamen Markt vor. Tarifäre und nichttarifäre Handelshemmnisse sollten innerhalb von maximal zehn Jahren beseitigt werden. Da die beiden kleineren Länder Paraguay und Uruguay auf einen möglichst freien Export in die großen Nachbarstaaten angewiesen waren, waren sie an einer Einbeziehung interessiert, was Uruguay auch bei PICAB gelang und schließlich zum Vertrag von Asunción führte. Dabei schuf dieser Vertrag, zu dem fünf Anhänge gehören, nicht selbst den Mercosur, sondern legt in Art. 1 und 5 nur die Voraussetzungen hierfür fest:

Vorgeschichte

Vertrag von Asunción, Art. 1
Die Vertragsstaaten errichten ... bis 31. Dezember 1994 [den] Gemeinsame[n] Markt des Südens...
Dieser Gemeinsame Markt beinhaltet:
den freien Austausch von Waren, Dienstleistungen und Produktionsfaktoren zwischen den Ländern, u. a. durch Beseitigung der Zölle und anderer Beschränkungen für den Güteraustausch sowie jeglicher Maßnahme gleicher Wirkung;
die Einrichtung eines gemeinsamen Außenzolls im Verhältnis zu dritten Staaten oder Gruppen von Staaten und die Koordination von

> Positionen in regionalen und internationalen Wirtschafts- und Handelsforen;
> die Abstimmung der gesamtwirtschaftlichen und der folgende sektoralen Politiken zwischen den Mitgliedstaaten: Außenhandel, Landwirtschaft, Finanzpolitik, Geldpolitik, Wechselkurse und Kapital, Dienstleistungen, Zollwesen, Transport und Kommunikation und weitere Bereiche, die vereinbart werden, um angemessene Wettbewerbsbedingungen zwischen den Vertragsstaaten sicherzustellen;
> die Verpflichtung der Vertragsstaaten, ihre Gesetzgebung auf den einschlägigen Gebieten zu harmonisieren, um den Integrationsprozeß zu stärken.
> Während der Übergangsphase werden die wesentlichen Instrumente zur Errichtung des Gemeinsamen Markts sein:
> (a) Ein Programm zur Liberalisierung des Handels, das in der allmählichen linearen und automatischen Senkung der Zölle besteht, begleitet von der Beseitigung sonstiger Importhindernisse und Maßnahmen gleicher Wirkung sowie anderer Beschränkungen des Handels zwischen den Vertragsstaaten, mit der Zielsetzung, bis zum 31. Dezember 1994 zu einem Zollniveau von Null zu gelangen und sämtliche sonstigen Hindernisse vollständig zu beseitigen;
> (b) Die Koordinierung der gesamtwirtschaftlichen Politik, die schrittweise und in Übereinstimmung mit den Programmen zur Zollerleichterung gemäß dem vorangegangenen Absatz realisiert wird;
> (c) Ein gemeinsamer Außenzoll, der einen Anreiz für die Wettbewerbsfähigkeit der Vertragsstaaten im Export setzt;
> d) Die Verabschiedung sektoraler Vereinbarungen mit dem Ziel, den Einsatz und die Mobilität der Produktionsfaktoren zu optimieren und effiziente Arbeitsgrößen zu erreichen.

Innerhalb der ALADI ist der Vertrag von Asunción ein Abkommen begrenzter Reichweite; die Mercosur-Staaten werden davon befreit, die innerhalb des engeren Verbands gewährten Präferenzen an andere ALADI-Mitglieder weiterzugeben.

Konsolidierung

Durch das auf der Konferenz von Ouro Preto (Brasilien) 1994 beschlossene Protokoll erhielt Mercosur eine eigene Rechtspersönlichkeit und (Entscheidungs-)Organe. 1996 einigten sich die Parteien auf eine Demokratieklausel, im selben Jahr unterzeichneten Bolivien und Chile Assoziierungsverträge zur Vorbereitung einer späteren Aufnahme. Heute gibt es einen »Reisepass Mercosur«, Ansätze einer gemeinsamen Außen-, Sicherheits-, Drogen- und Bildungspolitik, eine Koordination im Arbeits-, Umwelt- und Transportrecht sowie Projekte im Energie- und Infrastrukturbereich. Binnenzölle sind seit Anfang 2000 – mit Ausnahme für Zucker und Automobile – abgeschafft. Der gemeinsame Außenzoll (Arancel Externo Común, AEC) liegt derzeit zwischen 0 % bis 21,5 % für ca. 95 % aller Güter. Die Ausnahmeregelungen machen ein System von Ursprungszeugnissen nötig.

Von den sechs Organen des Mercosur besitzen der Rat, die Gruppe und die Handelskommission die Kompetenz, verbindliche Rechtsnormen zu erlassen (Art. 2 Protokoll von Ouro Preto).

Organisationsstruktur

Protokoll von Ouro Preto, Art. 37

The decisions of the Mercosur organs shall be taken by consensus and in the presence of all the States Parties.

Mehrheitsentscheidungen sind in den Mercosur-Verträgen nicht vorgesehen, kommen aber in der Praxis in den Unterarbeitsgruppen durchaus vor.

Rechtliche Wirkung und Ausmaß der Verbindlichkeit des Mercosur-Rechts in den Vertragsstaaten sind noch weitgehend ungeklärt.

Protokoll von Ouro Preto 1994, Art. 42

The decisions adopted by the Mercosur organs provided for in Art. 2 of this Protocol shall be binding and, when necessary, must be incorporated in the domestic legal systems in accordance with the procedures provided for in each country's legislation.

Ein Vorrang des Mercosur-Rechts vor dem nationalen Verfassungsrecht wird von allen Vertragsstaaten abgelehnt, Gesetzen gegenüber hingegen von Argentinien und Paraguay anerkannt.

Neben den Organen – Rat des Gemeinsamen Marktes (Consejo del Mercado Común, CMC), Mercosur-Gruppe (Grupo Mercado Común, GMC) und Handelskommission des Mercosur (Comisión de Comercio del Mercosur, CCM) – existieren eine Gemeinsame Parlamentarische Kommission (Comisión Parlamentaria Conjunta, CPC) und ein Beratungsforum für Wirtschafts- und Sozialfragen (Foro Consultativo Economico-Social, FCES).

Oberstes Organ ist der Rat; er besteht aus den Außen- und Wirtschaftsministern der Vertragsparteien und tritt nach Bedarf zusammen, dabei mindestens einmal im Halbjahr unter Beteiligung der vier Staatspräsidenten (Art. 11). Der Vorsitz wechselt alle sechs Monate in alphabetischer Reihenfolge unter den Vertragsstaaten.

Protokoll von Ouro Preto 1994, Art. 8

(D)uties and functions of the Council of the Common Market:
(I) To supervise the implementation of the Treaty of Asuncion, its protocols, and agreements signed within its context;
(II) To formulate policies and promote the measures necessary to build the common market;
(III) To assume the legal personality of Mercosur;

IV. To negotiate and sign agreements, on behalf of Mercosur, with third countries, groups of countries and international organisations...;
(V) To rule on proposals submitted to it by the Common Market Group;
(VI) To arrange meetings of ministers and rule on agreements which those meetings refer to it;
(VII) To establish the organs it considers appropriate, and to modify or abolish them...

Der Rat trifft seine Anordnungen durch Entscheidungen (decisiones), die für alle Vertragsstaaten verbindlich sind (Art. 9).

Die Gruppe ist das Initiativ- und Exekutivorgan des Mercosur und setzt die vom Rat vorgegebene politische Linie in Form von verbindlichen Beschlüssen (resoluciones) um (Art. 15). Bei Bedarf finden Zusammenkünfte in rotierender Reihenfolge (nach Alphabet) in einem Mitgliedstaat statt. Ihr gehören aus jedem Vertragsstaat vier ständige und vier wechselnde Mitglieder an, die Repräsentanten der Außen-, der Wirtschaftsministerien oder der Zentralbank sind. Zu den Sitzungen der Gruppe können auch Vertreter der nationalen Verwaltungen oder anderer Organe des Mercosur hinzugezogen werden. Die Befugnisse der Gruppe bestimmen sich nach Art. 14 des Protokolls:

Protokoll von Ouro Preto 1994, Art. 14

(I) To monitor, within the limits of its competence, compliance with the Treaty of Asunción, its Protocols, and agreements signed within its framework;
(II) To propose draft Decisions to the Council of the Common Market;
(III). To take the measures necessary to enforce the Decisions adopted by the Council of the Common Market;
(IV) To draw up programmes of work to ensure progress towards the establishment of the common market;
(V) To establish, modify or abolish organs such as working groups and special meetings for the purpose of achieving its objectives;
(VII) To negotiate, with the participation of representatives of all the States Parties, when expressly so delegated by the Council of the Common Market ..., agreements on behalf of Mercosur with third countries, groups of countries and international organisations;
(XII) To choose the Director of the Mercosur Administrative Secretariat;
(XIII) To supervise the activities of the Mercosur Administrative Secretariat...

Die Handelskommission ist insbesondere mit der Überwachung der Anwendung der internen und externen Handelspolitik betraut und soll das Funktionieren der Zollunion gewährleisten. Ihre Funktionen ergeben sich im Einzelnen aus Art. 19 des Protokolls. Sie setzt sich aus vier ständigen und vier wechselnden Mitgliedern je Mitgliedstaat zusammen, tagt mindestens einmal im Monat, zusätzlich immer dann, wenn ein Zusammentreffen von der Gruppe Gemeinsamer Markt oder einem Vertragsstaat verlangt wird. Die Kommission unterstützt die Gruppe und erlässt die zur Umsetzung ihrer Beschlüsse und der Entscheidungen des Rates notwendigen Rechtsakte in Form von Richtlinien (directivas) oder unterbreitet Vorschläge (propuestas).

Die Gemeinsame Parlamentarische Kommission ist das Repräsentationsorgan der Parlamente der Mitgliedstaaten, solange es noch kein Mercosur-Parlament gibt (Art. 22 des Protokolls). Sie setzt sich aus bis zu 64 Parlamentariern der Vertragsstaaten zusammen, die von den nationalen Parlamenten gewählt und entsandt werden. Hinzu kommt die gleiche Anzahl wechselnder Mitglieder. Die Parlamentarier nehmen ihre Aufgabe in Ausübung ihres innerstaatlichen Mandats für die von den jeweiligen Länderparlamenten bestimmte Dauer, mindestens jedoch für zwei Jahre wahr, und treten wenigstens zweimal im Jahr zusammen. Ihre Aufgabe ergibt sich aus Art. 25

The Joint Parliamentary Commission shall endeavour to speed up the corresponding internal procedures in the States Parties in order to ensure the prompt entry into force of the decisions taken by the Mercosur organs provided for in Art. 2 of this Protocol. Similarly, it shall assist with the harmonisation of legislations, as required to advance the integration process. When necessary, the Council shall request the Joint Parliamentary Commission to examine priority issues.	**Protokoll von Ouro Preto 1994, Art. 25**

Sie äußert ihre Vorschläge in Form von Empfehlungen (recomendaciones), die über die Gruppe an den Rat geleitet werden (Art. 26)

Das Wirtschaftliche und Soziale Beratungsforum ist gem. Art. 28

the organ representing the economic and social sectors and shall consist of equal numbers of representatives from each State Party.	**Protokoll von Ouro Preto 1994, Art. 28**

Seine beratende Funktion nimmt es durch Empfehlungen an die Gruppe wahr (Art. 29).

Das Sekretariat der Gruppe wird von einem Direktor geleitet, der von dieser nach einem Rotationssystem in Abstimmung mit den Vertragsstaaten vom Rat für zwei Jahre ernannt wird (Art. 33). Es veröffentlicht die von den Gemeinschaftsorganen getroffenen Rechtsakte im Amtsblatt des Mercosur, ist für deren Übersetzung und Verbreitung, die technische Unterstützung der Tagungen der übrigen Organe und für die laufende Information über die Umsetzung des Gemeinschaftsrechts in den Vertragsstaaten zuständig. Sein Haushalt wird durch die Gruppe genehmigt und kontrolliert (Art. 32).

Schiedsgericht

Ein 1991 errichtetes Schiedsgericht wurde durch das Protokoll von Ouro Preto näher ausgestaltet, war zunächst aber keine ständige Einrichtung. Erst im Februar 2002 wurde mit dem Protocolo de Olivos ein permanentes Schiedsgericht geschaffen; es ist unabhängig, und seine Entscheidungen sind für die Mitgliedstaaten verbindlich. Rechtsmittel sind nicht vorgesehen. Streitigkeiten müssen daher nicht mehr auf höchster Staatsebene geschlichtet werden. Das Schiedsgericht dürfte zur weiteren Vereinheitlichung des Rechts im Mercosur beitragen und damit einen wesentlichen Schritt zur vertieften regionalen Integration darstellen.

Perspektiven

Der Mercosur wurde durch das Vorbild der europäischen Einigung geprägt. Auch innerhalb einer geplanten FTAA wird er Bedeutung behalten können, ist doch die Integration im Süden Amerikas deutlich weiter fortgeschritten, als dort geplant.

Noch als britische Kolonien fanden sich im Jahre 1958 eine Reihe von karibischen Inselstaaten zur West Indies Federation zusammen. Diese hatte jedoch keine ökonomischen Ziele und wurde 1962 wieder aufgelöst. Der Gedanke einer Zusammenarbeit in der Karibik lebte jedoch weiter: 1965 gründeten einige karibische Staaten eine Karibische Freihandelszone (CARIFTA). Sie wurde 1973 von der Karibischen

Von CARIFTA ...

Gemeinschaft (CARICOM) abgelöst. Mitgliedsländer sind insbesondere die Inselstaaten der Karibik. Kern der CARICOM ist die wirt-

... zu CARICOM

schaftliche Integration. Zudem koordiniert sie die Außenpolitik der vorwiegend sehr kleinen Inselstaaten. Auch soll die Zusammenarbeit in technischen und kulturellen Bereichen vertieft werden. Die Ziele benennt Art. 6 des Gründungsabkommens:

CARICOM-Gründungsabkommen, Art. 6

(a) improved standards of living and work;
(b) full employment of labour and other factors of production;
(c) accelerated, co-ordinated and sustained economic development and convergence;
(d) expansion of trade and economic relations with third States;
(e) enhanced levels of international competitiveness;
(f) organisation for increased production and productivity;
(g) the achievement of a greater measure of economic leverage and effectiveness of Member States in dealing with third States, groups of States and entities of any description;
(h) enhanced co-ordination of Member States' foreign and [foreign] economic policies; and
(i) enhanced functional co-operation...

Aufgaben

Die Integration der karibischen Staaten verläuft zweistufig: Mehrere Mitglieder der CARICOM habe gleichzeitig den karibischen Gemeinsamen Markt gegründet (»Common Market«). Zusätzlich haben diese Staaten eine Zollunion weitgehend verwirklicht, Freizügigkeit für

Universitätsabsolventen und gewisse Spezialisten, eine fortschreitende Liberalisierung des Kapitalverkehrs und Regeln im Wettbewerbsrecht vereinbart. Angestrebt wird eine Freizügigkeit aller Arbeitnehmer. Ein einheitliches Wirtschaftsgebiet ohne Barrieren soll in Gestalt des Caribbean Single Market and Economy (CSME) geschaffen werden. CARICOM hat viele weit reichende Absichtserklärungen getroffen, u.a. auch zur Errichtung einer Währungsunion.

Zur Struktur der CARICOM besagt Art. 10:

(1) The principal Organs of the Community are:
(a) the Conference of Heads of Government; and
(b) the Community Council of Ministers which shall be the second highest organ.
(2) In the performance of their functions, the principal Organs shall be assisted by the following Organs:
(a) the Council for Finance and Planning;
(b) the Council for Trade and Economic Development; the Council for Foreign and Community Relations, and
(c) the Council for Human and Social Development.

Organisationsstruktur

CARICOM-Gründungsabkommen, Art. 10

Gem. Art. 11 ist die Konferenz aller Regierungschefs das oberste Entscheidungsforum und oberste Autorität der Gemeinschaft, die jährlich zusammentritt und einstimmig entscheidet. Daneben gibt es Halbjahres-Gipfeltreffen. Zur Arbeitserleichterung und zur Vorbereitung der Konferenzen wurde 1992 ein Büro der Regierungschefs eingerichtet. Der Ministerrat (Art. 13) setzt sich aus den Ministern zusammen, die in jedem Mitgliedstaat für die Gemeinschaftsangelegenheiten zuständig sind. Er entwickelt die Strategie der Gemeinschaft, koordiniert die wirtschaftliche Integration und die Außenbeziehungen. Darüber hinaus hat er ein System geschaffen, das die Durchsetzung der Entscheidungen der CARICOM in den Mitgliedstaaten sichern soll. Ein Sekretariat mit einem Generalsekretär an der Spitze hat Organisationsaufgaben und soll die für die Arbeit der Gemeinschaft nötigen Informationen beschaffen und aufbereiten. Es unterstützt die Organe und ist Ansprechpartner für die Mitgliedstaaten in Gemeinschaftsangelegenheiten. Der Gerichtshof der CARICOM (Caribbean Cour of Justice, CCJ) soll die einheitliche Auslegung des Rechts des Gründungsabkommens (von Chaguaramas) sicherstellen. Daneben listet Art. 21 diverse »Institutionen« der Gemeinschaft auf, von der Caribbean Disaster Emergency Response Agency (CDERA) über die Association of Caribbean Community Parliamentarians (ACCP); bis zum Caribbean Food and Nutrition Institute (CFNI). Diese gemeinsamen Institutionen helfen bei der Verwirklichung der Ziele der CARICOM und fungieren als Mittler zwischen den Konferenzen auf höchster Ebene und den Menschen in der Gemeinschaft.

Zentralamerika Auch die Zentralamerikanischen Staaten verbindet eine lange gemeinsame Geschichte und Kultur, sie bilden zudem einen einheitlichen geographischen Raum, was ihre engere politische und wirtschaftliche Integration als evident erscheinen lässt. Ein solcher Prozess begann bereits 1951 mit der Gründung der Organisation Zentralamerikanischer Staaten (ODECA), als der ältesten Integrationsbewegung in Lateinamerika. Dem Beispiel der (west)europäischen Einigung folgend unterzeichneten 1960 die fünf Kernstaaten Mittelamerikas – Guatemala, El Salvador, Honduras, Nicaragua und Costa Rica – den Vertrag von Managua (Tratado General de Integración Económica Centroamericana) mit dem Ziel (Art. 1), binnen fünf Jahren einen »Zentralamerikanischen Gemeinsamen Markt« (MCCA) und eine Zollunion zu errichten. Zur Koordination der Wirtschaftspolitik wurde ein Wirtschaftsrat aus den Wirtschaftsministern der Mitgliedsländer eingerichtet (Art. 20), als Geschäftsleitungs- und Durchführungsorgan wurde ein Exekutivrat aus je einem Experten und einem Stellvertreter pro Mitgliedstaat gebildet (Art. 21). Schließlich sah Art. 23 ein ständiges Sekretariat vor, welches dann 1963 unter der Bezeichnung »Sekretariat für die wirtschaftliche Integration Zentralamerikas« (SIECA) geschaffen wurde. Nach einer Boom-Phase bis etwa 1969 kam es zu Krisen und bewaffneten Konflikten in der Region, die wirtschaftliche Integration verlor an Bedeutung. Eine Reaktivierung erfolgte erst ab Ende der achtziger Jahre; dabei wurde auch das ursprüngliche Konzept einer importsubstituierenden Entwicklung durch einen sich nach außen hin öffnenden Regionalismus mit einem (bis dato nur teilweise verwirklichten) einheitlichen Außenzoll und eine Strategie des exportorientierten Wachstums ersetzt.

SICA Mit dem Protokoll von Tegucigalpa (Dezember 1991) wurde das Sistema de la Integración Centroamericana (SICA) geschaffen, um die Koordination des Integrationsprozesses besser und effizienter zu gestalten sowie den regionalen und überregionalen Handel zu fördern. Endziel ist die Schaffung von Frieden, Freiheit, Demokratie und Entwicklung in Zentralamerika.

Organisationsstruktur Das SICA hat vier Hauptorgane: Die Versammlung der Präsidenten ist das oberste Organ, das alle grundsätzlichen Entscheidungen trifft und Abkommen schließt, ferner für die Harmonisierung der Außenpolitik und die Stärkung der regionalen Identität zuständig ist. Entscheidungen werden ausnahmslos einstimmig getroffen. Der Ministerrat konstituiert sich aus den Vertretern der einzelnen Fachressorts, bereitet die Tagesordnung der Präsidentengipfel vor und ist für die Umsetzung der dort gefassten Beschlüsse zuständig. Über Verfahrensregeln entscheidet das Gremium mit einfacher Mehrheit. Das Exekutivkomitee tritt wöchentlich zusammen; es besteht aus Vertretern der Mitgliedstaaten, die von den jeweiligen Präsidenten ernannt werden, und ist zuständig für die Aufstellung und Kontrolle des Haushalts des Generalsekretariats. Außerdem hat das Komitee ein umfassendes Vorschlagsrecht gegenüber dem Rat der Außenminister. Das Generalsekretariat ist verantwortlich für technisch-administrative Aufgaben. Als weiteres, beratendes Organ besteht eine Versammlung der Vizepräsidenten.

Bereits im Mai 1990 trat der Tratado Constitutivo del Parlamente Centroamericano y otras Instancias Politicas in Kraft, der das Zentralamerikanische Parlament schuf (www.parlacen.org.gt). Ihm gehören 20 Abgeordnete pro Mitgliedsland an, die direkt gewählt werden. Diese Versammlung hat lediglich Beratungs- und Empfehlungsbefugnisse (Art. 1); sie ist

Zentralamerikanisches Parlament

ein Organ der Region, das Fragen aufwerfen, analysieren und Empfehlungen abgeben soll zu politischen, wirtschaftlichen, sozialen und kulturellen Gesichtspunkten, welche von Gemeinschaftsinteresse sind, um ein friedliches Zusammenleben im Rahmen von Sicherheit und sozialem Wohlstand zu erreichen, auf welchem die allgemeine und repräsentative Demokratie gründet und in Achtung der nationalen Gesetzgebung und des internationalen Rechts.

Mit dem Protokoll von Tegucigalpa (Art. 12) wurde auch ein Zentralamerikanischer Gerichtshof geschaffen. Die Richter werden auf die Dauer von 10 Jahren von Gerichten der Mitgliedsländer entsandt, um ihre Unabhängigkeit zu gewährleisten. Der Gerichtshof ist zuständig für Klagen von natürlichen und juristischen Personen gegen Organe des SICA oder der Mitgliedstaaten, die die Integration betreffen. Ferner wird er als beratendes Gremium (gutachtlich) in juristischen Fragen herangezogen.

Zentralamerikanischer Gerichtshof

Statut des Ständigen Zentralamerikanischen Gerichtshofs   Art. 1
Der ständige Zentralamerikanische Gerichtshof ist das oberste juristische Organ im System der Integration Zentralamerikas, seine Rechtsprechung und Kompetenzen zur regionalen Integration sind verbindlich für die Staaten.

Ein Konsultativkomitee (Consejo Consultivo) stellt die regionale Verbindung zwischen SICA und der »Zivilgesellschaft« dar; in ihm sind etwa 20 Organisationen vertreten, die die verschiedenen Sektoren der Gesellschaft vertreten sollen. Das fortbestehende Sekretariat des Gemeinsamen Zentralamerikanischen Marktes (SIECA) wurde mit dem Protokoll von Guatemala an das neue Integrationssystem SICA angepasst.

MCCA/SICA haben nur geringe Bedeutung erlangt, die Integrationstiefe erreicht längst nicht das Niveau des Mercosur oder der Andengemeinschaft. Zudem gibt es im zentralamerikanischen Raum eine Viel-

Perspektiven

CAFTA

zahl von bilateralen Freihandelsabkommen und anderen Wirtschaftsverträgen. Im Kontext der Verhandlungen zur Errichtung der FTAA wurde 2003 zwischen den MCCA-Mitgliedern (zunächst ohne Costa Rica) und den USA ein Freihandelsabkommen geschlossen (Tratado de Libre Comercio entre Centroamerica y Estados Unidos, TLV; engl. CAFTA); mit ihm soll über einen Zeitraum von 10 Jahren zwischen den teilnehmenden Staaten eine Freihandelszone ohne Binnenzölle und andere Handelsbeschränkungen für industrielle Waren, Agrarprodukte, Dienstleistungen und Investitionen geschaffen werden.

2.6.2. Afrika und Asien

ECOWAS

Im westlichen Afrika besteht seit 1975 die Wirtschaftsgemeinschaft ECOWAS bzw. CEDEAO mit 16 Mitgliedern; der Gründungsvertrag wurde 1993 revidiert, um die wirtschaftliche Integration zu beschleunigen (mit dem Ziel der Errichtung eines Gemeinsamen Marktes und der Einführung einer einheitlichen Währung) und um politische Zusammenarbeit zu vertiefen, indem ein westafrikanisches Parlament sowie ein Wirtschafts- und Sozialrat geschaffen und das bestehende Tribunal, das nur zur Auslegung des ECOWAS-Abkommens und zur Entscheidung von Streitigkeiten zwischen Mitgliedsländern zuständig ist, durch einen Gerichtshof ersetzt wurden. Sitz der Organisation ist Abuja, Nigeria. Außer einer Konferenz der Staats- und Regierungschefs als oberstem Organ, einem für die Geschäftsführung zuständigen Rat sowie einem Sekretariat besteht ein in Togo ansässiger Fund for Cooperation, Compensation and Development (www.ecowasfund.org), der mit der AfDB und der I(s)DB kooperiert und auch nichtregionalen Mitgliedern offen steht; er soll in eine Bank for Investment and Development (EBID) umgewandelt werden. Freizügigkeit und Niederlassungsfreiheit im Innern von ECOWAS werden durch ein Protokoll von 1979 gewährleistet. Wie bei zahlreichen sektoralen Programmen erfolgt aber die Verwirklichung überaus schleppend.

UDEAC und CEMAC

1999 trat das Übereinkommen über die Zentralafrikanische Wirtschafts- und Währungsgemeinschaft (Communauté Economique et Monétaire de l'Afrique Centrale, CEMAC) zustande, 5 der 6 Parteien (außer Äquatorialguinea, das später beitrat), hatten bereits 1966 eine Zentralafrikanische Zoll- und Wirtschaftsunion (UDEAC) installiert. An diese sowie an die Währungsunion in Gestalt der Zentralbank BEAC knüpft CEMAC an. Nach Art. 1 des Übereinkommens besteht die zentrale Aufgabe darin, eine harmonische Entwicklung der Mitgliedstaaten im Rahmen der Errichtung von zwei Unionen, einer Wirtschaft- und einer Währungsunion (UEAC bzw. UMAC) voranzutreiben. Aus der bereits erreichten Zusammenarbeit müsse eine ökonomische und monetäre Integration entstehen. Hierfür zuständige Organe sind eine Konferenz der Staatschefs, ein Ministerrat (mit je drei Vertretern pro Staat), dessen Sitzungen von einem Comité Inter-Etats vorbereitet werden, sowie ein Exekutivsekretariat als Verbindungsstück der verschiedenen Institutionen (zwei Unionen, Gemeinschaftsgericht (einschl. Rechnungshof) und Gemeinschaftsparlament, das erst später durch eigenen Vertrag zu schaffen sei und Rechtsetzung durch Richtlinien [directives] betreiben solle, daneben weitere spezielle Einrichtungen wie die BDEAC bei der Wirtschafts- und die BEAC sowie eine Bankenkommission [COBAC] bei der Währungsunion). Der CEMAC kann nach Art. 6 des Gründungsabkommens jeder andere afrikanische Staat beitreten, wenn die bisherigen Mitglieder dies einstimmig billigen.

1981 errichteten 6 Staaten der arabischen Halbinsel den Golfkooperationsrat (Gulf Cooperation Council, GCC), als Rahmen für eine umfassende, über wirtschaftliche und finanzielle Fragen hinaus reichende Zusammenarbeit dieser Staaten und ihrer Angehörigen im Sinne des Islam und der arabischen Einheit. An der Spitze steht der Oberste Rat als in der Regel jährlich tagende Versammlung der Staatschefs, über inhaltliche Frage wird nur einstimmig entschieden. Beraten wird der Supreme Council (SC) von einer aus je 5 Angehörigen jedes Mitgliedslands bestehenden Consultative Commission. Das Tagesgeschäft zwischen den SC-Sitzungen nimmt ein Rat der jeweiligen Ressortminister wahr. Unterstützt wird dieser von einem Generalsekretariat.

Golfkooperationsrat

Zwischen den GCC-Mitgliedstaaten besteht seit Beginn ein »unified economic agreement«, welches sich mit Fragen des Warenaustauschs, Kapital- und Personenverkehr, Koordinierung der Entwicklung, technischer, finanzieller und monetärer Zusammenarbeit sowie Problemen von Transport und Kommunikation befasst. Für die Förderung ausländischer Investitionen im GCC-Gebiet wurde ein Modellgesetz erarbeitet (»Reference Model Regulation [Law] for the Promotion of Foreign Investment in the GCC States«).

Das arabische Nordafrika hat sich seit 1989 in der Union du Maghreb Arabe (UMA, Maghreb Union) konstituiert, dies soll gleichermaßen der arabischen Einheit wie der Solidarität mit anderen afrikanischen Staaten dienen. Art. 2 und 3 des Gründungsvertrags von Marrakesch stecken gesellschaftspolitische, kulturelle Ziele der Union ab ; zu letzteren zählen die Freiheit des Personen-, Waren-, Dienstleistungs- und Kapitalverkehrs zwischen den Mitgliedstaaten, die Verwirklichung gemeinsamer Politiken bei der wirtschaftlichen Entwicklung, im landwirtschaftlichen, Handels- und sozialen Sektor sowie die Umsetzung gemeinsamer Vorhaben. Von Bedeutung sind vor allem von ministeriellen Fachausschüssen erarbeitete, von den Mitgliedern zur Ratifizie-

Maghreb-Union

rung unterbreitete Abkommen zur Verwirklichung der Ziele, z.B. über Handelsverkehr und Zölle, über landwirtschaftliche Produkte, über Beförderungen auf dem Landweg und Transit; freilich geht deren Realisierung nur schleppend voran. 1991 wurde die Errichtung einer Banque maghrébine d'investissement et de commerce extérieur beschlossen, 1994 ein Übereinkommen zu Fragen der Erst- und Rückversicherungen. 1993 trat ein an internationale Standards angelehntes Abkommen über Schutz und Förderung von Investitionen im Maghreb-Raum in Kraft. 1995, auf dem Gipfeltreffen von Barcelona, wurde zwischen der EG und ihren Mitgliedstaaten sowie weiteren nordafrikanischen Staaten eine **Mittelmeerpartnerschaft** ins Leben gerufen ; der 27 Staaten umfassende Rahmen wird durch bilaterale Assoziationsabkommen zwischen UMA-Staaten (z.B. Marokko, Tunesien) und der EG/deren Mitgliedsländern ausgefüllt. Ziel ist die Vollendung einer euro-mediterranen Freihandelszone im Jahr 2010.

In Südafrika wurde schon 1910 ein Customs Union Agreement getroffen, das 1969 durch eine Folgevereinbarung zwischen Südafrika, Botswana, Lesotho, Namibia und Swasiland abgelöst wurde. Mit der Ablösung des Apartheidregimes ergab sich die Notwendigkeit einer Neugestaltung der Southern African Customs Union (**SACU**); 1994 aufgenommene Verhandlungen führten 2002 zu einem neuen Abkommen, dessen Inkrafttreten aber noch aussteht. Art. 2 fasst die Ziele des SACU-Übereinkommens wie folgt:

(a) to facilitate the cross-border movement of goods between the territories of the member states;
(b) to create effective, transparent, and democratic institutions which will ensure equitable trade benefits to member states;
(c) to promote conditions of fair competition in the common customs area;
(d) to substantially increase investment opportunities in the common customs area;
(e) to enhance the economic development, diversification, industrialization and competitiveness of member states;
(f) to promote the integration of member states into the global economy through enhanced trade and investment; (g) to facilitate the equitable sharing of revenue arising from customs and excise duties levied by member states;
(h) to facilitate the development of common policies and strategies.

Die neue SACU wird nach außen, etwa beim Abschluss von Handelsverträgen, als Einheit auftreten. Nach Art. 7 des Übereinkommens ist Hauptorgan ein mindestens einmal pro Quartal tagender Ministerrat; für die Umsetzung der Abkommenspflichten und die Kontrolle des Sekretariats ist eine Customs Union Commission verantwortlich; sie wird von 4 sektorspezifischen Technical Liaison Committees unterstützt. Ein unabhängiger, aus Experten der Mitgliedsländer bestehender Tariff Board berät den Ministerrat in Zoll- und Handelsfragen. Der Rat kann ein dreiköpfiges, mit Mehrheit beschließendes Tribunal mit jeder Auslegungs-, Anwendungs- oder sonstigen Streitfragen in Bezug auf das SACU-Abkommen befassen; dieses Gericht kann außer (endgültige verbindliche) Entscheidungen Gutachten fertigen.

Mit Ausnahme von Botswana gehören die SACU-Mitglieder auch der Common bzw. Multilateral Monetary Area (CMA/MMA) an, in der zwar eine paritätisch zusammengesetzte Kommission für Wirtschafts- und Währungsfragen eingesetzt ist, die Südafrikanische Zentralbank (Reserve Bank) jedoch eine zentrale Stellung einnimmt.

Alle SACU-Staaten sind auch – neben neun anderen – Mitglieder der 1992 gegründeten, die vorherige Konferenz (SADCC) ersetzenden Southern African Development Community (SADC). Seit 2000 gilt hier ein Handels-Protokoll, das vorsieht, innerhalb eines Zeitraums von 8 Jahren eine subregionale Freihandelszone einzurichten, wobei der unterschiedliche Entwicklungsstand der Mitglieder, insbesondere die wirtschaftliche Dominanz Südafrikas berücksichtigt wird. Ein weiteres Protokoll über ein Tribunal zur Beilegung zwischenstaatlicher Streitigkeiten ist noch nicht in Kraft getreten. Die Sonderstellung Südafrikas zeigt sich auch darin, dass dieses Land zwar ebenso wie die übrigen SACU-Mitgliedstaaten Partei des Cotonou-Abkommens mit der EG und deren Mitgliedern ist, jedoch statt der Handelsbestimmungen dieses Übereinkommens die Regelungen eines besonderen, bilateralen Freihandelsabkommens mit der EG maßgeblich sind.

SADC

Die Association of Southeast Asian Nations (ASEAN) entstand 1967 mit fünf Gründungsmitgliedern (Indonesien, Malaysia, Philippinen, Singapur, Thailand); seither sind Brunei, Kambodscha, Laos, Myanmar (Birma) und Vietnam hinzugekommen. Freilich ist bisher eine 1992 verabredete Freihandelszone (Asian Free Trade Area, AFTA) zwischen den Beteiligten nicht völlig verwirklicht, wobei eine Kooperation aber auch in den Bereichen Landwirtschaft, Tourismus und (Tele-)Kommunikation erfolgt; andererseits wurde im Herbst 2003 vereinbart, schrittweise eine »Wirtschaftsgemeinschaft« zu errichten und bis 2010 auch China in die Freihandelszone einzubeziehen.

ASEAN

AFTA

Anfang 2004 wurde auch von den sieben Staaten der 1985 gebildeten South Asian Association for Regional Co-operation (SAARC) ein Vertrag über einen in einem Zeitraum von 10 Jahren zu verwirklichende Freihandelszone (South Asian Free Trade Area, SAFTA) abgeschlossen; Schwierigkeiten ergeben sich hier vor allem aus der Vormachtposition Indiens und dem politischen Konflikt diese Staates mit dem zweitgrößten Mitglied Pakistan.

SAFTA

2.6.3. Beziehungen regionaler Integrationen untereinander und Verhältnis zu GATT/GATS

Die verschiedenen Wirtschaftsintegrationen operieren nicht unvermittelt nebeneinander, sondern haben vielfältige Beziehungen geknüpft. So unterhält etwa die EG ein dichtes Netz von (vertraglichen) Beziehungen mit »regional economic areas« über den gesamten Globus.

Globale vs. regionale Integration?

Werden Handelshindernisse nur im Verhältnis zwischen einzelnen Staaten abgebaut, kollidiert dies notwendig mit dem Grundsatz der Meistbegünstigung, der vorschreibt, den einem anderen Staat (B) gewährten Vorteil auch weiteren Staaten (C, D, E, ...) einzuräumen. Andererseits kommt gerade zwischen benachbarten oder politisch/wirtschaftlich nahen Länder eher eine Einigung zustande und wäre ein Verbot regionaler Wirtschaftsintegrationen daher im Hinblick auf fruchtbare Wechselwirkungen zwischen globaler und regionaler Ebene weder sinnvoll (vgl. Art. XXIV Abs. 4 GATT) noch praktikabel. Daher ermöglichen GATT und GATS derartige Vereinbarungen, wenn und soweit bestimmte Voraussetzungen erfüllt sind, und besteht im Rahmen der WTO zur Überwachung ein spezifisches Committee on Regional Trade Agreements (RTAs).

RTAs und MFN

Definition

Die (inhaltliche) Zulässigkeit ergibt sich dabei bereits aus den Merkmalen der Definition:

GATT, Art. XXIV

... (8) In diesem Abkommen bedeutet
(a) »Zollunion« die Ersetzung von zwei oder mehr Zollgebieten durch ein einziges Zollgebiet,
(i) wobei zwischen diesen Gebieten die Zölle und beschränkenden Handelsvorschriften (ausgenommen die nach den Art. XI, XII, XIII, XIV, XV und XX erforderlichenfalls gestatteten) für ... wenigstens für annähernd den gesamten Handel mit den aus den teilnehmenden Gebieten der Union stammenden Waren beseitigt werden, und
(ii) wobei die Mitglieder der Zollunion, ... im Handel mit nicht teilnehmenden Gebieten im Wesentlichen dieselben Zölle und Handelsvorschriften anwenden;
(b) »Freihandelszone« eine Gruppe von zwei oder mehr Zollgebieten, zwischen denen die Zölle und beschränkenden Handelsvorschriften ... für annähernd den gesamten Handel mit den aus den teilnehmenden Gebieten der Zone stammenden Waren beseitigt werden.

GATS, Art. V

(1) Dieses Übereinkommen hindert die Mitglieder nicht daran, Vertragspartei einer Übereinkunft zu sein oder eine Übereinkunft zu schließen, die den Handel mit Dienstleistungen zwischen oder unter den Vertragsparteien der Übereinkunft liberalisiert; jedoch muß eine solche Übereinkunft
(a) einen beträchtlichen sektoralen Geltungsbereich[1] haben und

(b) vorsehen, daß praktisch jede Diskriminierung i.S.d. Art. XVII zwischen oder unter den Vertragsparteien in den Sektoren, für die Buchstabe (a) gilt, ausgeschlossen ist oder beseitigt wird durch
(i) Abschaffung bestehender diskriminierender Maßnahmen und/oder
(ii) Verbot der Einführung neuer oder stärker diskriminierender Maßnahmen
entweder bei Inkrafttreten der Übereinkunft oder auf der Grundlage eines angemessenen Zeitplans; ausgenommen sind Maßnahmen, die nach den Art. XI, XII, XIV und XIVbis zulässig sind.
[1] Diese Bedingung betrifft die Zahl der Sektoren, das betroffene Handelsvolumen und die Erbringungsformen. Um diese Bedingung zu erfüllen, sollte ...keine Erbringungsform von vornherein ausgeschlossen sein.

Der bis dato erreichte Liberalisierungsstand darf hierbei nicht beeinträchtigt werden.

Keine Verschlechterung des Status Quo

... (5) Voraussetzung (da)für, ... daß Gebiete von Vertragsparteien zu Zollunionen oder Freihandelszonen zusammengeschlossen oder vorläufige Vereinbarungen zur Bildung solcher Unionen oder Zonen abgeschlossen werden ..., ist:
(a) im Falle einer Zollunion ..., daß die bei der Bildung der Union ... eingeführten Zölle und Handelsvorschriften für den Handel mit den an den Union ... nicht teilnehmenden Vertragsparteien in ihrer Gesamtheit nicht höher oder einschränkender sind als die allgemeine Belastung durch Zölle und Handelsvorschriften, die in den teilnehmenden Gebieten vor der Bildung der Union ... bestand...

GATT, Art. XXIV

... (4) Eine Übereinkunft nach Abs. 1 ist so zu gestalten, daß der Handel zwischen den Vertragsparteien erleichtert wird, und darf für Mitglieder, die der Übereinkunft nicht angehören, das allgemeine Niveau der Hemmnisse für den Dienstleistungshandel in den jeweiligen Sektoren oder Teilsektoren gegenüber dem vor Abschluß der Übereinkunft geltenden Niveau nicht erhöhen.

GATS, Art. V

Um die Einhaltung dieser Voraussetzungen zu kontrollieren, müssen die Bildung von Freihandelszonen etc. und der Beitritt zu diesen vorher dem je zuständigen WTO-Rat angezeigt werden (Art. XXIV Abs. 7 GATT; Art. V Abs. 7 GATS).
Werden im Zuge der Integration Verpflichtungen aus Art. II GATT oder in einer Liste nach Art. XX GATS geändert, gelten hierfür die generellen Regelungen gem. Art. XXVIII GATT bzw. Art. XXI GATS (Art. XXIV Abs. 6 GATT, Art. V Abs. 5 GATS).
Eine spezielle Regelung für »integrierte Arbeitsmärkte« enthält Art. V^{bis} GATS:
Dieses Übereinkommen hindert seine Mitglieder nicht daran, Vertragspartei einer Übereinkunft zu sein, welche die volle Integration[2] der

GATS-Besonderheit

Arbeitsmärkte zwischen oder unter den Vertragsparteien der Übereinkunft herbeiführt, unter der Voraussetzung, daß die Übereinkunft
(a) Staatsangehörige der Parteien von der Pflicht zur Beschaffung von Aufenthalts- und Arbeitserlaubnissen freistellt;
b) dem Rat für den Handel mit Dienstleistungen notifiziert wird.
² Im Regelfall gewährt eine derartige Integration der Staatsangehörigen der betreffenden Vertragsparteien das Recht auf freien Zugang zu den Beschäftigungsmärkten der Vertragsparteien und umfaßt Maßnahmen hinsichtlich der Verdienstbedingungen, anderer Beschäftigungsbedingungen und Sozialleistungen.

Entwicklungsländer

Eine Sonderbehandlung wird auch insoweit Entwicklungsländern eingeräumt, für Waren bereits durch Ziff. 1 und 2 (c) der »enabling clause«, einer Entscheidung der GATT-VERTRAGSPARTEIEN von 1979, die gem. Ziff. 1.(b)(iv) GATT 1994 als dessen Bestandteil fortgilt:

(1) Notwithstanding the provisions of Art. I (GATT), contracting parties may accord differential and more favourable treatment to developing countries, without according such treatment to other contracting parties.
(2) The provisions of para. 1 apply to the following...
(c) regional or global arrangements entered into amongst less-developed contracting parties for the mutual reduction or elimination of tariffs and, in accordance with criteria or conditions which may be prescribed by the CONTRACTING PARTIES, for the mutual reduction or elimination of non-tariff measures, on products imported from one another.

Lediglich eine »flexible Handhabung« lässt hier Art. V Abs. 3 GATS zu.

»waiver«

In anderen Fällen bedarf ein regionales Handels- oder Integrationsabkommen einer speziellen Billigung (Art. XXIV Abs. 10 GATT) oder aber eines »waiver« (z.B. nach Art. XXV Abs. 5 GATT) seitens einer qualifizierten Mehrheit der WTO-Mitglieder, um einen Konflikt mit Welthandelsrecht auszuräumen

2.7. Andere Intergouvernementale Organisationen mit Bedeutung für Wirtschaft und Währung

2.7.1. Organisation der Vereinten Nationen

Zu den Zielen der 1945 gegründeten UNO gehört nach Art. 1 Nr. 3 der UN-Charta,

eine internationale Zusammenarbeit herbeizuführen, um internationale Probleme wirtschaftlicher, sozialer, kultureller und humanitärer Art zu lösen und die Achtung vor den Menschenrechten und Grundfreiheiten für alle ... zu fördern und zu festigen.

Hauptorgane der Weltorganisation sind gem. Art. 7 Abs. 1 der Charta die (aus allen UN-Mitgliedern bestehende) Generalversammlung (Art. 9 ff.), der Sicherheitsrat aus 5 ständigen und 10 nicht-ständigen Mitgliedern (Art. 23 ff.), der 54-köpfige Wirtschafts- und Sozialrat – ECOSOC – (Art. 61 ff.), der Internationale Gerichtshof (Art. 92 ff.) und ein Sekretariat, bestehend aus einem (auf Empfehlung des Sicherheitsrats von der Generalversammlung ernannten) Generalsekretär und den »sonstigen von der Organisation benötigten« Bediensteten (Art. 97 ff.), daneben der Treuhandrat (Art. 86 ff.).

Aufgaben der Generalversammlung in Bezug auf die internationale Zusammenarbeit auf den Gebieten der Wirtschaft ergeben sich zum einen aus Art. 13 Abs. 1 [b], sie entscheidet ohne Stimmgewichtung und insoweit mit einfacher Mehrheit über Untersuchungen und Empfehlungen. Darüber hinaus weisen Art. 13 Abs. 2 und 60 der Charta diesem Organ die Verantwortung für die Wahrnehmung der Aufgaben von Kap. IX (»Internationale Zusammenarbeit auf wirtschaftlichem und sozialem Gebiet«) und X zu, in Form einer Oberaufsicht über ECOSOC.

Um jenen Zustand der Stabilität und Wohlfahrt herbeizuführen, der erforderlich ist, damit zwischen den Nationen friedliche und freundschaftliche, auf der Achtung vor dem Grundsatz der Gleichberechtigung und Selbstbestimmung der Völker beruhende Beziehungen herrschen, fördern die Vereinten Nationen
(a) die Verbesserung des Lebensstandards, die Vollbeschäftigung und die Voraussetzungen für wirtschaftlichen und sozialen Fortschritt und Aufstieg;
(b) die Lösung internationaler Probleme wirtschaftlicher, sozialer, gesundheitlicher und verwandter Art...;

(c) die allgemeine Achtung und Verwirklichung der Menschenrechte und Grundfreiheiten für alle ...

Sonderorganisationen

Durch völkerrechtliche Verträge errichtete Organisationen, die u.a. auf wirtschaftlichem Gebiet »weitreichende, in ihren maßgebenden Urkunden umschriebene internationale Aufgaben zu erfüllen haben« (Art. 57 Abs. 1), sollen demzufolge durch Abschluss von Abkommen unter das Dach der UN-»Familie« geholt werden; die von ECOSOC ausgehandelte Vereinbarung bedarf der Genehmigung durch die Generalversammlung (Art. 63 Abs. 1 UN-Charta).

Sicherheitsrat

Der Sicherheitsrat hat die »Hauptverantwortung für die Wahrung des Weltfriedens und der internationalen Sicherheit« (Art. 24 Abs. 1). Zur Erfüllung dieser Verpflichtungen stehen ihm – vor dem Rückgriff auf die ultima ratio militärischer Maßnahmen (Art. 32) Befugnisse zum Ergreifen »gewaltloser Sanktionen« gem. Art. 41 der UN-Charta zu.

Regionale Kommissionen

Im Folgenden sollen weitere wichtige »specialized agencies« mit wirtschaftlich-finanziellen Aufgaben und globaler Reichweite kurz dargestellt werden. Daneben existieren dem ECOSOC zugeordnete Regionale Kommissionen, wie z.B. die Economic Commission for Europe (ECE), die CEPAL oder die Economic and Social Commission for Asia and the Pacific (ESCAP), die eine stärkere wirtschaftliche (und soziale) Zusammenarbeit zwischen ihren jeweiligen (regionalen) Mitgliedern fördern sollen.

2.7.2. Internationale Arbeitsorganisation

Spezielle Struktur

Die aufgrund des Versailler Vertrags von 1919 gegründete International Labour Organization (ILO)/Organisation Internationale du Travail (OIT) hat das Ende des Völkerbundes überlebt und wurde 1946 zur ersten UN-Sonderorganisation. Von anderen Einrichtungen unterscheidet sie sich vor allem durch ihren dreigliedrige (»tripartite«) Struktur (Staaten, Arbeitgeber, Arbeitnehmer). Organe der ILO mit (derzeitigem, s. Art. 6) Sitz in Genf) sind nach Art. 2 ihrer Verfassung eine aus Vertretern der über 170 Mitgliedstaaten zusammengesetzte, mindestens einmal jährlich (im Juni) nach Art. 14 ff. einberufene und tagende Allgemeine Konferenz (General Conference), ein Verwaltungsrat (Governing Body) und (unter dessen Aufsicht) ein Internationales Arbeitsamt (International Labour Office, Art. 10), dem ein vom Governing Body bestellter Generaldirektor vorsteht (Art. 8).

Allgemeine Konferenz

Für die General Conference sieht Art. 3 der Verfassung u.a. vor:

ILO-Verfassung Art. 3

Meetings and delegates
(1) (T)he General Conference ... shall be composed of four representatives of each of the Members, of whom two shall be Government

delegates representing respectively the employers and the workpeople of each of the Members.

Advisers

(2) Each delegate may be accompanied by advisers, who shall not exceed two in number for each item on the agenda on the meeting. When questions specially affecting women are to be considered by the Conference, one at least of the advisers should be a woman. ...

Nomination of non-governmental representatives

(5) The Members undertake to nominate non-Government delegates and advisers chosen in agreement with the industrial organisations, if such organisations exit, which are most representative of employers or workpeople, as the case may be, in their respective countries.

Staatenvertreter sind normalerweise die für Arbeit zuständigen Minister.

Zu den Stimmrechten verlautet Art. 4:

(1) Every delegate shall be entitled to vote individually on all matters which are taken into consideration by the Conference.

ILO-Verfassung Art. 4

(2) If one of the Members fails to nominate one of the non-Government delegates whom it is entitled to nominate, the other non-Government delegate shall be allowed to sit and speak at the Conference, but not to vote.

Eine nationale Delegation muss also nicht einheitlich abstimmen; im Extremfall können drei unterschiedliche Stellungnahmen abgegeben werden.

Stellung und Aufgaben des Governing Body, dessen insgesamt 56 Mitglieder von der Konferenz bestellt werden, regelt Art. 7:

Verwaltungsrat

Composition

ILO-Verfassung Art. 7

(1). The Governing Body shall consist of 56 persons – 28 representing governments, 14 representing the employers, and 14 representing the workers.

Government Representatives

(2) Of the 28 persons representing governments, 10 shall be appointed by the Members of chief industrial importance, and 18 shall be appointed by the Members selected for that purpose by the Government delegates to the Conference, excluding the delegates of the 10 Members mentioned above.

States of chief industrial importance

(3) The Governing Body shall as occasion requires determine which are the Members of the Organisation of chief industrial importance and shall make rules to ensure that all questions relating to the selection of the Members of chief industrial importance are considered by an impartial committee before being decided by the Governing Body...

Employers' and Workers' representatives

(4) The persons representing the employers and the persons representing the workers shall be elected respectively by the Employers' delegates and the Workers' delegates to the Conference.
Term of office
(5) The period of office of the Governing Body shall be three years.

Ständige Regierungsvertreter entsenden z. Zt. Brasilien, USA, Deutschland, Frankreich, Italien, Vereinigtes Königreich, Indien, China, Japan, Russische Föderation.

Personal

Für die Auswahl des Personals des Internationalen Arbeitsamts (fast 2000 Personen und etwa 600 Experten im Rahmen sog. »field missions« vor Ort) sieht Art. 9 u.a. vor:

ILO-Verfassung Art. 9

(2). So far as is possible with due regard to the efficiency of the work of the Office, the Director-General shall select persons of different nationalities.
(3) A certain number of these persons shall be women.

Ziele

Die Ziele der ILO (und der Anlass der Organisationsgründung) werden zum einen in der Präambel vorgegeben:

ILO-Verfassung, Präambel

Whereas universal and lasting peace can be established only if it is based upon social justice;
And whereas conditions of labour exist involving such injustice, hardship and privation to large members of people as to produce unrest so great that the peace and harmony of the world are imperilled; and an improvement of those conditions is urgently required;
Whereas also the failure of any nation to adopt humane conditions of labour is an obstacle in the way of other nations which desire to improve the conditions in their own countries;
The High Contracting Parties, moved by sentiments of justice and humanity as well as by the desire to secure the permanent peace of the world, and with a view to attaining the objectives set forth in this Preamble, agree to the following Constitution...

Darüber hinaus ist eine präzisere Fassung der »aims and purposes«, wie sie 1944 von der General Conference beschlossen wurde, der ILO-Verfassung als Anhang beigefügt.

»Erklärung von Philadelphia« (Auszug)

I. Die Konferenz erneuert das Bekenntnis zu den leitenden Grundsätzen, auf die sich die Organisation stützt, und erklärt ...:
(a) Arbeit ist keine Ware.
(b) Freiheit der Meinungsäußerung und Vereinigungsfreiheit sind wesentliche Voraussetzungen beständigen Fortschritts.
(c) Armut, wo immer sie besteht, gefährdet den Wohlstand aller.
(d) Der Kampf gegen die Not muß innerhalb jeder Nation und durch ständiges gemeinsames internationales Vorgehen unermüdlich weiter-

geführt werden, wobei die Vertreter der Arbeitnehmer und der Arbeitgeber sich gleichberechtigt mit den Vertretern der Regierungen in freier Aussprache und zu demokratischen Entscheidungen zusammenfinden, um das Gemeinwohl zu fördern.

II. Die Konferenz ...bestätigt folgendes:

(a) Alle Menschen, ungeachtet ihrer Rasse, ihres Glaubens und ihres Geschlechts, haben das Recht, materiellen Wohlstand und geistige Entwicklung in Freiheit und Würde, in wirtschaftlicher Sicherheit und unter gleich günstigen Bedingungen zu erstreben.

(b) Die Schaffung der hierfür notwendigen Voraussetzungen muß das Hauptziel innerstaatlicher und internationaler Politik sein.

(c) Alle innerstaatlichen und internationalen Pläne und Maßnahmen, insbesondere solche wirtschaftlicher und finanzieller Art, sollten ...nur gutgeheißen werden, soweit sie geeignet erscheinen, die Erreichung dieses Hauptziels zu fördern und nicht zu hindern. ...

Die ILO legt internationale »labour standards« entweder in der Form von Übereinkommen (Konventionen) oder von Empfehlungen fest, die auf einer vom Governing Body einberufenen Konferenz mit Zweidrittelmehrheit angenommen werden (Art. 19 Abs. 1, 2); bislang sind je fast 200 solcher Akte zustandegekommen.

Die acht Kernübereinkommen der ILO betreffen: Kernübereinkommen

- Vereinigungsfreiheit und Schutz des Vereinigungsrechts (1948),
- Anwendung der Grundsätze des Vereinigungsrechts und des Rechtes zu Kollektivverhandlungen (1949),
- Zwangs- und Pflichtarbeit (1930),
- Abschaffung der Zwangsarbeit (1957),
- (Nicht-)Diskriminierung in Beschäftigung und Beruf (1958),
- Gleichheit des Entgelts männlicher und weiblicher Arbeitskräfte für gleichwertige Arbeit (1951),
- Mindestalter für die Zulassung zur Beschäftigung (1973),
- Verbot und unverzügliche Maßnahmen zur Beseitigung der schlimmsten Formen der Kinderarbeit (1999).

Soweit Konventionen ratifiziert werden, muss jedes Mitglied jährlich über deren Umsetzung berichten (Art. 22). Die Nichteinhaltung von Übereinkommenspflichten kann sowohl von Arbeitgeber-/Arbeitnehmerverbänden (Art. 24 f.) als auch von Mitgliedstaaten gerügt werden (Art. 26). In diesem Fall kann der Governing Body eine Untersuchungskommission einsetzen, deren Bericht veröffentlicht wird (Art. 27 – 29) und deren Empfehlungen letztlich von einem Mitgliedstaat dem IGH zur Überprüfung vorgelegt werden können (Art. 29 Abs. 2, 32). Jedenfalls in Deutschland bietet ein anhängiges Beschwerde-/Untersuchungsverfahren vor der ILO keinen zwingenden Grund, laufende arbeits- oder verwaltungsgerichtliche Verfahren bis zu deren

Überwachungsbefugnisse

Abschluss auszusetzen. Eine Bindung der Bundesrepublik an die Empfehlungen tritt erst ein, wenn der Mitgliedstaat diese (ausdrücklich oder stillschweigend) angenommen hat (vgl. Art. 19 Abs. 6 der Constitution).

Bedeutsam ist ferner Art. 38:

ILO-Verfassung Art. 38 — Regionale Konferenzen

(1) The I.L.O. may convene such regional conference and establish such regional agencies as may be desirable to promote the aims and purposes of the Organization.
(2) The powers, functions and procedure of regional conferences shall be governed by rules drawn up by the Governing Body and submitted to the General Conference for confirmation.

2.7.3. Weltorganisation für geistiges Eigentum

Zweck

Aus der Präambel des Gründungsübereinkommens von 1967 ergibt sich, dass die Vertragsparteien der World Intellectual Property Organization (WIPO) bezweckten,

WIPO-Gründungs-übereinkommen 1967, Präambel

… in order to encourage creative activity, to promote the protection of intellectual property throughout the world …

Deshalb beabsichtigten sie,

to modernize and render more efficient the administration of the Unions established in the fields of the protection of industrial property and the protection of literary and artistic works, while fully respecting the independence of each of the Unions

Diese Zielsetzung wird auch in Art. 3 bekräftigt. Die zentralen Begriffe werden in Art. 2 definiert. Danach meint »intellectual property« (Art. 2 [viii]):

»Geistiges Eigentum«

WIPO-Gründungs-übereinkommen 1967, Art. 2 viii

the rights relating to:
literary, artistic and scientific works,
performances of performing artists, phonograms, and broadcasts,
inventions in all fields of human endeavour,
scientific discoveries,
industrial designs,
trademarks, service marks, and commercial names and designations,
protection against unfair competition,
and all other rights resulting from intellectual rights resulting from intellectual activity in the industrial, scientific, literary or artistic fields.

Die in der Präambel angesprochenen »Unionen« umfassen nach Art. 2 (iii) – (vii) die Pariser Verbandsübereinkunft von 1883 und deren spätere Revisionen, die (Berner) Konvention zum Schutz literarischer und künstlerischer Werke 1886 sowie jedes weitere Abkommen im Bereich des geistigen Eigentums, dessen Verwaltung die WIPO übernimmt (Art. 4 [iii]).

Die »functions« der Organisation werden in Art. 4 genauer umschrieben:

Aufgaben

In order to attain the objectives described in Article 3, the Organization, through its appropriate organs, and subject to the competence of each of the Unions:
(i) shall promote the development of measures designed to facilitate the efficient protection of intellectual property throughout the world and to harmonize national legislation in this field;
(ii) shall perform the administrative tasks of the Paris Union, the Special Unions established in relation with that Union, and the Berne Union;
(iii) may agree to assume, or participate in, the administration of any other international agreement designed to promote the protection of intellectual property;
(iv) shall encourage the conclusion of international agreements designed to promote the protection of intellectual property;
(v) shall offer its cooperation to States requesting legal-technical assistance in the field of intellectual property ...

WIPO-Gründungsübereinkommen 1967, Art. 4

Die WIPO – ihr gehören 179 staatliche Mitglieder an (s. Art. 5, 14) – befasst sich heute mit 23 völkerrechtlichen Verträgen zu verschiedenen Aspekten des Schutzes des geistigen Eigentums; von besonderer Bedeutung sind die beiden 1996 zustande »internet treaties« (WIPO Copyright Treaty, WCT; WIPO Performances and Phonograms Treaty, WPPT).

Organe der WIPO mit Sitz in Genf (Art. 10 Abs. 1) sind eine Vollversammlung (General Assembly), der jeder Staat angehört, der Mitglieder mindestens einer der von ihr verwalteten Unionen ist (Art. 6), ferner eine Konferenz, in der alle WIPO-Parteien zusammenkommen (Art. 7) und für die ein besonderer Haushalt aufgestellt wird (Art. 11). In einem Coordination Committee (Art. 8) sind nur Mitgliedstaaten vertreten, die auch dem Exekutivkomitee der Pariser oder der Berner Union angehören. Sekretariat der WIPO ist das International Bureau of Intellectual Property (Art. 9).

Organisationsstruktur

2.7.4. Organisation für Wirtschaftliche Zusammenarbeit und Entwicklung

Die Organization for Economic Cooperation and Development (OECD) bzw. Organisation de Coopération et Développement Economique (OCDE), eine 1961 aus der Umgestaltung der regionalen bzw.

Nachfolgerin der OEEC

nordatlantischen Organisation für Europäische Wirtschaftliche Zusammenarbeit (OEEC) entstandene intergouvernementale Organisation (Art. 19 i.V.m. Art. 15) mit Sitz in Paris (Art. 18), beruht ausweislich der Präambel des Gründungsübereinkommens

> (auf) der Erkenntnis, daß der wirtschaftliche Wiederaufbau und Fortschritt Europas, zu dem ihre Teilnahme an der O(EEC) weitgehend beigetragen hat, neue Aussichten eröffnet, die ... Tradition (der Zusammenarbeit) zu stärken und für neue Aufgaben und weiterreichende Ziele nutzbar zu machen.

Ziele

Nach Art. 1 des Übereinkommens ist es daher Ziel der OECD,

**OECD-Gründungs-
übereinkommen
1967, Art. 1**

> eine Politik zu fördern, die darauf gerichtet ist,
> (a) in den Mitgliedstaaten unter Wahrung der finanziellen Stabilität eine optimale Wirtschaftsentwicklung und Beschäftigung sowie einen steigenden Lebensstandard zu erreichen und dadurch zur Entwicklung der Weltwirtschaft beizutragen,
> (b) in den Mitglied- und Nichtmitgliedstaaten, die in wirtschaftlicher Entwicklung begriffen sind, zu einem gesunden wirtschaftlichen Wachstum beizutragen, und
> (c) im Einklang mit internationalen Verpflichtungen auf multilateraler und nicht diskriminierender Grundlage zur Ausweitung des Welthandels beizutragen.

Zur Durchsetzung dieser Ziele ergibt sich aus Art. 2 eine Verpflichtung aller Mitgliedstaaten (Art. 4), einzelnen oder gemeinsam

**OECD-Gründungs-
übereinkommen
1967, Art. 2**

> (a) den zweckmäßigen Einsatz ihrer wirtschaftlichen Mittel zu fördern,
> (b) auf wissenschaftlichem und technischem Gebiet die Entwicklung ihrer Hilfsmittel, die Forschung und die Berufsausbildung zu fördern,
> (c) eine Politik zu verfolgen, die darauf gerichtet ist, das Wachstum ihrer Volkswirtschaften und ihre innere und äußere finanzielle Stabilität zu gewährleisten sowie Entwicklungen zu vermeiden, die ihre eigenen Volkswirtschaften oder diejenigen anderer Staaten gefährden könnten,
> (d) ihre Bemühungen um den Abbau oder die Abschaffung des zwischenstaatlichen Waren- und Dienstleistungsverkehrs sowie des laufenden Zahlungsverkehrs fortzusetzen und die Liberalisierung des Kapitalverkehrs beizubehalten und zu erweitern,
> (e) durch geeignete Mittel, insbesondere durch Zufuhr von Kapital in die Mitglied- und Nichtmitgliedstaaten, die in wirtschaftlicher Entwicklung begriffen sind, zu deren wirtschaftlicher Entwicklung beizutragen, und dabei zu berücksichtigen, daß es für die Volkswirtschaften dieser Staaten wichtig ist, technische Hilfe zu erhalten und wachsende Ausfuhrmärkte zu gewinnen.

Organisationsstruktur

Einziges Hauptorgan der OECD ist der Rat (Council), in dem alle Mitglieder vertreten sind; bei Tagungen kommen entweder Minister oder Ständige Vertreter zusammen (Art. 7). Dem Rat verantwortlich ist ein Generalsekretär an der Spitze des Personals (Art. 10, 11). Der Rat setzt ferner einen Exekutivausschuss und nach Bedarf (weitere) Nebenorgane ein, so Committees, wie das Development Assistance Committee (DAC), das die Zusammenarbeit der OECD-Staaten mit Entwicklungsländern fördert und koordiniert, Working Groups und Expert Groups, insgesamt ca. 200 Einrichtungen. Neben rechtsverbindlichen Verträgen (und Modellen wie z.B. in Bezug auf Doppelbesteuerung) werden in der OECD auch »hortatorische« Rechtsakte (»soft law«) konzipiert, so etwa die »Guidelines for multinational enterprises« oder den »Consensus« betr. Ausfuhrkredite. Die Teilnahme hieran steht auch anderen als den Mitgliedstaaten – neben 24 westlichen Industrieländern Mexiko, Süd-Korea und vier osteuropäische Transformationsländer – offen.

Eine institutionelle Verflechtung mit der »civil society« erfolgt seit langem auf den Gebieten der Wirtschaft und Arbeit in zwei der Einrichtung angeschlossenen Ausschüssen, dem Business and Industry Advisory Committee (BIAC) und dem Trade Union Advisory Committee (TUAC). Aus den zahlreichen Beziehungen zu verwandten Internationalen Organisationen von ILO bis zur International Atomic Energy Agency (IAEA) ist die Koordinierungstätigkeit des OECD-Sekretariats für die European Conference of Ministers of Transport (www.oecd.org/cem) hervorzuheben.

BIAC und TUAC

Durch Beschluss des Rats wurde 1974 als »eigenständiges Gremium« (Art. 1 des Beschlusses) im Rahmen der OECD eine Internationale Energie-Agentur (IEA) errichtet, mit einem aus allen Teilnehmerstaaten (Art. 2) bestehenden Verwaltungsrat (Art. 4) an der Spitze; das nötige Personal wird von der OECD gestellt (Art. 7). Hauptaufgabe des Verwaltungsrats ist die Aufstellung und Durchführung eines internationalen Programms für die Zusammenarbeit im Energiebereich (Art. 6). Fast zeitgleich beschlossen OECD-Mitgliedstaaten ein Übereinkommen über ein Internationales Energieprogramm, in dessen institutionellen und allgemeinen Bestimmungen (Art. 49 ff.) die IEA näher ausgestaltet wurde; als weitere Organe wurden hier ein Geschäftsführender Ausschuss (Art. 53) sowie mehrere Ständige Gruppen errichtet (Art. 54). Als halbautonome Einrichtung existiert ferner die Nuclear Energy Agency (NEA); diese Einrichtung unterstützt ihre 27 Mitglieder dabei, durch internationale Zusammenarbeit die wissenschaftlichen, technologischen und rechtlichen Grundlagen für eine friedliche, umweltverträgliche und wirtschaftliche Nutzung der Kernenergie zu entwickeln.

Internationale Energie-Agentur

NEA

2.7.5. Europäischer Wirtschaftsraum

Assoziierungsabkommen

Das zunächst auch mit der Schweiz ausgehandelte »gemischte« Abkommen über den Europäischen Wirtschaftsraum (EWR; European Economic Area), auf dessen einer Seite die E(WG) und (bis 2002) EGKS sowie deren Mitgliedstaaten, auf der anderen (heute) Island, Liechtenstein und Norwegen beteiligt sind, ist eines der zahlreichen »Assoziierungsabkommen« der EG.

EG-Vertrag 1993/1999, Art. 310

Die Gemeinschaft kann mit einem oder mehreren Staaten oder einer oder mehreren Internationalen Organisationen Abkommen schließen, die eine Assoziierung mit gegenseitigen Rechten und Pflichten, gemeinsamem Vorgehen und besonderen Verfahren herstellen.

EWR-Abkommen 1993, Art. 1

(1) Ziel dieses Assoziierungsabkommens ist es, eine beständige und ausgewogene Stärkung der Handels- und Wirtschaftsbeziehungen zwischen den Vertragsparteien unter gleichen Wettbewerbsbedingungen und die Einhaltung gleicher Regeln zu fördern, um einen homogenen Europäischen Wirtschaftsraum ... zu schaffen.

Ziele des EWR

(2) Zur Verwirklichung der ... Ziele umfaßt die Assoziation im Einklang mit den Bestimmungen dieses Abkommens:
(a) den freien Warenverkehr,
(b) die Freizügigkeit,
(c) den freien Dienstleistungsverkehr,
(d) den freien Kapitalverkehr,
(e) die Einrichtung eines Systems, das den Wettbewerb vor Verfälschungen schützt und die Befolgung der diesbezüglichen Regeln für alle in gleicher Weise gewährleistet, sowie
(f) eine engere Zusammenarbeit in andern Bereichen wie Forschung und Entwicklung, Umwelt, Bildungswesen und Sozialpolitik.

Ähnlich wie andere, von der EG und deren Mitgliedsländern mit afrikanischen, karibischen und pazifischen, mit osteuropäischen, mit außereuropäischen Mittelmeer- und weiteren Drittstaaten geschlossene Verträge errichtet das EWR-Abkommen zwar keine neue juristische Person, schafft aber eine institutionalisierte Zusammenarbeit zwischen den Parteien.

Struktur

Zur Struktur der Assoziation gehören ein EWR-Rat aus Mitgliedern des Ministerrats der EG, der EG-Kommission sowie je einem Mitglied der Regierung jedes EFTA-Staates (Art. 90 i. V. m. Art. 2 [b]), ein Gemeinsamer EWR-Ausschuß aus Vertretern der Vertragsparteien (Art. 93), ein paritätisch zusammengesetzter Gemeinsamer Parlamentarischer und ein Beratender EWR-Ausschuß (Art. 95, 96). Lediglich die

Vertragsparteien, die zugleich der EFTA angehören, setzen ferner eine EFTA-Überwachungsbehörde – <www.eftasurv.int> – und einen EFTA-Gerichtshof – <www.eftacourt.lu> – ein.

EWR-Abkommen

Art. 89

(1) (D)er EWR-Rat ... hat insbesondere die Aufgabe, die politischen Anstöße für die Durchführung dieses Abkommens zu geben und die allgemeinen Leitlinien für den Gemeinsamen EWR-Ausschuß festzulegen. ...

Art. 92

(1) (E)in Gemeinsamer EWR-Ausschuß ... gewährleistet die wirksame Durchführung und Anwendung dieses Abkommens...

Art. 95

... (3) Der Gemeinsame Parlamentarische EWR-Ausschuß trägt durch Dialog und Beratung zu einer besseren Verständigung zwischen der Gemeinschaft und den EFTA-Staaten in den unter diesen Abkommen fallenden Bereichen bei.

(4) Der Gemeinsame Parlamentarische EWR-Ausschuß kann je nach Zweckmäßigkeit Stellungnahmen in Form von Berichten oder Entschließungen abgeben.

Art. 104

Sofern in diesem Abkommen nichts anderes vorgesehen ist, sind die Beschlüsse, die der Gemeinsame EWR-Ausschuß ... faßt, ab dem Zeitpunkt ihres Inkrafttretens für die Vertragsparteien verbindlich; diese treffen die erforderlichen Maßnahmen, um die Durchführung und Anwendung dieser Beschlüsse sicherzustellen.

Art. 108

(1) Die EFTA-Staaten setzen ein unabhängiges Überwachungsorgan (EFTA-Überwachungsbehörde) ein und führen ähnliche Verfahren ein, wie sie in der Gemeinschaft bestehen; dazu gehören auch Verfahren, durch die die Erfüllung der Verpflichtungen aus diesem Abkommen gewährleistet wird, und solche, mit denen die Rechtmäßigkeit der Rechtsakte der EFTA-Überwachungsbehörde auf dem Gebiet des Wettbewerbs kontrolliert wird.

(2) Die EFTA-Staaten setzen einen Gerichtshof (EFTA-Gerichtshof) ein.

Der EFTA-Gerichtshof ist auf Grund einer besonderen Vereinbarung zwischen den EFTA-Staaten hinsichtlich der Anwendung dieses Abkommens insbesondere zuständig für

(a) Klagen wegen des die EFTA-Staaten betreffenden Überwachungsverfahrens,

(b) Rechtsmittel gegen Entscheidungen der EFTA-Überwachungsbehörde in Wettbewerbssachen,

(c) die Beilegung von Streitigkeiten zwischen zwei oder mehr EFTA-Staaten.

2.7.6. Entwicklungspartnerschaft von Cotonou

Verhältnis EG – AKP-Staaten

Das im Sommer 2000 zwischen der EG (auf der Basis von Art. 310 EGV) und ihren Mitgliedstaaten einerseits, mehr als 70 (Entwicklungs-)Ländern aus Afrika, der Karibik und der Pazifik (AKP-Staaten) in Cotonou (Benin) geschlossene »gemischte« Abkommen löst das vorausgegangene (4.) Lomé-Abkommen ab, das seinerseits auf mehrere multilaterale Verträge seit den 60er Jahren folgte. Das Abkommen von Cotonou begründet eine umfassend angelegte »Entwicklungspartnerschaft« zwischen den beiden Staatengruppen, deren Ziele in Art. 1 formuliert sind:

Ziele von Cotonou

Cotonou Agreement Art. 1

The Community and its Member States, of the one part, and the ACP States, of the other part, ... hereby conclude this Agreement in order to promote and expedite the economic, cultural and social development of the ACP States, with a view to contributing to peace and security and to promoting a stable and democratic political environment.

The partnership shall be centred on the objective of reducing and eventually eradicating poverty consistent with the objectives of sustainable development and the gradual integration of the ACP countries into the world economy.

These objectives and the Parties' international commitments shall inform all development strategies and shall be tackled through an integrated approach taking account at the same time of the political, economic, social, cultural and environmental aspects of development. The partnership shall provide a coherent support framework for the development strategies adopted by each ACP State. ...

Hierfür stellt Art. 2 einige »Grundprinzipien« auf:

Cotonou Agreement Art. 2

Grundsätze der Entwicklungspartnerschaft

ACP-EC cooperation, underpinned by a legally binding system and the existence of joint institutions, shall be exercised on the basis of

equality of the partners and ownership of the development strategies: for the purposes of implementing the objectives of the partnership, the ACP States shall determine the development strategies for their economies and societies in all sovereignty ...; the partnership shall encourage ownership of the development strategies by the countries and populations concerned;

participation: apart from central government as the main partner, the partnership shall be open to different kinds of other actors in order to encourage the integration of all sections of society, including the private sector and civil society organisations, into the mainstream of political, economic and social life;

the pivotal role of dialogue and the fulfilment of mutual obligations: the obligations assumed by the Parties in the framework of their dialogue shall be central to their partnership and cooperation relations; differentiation and regionalisation: cooperation arrangements and priorities shall vary according to a partner's level of development, its needs, its performance and its long-term development strategy. Particular emphasis shall be placed on the regional dimension. Special treatment shall be given to the least-developed countries. The vulnerability of landlocked and island countries shall be taken into account.

Wie in den vorausgegangenen Übereinkommen sind »gemeinsame Institutionen« (Art. 14) der Parteien vorgesehen. Ein Ministerrat, dem Mitglieder des Rates der EU und der EG-Kommission sowie Regierungsvertreter der AKP-Staaten angehören, tritt mindestens einmal pro Jahr und zudem bei Bedarf zusammen (Art. 15 Abs. 1); er entscheidet im Einvernehmen, wenn das Quorum erreicht ist (Anwesenheit der Hälfte der Vertreter des EU-Rats, von zwei Dritteln der AKP-Regierungen und einem Kommissionsmitglied, Abs. 3). Die Aufgaben sind in Art. 15 Abs. 2 aufgelistet:

Struktur

Aufgaben

… (a) conduct the political dialogue;
(b) adopt the policy guidelines and take the decisions necessary for the implementation of the provisions of this Agreement, in particular as regards development strategies in the specific areas provided for by this Agreement or any other area that should prove relevant, and as regards procedures;
(c) examine and resolve any issue liable to impede the effective and efficient implementation of this Agreement or present an obstacle to achieving its objectives;
(d) ensure the smooth functioning of the consultation mechanisms.

Cotonou Agreement Art. 15 Abs. 2

Der Ministerrat kann nach Art. 15 Abs. 4 Befugnisse auf den Botschafterausschuss (Committee of Ambassadors) übertragen, der (auf diplomatischer Ebene) ebenso zusammengesetzt ist wie jener (Art. 16 Abs. 1) und das Hauptorgan bei der Erfüllung seiner Aufgaben unterstützen, dabei auch den Vollzug des Abkommens und Fortschritte beim Erreichen der Ziele des Art. 1 überwachen soll (Art. 16 Abs. 2).

Dritte Einrichtung ist eine paritätisch aus Mitgliedern des Europäischen Parlaments und Abgeordneten der AKP-Parlamente (oder von diesen bestimmten Personen) bestehende Gemeinsame Parlamentarische Versammlung (Art. 17 Abs. 1), die mindestens zweimal jährlich tagt (Abs. 3). Die Versammlung ist ein Beratungsorgan, dessen Beschlüsse und Empfehlungen der Ministerrat prüfen und (bei seinen Entscheidungen) in Erwägung muss (Art. 15 Abs. 3). Zu ihrer Rolle besagt Art. 17 Abs. 2:

Gemeinsame Parlamentarische Versammlung

Cotonou Agreement Art. 17 Abs. 2

... • promote democratic processes through dialogue and consultation;
• facilitate greater understanding between the peoples of the EU and those of the ACP States and raise public awareness of development issues;
• discuss issues pertaining to development and the ACP-EU Partnership;
• adopt resolutions and make recommendations to the Council of Ministers with a view to achieving the objectives of this Agreement.

Weitere Treffen zwischen Parlamentariern sollen auf regionaler oder subregionaler Ebene stattfinden; die Versammlung selbst soll regelmäßige Kontakte zu den Wirtschafts- und Sozialpartnern sowie anderen Akteuren der »civil society« pflegen, um deren Auffassung zur Erreichung der Abkommensziele in Erfahrung zu bringen und zu berücksichtigen (Art. 17 Abs. 3).

2.8. Ausschüsse, Gruppen und andere intergouvernementale Einrichtungen ohne eigene Rechtspersönlichkeit

2.8.1. Unterschiede zu Internationalen Organisationen

Unterschiedlich intensive Organisation der internationalen Kooperation

Internationale Kooperation auf ökonomischen, finanziellen bzw. monetären Feldern findet nicht nur durch Abschluss (und Durchführung) völkerrechtlicher Verträge und durch Aktivitäten Internationaler (gouvernementaler) Organisationen statt. Vielmehr erfolgen nicht nur einzelne zeitlich begrenzte, sondern auch auf Dauer angelegte Betätigungen in Gestalt informeller, allenfalls ansatzweise – wie bei APEC – institutionalisierter Zusammenarbeit zwischen (staatlichen, staatsnahen und teils auch privaten) Stellen aus unterschiedlichen Staaten, und dies erfolgt nicht nur zur Vorbereitung verbindlicher Regelungen und Maßnahmen, sondern auch zur Verständigung auf durchaus rechtserhebliche Vorgaben und Regeln sowie zur Überwachung, ob und wie weit diese dann umgesetzt und eingehalten werden. Gemeinsam ist diesen Mechanismen und Einrichtungen nur, aber immerhin, dass sie sich mit öffentlichen Aufgaben befassen, die von einem einzigen oder wenigen einzelnen Staaten allein nicht mehr wirksam gelöst werden können, und dass für die Erreichung des je speziellen Ziels (noch) keine eigene, (völker)rechtlich selbständige Organisation besteht. Zu diesem Zwischenbereich gehören zum einen Ausschüsse (committees), die nicht in Gründungsverträgen Internationaler Organisationen – als

Neben-Organe – vorgesehen sind (wie z.B. in Art. VII des WTO-Übereinkommens) oder zumindest durch Sekundärrecht solcher Organisationen eingerichtet wurden. Aus Gründen der Praktikabilität können solche Gremien allerdings (als eine Art von Trabanten) in der Nähe einer Organisation angesiedelt sein, so dass diese ihnen insbesondere Sekretariatsdienste leisten kann. Dies ist z.B. der Fall bei verschiedenen Ausschüssen im Umfeld der BIZ.

2.8.2. Einzelne Gremien

Der Baseler Ausschuss für Bankenaufsicht (BCBS, auch nach einem langjährigen Vorsitzenden als »Cooke Committee« bekannt), wurde von den Zentralbankpräsidenten bzw. -gouverneuren der Staaten der Zehnergruppe Ende 1974 eingerichtet; er tritt normalerweise viermal jährlich zusammen. Ähnliches gilt für zahlreiche technische Arbeitsgruppen und »task forces«. Die 11 Mitgliedstaaten werden entweder durch den Notenbankgouverneur oder den Leiter der Bankenaufsichtsbehörde repräsentiert. Zwar kommt dem BCBS keine Befugnis zu rechtsverbindlichen Maßnahmen zu, jedoch genießen seine Empfehlungen und Berichte faktisch hohe Bedeutung, und die dort formulierten Richtlinien, Prinzipien oder Standards werden in der Regel früher oder später in nationales (oder EG-)Recht umgesetzt. Wichtiges Ergebnis der Arbeiten des Ausschusses ist der 1987 verabschiedete »accord« über das Mindesteigenkapital von Banken (»Basel I«), dessen Revision – als »Basel II« – kurz vor dem Abschluss steht. Ein weiteres, in seiner Vorbildwirkung auch auf Nichtmitglieder abzielendes Dokument des BCBS sind die 1997 formulierten Core Principles for Banking Supervision, die 1999 um eine Methodologie ergänzt wurden. Hierbei wurde eine Zusammenarbeit mit Bankenaufsichtsbehörden aus Drittstaaten durch eine alle zwei Jahre stattfindende International Conference of Banking Supervisors konsolidiert. Sekretariatsfunktionen für den Ausschuss nimmt die BIZ wahr. Der BCBS ist ein wichtiger Teilnehmer am Financial Stability Forum.

Baseler Ausschuss

Die International Organization of Securities Commissions (IOSCO) ist demgegenüber differenzierter strukturiert: Ein Presidents' Committee als Hauptorgan tritt jährlich zusammen, dazwischen amtiert ein Executive Committee, von dessen 19 Mitgliedern je zwei aus den vier Regionalen Ausschüssen stammen; zwei weitere sind die Vorsitzenden des Technical bzw. des Markets Committee, die übrigen neun werden vom Präsidentenausschuss gewählt. Ziele der in der IOSCO kooperierenden Behörden sind:

IOSCO

to cooperate together to promote high standards of regulation in order to maintain just, efficient and sound markets; to exchange information on their respective experiences in order to promote the development of

IOSCO Resolution

domestic markets; to unite their efforts to establish standards and an effective surveillance of international securities transactions; to provide mutual assistance to promote the integrity of the markets by a rigorous application of the standards and by effective enforcement against offenses.

FATF

Die Financial Action Task Force on Money Laundering (FATF) ist eine zwischenstaatliche Einrichtung, die Politiken zur Bekämpfung der Geldwäsche entwickeln und durchsetzen soll; an ihr sind zur Zeit 31 Staaten und 2 Internationale Organisationen (die EG und der Golfkooperationsrat) beteiligt, der IWF und andere internationale Finanzinstitutionen sind offizielle Beobachter. Das Sekretariat wird von der OECD gestellt, die FATF ist jedoch nicht Teil dieser Organisation. Die 1990 getroffenen 40 Empfehlungen, die ein »global framework for combating money laundering« bilden, wurden mehrfach, zuletzt 2003, aktualisiert, aufgrund der bei der Überwachung der Umsetzung gewonnenen Erfahrungen. 2001 reagierte die Task Force auf die Anschläge in den USA mit acht speziellen Empfehlungen zur Bekämpfung von »terrorist financing«.

ISO

Nur im Hinblick auf die Mitglieder (und damit auch auf den rechtlichen Status), nicht aber von der Aufgabenstellung her von den zuvor genannten Einrichtungen zu unterscheiden – und daher keine INGOs im engeren Sinne – sind private Gremien. wie die International Standardization Organization (ISO), eine seit 1947 bestehende Einrichtung, der je ein nationales Normeninstitut je Mitgliedsland (derzeit 148) angehört; ein Zentralsekretariat mit Sitz in Genf koordiniert die Zusammenarbeit innerhalb dieses Netzes. ISO nimmt eine spezielle Position ein: Auf der einen Seite gehören viele der Mitgliedsinstitute dem Staatssektor an oder handeln doch aufgrund staatlichen Mandats (wie z.B. das Deutsche Institut für Normung e.V., DIN, <www.din.de>); andere sind ausschließlich im Bereich der privaten Wirtschaft verankert und werden von Wirtschaftsverbänden getragen. Zusammen mit nur für bestimmte Branchen zuständigen, gleichermaßen privaten Institutionen, wie der International Electrotechnical Commission (IEC), kooperiert die ISO mit der WTO und der ITU, vor allem deren relevantem Sektor (ITU-T), im Rahmen des multilateralen Abkommens über technische Handelshemmnisse. Insoweit sind Meldepflichten gegenüber dem ISO/IEC Information Centre zu erfüllen, das beim ISO-Zentralsekretariat angesiedelt ist.

2.8.3. Einzelne Gruppen

Von G 5 zu G 7

Die Mitte der 70er Jahre zur Koordinierung der einzelstaatlichen Wirtschaftspolitiken entstandene G 5 (Group of Five) – mit Deutschland, Frankreich, Japan, dem Vereinigten Königreich und den USA, deren

Währungen (damals) zugleich als Bestandteile in das Sonderziehungsrecht des IWF eingingen – wurde alsbald von der G 7 (Group of Seven) überlagert, in deren Rahmen ab 1975 die wichtigsten Industrieländer (außer den 5 genannten noch Italien und Kanada) jährlich zu Wirtschaftsgipfeln der Staats- und Regierungschefs zusammenkamen. Seit 1987 treffen sich Finanzminister und Zentralbankpräsidenten der Sieben mindestens wie Mal pro Jahr, um Entwicklungen in der Weltwirtschaft und Wirtschaftspolitiken zu bewerten; an jenen Beratungen ist auch der Geschäftsführende Direktor des IWF anwesend. Ab 1998 nimmt Russland regelmäßig an Gipfeltreffen teil, die dann als G 8 bezeichnet werden; bislang wird jedoch zwischen weiterhin stattfindenden G 7-Zusammenkünften und (anschließenden) G 8-Tagungen unterschieden und werden nach wie vor getrennte Kommuniqués hierzu veröffentlicht.

Die Zehnergruppe (Group of Ten, G 10) bezieht sich auf die Staaten, die an der 1962 mit dem IWF abgeschlossenen Allgemeinen Kreditvereinbarung beteiligt sind; neben den (späteren) G 7-Mitgliedern sind dies Belgien, die Niederlande und Schweden. Die Bezeichnung G 10 blieb auch nach dem Hinzutreten der Schweiz im Jahr 1964 unverändert. Als offizielle Beobachter sind neben dem IWF die BIZ, die EG-Kommission und die OECD vertreten.

G 10

Zehnergruppe

Die Ausgestaltung einer internationalen Finanzarchitektur wurde zunächst von einer Group of 22 (G 22) betrieben, der neben den G 7-Mitgliedern Vertreter von 15 weiteren Staaten (von Argentinien bis Thailand, einschließlich China, Indien und Russland) angehörten. Der Teilnehmerkreis wurde zunächst auf 33 Staaten erweitert (G 33), auf dem Kölner G 7-Treffen 1990 jedoch auf 20 Staaten reduziert. Die G 20 ist ein Forum zur Zusammenarbeit und Verhandlungen über alle Angelegenheiten von Bedeutung für das internationale Finanzsystem. Ihr gehören die Finanzminister und Zentralbankpräsidenten der G 7-Staaten, von 12 weiteren Schlüsselländern und die Präsidentschaft der EU, soweit sie nicht Mitglied der G 7 ist, an ; ferner sind beteiligt die EZB, der Geschäftsführende Direktor des IWF, der Präsident der Weltbank sowie die Vorsitzenden von IMFC und Entwicklungsausschuss.

G 20

Die Group of 77 (G 77) wurde 1964 errichtet durch eine gemeinsame Erklärung dieser Zahl von »less developed countries« am Ende der ersten Sitzung der UNCTAD. Diese Gruppe soll die gemeinsamen wirtschaftlichen Interessen ihrer Mitglieder artikulieren und fördern und die Verhandlungsmacht bei allen wichtigen Fragen der internationalen Wirtschaft innerhalb des UN-Systems stärken. Die Bezeichnung blieb bestehen, obwohl der G 77 heute über 130 Staaten angehören. In der WTO vertritt seit kurzem eine Gruppe von Schwellen- und Ent-

G 77

wicklungsländern (G 21) die spezifischen Belange der Beteiligten vor allem im Agrarsektor.

G 24

Als Ausschnitt aus der G 77 entstand 1971 – beim IWF, aber nicht als dessen (Unter-)Organ – die G 24 (mit vollem Namen: Intergovernmental Group of 24 on International Monetary and Development Affairs), um die Positionen der Entwicklungsländer bei internationalen Währungs- und Entwicklungsfinanzierungsfragen zu koordinieren und ihre angemessene Vertretung bei Verhandlungen über internationale monetäre Probleme zu sichern. Neben den 24 Mitgliedern (von Algerien bis Venezuela) kann jedes andere G 77-Mitglied an den halbjährlichen Debatten teilnehmen; seit langem wird China speziell hierzu eingeladen.

2.8.4. Klubs

Londoner Klub

Pariser Klub

Der Londoner Klub vereinigt Geschäftsbanken bei Verhandlungen mit staatlichen Schuldnern, wenn bei deren Tilgung Probleme auftreten, ist also eine non-gouvernementale Veranstaltung. Der Pariser Klub – <www.clubdeparis.org> – ist eine ebenfalls informelle Gruppe öffentlicher Gläubiger (überwiegend Industriestaaten), die das erste Mal 1956 anlässlich argentinischer Auslandsschulden zusammen kam. Auf freiwilliger Basis haben sich die Mitglieder auf eine Reihe von Grundsätzen und Regeln verständigt, um rasch und wirksam zu einer abgestimmten Verhalten bei einer Umschuldung zu gelangen ; in Hunderten von Fällen kam es in diesem Rahmen zu erfolgreichem »debt rescheduling/restructuring«. Der Pariser Club fordert als Voraussetzung hierfür in aller Regel eine Einigung des Schuldnerstaates mit dem IWF über eine bestimmte Wirtschafts- und Finanzpolitik.

2.9. Wiederholungsfragen

1. Welche beiden Typen Internationaler Organisationen gibt es, und worin bestehen die wesentlichen Unterschiede! Lösung S. 29

2. Welche Rolle spielen bisher Parlamentarische Versammlungen in Internationalen Organisationen? Lösung S. 44

3. Was versteht man unter der »internationalen Finanzarchitektur«? Lösung S. 52

4. Welche organisatorische Besonderheit besteht bei regionalen Entwicklungsbanken? Lösung S. 72 ff.

5. Welche Bedeutung für das IWR hat die UNO? Lösung S. 45

6. Was besagt das Prinzip der Stimmenwägung, und bei welchen intergouvernementalen Organisationen gilt es nicht? Lösung S. 41, 43

3. Europäische Union/Europäische Gemeinschaften

3.1. Entwicklung und Bestandteile der EU

Die Europäische Union besteht seit dem 1. November 1993, nachdem im Anschluss an das »Maastricht«-Urteil des BVerfG auch die deutsche Zustimmung zum Abschluss des Gründungsvertrages völkerrechtlich und innerstaatlich wirksam geworden war. Die EU bildet eine Art von Dach über zunächst drei, seit 2002 (Ablauf der 50-jährigen Geltungsdauer des Vertrages über die Errichtung der Europäischen Gemeinschaft für Kohle und Stahl [EGKS]) nurmehr zwei supranationalen Gemeinschaften (Europäische Gemeinschaft [EG] und Europäische Atomgemeinschaft [EAG]) und weiteren Bereichen intensiver intergouvernementaler Kooperation (Polizeiliche und justizielle Zusammenarbeit in Strafsachen [PJZS], Gemeinsame Außen- und Sicherheitspolitik [GASP], sog. Innen- bzw. Außen-»Säule«) zwischen denselben (15, ab Mai 2004 25) europäischen Staaten.

EU und EG

Die am 18. April 1951 gegründete »Montanunion« (EGKS) war die erste supranationale Organisation in der Geschichte der europäischen Integration. Frankreich, Italien, die Bundesrepublik Deutschland und die Beneluxländer schlossen ihre Kohle- und Stahlproduktion (damals Schlüsselindustrien) zu einem gemeinsamen Markt zusammen. Den Anstoß dafür gab eine Initiative des französischen Außenministers Robert Schuman, der 1950 den nach ihm benannten Plan (entwickelt von seinem Mitarbeiter Jean Monnet) verkündete. Dessen Ziel war es, durch eine enge Verbindung und Internationalisierung kriegswichtiger Schwerindustrien künftige militärische Auseinandersetzungen zwischen Deutschland und Frankreich unmöglich zu machen. Letztlich wurde über eine Aussöhnung zwischen diesen beiden Staaten eine europäische Integration bis hin zur Föderation angestrebt.

EGKS

Da Art. XXIV Abs. 8 GATT nur Gesamtintegrationen, die grundsätzlich alle Waren umfassen müssen, zulässt, bedurfte die (2002 aufgelöste) EGKS als bloße Teilintegration (Kohle, Stahl, Eisen und Schrott) einer Ausnahmebewilligung der Vertragsparteien gemäß Art. XXV Abs. 5 GATT.

EGKS im GATT

Am 25. März 1957 wurden in Rom (daher »Römische Verträge«) von den Mitgliedstaaten der EGKS die Verträge zur Gründung der EWG und der EAG unterzeichnet. Die EWG war und ist die mit Abstand wichtigste der drei Organisationen. Ihre wesentlichen Ziele bildeten der Aufbau eines gemeinsamen Marktes auf der Basis einer Zollunion,

EWG und EAG

also der Abbau aller Wirtschaftsschranken, die Koordinierung der mitgliedstaatlichen Wirtschaftspolitiken und die Hebung des Lebensstandards in der Gemeinschaft. Wie schon zuvor die EGKS folgte auch die EWG dem Modell der sektoralen, nämlich lediglich wirtschaftlichen Integration, mit dem sich jedoch die Erwartung verband, dies werde mittelfristig eine politische Integration nach sich ziehen. Die Einheitliche Europäische Akte (1986/87) ergänzte und modifizierte die Römischen Verträge; sie setzte insbesondere das Ziel eines Binnenmarktes bis Ende 1992, erweiterte die Kompetenzen der Gemeinschaft und stärkte das Europäische Parlament durch Verfeinerung der Entscheidungsverfahren.

Unionsvertrag

Der Unionsvertrag brachte weitere Änderungen und erstreckte dabei die Zuständigkeiten der Gemeinschaft auf über den wirtschaftlichen Bereich hinausgehende Regelungsmaterien. Folgerichtig wurden der EWGV durch Art. 8 Abs. 1 EUV in EGV, die EWG in EG umbenannt. Im Gegensatz zum EGKSV, der überwiegend materielle Regelungen enthielt, ist der EGV ein Rahmenvertrag, der der Ausgestaltung und Konkretisierung durch sekundäres Gemeinschaftsrecht bedarf.

Aufgaben der EAG

Die neben der EG fortbestehende EAG (»Euratom«) dient der Kontrolle und Koordinierung im Bereich der zivilen Nuklearwirtschaft sowie der Förderung der Kernforschung und -technik.

Gemeinsame Organe der EG

Europäische Gemeinschaften – ebenfalls mit EG abgekürzt – ist auch die Sammelbezeichnung für die drei (bzw. seit 2002 zwei) rechtlich selbstständigen Gemeinschaften EGKS, E(W)G und EAG. Seit dem Inkrafttreten des Fusionsvertrages 1967 verfügten diese Einrichtungen über gemeinsame Organe (Rat, Parlament etc.).

Zusammenarbeit bei Polizei und Justiz

Der zunächst als »Zusammenarbeit in den Bereichen Justiz und Inneres« (ZBJI) benannte Bereich koordinierter europäischer Innenpolitik wurde durch den EUV (Titel VI, Art. 29 – 42) stärker institutionalisiert, um den Grundsatz des freien Personenverkehrs über den Anwendungsbereich des EGV hinaus zu verwirklichen. Er umfasst Asylpolitik, Vorschriften für das Überschreiten der Außengrenzen der Mitgliedstaaten, Einwanderungspolitik, Bekämpfung der Drogenabhängigkeit, Bekämpfung von Betrug im internationalen Maßstab, Zusammenarbeit der Justizbehörden in Zivil- und Strafsachen, Kooperation im Zollwesen und der Polizeien. Für Maßnahmen in diesen Bereichen wurden als Instrumente für gemeinsame Maßnahmen u.a. Gemeinsame Standpunkte (Art. 34 Abs. 2 lit. [a] EUV) und Übereinkommen (lit. [d]) geschaffen; zu letzteren zählt das Europol-Übereinkommen. Mit der Schaffung eines Europäischen Polizeiamtes (in Den Haag) sollte die polizeiliche Zusammenarbeit zwischen den Mitgliedstaaten bei der Verhütung und Bekämpfung schwerer Formen der internationalen Kriminalität, einschließlich des Terrorismus und des Drogenhandels, verbessert werden. Mit dem Amsterdamer Vertrag von 1996 (Art. 1 Abs. 11) sind Europol ab Mai 1999 primärrechtlich als Aufgaben zugewiesen: Koordinierung und Durchführung von Ermittlungen in speziellen Fällen durch Behörden mehrerer Mitgliedstaaten, Entwicklung von spezifischem Fachwissen, mit dem die Mitgliedstaaten bei Ermittlungen in Fällen Organisierter Kriminalität (OK) unterstützt werden können, Herstellung von Kontakten zwischen Richtern und Ermittlungsbeamten, deren Spezialgebiet die Bekämpfung von OK ist. Der Amsterdamer Vertrag hat die Zusammenarbeit in den Bereichen Justiz und Inneres neu geordnet und als neues Ziel der EG die Schaffung eines »Raums der Freiheit, der Sicherheit und des Rechts« festgeschrieben. Bestimmte Materien wurden aus dem Unions- in den EG-Vertrag überführt, also »vergemeinschaftet«, neue Bereiche und neue Verfahren kamen hinzu. Außerdem wird der »Schengener Raum« – geschaffen außerhalb des EU-Rahmens von mehreren Mitgliedstaaten, die den Grundsatz des freien Personenverkehrs schneller verwirklichen wollten (Abkommen vom Juni 1990) – auf absehbare Zeit in den neuen Vertrag integriert. Der (Entwurf des) Vertrag(es) über eine Verfassung für Europa des Europäischen Konvents 2003 regelt diesen Politikbereich (Raum der Freiheit, der Sicherheit und des Rechts) in Art. I-41 und Titel III, Kapitel IV des Teils III (Art. 158 – 178).

<small>Vergemeinschaftung weiterer Bereiche</small>

Die Vorschriften über die »Gemeinsame Außen- und Sicherheitspolitik« sind in Titel V (Art. 11 – 28) des EUV enthalten und mit der zweiten großen Vertragsrevision (Maastricht 1992) an die Stelle der Europäischen Politischen Zusammenarbeit (EPZ) getreten; auf längere Sicht ist auch eine gemeinsame Verteidigungspolitik vorgesehen, die letztlich zu gemeinsamen Streitkräften führen könnte. Die »Ziele« dieser »zweiten Säule« der Union sind in Art. 11 (Abs. 1) EUV festgelegt.

<small>GASP</small>

Die Union erarbeitet und verwirklicht eine Gemeinsame Außen- und Sicherheitspolitik, die sich auf alle Bereiche der Außen- und Sicherheitspolitik erstreckt und folgendes zum Ziel hat:
- die Wahrung der gemeinsamen Werte, der grundlegenden Interessen, der Unabhängigkeit und der Unversehrtheit der Union im Einklang mit den Grundsätzen der Charta der Vereinten Nationen;
- die Stärkung der Sicherheit der Union in allen ihren Formen;
- die Wahrung des Friedens und die Stärkung der internationalen Sicherheit entsprechend den Grundsätzen der Charta der Vereinten Nationen sowie den Prinzipien der Schlußakte von Helsinki und den Zielen der Charta von Paris, einschließlich derjenigen, welche die Außengrenzen betreffen;
- die Förderung der internationalen Zusammenarbeit;
- die Entwicklung und Stärkung von Demokratie und Rechtsstaatlichkeit sowie die Achtung der Menschenrechte und Grundfreiheiten.

... und ESVP

Diese Ziele werden mit eigenen Rechtsinstrumenten verfolgt (Gemeinsame Aktion, Gemeinsamer Standpunkt, seit dem Amsterdamer Vertrag [neuer Art. 12 EUV] ferner »Gemeinsame Strategie«), für die Einstimmigkeit im Rat erforderlich ist. Außerdem wurde das Amt des Hohen Vertreters für die GASP geschaffen. Auf mehreren Tagungen des Europäischen Rates (Art. 4 EUV) seit 1999 wurde – angestoßen von externen Herausforderungen (Kosovo, Terroranschläge etc.) – eine Weiterentwicklung in Richtung einer Europäischen Sicherheits- und Verteidigungspolitik (ESVP) beschlossen. Diese Entwicklungen fanden ihren Niederschlag in der Neufassung des Art. 17 EUV durch den Vertrag von Nizza (2001). Der (Entwurf des) Vertrag(es) über eine Verfassung für Europa des Europäischen Konvents 2003 regelt diesen Politikbereich in Art. I-15, -39, -40 sowie in Titel V, Kapitel II von Teil III (Art. 195 – 215).

3.2. Struktur und Rechtsstellung der EU

Grundlagen

Mit Vertrag vom 7. Februar 1992 (zur Schaffung der Wirtschafts- und Währungsunion, Maastrichter Vertrag) errichteten die Mitgliedstaaten der EG die Europäische Union (Art. 1 Abs. 1 EUV). Ihre Grundlage sind gemäß Art. 1 Abs. 3 S. 1

Unionsvertrag Art. 1 Abs. 3 S. 1

... die Europäischen Gemeinschaften, ergänzt durch die mit d[em Unionsv]ertrag eingeführten Politiken und Formen der Zusammenarbeit.

Nach dem Modell des »Hauses Europa« als einer Tempelkonstruktion sind diese (heute zwei) Organisationen die Säulen, auf denen die Union wie ein »Dach« ruht. Politisches Leitorgan ist der Europäische Rat, in dem die Staats- und Regierungschefs der Mitgliedstaaten sowie der Präsident der Kommission versammelt sind (Art. 4 Abs. 2 EUV). Dieser Aufbau beinhaltet aber nicht, dass die Gemeinschaften in der Union als eigener, übergeordneter Einheit aufgegangen sind, ihr selbst deren Handeln zugerechnet würde. Gemäß Art. 3 Abs. 1 EUV verfügt die EU zwar

Unionsvertrag Art. 3 Abs. 1

... über einen einheitlichen institutionellen Rahmen, der die Kohärenz und Kontinuität der Maßnahmen zur Erreichung ihrer [in Art. 2 aufgelisteten] Ziele unter gleichzeitiger Wahrung und Weiterentwicklung des gemeinschaftlichen Besitzstandes sicherstell[en soll].

Organe von EU und EG

Auch sind gemäß Art. 3 Abs. 2 S. 2 EUV Rat und Kommission für diese Kohärenz verantwortlich; schließlich können gemäß Art. 49 neue Mitglieder nur der Union (als solcher) beitreten. Jedoch bleiben gemäß Art. 47 EUV die Europäischen Gemeinschaften durch den Unionsvertrag grundsätzlich unberührt. Der Europäische Rat gibt zwar auch für die EG die erforderlichen Impulse und legt die allgemeinen politischen

Zielvorstellungen für diese fest (s. Art. 4 Abs. 1 EUV); deren Eigenständigkeit wird dadurch aber nicht modifiziert, so dass z.B. ein Gemeinsamer Standpunkt (der EU) erst durch einen komplementären EG-Rechtsakt umgesetzt werden muss, um für die/in den Gemeinschaften rechtswirksam zu werden. Enger verknüpft ist die EU mit den beiden neuen Säulen (PJZS und GASP), da diese Bereiche ihre operativen Felder darstellen bzw. das Tätigwerden der in der Union verbundenen Staaten erforderlich ist; insoweit trifft der vom BVerfG im Maastricht-Urteil geprägte Begriff des »Staatenverbunds« zu. Der Unionsvertrag errichtet hier eine intergouvernementale Plattform zur Koordinierung nationaler Politiken; als Rahmenvertrag schafft er die institutionellen Voraussetzungen für eine Zusammenarbeit auf den Feldern bestimmter Politiken und bewirkt viel stärker als zuvor im Rahmen der EPZ deren Abstimmung mit den wirklich vergemeinschafteten, nämlich durch Gemeinschaftsrecht erfassten Materien. Gemäß Art. 5 EUV werden zwar die dort genannten Organe sowohl für die EG/EAG als auch die Union tätig, aber nur der Europäische Rat ist auch ein EU-Organ. Die übrigen Organe, vom Rat bis zum Rechnungshof, werden von dieser lediglich »ausgeliehen«.

Der Unionsvertrag hat die Rechtspersönlichkeiten der Europäischen Gemeinschaften unberührt gelassen, trifft insoweit aber keine Bestimmung über die EU selbst. Ob sie über eine solche verfügt, ist strittig: Art. 24, 38 EUV – betr. Abschluss von Übereinkünften mit Drittstaaten oder Internationalen Organisationen durch den Rat – regeln anders als Art. 300 Abs. 1 S. 1 EGV nicht eindeutig, ob diese Verträge für die Union oder die Mitgliedstaaten geschlossen werden. Im Gegensatz zu EG-Rechtsakten bedürfen solche der EU eines gemeinschaftsrechtlichen oder mitgliedstaatlichen Umsetzungsaktes, sowohl bei GASP als auch bei PJZS. Gemäß Art. 37 Abs. 1 EUV vertreten die Mitgliedstaaten die im Rahmen der PJZS gefassten Standpunkte nach außen; dem entspricht Art. 19 EUV für Angelegenheiten der GASP, insbesondere vor dem UN-Sicherheitsrat. Bislang existiert eine eigene Rechtspersönlichkeit der Union also eher nicht, ihr Handeln erfolgt durch und für die Mitgliedstaaten. Demgegenüber sieht der (Entwurf des) Vertrag(es) über eine Verfassung für Europa des Europäischen Konvents in Art. I-6 eine eigene Rechtspersönlichkeit der EU vor; sie soll dabei Rechtsnachfolger der EG und der (»alten«) Union sein (Art. IV-3).

EU als eigene Internationale Organisation?

3.3. Organe der EU/EG

Art. 7 Abs. 1 S. 1 EG(V) führt fünf Hauptorgane der EG an: (Minister-)Rat, Kommission, Europäisches Parlament, Europäischer Gerichtshof (EuGH) und Europäischer Rechnungshof. Art. 7 Abs. 2

Organisationsstruktur der EG

EG(V) nennt zudem den Wirtschafts- und Sozialausschuss und den Ausschuss der Regionen, die Rat und Kommission beratend unterstützen.

Fusion der Organe

Die drei selbstständigen Europäischen Gemeinschaften verfügten nach ihrer Gründung zunächst über jeweils eigene Organe (Besonderer Ministerrat, Hohe Behörde, Gemeinsame Versammlung und Gerichtshof gemäß Art. 7 S. 1 aF EGKS[V] bzw. Rat, Kommission, Versammlung und Gerichtshof gemäß Art. 7 Abs. 1 S. 1 EWGV, 3 Abs. 1 S. 1 EAGV). Durch das Abkommen über gemeinsame Organe für die EG (Fusionsabkommen) 1957 und das Abkommen zur Einsetzung eines gemeinsamen Rates und einer gemeinsamen Kommission der EG (Fusionsvertrag) 1965 wurden diese ohne Änderung der jeweiligen Befugnisse in jeweils ein einziges Organ verschmolzen. In der Folge wurde auch die Terminologie angeglichen, aus der Versammlung wurde das »Europäische Parlament«. Der Rechnungshof (Art. 246 ff.) erlangte erst 1993 durch den EGV Organqualität. Detaillierte Regelungen der Arbeitsweise der Organe enthält Titel VI, Kapitel I des Teils III (Art. 232 – 307) des (Entwurfs des) Vertrages über eine Verfassung für Europa des Europäischen Konvents.

(Minister-)Rat

Der Rat der Union ist (auch) das nach wie vor zentrale Entscheidungsorgan der EG. In ihm sind je nach Tagesordnungspunkten – z.B. Auswärtiges, Finanzen oder Landwirtschaft – die zuständigen Fachminister der Mitgliedstaaten vereint (»Ministerrat«). Der jeweilige staatliche Vertreter (ausnahmsweise auch Staatssekretäre) muss befugt sein, für die ihn entsendende Regierung verbindlich zu handeln (vgl. Art. 203 Abs. 1 EGV). Der Vorsitz im Rat wechselt turnusmäßig alle sechs Monate (Art. 203 Abs. 2 EG[V]). Rats-Entscheidungen werden auf politischer Ebene vom Ausschuss der Ständigen Vertreter der Mitgliedstaaten (COREPER) vorbereitet, den Arbeitsgruppen aus mitgliedstaatlichen Beamten unterstützen. Der Rat, dem ein Generalsekretariat zugeordnet ist, fasst seine Beschlüsse stets auf Vorschlag der Kommission und mit Beteiligung des Europäischen Parlaments; diese fällt je nach Entscheidungsverfahren unterschiedlich intensiv aus. Durch den Amsterdamer Vertrag wurde dem Generalsekretär des Rats die Aufgabe des Hohen Vertreters für die GASP übertragen (Art. 18 Abs. 3 EUV).

COREPER

Abstimmungsregeln

Die Stimmengewichtung – eine Wägung erfolgt nur bei Abstimmungen mit qualifizierter Mehrheit im Rat (Art. 205 Abs. 2 EGV) – ist das Ergebnis eines Kompromisses zwischen den Mitgliedstaaten, die zwar rechtlich gleich gestellt, aber tatsächlich verschieden sind. Die Zahl der einem Mitglied zugewiesenen Stimmen richtet sich nach der Bevölkerungszahl, aber auch nach politischen Kriterien (z.B. gleiche Stimmzahl für Deutschland und Frankreich); Staaten mit kleiner Bevölkerungszahl sind relativ überrepräsentiert. Im Vertrag von Nizza wurden nach zähen Verhandlungen die Stimmen mit Blick auf die Ost-Erweiterung neu gewichtet und Stimmenzahlen für die Beitrittskandidaten festgelegt. Der (Entwurf des) Vertrag(es) über eine Verfassung für Europa des Europäischen Konvents sieht in Art. I-24 Abs. 1 eine Regel vor, die den Interessen der großen Mitgliedstaaten stärker Rechnung trägt (sog. demografisches Netz).

Verfassungsrechtlich stellt sich im Hinblick auf das Demokratiegebot des Art. 20 Abs. 1 GG das Problem, dass die Rechtsetzung auf Gemeinschaftsebene dem Rat als einem aus Regierungsvertretern zusammengesetzten Organ und der Kommission obliegt, aber nur das Europäische Parlament unmittelbar gewählt wird. Dieses Defizit lässt sich allein damit rechtfertigen, dass die Struktur von EU und EG der eines Staates nur eingeschränkt vergleichbar ist. Art. 23 Abs. 1 S. 2 GG erlaubt die Übertragung von Hoheitsrechten auf die EU, wenn diese bestimmten strukturellen Mindestanforderungen genügt, und akzeptiert damit gewisse Abweichungen. Jedoch sind innerstaatliche Vorkehrungen zur Abmilderung des Defizits wie z.B. die bessere Rückbindung der Regierungsvertreter im Rat an die nationalen Parlamente nötig. Auf EU-Ebene fordert insbesondere das Europäische Parlament seit langem eine weiter gehende Übertragung von Legislativkompetenzen. Der (Entwurf des) Vertrag(es) über eine Verfassung für Europa des Europäischen Konvents sieht in Art. I-19 Abs. 1, 22 Abs. 1 vor, dass Ministerrat und Europäisches Parlament gemeinsam als Gesetzgeber tätig werden.

Demokratiedefizit?

Die Vertreter der Regierungen der Mitgliedstaaten, die den Rat bilden, können stattdessen auch in ihrer Funktion als Regierungsvertreter tagen. Beschlussfassungen durch dieses Gremium sieht zum einen das Primärrecht selbst vor (z.B. in Art. 214 Abs. 2 EGV), sie erfolgen aber auch unabhängig von einer solchen Ermächtigung. Die Rechtsnatur »uneigentlicher Ratsbeschlüsse« ist umstritten. Für sie gelten jedenfalls die allgemeinen Regeln des Völkerrechts.

Im Europäischen Rat (Art. 4 EUV) treffen die Staats- und Regierungschefs der EU-Mitgliedstaaten sowie der Präsident der Kommission in regelmäßigen Abständen (mindestens zweimal jährlich) zu Tagungen zusammen. Der Europäische Rat wurde 1974 errichtet und trat an die Stelle der vorher üblichen europäischen Gipfelkonferenzen; rechtlich festgeschrieben wurde das Gremium in der Einheitlichen Europäischen Akte. Nach dem (Entwurf des) Vertrag(es) über eine Verfassung für Europa des Europäischen Konvents (Art. I-20 Abs. 2 S. 1) soll dem Europäischen Rat ein hauptamtlicher Präsident (Art. I-21) vorstehen, der von der Ratsmehrheit für 2 1/2 Jahre gewählt wird, einmalige Wie-

Europäischer Rat

derwahl ist möglich. Dadurch soll mehr Kontinuität und Handlungsfähigkeit bewirkt werden.

Kommission

Die (Europäische) Kommission ist mit Initiativ-, Durchführungs-, Management- und Kontrollbefugnissen ausgestattet. Als Hüterin der Verträge verkörpert sie das Gemeinschaftsinteresse. Die Kommission besteht derzeit aus 20 unabhängigen Mitgliedern (davon zwei Deutschen). Sie wird von den Mitgliedstaaten einvernehmlich für fünf Jahre ernannt, muss vom Europäischen Parlament, dem sie verantwortlich ist, bestätigt werden (Art. 214 EGV), und wird von einer Verwaltung aus Generaldirektionen und spezialisierten Dienststellen unterstützt. Größe und Zusammensetzung der Kommission wurden in den letzten Jahren heftig diskutiert. Diese Debatte ist eng mit dem Problem der Kollegialität verknüpft: die von dem Organ formulierten Standpunkte geben nicht die Meinung einzelner Mitglieder, sondern des gesamten Kollegiums wieder, das vollkommen unabhängig das Interesse der (europäischen) Allgemeinheit vertritt. Im Hinblick auf eine Erweiterung wurde befürchtet, eine Zunahme der Zahl der Kommissionsmitglieder könne zu einer (Re-)»Nationalisierung« ihrer Aufgabe führen, zu Lasten der Kollegialität und Effizienz. Bei einer engen zahlenmäßigen Beschränkung könnten jedoch andererseits kleinere Nationen nicht mehr vertreten sein. Der Amsterdamer Vertrag sah hierzu (in einem Protokoll) vor, dass künftig der Kommission ein Staatsangehöriger je Mitgliedsland angehören solle, sofern die Stimmenwägung im Rat in einer für alle Mitgliedstaaten annehmbaren Weise geändert worden sei. In einem Protokoll zum Vertrag von Nizza (Art. 4) wurde dann – zum Teil wieder rückschrittlich – entschieden, mit dem Beitritt des 27. Mitgliedstaats solle die Zahl der Kommissare begrenzt und in der Folge ein Rotationssystem eingeführt werden. Der (Entwurf des) Vertrag(es) über eine Verfassung für Europa des Europäischen Konvents sieht in Art. I-25 Abs. 3 vor, der Kommission gehöre auch der Außenminister der Union (Art. I-27) als Vizepräsident an. Dieser soll eine kohärente Außenpolitik und eine einheitliche Repräsentation der EU auf internationaler Ebene herbeiführen. Allerdings soll diese Person sowohl der Kommission als auch dem Rat zugeordnet werden, was für Probleme sorgen mag. Zudem wird (zum November 2009) eine Verringerung der Zahl der Kommissare auf lediglich 15 vorgesehen (Art. I-25 Abs. 3).

Präsident der Kommission

Rolle und Position des Präsidenten der Kommission sind schon durch den Amsterdamer Vertrag gestärkt worden: Er wird von den Regierungen der Mitgliedstaaten im gegenseitigen Einvernehmen benannt und bedarf der Zustimmung des Europäischen Parlaments. Mit dem Vertrag von Nizza wurde – auch zuletzt unter dem Eindruck der Vorgänge um den Rücktritt der Kommission Santer – entschieden, der Präsident könne mit Zustimmung des Kollegiums ein Gremiumsmitglied zum Rücktritt auffordern. Außerdem wurde das Ernennungsverfahren verändert (qualifizierte Mehrheiten); die Regierungen benennen im Einvernehmen mit dem designierten Präsidenten die übrigen Mitglieder der Kommission. Der neue Präsident legt die politischen Leitlinien für die Arbeit der Kommission fest und entscheidet über die Zuweisung der Aufgaben innerhalb des Kollegiums und etwaige Ressortänderungen. Weitere Modifizierungen, die seine Position weiter verbessern und die Zuständigkeiten und Verfahren zum Teil ändern, finden sich in Art. I-26 des (Entwurfs des) Vertrag(es) über eine Verfassung für Europa des Europäischen Konvents.

In dem seit 1979 in allgemeiner und direkter Wahl gewählten Europäischen Parlament (EP) haben die Vertreter für die (in der EU-15 ca. 370 Mio.) Unions-Bürger Sitz und Stimme. Die Verteilung der derzeit 626 Abgeordneten auf die Mitgliedstaaten richtet sich nach der jeweiligen Bevölkerungszahl, allerdings gibt es deutliche Verzerrungen in der Repräsentativität (Art. 190 Abs. 2 EGV). Im Hinblick auf den Beitritt weiterer Mitgliedstaaten ist künftig eine Obergrenze von 736 Abgeordneten vorgesehen (Art. I-19 Abs. 2 des [Entwurfs des] Vertrages über eine Verfassung für Europa des Europäischen Konvents). Dabei würden Ungleichgewichte der nationalen Quoten immerhin verringert, eine echte Gleichheit der Wahl aber noch nicht hergestellt.

Europa-Parlament

Hauptaufgaben des EP sind: Prüfung der Vorschläge der Kommission und Mitwirkung am EG-Rechtsetzungsprozess in unterschiedlichen Modalitäten (Mitentscheidungs-, Kooperations-, Anhörungsverfahren); Überwachung der Tätigkeiten der EG mittels des Zustimmungsvotums zur Ernennung der Kommission – das EP kann ihr sein Misstrauen aussprechen – sowie über schriftliche und mündliche Anfragen an Rat und Kommission; mit dem Rat gemeinsam Wahrnehmung der Haushaltsbefugnisse; Benennung eines Bürgerbeauftragten, der die Beschwerden der Unions-Bürger über Missstände bei der Tätigkeit der Organe oder Einrichtungen der EG entgegennimmt (Art. 195 EGV); Einsetzung von Untersuchungsausschüssen, die befugt sind, nicht nur die Tätigkeit der EG-Organe, sondern auch das Vorgehen der Mitgliedstaaten bei der Durchführung der gemeinschaftlichen Politiken zu prüfen (s. Art. 189 ff. EGV).

Der Gerichtshof der Europäischen Gemeinschaften (EuGH) besteht aus 15 Richtern und neun Generalanwälten, die von den Mitgliedstaaten im gegenseitigen Einvernehmen für sechs Jahre ernannt werden. Er überprüft die Rechtsakte der Gemeinschaft(en) und der Mitgliedstaaten auf ihre Vereinbarkeit mit höherrangigem EG-Recht und entscheidet auf Ersuchen nationaler Gerichte über Auslegung oder Anwendung von EG-Recht (Art. 220 ff. EGV). Der Gerichtshof wird unterstützt von

Europäischer Gerichtshof

einem Gericht erster Instanz (EuG), das 1989 eingesetzt wurde und vor allem für Personal- und wettbewerbsrechtliche Streitigkeiten zuständig ist (Art. 224 EGV).

Rechnungshof

Der 1977 errichtete Rechnungshof umfasst 15 Mitglieder, die vom Rat der Union nach Anhörung des EP einstimmig für sechs Jahre ernannt werden. Er überprüft die Recht- und Ordnungsmäßigkeit der Einnahmen und Ausgaben der EG sowie die wirtschaftliche Haushaltsführung.

Beratende Organe

Die »Nebenorgane« Wirtschafts- und Sozialausschuss (WSA) (früher auch: Beratender Ausschuss EGKS) – Art. 257 ff. EGV – und Ausschuss der Regionen (AdR) – Art. 263 ff. – sind in das Rechtsetzungsverfahren integriert, formal jedoch keine Organe, da sie in den Gründungsverträgen nicht als solche bezeichnet werden, was z.B. für die Klagebefugnis gemäß Art. 232 Abs. 1 EGV bedeutsam ist. Beide beratenden Organe sind auch in Art. I-31 des (Entwurfs des) Vertrages über eine Verfassung für Europa des Europäischen Konvents vorgesehen.

Hilfsorgane

Hilfsorgane dienen zur Unterstützung von Organen; sie können durch Primär- oder Sekundärrecht vorgesehen sein, aber auch aufgrund anderer Rechtsordnungen geschaffen werden, nämlich durch eigene völkerrechtliche Verträge. Ein Beispiel hierfür ist COREPER (Art. 207 Abs. 1 EGV) Diesem Ausschuss fällt im EG-Beschlussfassungsprozess eine zentrale Rolle zu, denn er ist gleichermaßen ein Forum des Dialogs zwischen den Ständigen Vertretern sowie zwischen diesen und ihren Regierungen und ein politisches Kontrollgremium, das die Arbeit der verschiedenen Sachverständigengruppen lenkt und überwacht.

3.4. Außenwirtschaftliche Kompetenzen der EG und Mitgliedschaft in der WTO

3.4.1. EG- und mitgliedstaatliche Kompetenzen im Bereich des Außenwirtschaftsverkehrs

E(W)G und GATT

Obwohl die EG dem GATT 1947 formal nie beigetreten war, weil die Mitgliedschaft nach Art. XXV nur Staaten offen stand, hatte sich über die Jahre für diese supranationale Organisation ein Status ähnlich einer Vertragspartei des GATT entwickelt: Die ursprünglichen wie die später hinzugekommenen Mitgliedstaaten der EWG waren Vertragsparteien des GATT 1947, hatten aber seit der Gründung der Gemeinschaft ihre außenwirtschaftlichen Kompetenzen (im Innenverhältnis) zunehmend mit fortschreitender Integration an diese abgegeben. So fiel die Gemeinsame Handelspolitik im Verkehr mit Drittstaaten gemäß Art. 113 EWGV (Art. 133 EGV) in die alleinige Kompetenz der EWG/EG. Mit der Verwirklichung der Zollunion – mit der Einführung des Gemeinsamen Zolltarifs (Ende der 60er Jahre) – gelangte auch die Zollpolitik (Art. 9 ff. EWGV/23 ff. EGV) in die ausschließliche Zuständigkeit der Gemeinschaft. Die EWG/EG war damit (ihren Mitgliedern gegenüber) befugt, auf diesen Feldern auch auf völkerrechtlicher Ebene tätig zu werden; sie wurde zugleich im internationalen Rahmen »Ansprechpartner« für zentrale Aspekte des durch das GATT 1947 geregelten Rechts des grenzüberschreitenden Warenverkehrs, obwohl die Zuständigkeitsverschiebung von den Mitgliedstaaten auf die EWG/EG an sich keine Außenwirkung entfaltet und deren völkerrechtliche Verpflichtungen unberührt lässt. Gleichwohl akzeptierten auch dritte Staaten seit den 70er Jahren, dass in den GATT-Gremien die EG-Kommission für die Mitgliedstaaten sprach und de facto – nicht de iure – deren Mitgliedschaftsrechte wahrnahm.

Mit der Gründung der WTO wurde die EG zum 1. Januar 1995 als einzige Internationale Organisation vollwertiges WTO-Mitglied (Art. XI Abs. 1 WTO-Übereinkommen); daneben wurden auch alle EG-Mitgliedstaaten selbst von Anfang an Vertragsparteien der WTO. Diese Konstellation erklärt sich daraus, dass die EG nicht über eine (umfassende) Außenwirtschaftskompetenz verfügt, die alle Materien abdeckt, auf die sich das Welthandelsrecht seit Abschluss der Uruguay-Runde erstreckt. Anders als der Handel mit Waren und Dienstleistungen (mit Drittstaaten) wird z.B. der Personenverkehr weder von der ausschließlichen Zuständigkeit nach Art. 133 EGV noch von einer

EG als Mitglied der WTO

anderen geschriebenen oder ungeschriebenen Befugnis der EG zur Gänze umfasst, so dass für Abschluss und Annahme des GATS- und des TRIPS-Übereinkommen eine geteilte Zuständigkeit der EG und der Mitgliedstaaten gegeben war (sog. gemischte Abkommen). Allerdings hat später der Vertrag von Amsterdam (1996) zur Anfügung eines Abs. 5 an Art. 133 EGV geführt; über eine Beschlussfassung im Rat wird insoweit eine Erweiterung der EG-Kompetenzen ermöglicht. Die erneute Novellierung des Art. 133 EGV durch den Vertrag von Nizza (2000) brachte eine weitere Ausdehnung der EG-Außenkompetenzen, trotzdem besteht bis heute keine ausschließliche Zuständigkeit der EG in diesem Bereich.

Besonderheiten wegen der Doppelmitgliedschaft

Die Doppelmitgliedschaft der EG und ihrer Mitgliedstaaten in der WTO bedingte im Hinblick auf das Prinzip der Gleichheit der WTO-Mitglieder eine Sonderbestimmung hinsichtlich der Stimmabgabe (Art. IX Abs. 1 WTO-Übereinkommen). Probleme gibt es auch im Rahmen der WTO-Streitbeilegung, insbesondere bei der Frage des richtigen Klägers oder Klagegegners. Dessen ungeachtet treten Mitgliedstaaten und EG im Rahmen der WTO regelmäßig einheitlich auf und werden dabei durch die EG-Kommission vertreten (Art. 133, 300 EGV). Keine WTO-Mitglieder sind – mangels für das Welthandelsrecht relevanter Außenwirtschaftskompetenzen – EAG und EU.

3.4.2. Einordnung und Anwendung des WTO-Rechts im Rahmen der EU/EG

Generelle Bedeutung des WTO-Rechts im EG-Bereich

Soweit Welthandelsrecht in die Kompetenz der EG fällt, sind WTO-Übereinkommen wie jeder andere völkerrechtliche Vertrag zu behandeln, den die EG abgeschlossen hat, und damit für die Organe der EG und die Mitgliedstaaten verbindlich.

WTO-Übereinkommen 1994, Art. XVI

... (4) Jedes Mitglied stellt sicher, daß seine Gesetze, sonstigen Vorschriften und Verwaltungsverfahren mit seinen Verpflichtungen aufgrund der als Anlage beigefügten Übereinkommen im Einklang stehen.

EG-Vertrag 1993/1999 Art. 300

(7) Die nach Maßgabe dieses Artikels geschlossenen Abkommen sind für die Organe der Gemeinschaft und für die Mitgliedstaaten verbindlich.

Art und Grenzen der Anwendung

Vorschriften des Welthandelsrechts werden auf diese Weise integrierender Bestandteil der EG-Rechtsordnung und sind durch Ausgestaltung bzw. Anpassung des (nachrangigen) Sekundärrechts der EG zu beachten. Dies gilt z.B. für Zoll-, Ein- und Ausfuhr-, Antidumping- und Antisubventionsrecht als Teile des EG-Außenwirtschaftsrechts, für Regelungen zum Binnenmarkt mit Bedeutung für den Außenwirtschaftsverkehr wie die Bestimmungen zum öffentlichen Beschaffungswesen oder für spezielle handelspolitische Regelungen zum Schutze der Umwelt und der Menschenrechte oder im Agrarbereich. Auch ist EG-Sekundärrecht so auszulegen, dass es WTO-rechtlichen Vorgaben entspricht. Jedoch ist es nach der (nicht unproblematischen) Ansicht des EuGH diesem Gericht trotz der Kontrollaufgabe aus Art. 220 EGV verwehrt, EG-Sekundärrecht wegen Verstoßes gegen völkerrechtliche Verträge der EG für rechtswidrig (und nichtig) zu erklären – ob solche gemeinschaftsrechtlichen Vorschriften angewendet werden, ist dann Angelegenheit der regelmäßig für den Vollzug des Gemeinschaftsrechts zuständigen Mitgliedstaaten –, im Übrigen ist es genauso wie Gemeinschaftsrecht (nach Art. 249 EGV) im allgemeinen vorrangig gegenüber allem nationalen mitgliedstaatlichen Recht.

Soweit welthandelsrechtliche Regeln nicht in die Kompetenz der EG fallen, sondern in die der Mitgliedstaaten, sind diese für seine Umsetzung zuständig. Gemäß Art. 59 Abs. 2 GG hat WTO-Recht in Deutschland dann den Rang eines einfachen Gesetzes. Soweit das WTO-Recht unter die Zuständigkeit der EG fällt, ist dessen Auslegung durch den EuGH für die mitgliedstaatlichen Behörden und Gerichte verbindlich (Art. 234 Abs. 1 lit. [b] EGV). Soweit aber eine Kompetenz der Mitgliedstaaten besteht, ist die Auslegung und Anwendung der völkervertraglich geschaffenen Vorschriften autonome Angelegenheit der je zuständigen staatlichen Stellen; etwas Anderes gilt im Interesse der einheitlichen Anwendung der Normen nur, wenn die Interpretation auch in gemeinschaftsrechtlich geregelten Fällen relevant werden kann.

WTO-Recht ist (wie jede andere völkerrechtliche Regelung) überhaupt nur dann unmittelbar anwendbar – d.h. sowohl direkt für Behörden und Gerichte verbindlich als auch dem Einzelnen Rechte einräumend –, wenn seine Vorschriften hinreichend bestimmt sind, für die Anwendung also keine weitere Umsetzungsmaßnahme erforderlich ist. Der EuGH spricht jedoch, obwohl zahlreiche WTO-Regelungen dieser Anforderung genügen, sowohl dem GATT 1947 als auch dem neuen Welthandelsrecht die unmittelbare Geltung und Anwendbarkeit im innergemeinschaftlichen Bereich ab. Dies folge aus der Nichtanerkennung dieser Wirkung auch durch andere WTO-Mitglieder wie insbes. der USA und der auf Verhandlungen der Mitglieder angelegten, »flexiblen« Struktur des Welthandelsrechts – Argument, die nicht völlig überzeugen. Die Rechtsprechung des EuGH kann zudem keine rechtliche Relevanz für Vorschriften beanspruchen, die in die Kompetenz der

Kriterien unmittelbarer Anwendung des WTO-Rechts

Mitgliedstaaten fallen und keinen Bezug zum Gemeinschaftsrecht aufweisen. So hat z.B. der BGH dem TRIPS-Abkommen unmittelbare Anwendbarkeit zubilligen können. Auf diese Weise kann es (teilweise) zu unterschiedlicher Anwendung des Welthandelsrechts im EG-Raum kommen.

3.4.3. Konflikte zwischen WTO-Recht und EG-Recht

Konfliktfelder

Die WTO-konforme Ausgestaltung des Außenwirtschaftsrechts durch die EG wirft oftmals erhebliche Probleme auf. Ursachen hierfür sind zum einen protektionistische Motive der Gemeinschaft zum Schutz ihrer eigenen Produkte, zum anderen aber auch ein im Vergleich zu vielen Handelspartnern verstärktes Bestreben um ein hohes Maß an Umwelt-, Gesundheits-, Verbraucher- und Tierschutz (s. Art. 95 Abs. 3 EGV). Hieraus resultierten zahlreiche internationale Kontroversen (vor allem im Verhältnis zu den USA), von denen die Streitigkeiten um die EG-Bananenmarktverordnung und um das Einfuhrverbot von mit Hormonen behandeltem Rindfleisch am Bekanntesten sind, und letztlich mehrere Entscheidungen der WTO-Streitbeilegungsorgane (teils) zum Nachteil der EG. Andererseits handelte es sich hier meist um Leitentscheidungen, die zur Präzisierung materieller WTO-Regelungen führten und das Streitbeilegungssystem der WTO auch in prozessualer Hinsicht vorantrieben. Die Durchsetzung des Welthandelsrechts hat dann zur Folge, dass an Drittlandswaren nur geringere Anforderungen gestellt werden müssen als an solche aus den EG-Mitgliedstaaten; dieses Problem einer »Inländer«-Diskriminierung ist dann vor allem nach Maßgabe des nationalen Verfassungsrechts zu lösen.

3.5. Wiederholungsfragen

1. Unterscheiden Sie EU und EG! Lösung S. 135

2. Welche gemeinsamen Organe haben EG und EAG? Lösung S. 140

3. Was besagt das »Demokratiedefizit« der EG? Lösung S. 141

4. Wie wird das WTO-Recht in das Recht der EG und der Bundesrepublik Deutschland einbezogen? Lösung S. 146 f.

5. Wie weit reicht die Zuständigkeit der EG für den Bereich Außenwirtschaftsrecht? Lösung S. 146 f.

4. International Non-Governmental Organizations

4.1. INGOs

International Non-Governmental Organisations (INGOs) sind Zusammenschlüsse von nicht notwendigerweise ausschließlich privaten Personen oder Unternehmen aus mehreren Staaten, deren Zweck eher im gesellschaftlichen Bereich als in der Erfüllung öffentlicher Aufgaben liegt. INGOs werden nach nationalem Recht errichtet. Im Staate der Gründung oder des Verwaltungssitzes kann sich die Organisation in der Regel als Verein oder Gesellschaft registrieren lassen; ihre Rechtsfähigkeit leitet sich daher grundsätzlich vom Recht dieses Staates ab. Eine partielle Völkerrechtssubjektivität kann eine INGO erhalten, wenn sie vom Wirtschafts- und Sozialrat der UN als »Hilfsorgan« akzeptiert wird. Das zwischen den Mitgliedern geltende interne Recht (Statut, Satzung etc.) gründet allein auf dem vertraglichen Willen, diese Regeln zu befolgen; in ihm kann ausdrücklich oder stillschweigend auch vorgesehen sein, dass Völkerrecht oder ein bestimmtes (drittes) nationales Recht maßgeblich ist. Für die Rechtsdurchsetzung unter Mitgliedern wird oft eine Streiterledigung durch ein Schiedsgericht vereinbart, das aber nicht (unmittelbar) auf nationale Durchsetzungsmechanismen zurückgreifen kann.

Status und Aufgaben

Bedeutsame INGOs sind die International Air Transport Association (IATA), Internationale Gewerkschafts- und Arbeitgeberverbände, Greenpeace, JCI (Junior Chamber International) und die International Chamber of Commerce (ICC).

Wichtige Beispiele

INGOs leisten einen wichtigen Beitrag zur tatsächlichen Umsetzung international geltender Regeln im Wirtschaftsverkehr, zum einen im Hinblick auf das Völkerrecht durch Ermittlung von Tatsachen (»fact-finding«) sowie Vorbereitung von bzw. Mitwirkung an der Formulierung völkerrechtlicher Verträge (»standard setting«); in jüngerer Zeit werden sie auch vermehrt zur Überwachung der Einhaltung völkerrechtlicher Verpflichtungen herangezogen. Zum anderen sind durch INGOs zahlreiche Gebräuche im internationalen Wirtschaftsverkehr in Richtlinien gefasst und dadurch verfestigt worden.

Aktivitäten

Besonders aktiv hierbei ist die ICC, eine 1919 gegründete Einrichtung, deren Mitglieder zwischenzeitlich mehr als 1.500 Wirtschaftsverbände und 5.000 Unternehmen aus über 130 Ländern sind. Ihre politischen Leitlinien werden durch ihr oberstes Organ, den ICC Council, formu-

Internationale Handelskammer

Struktur

liert; die Umsetzung erfolgt dann durch den ICC Executive Board mit Hilfe des Präsidiums und des Generalsekretariats, welches seinen Sitz in Paris hat und dort über 70 Spezialisten beschäftigt.

Die ICC ist in Landesgruppen gegliedert, welche ihre Delegierten direkt in die ICC-Kommissionen und den ICC Council entsenden. Die ICC Deutschland hat ihren Sitz in Köln. Von dort aus werden die Verbindungen zu den anderen Landesgruppen und zum Generalsekretariat gepflegt und die Arbeit der ICC in Deutschland koordiniert, dabei ständiger Kontakt zu nationalen Wirtschaftsverbänden, den deutschen Industrie- und Handelskammern und Ressorts der Bundesregierung unterhalten, um die Interessen ihrer Mitglieder überall zu artikulieren und durchzusetzen.

Regelsetzung

Getreu dem Motto »Je einfacher eine Regel ist, um so besser« vereinfacht die ICC komplexe Handelspraktiken durch die Vorgabe allgemein anerkannter Standards. Dazu gehören

- die In(ternational)Co(mmercial)Terms, Vertragsklauseln, welche in Handelsverträgen verbindlich und sicher die gegenseitigen Rechte und Pflichten der Vertragspartner festlegen,
- die Einheitlichen Richtlinien und Gebräuche für Dokumenten-Akkreditive (ERA) und für Inkassi (ERI).
- ein exklusives Arbeitsabkommen mit dem Weltzollrat, um sicher zu stellen, dass die Zollabwicklung für Unternehmen weltweit schneller und billiger erfolgt.

Des Weiteren hat die ICC eine Reihe von Regelwerken erlassen, welche eine Selbstbindung der Unternehmen anstreben, um ansonsten drohenden staatlichen Eingriffe zu vorzubeugen. Dazu gehören

- die Business Charter for Sustainable Development, eine Anleitung zu effizientem Umweltmanagement,
- der Kodex zur Bekämpfung von Korruption im internationalen Geschäftsverkehr,
- die Internationalen Verhaltensregeln für die Werbe-, Verkaufsförderungspraxis und Direktmarketing,
- die Richtlinien zur interaktiven Marketing-Kommunikation im Internet.

Schließlich hat die ICC Institutionen eingerichtet, die maßgeblich der Vorbeugung und Beilegung von Konflikten dienen.

Spezielle Einrichtungen der ICC

- Der ICC-Schiedsgerichtshof ist das älteste, weltweit anerkannte private Schiedsgericht.
- Das Commercial Crime Bureau liefert Unternehmen konkrete Hinweise zum organisierten Wirtschaftsbetrug.

- Das Counterfeiting Intelligence Bureau arbeitet im Zusammenwirken mit den Behörden der Herstellung und dem Vertrieb gefälschter Produkte, dem Diebstahl von Daten und der Verletzung von Urheberrechten entgegen.
- Das International Maritime Bureau bekämpft Fälle von Piraterie und Betrügereien auf See.

4.2. Wiederholungsfragen

1. Was unterscheidet INGOs von IGOs? Lösung S. 149

2. Warum ist die ICC eine nicht-gouvernementale Organisation? Lösung S. 149

3. Welche hauptsächlichen Aktivitäten nimmt die ICC wahr? Lösung S. 149 f.

5. Unternehmen

5.1. Unternehmensbegriff

Merkmale und Träger von Unternehmen

Ein Unternehmen setzt sich aus Sachen (z.B. Betriebsanlagen, Warenlager), Rechten (z.B. Geldforderungen, Patente) und sonstigen Beziehungen (good will, Organisation) zusammen. Träger der Rechte und Pflichten ist ein (Einzel-)Kaufmann, eine Handelsgesellschaft oder eine (andere) juristische Person (auch des öffentlichen Rechts). Nach der weiten Definition des EuGH wird jede eine wirtschaftliche Tätigkeit ausübende Einheit unabhängig von ihrer Rechtsform und der Art der Finanzierung erfasst. Jede juristische Person des innerstaatlichen Rechts leitet ihre Existenz von der Rechtsordnung eines bestimmten Staates ab, mit der sie in spezifischer Weise verknüpft ist; daraus ergibt sich auch ihre Staatszugehörigkeit.

5.2. Private und öffentliche Unternehmen

Private Unternehmen

Akteure im internationalen Wirtschaftsverkehr sind in erster Linie (in Bezug auf Rechtsform wie Anteilseigner) private Unternehmen. Diese sind dem Zugriff nationaler Hoheitsgewalt seitens ihres Heimatstaats wie von Gastländern, in denen sie sich betätigen, ausgesetzt, und gegenüber letzteren auf den diplomatischen Schutz ihres Herkunfts-, d.h. Gründungs- oder Sitzstaats angewiesen.

Kriterien öffentlicher Unternehmen

Als öffentliche Unternehmen werden Einrichtungen bezeichnet, auf die die öffentliche Hand (Staaten oder sonstige Hoheitsträger) aufgrund Eigentums, finanzieller Beteiligung, Satzung oder sonstiger Bestimmungen unmittelbar oder indirekt einen beherrschenden Einfluss (»Kontrolle«) ausüben kann (so Art. 2 der Transparenzrichtlinie 80/723/EWG). Ihre Rechtsformen variieren von Staat zu Staat, zuweilen auch innerhalb eines einzigen (bundes)staatlichen Rechtssystems; sie sind teils solche des öffentlichen Rechts (insbesondere Anstalten). Ist die öffentliche Hand nicht zu 100% Eigentümer, wird von »gemischten Unternehmen« gesprochen. Unternehmerisches Handeln ist auch hier gegeben, wenn Waren oder Dienstleistungen im Wirtschaftverkehr selbst oder als (Mit-)Eigentümer einer Handelsgesellschaft angeboten werden. Die Motivation ist aber selten privatwirtschaftlich (»fiskalisch«), vielmehr werden auf diese Weise wirtschafts- und allgemein-politische Zwecke verfolgt; Gewinnerzielung ist jedenfalls nicht Hauptzweck.

Die Entscheidung darüber, ob ein Staat öffentliche Unternehmen errichtet, betreibt und beibehält, bleibt ihm vorbehalten; auch das EG-Recht stellt dies klar (Art. 31, 295 EGV).

Kein Verbot wirtschaftlicher Betätigung der öffentlichen Hand

Öffentliche Unternehmen agieren im Wirtschaftsverkehr regelmäßig in den gleichen (privatrechtlichen) Formen wie ihre privaten Wettbewerber. Die gesetzliche Zuerkennung von ausschließlichen oder von Sonderrechten ist nur durch gewichtige öffentliche Interessen gerechtfertigt (Art. 86 Abs. 2 EGV); dazu zählt vor allem im kommunalen Bereich die »Daseinsvorsorge« bzw. der »service public« (Art. 16 EGV).

Internationale öffentliche Unternehmen basieren auf (Vorschriften in) völkerrechtlichen Gründungsverträgen; hierzu gehören etwa die Entwicklungsbanken einschließlich der EIB. Besonderheiten ihrer Rechtsstellung folgen aus ihrem Status als intergouvernementale Organisationen.

Internationale öffentliche Unternehmen

5.3. Verantwortung von Staaten für öffentliche Unternehmen

Werden öffentliche Unternehmen im Ausland tätig, so wird ihnen jedenfalls im Prozess staatliche Immunität weithin schon wegen ihrer rechtlichen Verselbständigung nicht zugebilligt. Gegenüber Maßnahmen der Zwangsvollstreckung genießen jedoch Vermögenswerte etwa einer Zentralbank sehr wohl einen derartigen Schutz. Im Einzelnen ebenfalls umstritten ist auch, ob ein öffentliches Unternehmen sich auf hoheitliche Handels- oder Zahlungsbeschränkungen »seines« Staates berufen, also gegenüber Ansprüchen eines (ausländischen) Vertragspartner »force majeure« (höhere Gewalt) einwenden kann, und ferner, ob Fehlverhalten des Unternehmens auch die Haftung des Staates nach sich zieht. Ein »Durchgriff«, d.h. ein Abstellen auf inhaltliche Abhängigkeit statt auf formale Trennung, ist in beiden Fällen zumindest begründungsbedürftig.

Schutz durch Staatenimmunität?

Haftung des Staates für »seine« öffentlichen Unternehmen?

5.4. Trans-/multinationale Unternehmen

Sobald ein Unternehmen bei seiner Tätigkeit die Grenzen »seines« Staates überschreitet und in einem anderen Land eine Betriebsstätte oder ein Vertriebsbüro eröffnet, agiert es bereits »multi«- oder genauer »transnational«. Von einem »multi«- oder »transnationalen« Unternehmen – der zweite Terminus stammt von der UN Commission on Transnational Corporations – lässt sich aber erst sprechen, wenn dieses einen Heimatstaat (oder mehrere) hat, in dem der Unternehmensteil

Merkmale

tätig ist, der die Geschicke des Ganzen leitet, ein oder mehrere andere Teile (Einheiten im privaten, staatlichen oder gemischten Eigentum) sich in (mindestens) einem anderen Land befinden und zwischen den Unternehmensteilen eine (gesellschafts- oder vertragsrechtliche) Verbindung besteht, die eine wesentliche Einflussnahme durch die »Mutter« oder »Holding« auf die geschäftlichen Tätigkeiten der nachgeordneten Teile möglich macht. Auf die Unternehmensgröße kommt es dabei nicht an.

Verhaltensregelungen durch Codes of Conduct

Obwohl manche »Multis« im Hinblick auf ihre wirtschaftliche Macht vor allem in Entwicklungsländern teils funktional staatliche Aufgaben wahrnehmen, sind sie keine Völkerrechtssubjekte, sondern werden Organisation und Verhalten primär durch nationale Rechtsordnungen bestimmt. Der Umstand, dass sich transnationale Unternehmen unschwer der Kontrolle des nationalen Rechts eines bestimmten Staates entziehen können, hat aber zur Erarbeitung von (rechtlich unverbindliche) Verhaltenskodizes (»codes of conduct«) für diese Akteure durch verschiedene Internationale Organisationen geführt, so durch die ICC, die ILO (Tripartite Declaration of Principles Concerning Multinational Enterprises and Social Policy) und die Regierungen der OECD-Mitgliedstaaten (Guidelines of Multinational Enterprises). Eine im Rahmen der UN seit vielen Jahren angestrebte Regelung kam bisher nicht zustande.

5.5. Wiederholungsfragen

1. Welche Merkmale kennzeichnen öffentliche Unternehmen? Lösung S. 152 f.

2. In welchem Verhältnis zueinander stehen internationale öffentliche Unternehmen und IGOs? Lösung S. 152 f.

3. Worin besteht der »multi«- bzw. »transnationale« Aspekt bestimmter Unternehmen? Lösung S. 153 f.

4. Welches Instrument wird speziell zur Verhaltenssteuerung transnationaler Unternehmen eingesetzt? S. 154

IWR und internationale Politik

– nichtwirtschaftliche Belange im IWR –

1. Bedeutung nichtwirtschaftlicher Belange im IWR   156
2. IWR im Dienste der Außen- und Sicherheitspolitik   157
3. Wirtschaft und Entwicklung: Probleme der »less« und »least developed countries«   160
3.1. Besondere und differenzierte Behandlung von Entwicklungsländern   160
3.2. Entwicklungs-»Hilfe« und Internationale Organisationen   166
4. Wiederholungsfragen   168

1. Bedeutung nichtwirtschaftlicher Belange im IWR

IWR und Politik	
Politische Motive	**Öffentliche Interessen**
Politische, d.h. primär nicht-wirtschaftliche Motive für Eingriffe in (grenzüber-schreitenden) Wirtschafts-verkehr zwischen Unter-nehmen als legitime Grenzen des »Freihandels«	Security exception (in Bezug auf Innere/äußere Sicherheit) General exception (zugunsten von wichtigen öffentlichen Inter-essen wie Gesundheits-, Ver-braucher-, Umweltschutz)

Wirtschaftliche vs. nichtwirtschaftliche Ziele im IWR?

Das heutige IWR, namentlich das Recht von WTO/GATT, zielt auf eine weithin an marktwirtschaftlichen Maximen orientierte Liberalisierung des weltweiten Wirtschaftsverkehrs und die Schaffung gleicher Wettbewerbschancen der Wirtschaftssubjekte. Der Abbau von Handelshemmnissen und die Reduktion protektionistischer Eingriffe in den globalen Wettbewerb sollen über die Gegenseitigkeit der Zugeständnisse (Reziprozität), ein wesentliche Herabsetzung von Handelsschranken sowie die Beseitigung von Diskriminierungen erfolgen. Die Wirtschaftswissenschaften gehen allgemein davon aus, dass internationaler Austausch ökonomisch vorteilhaft sei, Freihandel den Wohlstand aller beteiligten Nationen steigere, wenn die zuvor genannten Eckpunkte beachtet werden.

Arten nichtwirtschaftlicher Belange

In der politischen Praxis werden jedoch zur Wahrung öffentlicher, oft nicht-ökonomischer Interessen diverse Beschränkungen aufrechterhalten oder auch neu getroffen: Von besonderer Bedeutung sind dabei die Ausnahmen zugunsten von Zollunionen und Freihandelsabkommen nach Art. XXIV Abs. 4 – 10 GATT. Des Weiteren enthält das WTO-Recht Ausnahmebestimmungen, die sich allgemein auf alle vertraglichen Verpflichtungen beziehen. Am weitesten reicht dabei der Katalog des Art. XX GATT (bzw. Art. XIV GATS), der handelsbeschränkende Maßnahmen z.B. zum Schutz der »öffentlichen Sittlichkeit«, der Gesundheit, von Kulturgütern oder der Umwelt zulässt. Schließlich können nichtwirtschaftliche Motive sicherheitspolitischer oder solidarischer Art (zugunsten weniger entwickelter Länder) wirtschaftspolitische Maßnahmen legitimieren, so dass kein vertragswidriges Verhalten vorliegt, wenn entsprechende Ausnahmevorschriften in einem internationalen Regelwerk vorhanden und deren Voraussetzungen erfüllt sind.

Das im Rahmen solcher Ausnahmen einsetzbare Instrumentarium ist vielgestaltig, insbesondere können auch Embargos und andere den Wirtschaftsverkehr beschränkende Sanktionen getroffen werden. Hierbei kann unterschieden werden zwischen »klassischen« Handelsembargos, bezogen auf Waffen, dual use-Güter oder andere Waren (z.B. Diamanten), Restriktionen im Hinblick auf den internationalen Dienstleistungsverkehr, z.B. für bestimmte Beförderungsmittel (etwa Flugzeuge), und Finanzsanktionen, die auf eine Ver- oder jedenfalls Behinderung (»Einfrieren«) der für Waren- und Dienstleistungstransaktionen regelmäßig geschuldeten (monetären) Gegenleistungen und damit letztlich ein Unmöglichmachen der Leistungen selbst abzielen.

Wirtschaftssanktionen

2. IWR im Dienste der Außen- und Sicherheitspolitik

Nach Art. XXI GATT können auch gegenüber anderen WTO-Mitgliedern Maßnahmen zum Zweck wesentlicher Sicherheitsinteressen getroffen werden.

»security exception«

Keine Bestimmung des vorliegenden Abkommens soll dahin ausgelegt werden:
(a) daß sie einem Vertragspartner die Verpflichtung auferlegt, Auskünfte zu erteilen, deren Verbreitung er als den wesentlichen Interessen seiner Sicherheit entgegenstehend ansieht; oder
(b) daß ein Vertragspartner daran gehindert wird, die Maßnahmen zu treffen, die er zum Schutz seiner Sicherheit
(i) bei spaltbaren Stoffen oder solchen Stoffen, aus denen diese erzeugt werden,
(ii) beim Handel mit Waffen, Munition und Kriegsmaterial und bei jedem Handel mit anderen Waren, die unmittelbar oder mittelbar zur Versorgung der bewaffneten Streitkräfte bestimmt sind,
(iii) in Kriegszeiten oder im Falle einer anderen ernsten internationalen Spannung für erforderlich hält; oder
(c) daß ein Vertragspartner daran gehindert wird, eine Maßnahme zur Erfüllung seiner Verpflichtungen auf Grund der Charta der Vereinten Nationen zur Aufrechterhaltung des internationalen Friedens und der Sicherheit zu treffen.

GATT Art. XXI

Nahezu identische Regelungen enthalten Art. XIVbis GATS für den Dienstleistungssektor (ergänzt um eine ausführliche Unterrichtungspflicht) und Art. 73 TRIPS für den Bereich des geistigen Eigentums. Die Mitgliedstaaten der EU sind zudem gemäß Art. 296 EGV nicht verpflichtet, Auskünfte zu erteilen, die ihren wesentlichen Sicherheitsinteressen zuwiderlaufen, bzw. berechtigt, Maßnahmen betreffend Waren für militärische Zwecke zur Wahrung dieser Belange zu ergreifen.

Einzelne Kriterien

Bei Art. XXI (b) GATT genügt die Eignung einer Maßnahme für die Zielerreichung. »Wesentliche Sicherheitsinteressen« sind nur nationale, nicht internationale, wobei aber dem jeweiligen Land ein Beurteilungsspielraum zusteht. Die Verfolgung rein wirtschaftlicher Interessen dürfte allerdings ausgeschlossen sein. Besonders weit reicht Art. XXI (b)(iii); auf diese Klausel könnten auch handelsbeschränkende Reaktionen auf schwerwiegende Völkerrechtsverstöße wie die Verletzung elementarer Menschenrechte gestützt werden. Von Art. XXI GATT wurden z.B. Sanktionen der USA gegen Kuba (Helms-Burton Act) und ein zweimonatiger Einfuhrstopp der EG gegen Argentinien Anfang der 80er Jahre als Sanktion im Falklandkrieg (mit Großbritannien) gedeckt.

Durchsetzung von Sanktionen des UN-Sicherheitsrats

Art. XXI (c) GATT bekräftigt den Vorrang der Verpflichtungen aus der UN-Charta vor den Verpflichtungen des Welthandelsrechts und ermöglicht insbesondere die Aussetzung von Handelsbeziehungen mit anderen Mitgliedern infolge eines Beschlusses des UN-Sicherheitsrates. Auf völkerrechtlicher Ebene liegt das Entscheidungsmonopol für Maßnahmen bei der Bedrohung oder Bruch des Friedens und bei Angriffshandlungen nach Art. 39 ff. UN-Charta bei diesem UN-Hauptorgan.

UN-Charta, Art. 41

Der Sicherheitsrat kann beschließen, welche Maßnahmen – unter Ausschluß von Waffengewalt – zu ergreifen sind, um seinen Beschlüssen Wirksamkeit zu verleihen; er kann die Mitglieder der Vereinten Nationen auffordern, diese Maßnahmen durchzuführen. Sie können die vollständige oder teilweise Unterbrechung der Wirtschaftsbeziehungen, des Eisenbahn-, See- und Luftverkehrs, der Post-, Telegrafen- und Funkverbindungen sowie sonstiger Verkehrsmöglichkeiten und den Abbruch der diplomatischen Beziehungen einschließen.

Beispiel Irak-Embargo

Ein Beispiel für eine derartige Maßnahme bietet das von 1990 bis 2003 dauernde Embargo gegenüber dem Irak, das vom Sicherheitsrat anlässlich der Invasion Kuwaits durch Resolution Nr. 661 verhängt wurde. Die Maßnahme wurde in der Folge in zahlreichen Resolutionen, u. a. Nr. 986 (»Öl für Lebensmittel«), Nr. 1409 (Erleichterung der Einfuhr ziviler Güter gegen Verschärfung des Waffenembargos) und Nr. 1441. Am 22. Mai 2003 wurde nach dem Sturz des Hussein-Regimes Resolution Nr. 1483 das Embargo weitgehend – mit Ausnahme der Waffenregelungen – aufgehoben, nachdem nach Angaben von UNICEF und WHO im Irak mehr als 1 Mio. Menschen als Opfer der Blockade ihr Leben ließen, darunter mehr als 500.000 Kinder unter fünf Jahren. An sich obliegt die Durchführung dieser Resolutionen (nur) den Mitgliedern der UN, wobei in Deutschland die Bestimmung des § 5 AWG (Erfüllung zwischenstaatlicher Vereinbarungen) relevant ist Die handelspolitischen Entscheidungskompetenzen der EG-Mitgliedstaaten sind jedoch weitgehend gemäß Art. 133 EGV in die Zuständigkeit der supranationalen Organisation übergegangen. Beim Irak-Embargo kamen daher Maßnahmen der EG-Mitglieder lediglich ergänzend zu einer EG-Verordnung (Nr. 2340/90) zur Anwendung.

Resolution Nr. 1483 wurde umgesetzt durch einen Gemeinsamen Standpunkt (2003/495/GASP) und die Verordnung (EG) Nr. 1210/2003 des Rates. Mit diesen Rechtsakten wurden die europäischen Embargobestimmungen mit Ausnahme des Waffenembargos aufgehoben, zugleich einige neue Beschränkungen eingeführt. Die nationalen Vorschriften – §§ 52, 69a und 69e AWV wurden durch die 60. Änderungsverordnung zur AWV gestrichen.

3. Wirtschaft und Entwicklung: Probleme der »less« und »least developed countries«

3.1. Besondere und differenzierte Behandlung von Entwicklungsländern

Notwendigkeit einer Förderung der Entwicklungsländer

Die WTO setzt sich – wie andere Internationale Organisationen – ausweislich der Präambel ihres Gründungsübereinkommens auch das Ziel, die »Entwicklungsländer-Mitglieder« zu fördern. Alle, vor allem aber die Industrieländer-Mitglieder sollen dazu beitragen, jenen eine gerechte Ausgangsposition beim globalen Handel und einen Anteil an dessen Wachstum zu sichern. Der Anteil der Entwicklungsländer an den WTO-Mitgliedern liegt bei über drei Vierteln, doch entfällt über 70 % des von den WTO-Regeln abgedeckten Güter- und Dienstleistungshandels auf Verkehr zwischen Industriestaaten. Auch bei Beratungen und in Streitbeilegungsverfahren sind Entwicklungsländer, die im Unterschied zu Industrieländern keine Stäbe von Experten aufbieten können, aber schnelle Hilfe benötigen, benachteiligt (und bedürfen einer Kompensation; s. Art. 24, 27 Abs. 2 DSU).

Besondere und differenzierte Behandlung

Daher tragen Regeln der internationalen Wirtschaftsordnung dem Umstand Rechnung, dass es manchen Ländern nicht zugemutet werden kann, trotz schwieriger wirtschaftlicher Situation bedingungslos generelle Pflichten einzugehen und diese stets uneingeschränkt erfüllen zu müssen. Eine Sonderbehandlung (»special and differentiated treatment«) ist notwendig, da das – primär an den Bedürfnissen und Interessen der Industriestaaten orientierte – Welthandelsrecht mit seinen Prinzipien der Meistbegünstigung und Inländergleichbehandlung nur bei vergleichbar (weit) entwickelten Volkswirtschaften Forderungen der Gerechtigkeit genügt. Wegen der wirtschaftlichen Situation und zum Teil beschränkter administrativer Ressourcen dieser Staaten gelten hier auch allgemeine Bestimmungen nur in modifizierter Form. Solche Ausnahmeregeln ermöglichen die Abweichung von einer einzelnen Verpflichtung bei gleichzeitigem Verbleib im (WTO-)Rahmen an sich und stellen so einen Beitrag des Welthandelsrechts zum wirtschaftlichen Fortschritt der Entwicklungsländer dar.

Ein zentrales Problem ist die starke Divergenz zwischen »Entwicklungsländern«, aus der sich höchst unterschiedliche Interessen und Bedürfnisse ergeben. Kriterien für die Definition enthält zunächst Art. XVIII Abs. 1 GATT, wo auf einen »niedrigen Lebensstandard« und ein

»Anfangsstadium der Entwicklung« abgestellt wird; ob dies der Fall ist, entscheidet jedes WTO-Mitglied selbst, und dies wird i.d.R. nicht in Frage gestellt. Die UNO klassifiziert »developing countries« anhand von vier ökonomischen und sozialen Indikatoren; sie unterscheidet zwischen »least developed countries« (LLDC) und »less developed countries« (LDC). Am Ende eines »graduation process« stehen die sog. Schwellenländer (»emerging« oder »more advanced« countries, z.B. Argentinien oder Singapur); andere Länder (z.B. die des früheren Sowjetblocks) befinden sich in einem Prozess der Transformation zu marktwirtschaftlichen Strukturen. Aufgrund des Umstands, dass keine homogene Gruppe existiert, besteht auch kein einheitliches Sonderrecht, sondern es erfolgt eine differenzierte, einzelfallbezogene und flexible Behandlung einzelner Staaten: Einige Regeln beschränken sich darauf, explizit die Sonderinteressen der Entwicklungsländer anzuerkennen, andere schwächen Verpflichtungen ab; schließlich werden längere Übergangs- oder Umsetzungsfristen gewährt oder wird der Entwicklungsländern spezielle technische Unterstützung bei der Erfüllung ihrer Pflichten gewährt.

»less« und »least developed countries«

Die Sonderstellung der Entwicklungsländer im Welthandelssystem wurde im Laufe der Jahrzehnte Schritt für Schritt ausgebaut: Schon der umfangreiche Art. XVIII GATT, der 1955 seine definitive Form erhielt, spiegelt Bemühungen um eine Vorzugsbehandlung wider. Er erlaubt diesen Staaten Schutzmassnahmen und andere die Einfuhr berührende Regelungen, die von den allgemeinen Bestimmungen abweichen (Abs. 2, 4 [a]); damit ist nahezu der gesamte Katalog der materiellen GATT-Vorschriften zur Disposition gestellt. Abschnitt D (Abs. 22, 23) erstreckt die Vorzugsbehandlung auch auf Schwellenländer (Abs. 4 [b]). Allerdings war in der Havanna-Charta ursprünglich noch ein ganzes Kapitel zu dieser Thematik vorgesehen. Die Regelung nur einiger Aspekte war schließlich ein wesentlicher Grund dafür, dass Entwicklungsländer aufgrund protektionistischer Maßnahmen von Industriestaaten nur wenig von der Liberalisierung des Welthandels profitieren konnten.

WTO-Sonderregeln

Im Zusammenhang mit der Errichtung der UNCTAD kam es zu einer ersten größeren Vertragsänderung (1965), bei der Teil IV (»Handel und Entwicklung«) angefügt wurde. »Grundsätze und Ziele« werden dort (in Art. XXXVI GATT) zwar ausführlich, aber nur programmatisch formulieren; ähnliches gilt für die Vorschriften des Art. XXXVII (»Verpflichtungen«) und XXXVIII (»gemeinsames Vorgehen«). Zentrale Fragen bleiben weithin ungeregelt. Jedoch stellt Art. XXXVI Abs. 8 GATT – versteckt inmitten des ansonsten normativ eher unverbindlichen Teils IV – eine wichtige Ausnahme vom Reziprozitätsgrundsatz

(Art. XXVIIIbis Abs. 1) und damit eine zentrale Sonderregelung zugunsten der Entwicklungsländer dar:

GATT Art. XXXVI Abs. 8

Die entwickelten Vertragsparteien erwarten keine Gewährung der Gegenseitigkeit für die von ihnen in Handelsverhandlungen übernommenen Verpflichtungen zum Abbau oder zur Beseitigung von Zöllen und von sonstigen Beschränkungen des Handels der weniger entwickelten Vertragsparteien.

GSP

Dieser Regelung entsprechend wurde in den 70er Jahren durch wichtige Industriestaaten und die E(W)G autonom ein Allgemeines Präferenzsystem (Generalized System of Preferences, GSP) zugunsten von Entwicklungsländern installiert. Welthandelsrechtlich bedeutsam war dabei eine als Ergebnis der Tokio-Runde 1979 beschlossene »Befähigungsklausel« (»enabling clause«), die eine differenzierte und günstigere Behandlung der Entwicklungsländer als Ausnahme zur Meistbegünstigung legitimierte, ohne dass diese Behandlung den anderen Vertragsparteien (GATT-Mitgliedern) gewährt werden muss. Die (in Ziff. 7 auch auf Art. XXXVI Bezug nehmende) Entscheidung der GATT-VERTRAGSPARTEIEN bezog sich auf vier Konstellationen (Ziff. 2):

enabling clause

(a) preferential tariff treatment accorded by developed contracting parties to products originating in developing countries in accordance with the GSP;
(b) differential and more favourable treatment with respect to the provisions of the General Agreement concerning non-tariff measures governed by the provisions of instruments multilaterally negotiated under the auspices of the GATT;
(c) regional or global arrangements entered into amongst less-developed contracting parties for the mutual reduction or elimination of tariffs and ... of non-tariffs measures, on products imported from one another;
(d) special treatment on the least developed among the developing countries in the context of any general or specific measures in favour of developing countries.

Voraussetzung für jede Sonderhandlung ist nach Ziff. 3 aber, dass diese

(a) shall be designed to facilitate and promote the trade of developing countries and not to raise barriers to or create undue difficulties for the trade of any other contracting parties;
(b) shall not constitute an impediment to the reduction or elimination of tariffs and other restrictions to trade on a most-favoured-nation basis;
(c) shall in the case of such treatment accorded by developed contracting parties to developing countries be designed and, if neces-

sary, modified, to respond positively to the development, financial and trade needs of developing countries.

Die beabsichtigte Bevorzugung der Entwicklungsländer müssen Mitglieder des GATT zwar anzeigen (Ziff. 4); aufgrund der Ermächtigungsklausel bedürfen sie hierfür aber keiner individuellen Ausnahmeentscheidung mehr, vielmehr bewirkt diese einen allgemeinen »waiver« (Art. XXV Abs. 5 GATT). Das Präferenzsystem trägt Bedenken der Entwicklungsländer Rechnung, dass unbedingte Meistbegünstigung zu einem Ungleichgewicht zwischen entwickelten und noch nicht entwickelten Staaten führe. Freilich besteht die Gefahr, dass das GSP von Industrie- oder auch Entwicklungsländern selbst für andere Zwecke als die Förderung der ökonomischen Entwicklung eingesetzt wird.

Die Uruguay-Runde, an der Entwicklungsländer deutlich stärker als früher beteiligt wurden, führte für diese zu weiteren Ausnahmen und Erleichterungen, die aber von ihnen nur als eine Zwischenetappe angesehen werden, so dass »trade and development« nach wie vor ein zentrales Thema des Welthandelsrechts bildet. Als besonders bedeutsam angesehen und deswegen angestrebt werden dabei erweiterte Marktzutrittsmöglichkeiten (z.B. durch Abbau der von Industrieländern gezahlten Subventionen an eigene Unternehmen, z.B. für Baumwollproduzenten, bzw. der durch regionale Handelsblöcke verhängten Strafzölle oder durch Korrektur von »Dumpingpreisen« durch die reichen Länder, vor allem in der Landwirtschaft), faire Regeln, dauerhafte technische Unterstützung und Schaffung von Programmen, die die Kapazitäten der Entwicklungsländer erweitern, schließlich auch eine Änderung des Streitbeilegungsmechanismus. Zwar haben führende Industrienationen ihre Bereitschaft zur Verbesserung der Stellung der Entwicklungsländer wiederholt bekundet und damit bestätigt, dass die Bestimmungen des Welthandelsrechts den spezifischen Bedürfnissen und Nöten von Entwicklungsländern noch nicht hinreichend gerecht werden. Die 2001 in Doha begonnenen Verhandlungen wurden »Entwicklungsrunde« getauft; jedoch geht es auch hier primär um die Konsolidierung der WTO-Regeln im Interesse transnational agierender Unternehmen aus Industrieländern. Insbesondere die derzeitige US-Regierung entfernt sich immer weiter vom multilateralen Handelssystem der WTO und setzt auf den Abschluss bilateraler Verträge sowie den Aufbau regionaler Freihandelszonen, um nationale (amerikanische) Interessen besser durchsetzen zu können; dadurch werden Verhandlungspartnern aufgrund deren wirtschaftlicher Unterlegenheit teils erhebliche Konzessionen abverlangt. Das in dieser Weise erstmalige, geschlossene Auftreten einer Gruppe von 21 Entwicklungsländern unter der Führung Indiens, Chinas und Brasiliens auf der WTO-Konfe-

»Handel und Entwicklung«

renz in Cancún (September 2003) mit dem vorrangigen Ziel eines Abbaus der sie benachteiligenden Agrarsubventionen führte zwar noch zu keinem Ergebnis, zeigt jedoch die gestärkte Rolle dieser Staaten, die wie nie zuvor nachdrücklich gegen unausgewogene Liberalisierung und Bilateralismus zu ihren Lasten kämpfen wollen. Gerade die ärmsten Länder brauchen jedoch ein funktionierendes Welthandelssystem, das sie unterstützt und fairen Zugang zum Weltmarkt sichert, also nicht die Abschaffung, sondern eine Reform der WTO.

Spezielle Sonderregelungen

Möglichkeiten zu einer Vorzugsbehandlung der Entwicklungsländer enthalten auch Art. III, IV, V, XV, XIX und XXV GATS, Art. 65, 66 und 67 TRIPS und weitere multilaterale Übereinkommen.

(Anti-)Subventionsübereinkommen 1994, Art. 27

1. Die Mitglieder erkennen an, daß Subventionen in den Wirtschaftsentwicklungsprogrammen der Entwicklungsland-Mitglieder eine wichtige Rolle spielen können. ...
14. Auf Antrag eines interessierten Mitglieds überprüft der Ausschuß (für Subventionen und Ausgleichsmaßnahmen) eine bestimmte Ausfuhrsubventionspraxis eines Entwicklungsland-Mitglieds, um festzustellen, ob diese Praxis mit seinen Entwicklungsbedürfnissen vereinbar ist.

TBT-Abkommen 1994, Art. 12

... 3. Die Mitglieder berücksichtigen bei der Ausarbeitung und Anwendung technischer Vorschriften, Normen und Konformitätsbewertungsverfahren die besonderen Entwicklungs-, Finanz- und Handelsbedürfnisse der Entwicklungsland-Mitglieder, um sicher zu stellen, daß solche technischen Vorschriften, Normen und Konformitätsbewertungsverfahren keine unnötigen Hemmnisse für die Ausfuhren von Entwicklungsland-Mitgliedern schaffen. ...
6. Die Mitglieder treffen die ihnen zur Verfügung stehenden geeigneten Maßnahmen, um sicherzustellen, daß internationale Normenorganisationen auf Ersuchen von Entwicklungsland-Mitgliedern die Möglichkeit prüfen, internationale Normen für Waren von besonderem Interesse für Entwicklungsland-Mitglieder zu schaffen, und, soweit möglich, solche Normen ausarbeiten.

Von großer aktueller Bedeutung ist im Rahmen des TRIPS der Streit um Zwangslizenzen für den Export wichtiger Medikamente in solche Entwicklungsländer, die diese Medikamente dringend benötigen (AIDS!), aber selbst nicht herstellen können.

TRIPS-Abkommen 1994, Art. 31

TRIPS und Gesundheitsbelange

Läßt das Recht eines Mitglieds die ... Benutzung des Gegenstands eines Patents ohne die Zustimmung des Rechtsinhabers zu, einschließ-

lich der Benutzung durch die Regierung oder von der Regierung ermächtigte Dritte, so sind folgende Bestimmungen zu beachten: ...
(b) eine solche Benutzung darf nur gestattet werden, wenn vor der Benutzung derjenige, der die Benutzung plant, sich bemüht hat, die Zustimmung des Rechtsinhabers zu angemessenen geschäftsüblichen Bestimmungen zu erhalten, und wenn diese Bemühungen innerhalb einer angemessenen Frist erfolglos geblieben sind. Auf dieses Erfordernis kann ein Mitglied verzichten, wenn ein nationaler Notstand oder sonstige Umstände von äußerster Dringlichkeit vorliegen oder wenn es sich um eine öffentliche, nicht gewerbliche Benutzung handelt.

Demgegenüber steht jedoch in der »enabling clause« die Erwartung der Industrieländer, dass die Entwicklungsländer allmählich stärker an den Rechten und Pflichten des GATT teilnehmen (Ziff. 5 – 9). Ähnlich bestimmt Art. XIX Abs. 2 GATS, dass bei der weiteren Liberalisierung im Dienstleistungsbereich der geringere Entwicklungsstand einzelner Mitglieder zu berücksichtigen ist, und sieht Art. XI Abs. 2 WTO-Abkommen allgemein vor:

»graduation«

Die am wenigsten entwickelten Länder, die von den Vereinten Nationen als solche anerkannt sind, brauchen Verpflichtungen und Zugeständnisse nur insoweit zu übernehmen, als diese mit ihren jeweiligen Entwicklungs-, Finanz- und Handelserfordernissen oder ihrer administrativen und institutionellen Leistungsfähigkeit vereinbar sind.

WTO-Übereinkommen, Art. XI Abs. 2

Die (konkreten) Verpflichtungen für »entwickelte Vertragsparteien« aus Art. XXXVII Abs. 1 GATT gelten dagegen nur »soweit irgend möglich« und verdrängen auch nicht entgegenstehendes Recht. Schließlich können die Vertragsparteien nach Art. XXV Abs. 5 GATT (und generell nach Art. IX Abs. 3 WTO-Übereinkommen) einzelnen (Gruppen von) Ländern eine Befreiung von der Meistbegünstigung durch Erteilung von Sondergenehmigungen, gegebenenfalls unter bestimmten Bedingungen oder Befristungen, gewähren. »Außergewöhnliche Umstände« können z.B. bei traditionellen Verbundenheiten aufgrund früherer kolonialer Beziehungen oder bei speziellen Marktverhältnissen gegeben sein.

»außergewöhnliche Umstände« bei Entwicklungsländern

GATT 1994, Art. XXV

... (5) Unter außergewöhnlichen, in dem vorliegenden Abkommen nicht anderweitig vorgesehenen Umständen können die VERTRAGSPARTEIEN eine Vertragspartei von einer der ihr durch dieses Abkommen auferlegten Verpflichtung befreien, vorausgesetzt, daß ein solcher Beschluß mit Zweidrittelmehrheit der abgegebenen Stimmen gebilligt wird und daß diese Mehrheit mehr als die Hälfte der Vertragsparteien umfaßt. Durch eine solche Abstimmung können die VERTRAGSPARTEIEN gleichfalls

(i) bestimmte Arten von außergewöhnlichen Umständen bezeichnen, für welche dann andere Abstimmungsbedingungen für die Befreiungen vom Verpflichtungen gelten, und
(ii) die für die Anwendung dieses Absatzes erforderlichen Vorbedingungen festlegen.

Diese Verzichtsklausel (»waiver clause«) hat grosse praktische Relevanz: Aufgrund dieser Ermächtigung, die ein Abweichen von jeder GATT-Bestimmung, also auch von grundlegenden Verpflichtungen erlaubt, wurden gerade Handelsvorteile für Entwicklungsländer (wie z.B. GSP) geschaffen.

Weitere Unterstützung

Schließlich wird die Mitgliedschaft der Entwicklungsländer in der WTO in der Praxis durch vereinfachte Beitrittsbedingungen sowie Sonderbestimmungen im Rahmen der Streitbeilegung (insbesondere das Advisory Centre on WTO Law, eine Art Rechtshilfe-Instanz), andere, weniger belastende Verpflichtungen bei der Überprüfung der Handelspolitik (Trade Policy Review Mechanism) und dadurch erleichtert, dass (auch und gerade) sie die Wahl haben, plurilateralen Übereinkommen fern zu bleiben.

3.2. Entwicklungs-»Hilfe« und Internationale Organisationen

IWF

In hohem Masse auch in der Entwicklungsfinanzierung engagiert ist seit langem der IWF durch Vergabe von Krediten an Entwicklungsländer – im Gegenzug wird ihm deren Bereitschaft erklärt, bestimmte wirtschaftliche Reformmaßnahmen vorzunehmen (Konditionalität). Aufgrund wachsender Kritik zeichnet sich jedoch eine Konzentration auf die Kernaufgabe der Bewältigung internationaler Währungsprobleme ab. In Arbeitsteilung vor allem mit Entwicklungsbanken erfolgt jedoch seit 1999 »concessional lending« zur Armutsbekämpfung über die PRGF (finanzielle wie »technische«) Förderung ihrer Entwicklungsländer-Mitglieder obliegt insbesondere den Organisationen der

Weltbankgruppe

Weltbankgruppe, sowohl generell – vor allem über Programmkredite – als auch über die hierfür speziell geschaffene IDA. Auch die MIGA hat zum Ziel (Art. 2) und entstand aus dem Wunsch der Gründerstaaten (so die Präambel),

MIGA Präambel

den Kapital- und Technologiefluß in die Entwicklungsländer für produktive Zwecke zu Bedingungen, die ihren Entwicklungsbedürfnissen, -richtlinien und -zielen entsprechen, auf der Grundlage gerechter und dauerhafter Vorschriften für die Behandlung ausländischer Investitionen auszuweiten.

Ihr spezifisches Tätigkeitsfeld haben hier auch die intergouvernementalen Entwicklungsbanken auf regionaler und subregionaler Ebene, wie z.B. die AfDB, I(s)DB oder CDB.

Regionale Entwicklungsbanken

Maßgeblich auf das Betreiben von Entwicklungsländern geht die Gründung der UNCTAD zurück, die ein übergreifendes und repräsentatives Gremium zur Förderung der wirtschaftlichen Entwicklung dieser Länder bilden sollte. Dem zugrunde lag die Ansicht, das »alte« Weltwirtschaftssystem sei als Ordnung von den Industriestaaten und nur für diese geschaffen worden, es benachteilige Entwicklungsländer strukturell, so dass als Kompensation Sonderregelungen und Vorzugsrechte nötig seien (»Neue Weltwirtschaftsordnung« als weithin fehlgeschlagener Paradigmenwechsel im Völkerrecht vom Instrument der Mächtigen und Reichen zum Mittel des Ausgleichs von Nachteilen und des Schutzes der Schwachen).

UNCTAD

4. Wiederholungsfragen

1. Warum ist Freihandel kein unbedingtes Ziel des IWR?
Lösung S. 156

2. Was versteht man unter der »security exception«? Lösung S. 156 f.

3. In welchen Bereichen werden Embargos eingesetzt?
Lösung S. 157 f.

4. Welche beiden Gruppen von Entwicklungsländern gibt es?
Lösung S. 161

5. Was ist der Grund für »special and differentiated treatment« von Entwicklungsländern? Lösung S. 160

6. Welche Bedeutung haben Entwicklungsbanken für die Entwicklungsländer? Lösung S. 167

Sektorenspezifische Regelungen im IWR

Regimes für einzelne wirtschaftliche
Aktivitäten und Materien

1.	**Internationale Investitionen**	170
2.	**Geistiges und gewerbliches Eigentum**	181
2.1.	Notwendigkeit und Entwicklung des internationalen Schutzes	181
2.2.	TRIPS-Abkommen	182
3.	**Rohstofffonds, -abkommen**	186
4.	**(Fairer) Wettbewerb**	192
5.	**Schutz der Umwelt**	195
6.	**Wiederholungsfragen**	200

Sektorenspezifische Regelungen im IWR

Kein System. sondern Regelungsvielfalt des IWR

Ein in einem umfassenden oder mehreren, aufeinander abgestimmten und miteinander verknüpften Regelungswerken niedergelegtes Welt- bzw. Internationales Wirtschaftsrecht – vergleichbar mit (Teil-)Kodifizierungen nationalen Wirtschaftsverwaltungs- oder Öffentlichen Wirtschaftsrechts – existiert bis auf weiteres nicht. Vielmehr hat die vorwiegend koordinationsrechtliche Struktur des herkömmlichen Völkerrechts einen bunten Flickenteppich von mehr oder weniger detaillierten vertragsförmigen Normierungen entstehen lassen; über deren wichtige Bereiche (Wirtschaftssektoren) und die dort vorhandenen Regelungsstrukturen (Regimes) soll im Folgenden ein knapper Überblick gegeben werden.

1. Internationale Investitionen

Aus Anlass der Neuabgrenzung von Staatsgebieten und der Neubildung von Staaten in der Folge von globalen, regionalen oder lokalen kriegerischen Auseinandersetzungen sowie im Verlauf und als Ergebnis von Prozessen der Dekolonialisierung zielten völkerrechtliche Regelungen schon früh darauf ab, im Ausland belegenes »eigenes« Vermögen vor (angeblich) rechtswidrigem Zugriff des Gaststaats zu schützen, unabhängig davon, ob die betreffenden »assets« im Eigentum eines (anderen) Staates oder von dessen Staatsangehörigen standen. Das Haupt-Interesse galt hier bereits getätigten Anlagen in Gestalt von Sach- oder Geldkapital, deren weitere produktive Verwendung möglichst ungehindert erfolgen sollte; zumindest aber sollten eine Auflösung/Abwicklung von Unternehmen im Ausland und eine Repatriierung von Kapital wie von Erträgen in das Heimatland des Investors weder ausgeschlossen noch verzögert oder in anderer Weise beeinträchtigt werden. Hingegen stand ein Recht auf Vornahme neuer Direkt- oder Portfolioinvestitionen jenseits der eigenen Staatsgrenzen kaum zur Debatte; über Art, Zeitpunkt und Ausmaß einer derartigen Öffnung hatte allein der ausländische Staat zu entscheiden – und er konnte daher den Zufluss von (Geld-)Mitteln ebenso sperren wie die Einreise/Niederlassung fremder Investoren. Wenn und soweit aber eine Öffnung erfolgte, mussten Fremde in wirtschaftlicher Hinsicht völkergewohnheitsrechtlich ebenso wie Einheimische behandelt werden; zudem durfte im Hinblick auf jene ein gewisser Mindeststandard (»minimum standard«) nicht unterschritten werden. Nur in Lateinamerika wurde diese Konzeption modifiziert; der Calvo-Doktrin zufolge, die bis heute in einigen nationalen Rechtsordnung niedergelegt ist, wurde im Inland tätigen oder ansässigen fremden Staatsangehörigen nur Inländergleichbehandlung geschuldet – nicht in Form eines Mindest-,

Kein Recht auf Zulassung

Mindeststandard bei der Behandlung ausländischer Investitionen

Regionale »Calvo«-Doktrin

sondern eines Maximalanspruchs (Verbot der Besserbehandlung). Diese Haltung – nach der auch ein Anspruch auf diplomatischen Schutz des Fremden durch sein Heimatland ausscheidet – führte dazu, dass (bilaterale) Verträge über Investitionsförderung und -schutz seitens süd- und mittelamerikanischer Staaten erst seit den 80ern Jahren des vorigen Jahrhunderts und noch immer eher zögerlich abgeschlossen werden.

Dem Grunde nach nie bezweifelt wurde das aus der Souveränität jedes Staates folgende Recht, auf seinem Territorium belegenes (und damit seinem Regelungszugriff unterworfenes) Eigentum dem bisherigen Inhaber zu entziehen, sei dies durch behördliche Maßnahmen oder unmittelbar durch den Gesetzgeber, sei dies im Einzelfall (»Expropriation«) oder in Bezug auf ganze Sektoren einer Volkswirtschaft (»nationalization«). Im Hinblick auf die Rechtmäßigkeit einer Enteignung besagten die klassischen, 1938 seitens der USA formulierten Anforderungen, diese müsse im öffentlichen Interesse liegen, und (im Unterschied zu einer »confiscation«) werde eine Entschädigung geschuldet, die »prompt, adequate and effective« sein müsse (Hull-Formel).

Recht zur Enteignung unter bestimmten Voraussetzungen

Nach Ende des Zweiten Weltkriegs wurde (insbesondere durch »neue« Staaten, die im Zuge einer autonomen Entwicklungspolitik teils weitgehende Eingriffe in die geltende Wirtschaftsordnung – und dabei fast zwangsläufig gegen ausländische Investitionen – vornahmen) Bedenken gegen Art und Ausmaß der Entschädigungspflichten erhoben. 1962 hatte die UN-Generalversammlung in Resolution Nr. 1803 (XVIII) noch (wenngleich nicht ganz eindeutig) festgehalten:

Umfang der Entschädigungspflicht

3. In cases where authorization is granted, the (foreign) capital imported and the earnings on that capital shall be governed by the terms thereof, by the national legislation in force, and by international law. ...
4. Nationalization, expropriation or requisitioning shall be based on grounds or reasons of public utility, security or the national interest which are recognized as overriding purely individual or private interests, both domestic and foreign. In such cases the owner shall be paid appropriate compensation, in accordance with the rules in force in the State taking such measures in the exercise of its sovereignty and in accordance with international law. ...
8. Foreign investment agreements freely entered by, or between, sovereign States shall be observed in good faith ...

UN-Resolution Nr. 1803 (XVIII)

Kurz nach der ersten Ölkrise erlebte die Diskussion um die Errichtung einer »Neuen Internationalen Wirtschaftsordnung« einen Höhepunkt. Seinerzeit (1974) verlautete in (nach Art. 10, 13 der UN-Charta rechtlich unverbindlichen) Entschließungen der U.N. General Assembly:

UN-Generalversammlung, Res. 3202 – 3203 (S-VI)

4. The new international economic order should be found on full respect for the following principles: ...

(e) Full permanent sovereignty of every State over its natural resources and all economic activities. In order to safeguard these resources, each State is entitled to exercise effective control over them and their exploitation with means suitable for its own situation, including the right to nationalization or transfer of ownership to its nationals, this right being an expression of the full permanent sovereignty of the State. No State may be subjected to economic, political or any other type of coercion to prevent the free and full exercise of this inalienable right;

(g) Regulation and supervision of the activities of transnational corporations by taking measures in the interest of the national economies of the countries where such transnational corporations operate on the basis of the full sovereignty of such countries...

UN-Generalversammlung, Res. 3281 (XXIX)

Art. 2
(2) Each State has the right:
(a) To regulate and exercise authority over foreign investment within its national jurisdiction in accordance with its laws and regulations and in conformity with its national objectives and priorities. No State shall be compelled to grant preferential treatment to foreign investment;
(b) To regulate and supervise the activities of transnational corporations within its national jurisdiction and take measures to ensure that such activities comply with its laws, rules and regulations and conform with its economic and social policies. Transnational corporations shall not intervene in the internal affairs of a host State...
(c) To nationalize, expropriate or transfer ownership of foreign property, in which case appropriate compensation should be paid by the State adopting such measures, taking into account its relevant laws and regulations and all circumstances that the State considers pertinent. In any case where the question of compensation gives rise to a controversy, it shall be settled under the domestic law of the nationalizing State and by its Tribunals, unless it is freely and mutually agreed by all States concerned that other peaceful means be sought on the basis of sovereign equality of States and in accordance with the principle of free choice of means.

Diese Konzeption wurde allerdings ebenso wenig in multilateralen Übereinkommen kodifiziert wie Ende der 50er Jahre die abweichende Position der Industriestaaten (im Rahmen der OECD); auch erwuchs sie nicht zu Völkergewohnheitsrecht, da nicht einmal alle weniger entwickelten Staaten sich in diesem Sinne verhielten und sich auch keine entsprechende generelle Rechtsauffassung herausbildete. Auch der bisher letzte Versuch, auf möglichst universeller Ebene materielle Regelungen über (Auslands-)Investitionen festzulegen, der wieder im Kontext der OECD bei den Verhandlungen über ein »Multilateral Agreement on Investment« gestartet wurde (1995 – 1998), führte nicht zu einem Erfolg. Angestrebt war »a free standing international treaty, open to all OECD Members and the European Communities, and to accession by non-OECD Member Countries«, mit dem Ziel, »to provide a broad multilateral framework for international investment with high standards for the liberalization of investment regimes and investment protection and with effective dispute settlement procedures«. Basis hierfür war eine bereits 1976 vom OECD-Rat verabschiedete »Declaration on International Investment and Multinational Enterprises«, über deren Beachtung ein spezieller Ausschuss dieser Organisation wacht. Im Bereich der WTO bildet allerdings »trade and investment« weiterhin ein wichtiges Thema, bei dem freilich nicht alle einschlägigen Probleme erfasst werden können.

<small>Bisher keine allgemeine multilaterale Regelung</small>

Gleichwohl werden einige wesentliche Teilfragen internationaler Investitionen global, regional und sektoral, insbesondere aber durch ein Netz bilateraler völkerrechtlicher Verträge erfasst und lassen sich insoweit Gemeinsamkeiten aufzeigen, die sich insgesamt zu einem (noch verbesserungsfähigen) internationalen Regime zusammenfügen:

<small>Netz von »investment treaties«</small>

Die Möglichkeit von (Vergleichs- und) Schiedsverfahren vor dem ICSID, auch wenn hieran formal nur je ein Investor und ein Gastland beteiligt sind, trägt zur generellen Klärung und Fortentwicklung bestehender völkerrechtlicher Regeln bei, weil das Schiedsgericht (subsidiär) eben diese anzuwenden hat (Art. 42 Abs. 1 ICSID-Übereinkommen). Der MIGA obliegen nach Art. 23 des Gründungsabkommens Maßnahmen der »Investitionsförderung«; dazu zählt etwa, eine friedliche Beilegung von Streitigkeiten zwischen Investoren und Gaststaaten zu fördern, den Abschluss von Übereinkünften zwischen ihren Mitgliedern über Förderung und Schutz von Investitionen zu unterstützen und zu erleichtern ([b], [i], [iii]). Marktzugangsverpflichtungen gem. Art. XVI GATS können sich auch auf ausländische Investitionen beziehen (Abs. 2 [e], [f]). Ein spezielles multilaterales WTO-Übereinkommen befasst sich mit »trade-related investment measures« (TRIMs) und sieht (mit Einschränkungen für Entwicklungsländer-Mitglieder, Art. 4) vor, dass kein Mitglied Maßnahmen anwendet, die mit Art. III oder XI GATT unvereinbar sind (Art. 2 Abs. 1). Eine nicht erschöpfende Liste unzulässiger TRIMs ist im Anhang des Abkommens enthalten, z.B. sind (nach Ziff. 1 [a]) unvereinbar

<small>Investitionsregelungen bei der Weltbankgruppe</small>

<small>Investitionsregelungen im WTO-Recht</small>

mit der Verpflichtung zur Inländerbehandlung gem. Art. III Abs. 4 GATT 1994 u.a. diejenigen TRIMs, die aufgrund inländischer Rechtsvorschriften oder aufgrund von Verwaltungsentscheidungen zwingend vorgeschrieben oder durchsetzbar sind oder deren Einhaltung zur Erlangung eines Vorteils notwendig ist und denen zufolge

(a) ein Unternehmen Waren inländischen Ursprungs oder inländischer Herkunft kaufen oder verwenden muß, wobei bestimmte Waren, eine Warenmenge oder ein Warenwert oder ein Anteil an der Menge oder am Wert seiner einheimischen Produktion vorgeschrieben sein können;

Das TRIMs-Abkommen bekräftigt das Transparenzgebot (Art. 6) und verweist für Konsultationen und Streitbeilegung (in Art. 8) uneingeschränkt auf Art. XXII, XXIII GATT.

Investitionsregelungen in völkerrechtlichen Verträgen: NAFTA

Zwar nicht immer unter dem Begriff der »Investitionen«, wohl aber in der Sache enthalten auch regional oder sektoral begrenzte mehrseitige Verträge Vorschriften zu diesem Thema, z.B. als Bestimmungen über Niederlassung, Kapital- oder Zahlungsverkehr. So gewährleistet die NAFTA Investoren der anderen Vertragsstaaten wie deren Investitionen Inländer- oder Meistbegünstigungsbehandlung (nach dem Günstigkeitsprinzip, Art. 1102 – 1104) und schreibt einen Mindeststandard fest (Art. 1105):

(1) Each Party shall accord to investments of investors of another Party treatment in accordance with international law, including fair and equitable treatment and full protection and security.
(2) Without prejudice to paragraph 1 ..., each Party shall accord to investors of another Party, and to investments of investors of another Party, non-discriminatory treatment with respect to measures it adopts or maintains relating to losses suffered by investments in its territory owing to armed conflict or civil strife. ...

Auch im Fall von Investitionsstreitigkeiten zwischen Investor und Gastland installieren Art. 1115 ff. ein Verfahren

that assures both equal treatment among investors of the Parties in accordance with the principle of international reciprocity and due process before an impartial tribunal.

Investitionsregelungen im Energiecharta-Vertrag

Für einen bestimmten Wirtschaftsbereich, nämlich den Energiesektor, schafft ein 1994 geschlossener Vertrag zwischen ca. 50 europäischen und (anderen) Nachfolgestaaten der Sowjetunion einen Rahmen für langfristige Zusammenarbeit. Auch hier findet sich an zentraler Stelle eine Vorschrift (Art. 10) über »Förderung, Schutz und Behandlung von Investitionen«. Dort ist u.a. vorgesehen:

Vertrag über die Energiecharta Art. 10

(1) Jede Vertragspartei fördert und schafft im Einklang mit diesem Vertrag stabile, gerechte, günstige und transparente Bedingungen für Investoren anderer Vertragsparteien, in ihrem Gebiet Investitionen vorzunehmen. Diese ... umfassen die Verpflichtung, den Investitionen von Investoren anderer Vertragsparteien stets eine faire und gerechte Behandlung zu gewähren. Diese Investitionen genießen auch auf Dauer Schutz und Sicherheit, und keine Vertragspartei darf deren Verwal-

tung, Aufrechterhaltung, Verwendung, Nutzung oder Veräußerung in irgendeiner Weise durch unangemessene oder diskriminierende Maßnahmen behindern. Diese Investitionen dürfen keinesfalls weniger günstig behandelt werden, als dies nach dem Völkerrecht, einschließlich vertraglicher Verpflichtungen, vorgeschrieben ist. Jede Vertragspartei erfüllt alle Verpflichtungen, die sie gegenüber einem Investor oder einer Investition eines Investors einer anderen Vertragspartei eingegangen ist. ...

(3) Im Sinne dieses Artikels bedeutet »Behandlung« die von einer Vertragspartei gewährte Behandlung, die nicht weniger günstig ist als die, welche sie ihren eigenen Investoren oder den Investoren einer anderen Vertragspartei oder eines dritten Staates gewährt, je nachdem, welche die günstigste ist. ...

(5) Jede Vertragspartei ist in bezug auf die Vornahme von Investitionen in ihrem Gebiet bestrebt,

(a) die Ausnahmen von der in Abs. 3 beschriebenen Behandlung auf ein Mindestmaß zu beschränken;

(b) die bestehenden Beschränkungen für Investoren anderer Vertragsparteien fortschreitend abzubauen. ..

(7) Jede Vertragspartei gewährt in ihrem Gebiet den Investitionen von Investoren anderer Vertragsparteien und deren damit zusammenhängenden Tätigkeiten einschließlich Verwaltung, Aufrechterhaltung, Verwendung, Nutzung oder Veräußerung keine weniger günstige Behandlung, als sie Investitionen ihrer eigenen Investoren oder von Investoren einer anderen Vertragspartei oder eines dritten Staates und deren damit zusammenhängenden Tätigkeiten einschließlich Verwaltung, Aufrechterhaltung, Verwendung, Nutzung oder Veräußerung gewährt, je nachdem, welche die günstigste ist.

(12) Jede Vertragspartei stellt sicher, daß ihr innerstaatliches Recht wirksame Mittel zur Geltendmachung von Ansprüchen und zur Durchsetzung von Rechten in bezug auf Investitionen, Investitionsvereinbarungen und Investitionsgenehmigungen bietet.

Ähnliche Regelungen treffen 1994 vereinbarte Zusatzprotokolle zum Mercosur-Vertrag sowie das im gleichen Jahr geschlossene Freihandelsabkommen zwischen Kolumbien, Mexiko und Venezuela.

Auch das EG-Recht erfasst »Direktinvestitionen«, wenn auch zunächst lediglich im Zusammenhang mit (zulässigen) Beschränkungen des Kapitalverkehrs; die zugrunde liegenden Transaktionen werden vielmehr teils verschiedenen Grundfreiheiten zugeordnet. Seit Inkrafttreten des Maastricht-Vertrags im Herbst 1993 erstrecken sich Kapital- und Zahlungsverkehrsfreiheit allerdings auch auf das Verhältnis zu Drittländern.

Investitionsregelungen im EG-Vertrag

... (2) Vorbehaltlich des Kapitels über den Kapitalverkehr umfaßt die Niederlassungsfreiheit die Aufnahme und Ausübung selbstständiger Erwerbstätigkeiten sowie die Gründung und Leitung von Unterneh-

EG-Vertrag, Art. 43

EG-Vertrag

men, insbesondere von Gesellschaften ..., nach den Bestimmungen des Aufnahmestaats für seine eigenen Angehörigen.

Art. 56
(1) Im Rahmen der Bestimmungen dieses Kapitels sind alle Beschränkungen des Kapitalverkehrs zwischen den Mitgliedstaaten sowie zwischen den Mitgliedstaaten und dritten Ländern verboten. (2) Im Rahmen der Bestimmungen dieses Kapitels sind alle Beschränkungen des Zahlungsverkehrs zwischen den Mitgliedstaaten sowie zwischen den Mitgliedstaaten und dritten Ländern verboten.

Art. 57
(1) Art. 56 berührt nicht die Anwendung derjenigen Beschränkungen auf dritte Länder, die am 31.12.1993 aufgrund einzelstaatlicher oder gemeinschaftlicher Rechtsvorschriften für den Kapitalverkehr mit dritten Ländern im Zusammenhang mit Direktinvestitionen einschließlich Anlagen in Immobilien, mit der Niederlassung ... bestehen.
(2) [D]er Rat [kann] auf Vorschlag der Kommission mit qualifizierter Mehrheit Maßnahmen für den Kapitalverkehr mit dritten Ländern im Zusammenhang mit Direktinvestitionen einschließlich Anlagen in Immobilien, mit der Niederlassung ... beschließen. Maßnahmen nach diesem Absatz, die im Rahmen des Gemeinschaftsrechts für die Liberalisierung des Kapitalverkehrs mit dritten Ländern einen Rückschritt darstellen, bedürfen der Einstimmigkeit.

Art. 294
Unbeschadet der sonstigen Bestimmungen dieses Vertrags stellen die Mitgliedstaaten die Staatsangehörigen der anderen Mitgliedstaaten hinsichtlich ihrer Beteiligung am Kapital von Gesellschaften im Sinne des Art. 48 den eigenen Staatsangehörigen gleich.

Bereits Mitte 1990 wurden durch eine (4.) Liberalisierungsrichtlinie Direktinvestitionen als wichtigster Fall des Kapitalverkehrs klassifiziert, auch hier jedoch bezogen allein auf den damit einher gehenden (einseitigen) grenzüberschreitenden Transfer von Vermögenswerten.

Investitionsregelungen im Cotonou-Abkommen

Das 4. Lomé-Abkommen zwischen EG und deren Mitgliedstaaten und den AKP-Ländern (1989) beinhaltete eine Multilateralisierung der zahlreichen, zwischen je einem »nördlichen« und »südlichen« Partner geschlossenen Investitionsförderungs- und -schutzverträge (Art. 258 ff.). Auch das Folge-Abkommen, die »Entwicklungspartnerschaft« von Cotonou (2000) nennt als Ziel in Art. 1 u.a.

regional and sub-regional integration processes which foster the integration of the ACP countries into the world economy in terms of trade and private investment shall be encouraged and supported

Bereits in der Präambel wird Bezug genommen auf die Allgemeine Menschenrechtserklärung der UN-Generalversammlung 1948 sowie auf the Convention for the Protection of Human Rights and Fundamental Freedoms of the Council of Europe, the African Charter on Human and Peoples' Rights and the American Convention on Human Rights as positive regional contributions to the respect of human rights in the European Union and in the ACP States

Cotonou-Abkommen, Präambel

Dies verbürgt auch ein Mindestmass an Eigentums- bzw. Investitionsschutz. Nähere Regelungen hierzu trifft das Übereinkommen im Hinblick auf eine umfassende Investitionsförderung (Art. 75), eine Finanzierung und (sonstige) Unterstützung insbesondere privater Investitionen (Art. 76), ferner zu Garantien (Art. 77) sowie (recht allgemein) zum Schutz von Investitionen (Art. 78).

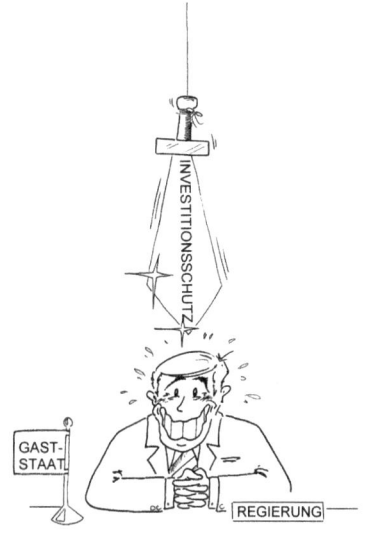

INVESTITIONSSCHUTZ

Durch Garantien sollen gem. Art. 77 Abs. 2 unterstützt werden

(a) reinsurance schemes to cover foreign direct investment by eligible investors; against legal uncertainties and the major risks of expropriation, currency transfer restriction, war and civil disturbance, and breach of contract. Investors may insure projects for any combination of the four types of coverage;

Cotonou-Abkommen, Art. 77 Abs. 2

(b) guarantee programmes to cover risk in the form of partial guarantees for debt financing; and

(c) national and regional guarantee funds, involving, in particular, domestic financial institutions or investors for encouraging the development of the financial sector.

Sektorenspezifische Regelungen im IWR

Bilaterale Investitions-
förderungs- und
-schutzabkommen

Fast alle (westliche) Industriestaaten haben seit den 60er Jahren mit Entwicklungs- und Transformationsländern zweiseitige »investment protection treaties« geschlossen, deren Zielsetzungen und Inhalte weithin parallel sind. Andererseits orientiert sich zwar jeder (Industrie-)Staat an einem seine spezifischen Interessen berücksichtigenden Muster, ist aber je nach Haltung und Gewicht des (potenziellen) Vertragspartners zu gewissen Modifikationen bereit, die dann regelmäßig nicht im Vertragstext selbst, sondern in einem angefügten Protokoll festgehalten werden. Die Bundesrepublik Deutschland ist dabei nicht nur den ersten diesbezüglichen Vertrag (1959 mit Pakistan) eingegangen, sondern hat bis heute weit über 100 solcher »Kapitalschutzverträge« getroffen, mehr als jeder andere Industriestaat.

Im Vorspruch dieser völkerrechtlichen Abkommen wird bekundet (so gegenüber Brunei Daressalam 1998):

(der) Wunsch, günstige Bedingungen für eine Vertiefung der wirtschaftlichen Zusammenarbeit zwischen (den Vertragsparteien) und insbesondere für Kapitalanlagen der einen Vertragspartei im Hoheitsgebiet der anderen Vertragspartei zu schaffen,
(die) Erkenntnis, daß die Förderung und der gegenseitige Schutz dieser Kapitalanlagen im Rahmen völkerrechtlicher Übereinkünfte geeignet sind, die unternehmerische Initiative zu beleben und den Wohlstand in beiden Ländern zu mehren,
(die) Anerkennung der Bedeutung des Technologietransfers und der Förderung der Humanressourcen im Rahmen dieser Kapitalanlagen.

Umfassender »Investitions«-
Begriff

Der sachliche Anwendungsbereich wird dahingehend präzisiert, dass im Einklang mit dem Recht des Gastlandes getätigte »Vermögenswerte jeder Art« als »Kapitalanlagen« (»investments«) erfasst werden; die wichtigsten Arten von Sach- oder Geldinvestitionen werden danach exemplarisch aufgeführt. Schutz für ihre Investitionen im Hoheitsgebiet der jeweils anderen Vertragspartei genießen »Investoren«, d.h. (wie im zweiten deutsch-iranischen Abkommen 2002)

natürliche Personen, die nach den Gesetzen einer Vertragspartei als deren Staatsangehörige angesehen werden,
bzw.
nach den Gesetzen einer Vertragspartei gegründete oder eingetragene Rechtspersönlichkeiten (entities), die ihren Sitz im Hoheitsgebiet dieser Vertragspartei haben.

Durchweg werden rechtmäßige Kapitalanlagen auch noch für einen längeren Zeitraum nach Außerkrafttreten eines Abkommens geschützt, oft auch, wenn sie bereits vor seinem Inkrafttreten erfolgt sind.

Generell wohlwollende
Behandlung

Im Hinblick auf die Zulassung enthalten Kapitalschutzverträge lediglich die allgemeine Bekundung des Gastlands, »günstige Bedingungen« zu schaffen, jedoch nur »im Rahmen ihrer Gesetze und sonstigen

Vorschriften«; damit wird klargestellt, dass weder dem Heimatland des (fremden) Investors noch diesem selbst ein Rechtsanspruch auf Zulassung (Genehmigung) eines Vorhabens zustehen soll. Üblich ist jedoch eine Klausel wie die im Vertrag mit Brunei Daressalam (Art. 2):

(1) Jede Vertragspartei wird in ihrem Hoheitsgebiet Kapitalanlagen von Staatsangehörigen oder Gesellschaften der anderen Vertragspartei nach Möglichkeit fördern. ... Jede Vertragspartei wird Kapitalanlagen von Staatsangehörigen oder Gesellschaften der anderen Vertragspartei zu jeder Zeit billig und gerecht behandeln.

Vertrag mit Brunei Daressalam, Art. 2

(2) Kapitalanlagen von Staatsangehörigen oder Gesellschaften einer Vertragspartei genießen im Hoheitsgebiet der anderen Vertragspartei zu jeder Zeit vollen Schutz und volle Sicherheit. Erträge (returns) aus Kapitalanlagen und im Fall der Wiederanlage (reinvestment) die Erträge aus der Wiederanlage genießen den gleichen Schutz wie die Kapitalanlage. Eine Vertragspartei wird die Verwaltung, die Erhaltung, den Gebrauch oder die Nutzung der Kapitalanlagen von Staatsangehörigen oder Gesellschaften der anderen Vertragspartei in ihrem Hoheitsgebiet in keiner Weise durch willkürliche oder diskriminierende Maßnahmen beeinträchtigen.

Allgemein (und speziell für Kriegs- und Krisenfälle) gewährleistet werden auch Meistbegünstigung und Inländerbehandlung, mit den üblichen Einschränkungen im Hinblick auf eine Mitgliedschaft in wirtschaftlichen Integrationen sowie für Doppelbesteuerungs- und andere Abkommen zu fiskalischen Fragen.

Ein hoher Schutzstandard wird verbürgt gegenüber Enteignungen und diesen gleichkommenden Maßnahmen seitens des Gastlands; ähnlich wie bei den grundrechtlichen Gewährleistungen der Art. 14, 15 GG darf in den Eigentumsbestand nur bei Vorliegen bestimmter Voraussetzungen eingegriffen werden, und eine andernfalls fällige Entschädigung muss den Wert des entzogenen Vermögens widerspiegeln.

Schutz vor Enteignungen und anderen Vermögensbeeinträchtigungen

... (2) Kapitalanlagen von Staatsangehörigen oder Gesellschaften einer Vertragspartei dürfen im Hoheitsgebiet der anderen Vertragspartei nur zum allgemeinen Wohl und in nicht diskriminierender Weise sowie gegen unverzügliche, angemessene und wirksame Entschädigung (prompt, adequate and effective compensation) enteignet, verstaatlicht oder direkt oder indirekt Maßnahmen unterworfen werden, die in ihren Auswirkungen einer Enteignung ... gleich kommen.

Vertrag mit Brunei Daressalam, Art. 4

(3) Die Entschädigung muß dem angemessenen Marktwert (fair market value) der Kapitalanlagen unmittelbar vor dem Zeitpunkt entsprechen, in dem die tatsächliche oder drohende Enteignung öffentlich bekannt wurde. Kann der Marktwert nicht ordnungsgemäß festgestellt werden, so ist die Entschädigung nach Maßgabe international anerkannter Rechnungslegungsgrundsätze (internationally recognized accounting principles) zu bestimmen. Die Entschädigung ist vom Zeitpunkt der Enteignung bis zum Zeitpunkt der Zahlung nach dem geltenden

> L[ondon][I[nter-]B[ank]O[ffered]R[ate]-Satz zu verzinsen. Die Höhe der Entschädigung muß in einem ordentlichen Rechtsverfahren (due process of law) nachprüfbar sein. Der festgelegte Entschädigungsbetrag ist dem Investor in frei konvertierbarer Währung zu zahlen; er muß tatsächlich verwertbar sein und nach Art. 6 – »Freier Transfer« – zurückgeführt werden.

Subrogationsklausel

Wenn, wie in fast allen Industriestaaten und international in Gestalt der MIGA, eine Stelle existiert, die einen Investor beim Eintritt eines Enteignungs- oder eines anderen bei ihr abgesicherten Risikos Entschädigung leistet, sehen alle Kapitalschutzverträge eine Subrogationsklausel ein: Der Gaststaat erkennt den mit der Zahlung eintretenden Rechtsübergang an, und der Heimatstaat des Zahlungsempfängers kann in der Folge alle völkerrechtlichen Möglichkeiten einsetzen, um die Mittel wieder zu erlangen, die aus seinem Haushalt an jenen geflossen sind.

Freie Repatriierung

Sowohl die (in der Regel näher definierten) »Erträge« aus einer Investition als auch diese selbst (bei einer Veräußerung oder Liquidation) müssen »frei, unverzüglich« und ungehindert repatriiert, d.h. nach dem Willen des Investors aus dem Gast- in sein Heimat- oder in ein Drittland transferiert werden können.

Jedes Abkommen enthält Vorschriften zur Streitbeilegung: Während im Verhältnis von Heimat- und Gaststaat die Entscheidung durch ein ad hoc-Schiedsgericht üblich ist, wird in der Beziehung des Investors zur anderen Vertragspartei auf das Schiedsverfahren nach dem ICSID-Übereinkommen Bezug genommen. In beiden Fällen sind auch (und zunächst) Konsultationen vorgesehen.

Verweis auf ICSID-Schiedsverfahren

Kapitalschutzvertrag mit Iran 2002, Art. 11

> ... (5) Für den Fall, dass beide Vertragsparteien auch Vertragsparteien des (ICSID-)Übereinkommens geworden sind, werden Streitigkeiten nach diesem Artikel zwischen den Streitparteien einem Schiedsverfahren im Rahmen des genannten Übereinkommens unterworfen, es sei denn, die Streitparteien treffen eine abweichende Vereinbarung; jede Vertragspartei erklärt hiermit ihr Einverständnis mit einem solchen Verfahren.

Besserstellungsklauseln

Besserstellungsklauseln betreffen nicht nur den Fall, dass bestehende oder künftige völkerrechtliche Abkommen eine günstigere Behandlung der Kapitalanlagen von Investoren der anderen Vertragspartei normieren, sondern auch den weiteren, bei dem diese in einem Vertrag direkt zwischen Investor und Gaststaat festgelegt wurde. Solche Vereinbarungen werden des Öfteren seitens der staatlichen Partei in einem ähnlichen Verfahren wie bei Staatsverträgen gebilligt; um den häufig vor allem bei langfristigen Projekten überaus komplexen Inhalt möglichst weitgehend zu stabilisieren, werden auch Regelungen eingefügt, die eine einseitige Änderung durch die staatliche Seite erschweren. Dazu zählt die Wahl eines dritten, »neutralen« Rechts für notwendige Ergänzungen oder Modifizierungen einer Vereinbarung. Auch wenn dabei Bezug auf Völkerrecht genommen wird, bedeutet dies jedoch nur die Festlegung auf einen bestimmten Maßstab, aber nicht, dass der nichtstaatlichen Vertragspartei auch sämtliche Handlungsmöglichkeiten eines Völkerrechtssubjekts eingeräumt werden sollen.

Bilaterale »investment treaties« werden seit Ende der achtziger Jahre des 20. Jahrhunderts nahezu weltweit als Instrument der Förderung und des (rechtlichen) Schutzes von Kapitalanlagen im Ausland geschlossen, zunehmend auch zwischen Entwicklungsländern; heute gelten weit über 1.000 solcher Verträge.

Das Fehlen wirklich allgemein anerkannter Regeln völkerrechtlichen Eigentumsschutzes im Normal- wie im Krisenfall hat sich insbesondere nach der kubanischen Revolution und dann in der Folge der »Teheraner Geiselaffäre« (1979/80) gezeigt. Anders als in den Beziehungen zum sozialistischen Kuba kam es aber im Verhältnis Iran – USA zu einem Abkommen (von Algier) über die Regelung finanzieller Fragen, durch das auch ein Schiedsgericht (U.S.–Iranian Claims Tribunal in Den Haag, <www.iusct.org>) errichtet wurde. Vor allem die Mitwirkung ausgewiesener Rechtsexperten aus Drittländern führte dabei zu einigen wichtigen Fortentwicklungen des Rechtsgebiets, insbesondere in Bezug auf Höhe und Berechnung von Entschädigungen.

Entwicklung von Regeln durch Schiedsgerichte

2. Geistiges und gewerbliches Eigentum (»intellectual/industrial property«)

2.1. Notwendigkeit und Entwicklung des internationalen Schutzes

Gegenwärtig schützen mehr als 20 multilaterale Verträge das geistige und gewerbliche Eigentum weltweit; daneben und ergänzend gelten, insbesondere auf europäischer Ebene, Abkommen mit regionalem Geltungsbereich. Bereits seit Ende des 19. Jahrhunderts legte eine »erste Generation« die Grundlagen für einen internationalen Mindestschutz: Ihr Ziel war und ist es, außerhalb des Staates, dessen Rechtsordnung erstmals, aber nur gebietsbezogen ein Urheber-, Patent- oder anderes »Immaterialgüterrecht« gewährleistet, ebenfalls den (raschen)

Verschiedene Ansätze des internationalen Schutzes geistigen Eigentums

Erwerb von Schutzrechten zu ermöglichen, deren Bestand zu sichern und schließlich Voraussetzungen wie Umfang solchen Schutzes zu harmonisieren. Hierzu zählen vor allem die Pariser Verbandsübereinkunft (PVÜ) 1883 betr. Patente und Marken (Warenzeichen) und das Berner Übereinkommen zum Schutz literarischer und künstlerischer Werke (1886). Eine weitere Gruppe von Verträgen will sicherstellen, dass eine einzige (internationale) Eintragung oder Anmeldung in allen Unterzeichnerstaaten wirksam ist, zielt also vor allem auf Verfahrensvereinfachung (und Kostenentlastung) ab. Zu dieser gehören die Abkommen von Den Haag, Lissabon, Madrid und der Patent Cooperation Treaty (1970). Klassifizierungsübereinkommen (wie die von Locarno, Nizza, Straßburg oder Wien) schließlich schaffen klare Strukturen für Schutzrechte, um diese rasch aufzufinden.

2.2. TRIPS-Abkommen

Ein zentrales multilaterales Handelsübereinkommen im Rahmen der WTO ist das Agreement on Trade-Related Aspects on Intellectual Property Rights; um dessen Wirkungsweise zu überwachen, wurde durch Art. IV Abs. 5 des WTO-Übereinkommens auch ein eigener Rat für TRIPS eingerichtet (Art. 68). Die Ziele des TRIPS sind vor allem in der Präambel dieses völkerrechtlichen Vertrags niedergelegt; danach haben die Abkommensparteien gehandelt:

Zielsetzung

TRIPs-Abkommen Präambel

… von dem Wunsch geleitet, Verzerrungen und Behinderungen des internationalen Handels zu verringern, und unter Berücksichtigung der Notwendigkeit, einen wirksamen und angemessenen Schutz der Rechte des geistigen Eigentums zu fördern sowie sicherzustellen, daß die Maßnahmen und Verfahren zur Durchsetzung der Rechte des geistigen Eigentums nicht selbst zu Schranken für den rechtmäßigen Handel werden,

in der Erkenntnis, daß es zu diesem Zwecke neuer Regeln und Disziplinen bedarf im Hinblick auf

(a) die Anwendbarkeit der Grundprinzipien des GATT 1994 und der einschlägigen internationalen Übereinkünfte über geistiges Eigentum,

(b) die Aufstellung angemessener Normen und Grundsätze betreffend die Verfügbarkeit, den Umfang und die Ausübung handelsbezogener Rechte des geistigen Eigentums,

(c) die Bereitstellung wirksamer und angemessener Mittel für die Durchsetzung handelsbezogener Rechte des geistigen Eigentums unter Berücksichtigung der Unterschiede in den Rechtssystemen der einzelnen Länder,

(d) die Bereitstellung wirksamer und zügiger Verfahren für die multilaterale Vermeidung und Beilegung von Streitigkeiten zwischen Regierungen …, in Erkenntnis der Notwendigkeit eines multilateralen Rahmens von Grundsätzen, Regeln und Disziplinen betreffend den internationalen Handel mit gefälschten Waren,

in der Erkenntnis, daß Rechte an geistigem Eigentum private Rechte sind,

in Erkenntnis der dem öffentlichen Interesse dienenden grundsätzlichen Ziele der Systeme der einzelnen Länder für den Schutz des geistigen Eigentums einschließlich der entwicklungs- und technologiepolitischen Ziele,

sowie in Erkenntnis der besonderen Bedürfnisse der am wenigsten entwickelten Länder, die Mitglieder sind, in bezug auf größtmögliche Flexibilität bei der Umsetzung von Gesetzen und sonstigen Vorschriften im Inland, um es ihnen zu ermöglichen, eine gesunde und tragfähige technologische Grundlage zu schaffen ...

Des Weiteren gibt Art. 7 als Ziele vor:

Der Schutz und die Durchsetzung von Rechten des geistigen Eigentums sollen zur Förderung der technischen Innovation sowie zur Weitergabe und Verbreitung von Technologie beitragen, dem beiderseitigen Vorteil der Erzeuger und Nutzer technischen Wissens dienen, in einer dem gesellschaftlichen und wirtschaftlichen Wohl zuträglichen Weise erfolgen und einen Ausgleich zwischen Rechten und Pflichten herstellen.

TRIPs-Abkommen Art. 7

Grundsätze zum Schutz legitimer Allgemeininteressen formuliert Art. 8:

(1) Die Mitglieder dürfen bei der Abfassung oder Änderung ihrer Gesetze und sonstigen Vorschriften die Maßnahmen ergreifen, die zum Schutz der öffentlichen Gesundheit und Ernährung sowie zur Förderung des öffentlichen Interesses in den für ihre sozio-ökonomische und technische Entwicklung lebenswichtigen Sektoren notwendig sind; jedoch müssen diese Maßnahmen mit diesem Übereinkommen vereinbar sein.

(2) Geeignete Maßnahmen, die jedoch mit diesem Übereinkommen vereinbar sein müssen, können erforderlich sein, um den Mißbrauch von Rechten des geistigen Eigentums durch die Rechtsinhaber oder auf Praktiken, die den Handel unangemessen beschränken oder den internationalen Handel nachteilig beeinflussen, zu verhindern.

TRIPs-Abkommen Art. 8

Schutz legitimer öffentlicher Interessen

Speziell für Patente sieht Art. 27 des TRIPS-Übereinkommens vor:

... (2) Die Mitglieder können Erfindungen von der Patentierbarkeit ausschließen, wenn die Verhinderung ihrer gewerblichen Verwertung innerhalb ihres Hoheitsgebiets zum Schutz der öffentlichen Ordnung oder der guten Sitten einschließlich des Schutzes des Lebens oder der Gesundheit von Menschen, Tiere oder Pflanzen oder zur Vermeidung einer ernsten Schädigung der Umwelt notwendig ist, vorausgesetzt, daß ein solcher Ausschluß nicht nur deshalb vorgenommen wird, weil die Verwertung durch ihr Recht verboten ist.

TRIPs-Abkommen Art. 27

> (3) Die Mitglieder können von der Patentierbarkeit auch ausschließen
> (a) diagnostische, therapeutische und chirurgische Verfahren für die Behandlung von Menschen oder Tieren;
> (b) Pflanzen und Tiere, mit Ausnahme von Mikroorganismen, und im Wesentlichen biologische Verfahren für die Züchtung von Pflanzen oder Tieren mit Ausnahme von nicht-biologischen und mikrobiologischen Verfahren. Die Mitglieder sehen jedoch den Schutz von Pflanzensorten entweder durch Patente oder durch ein wirksames System sui generis oder durch eine Kombination beider vor. ...

Begriff »geistiges Eigentum«

Das Übereinkommen geht von einem weiten Begriff des »geistigen Eigentums« aus. Nach Art. 1 Abs. 2 umfasst dieser alle in Abschn. 1 – 7 des Teils II aufgeführten Arten, also Urheberrecht und verwandte Schutzrechte, Marken, geographische Angaben, gewerbliche Muster und Modelle, Patente und Layout-Designs (Topografien) integrierter Schaltkreise; einbezogen ist auch der Schutz nicht offenbarer Informationen (Art. 39), also von Betriebs- und Geschäftsgeheimnissen.

Festlegung eines Mindestmasses an Schutz

Die Mitglieder des multilateralen Abkommens werden durch die TRIPS-Regelungen nicht daran gehindert, in ihrem innerstaatlichen Recht einen umfassenderen Schutz vorzusehen, wenn dieser den Bestimmungen des Übereinkommens nicht zuwiderläuft. Auch ist ihnen nicht vorgegeben, wie sie die Vorgaben des Abkommens in ihr Rechtssystem und ihre Rechtspraxis umsetzen (Art. 1 Abs. 1). So haben die EG und Deutschland als Mitgliedstaat Vorschriften zum Schutz geographischer Angaben innerhalb und als Teil des Markenrechts getroffen; ferner enthält in Deutschland auch das AWG in § 16 eine (bisher nicht eingesetzte) Ermächtigungsnorm, die Beschränkungen beim Missbrauch geographischer Ursprungsbezeichnungen ermöglicht:

AWG, § 16

> Rechtsgeschäfte über die Vergabe von Herstellungs- und Vertriebsrechten für Erzeugnisse mit geographischer Ursprungsbeziehung in ein fremdes Wirtschaftsgebiet können beschränkt werden, wenn die Interessen des Ursprungsgebiets erheblich beeinträchtigt werden. Dies gilt auch für das Einbringen solcher Herstellungs- und Vertriebsrechte in ein Unternehmen in einem fremden Wirtschaftsgebiet.

Einbeziehung älterer Verträge

Das TRIPS-Abkommen setzt frühere Abkommen zu Fragen des geistigen Eigentums nicht außer Kraft; vielmehr bleiben sowohl die PVÜ (in der Fassung von 1967) als auch die Berner Übereinkunft (Fassung 1971), das Rom-Abkommen (1961) und der Vertrag über den Schutz des geistigen Eigentums im Hinblick auf integrierte Schaltkreise (IPIC) – insbesondere die hieraus für die jeweiligen Vertragsparteien folgenden Verpflichtungen – weiter gültig (Art. 2, 70). Diese werden jedoch auf die Weise in das TRIPS-Übereinkommen integriert, dass sie zum einen auf alle WTO-Mitglieder erstreckt werden, auch wenn diese jenen Verträgen nicht oder nur zum Teil beigetreten sind (Art. 1 Abs.

3), und sie durch allgemeine und spezielle Vorschriften des TRIPS-Abkommens inhaltlich »angereichert« (oder modifiziert) werden.

So besagt Art. 10 im Hinblick auf Urheberrecht und verwandte Rechte speziell zu »Computerprogrammen und Zusammenstellungen von Daten« (Datenbanken):

... und Anpassung

(1) Computerprogramme, gleichviel, ob sie in Quellcode oder in Maschinenprogrammcode ausgedrückt sind, werden als Werke der Literatur nach der Berner Übereinkunft (1971) geschützt.
(2) Zusammenstellungen von Daten oder sonstigem Material, gleichviel, ob in maschinenlesbarer oder anderer Form, die aufgrund der Auswahl oder Anordnung ihres Inhalts geistige Schöpfungen bilden, werden als solche geschützt. Dieser Schutz, der sich nicht auf die Daten oder das Material selbst erstreckt, gilt unbeschadet eines an den Daten oder dem Material selbst bestehenden Urheberrechts.

TRIPs-Abkommen Art. 10

Für das Verhältnis von IPIC-Vertrag und TRIPS-Übereinkommen gilt nach Art. 35:

Die Mitglieder vereinbaren, nach den Art. 2 bis 7 ..., Art. 12 und Art. 16 Abs. 3 des Vertrags über den Schutz des geistigen Eigentums im Hinblick auf integrierte Schaltkreise den Layout-Designs (Topografien) integrierter Schaltkreise ... Schutz zu gewähren und darüber hinaus die nachstehenden Bestimmungen (Art. 36 – 38) zu befolgen.

TRIPs-Abkommen Art. 35

Wie bei internationalen Investitionen und beim grenzüberschreitenden Handel mit Waren oder Dienstleistungen verpflichtet auch das TRIPS-Übereinkommen die Vertragsparteien in einem genauer bestimmten Umfang zu Inländer- und Meistbegünstigungsbehandlung.

Inländer- und Meistbegünstigungsbehandlung

(1) Die Mitglieder gewähren den Angehörigen der anderen Mitglieder eine Behandlung, die nicht weniger günstig ist als die, die sie ihren eigenen Angehörigen in bezug auf den Schutz des geistigen Eigentums gewähren, vorbehaltlich der jeweils bereits in der PVÜ (1967) ... vorgesehenen Ausnahmen. In bezug auf ausübende Künstler, Hersteller von Tonträgern und Sendeunternehmen gilt diese Verpflichtung nur in bezug auf die durch dieses Übereinkommen vorgesehenen Rechte...

TRIPs-Abkommen Art. 3

In bezug auf den Schutz des geistigen Eigentums werden Vorteile, Vergünstigungen, Sonderrechte und Befreiungen, die von einem Mitglied den Angehörigen eines anderen Landes gewährt werden, sofort und bedingungslos den Angehörigen aller anderen Mitglieder gewährt. Von dieser Verpflichtung ausgenommen sind von einem Mitglied gewährte Vorteile, Vergünstigungen, Sonderrechte und Befreiungen, ... (b) die gemäß den Bestimmungen der Berner Übereinkunft (1971) oder des Rom-Abkommens gewährt werden, in denen gestattet wird, daß die gewährte Behandlung nicht von der Inländerbehandlung, sondern von der in einem anderen Land gewährten Behandlung abhängig gemacht wird; ...

TRIPs-Abkommen Art. 4

(d) die sich aus internationalen Übereinkünften betreffend den Schutz des geistigen Eigentums ableiten, die vor dem Inkrafttreten des WTO-Übereinkommens in Kraft getreten sind, vorausgesetzt, daß diese Übereinkünfte dem Rat für TRIPS notifiziert werden und keine willkürliche oder ungerechtfertigte Diskriminierung von Angehörigen anderer Mitgliedstaaten darstellen.

Kein Verbot von interse-Verträgen

Desgleichen gilt auch hier eine Art von »Zollunionsausnahme« für bestimmte zwischen einzelnen WTO-Mitgliedern geschlossene Übereinkünfte.

TRIPs-Abkommen Art. 5

Die in den Art. 3 und 4 aufgeführten Verpflichtungen finden keine Anwendung auf Verfahren, die in im Rahmen der WIPO geschlossenen mehrseitigen Übereinkünften betreffend den Erwerb oder die Aufrechterhaltung von Rechten des geistigen Eigentums enthalten sind.

Sondervorschriften für Entwicklungs- und Transformationsländer

Entwicklungs- und Transformationsländern wurde in Art. 65 eine Anpassungsfrist von fünf Jahren eingeräumt, den am wenigsten entwickelten WTO-Mitgliedern sogar (mindestens) 10 Jahre (Art. 66 Abs. 1). Insoweit werden Industriestaaten angehalten, den Technologietransfer in diese Ländern zu fördern (Art. 66 Abs. 2), und generell soll nach Art. 67 zwischen Industrie- und Entwicklungsländern zu gegenseitig vereinbarten Bedingungen eine technische und finanzielle Zusammenarbeit erfolgen, um die Umsetzung des TRIPS-Übereinkommens zu erleichtern.

3. Rohstofffonds, -abkommen

Rohstoffabkommen bestanden schon im 19. Jahrhundert sowie in der Zeit zwischen Erstem und Zweiten Weltkrieg; auch in der Havanna-Charta sollte hierfür ein Regelungsrahmen abgesteckt werden. Generell lassen sich nach dem jeweiligen Teilnehmerkreis dieser multilateralen Verträge zwei Konzeptionen unterscheiden: zum einen Vereinbarungen nur zwischen Staaten, in denen agrarische oder mineralische Rohstoffe erzeugt werden, wie etwa bei der Organisation Erdöl exportierender Länder (OPEC) oder der CIPEC (Intergovernmental Council of Copper Exporting Countries).

Erzeugerorganisationen

Abkommen zwischen Erzeugerländern

OPEC Statute 1961/2000, Art. 2

A. The principal aim of the Organization shall be the co-ordination and unification of the petroleum policies of Member Countries and the determination of the best means for safeguarding their interests, individually and collectively.

B. The Organization shall devise ways and means of ensuring the stabilization of prices in international oil markets with a view to eliminating harmful and unnecessary fluctuations.

C. Due regard shall be given at all times to the interests of the producing nations and to the necessity of securing a steady income to the producing countries; an efficient, economic and regular supply of petroleum to consuming nations; and a fair return on their capital to those investing in the petroleum industry.

CIPEC Agreement 1967, Art. 1

The objectives of CIPEC are:

(a) to co-ordinate measures designed to foster, through the expansion of the industry, dynamic and continuous growth of real earnings from copper exports, and to ensure a real forecast of such earnings;

(b) to promote the harmonisation of the decisions and policies of the Member Countries on problems relating to the production and the marketing of copper;

(c) to obtain for the Member Countries better and more complete information and appropriate advice on the production and marketing of copper;

(d) in general, to increase resources for the economic and social development of producer countries bearing in mind the interest of consumers;

(e) to promote the solidarity of the Member Countries as concerns the problems faced by these countries in the copper industry.

(f) to promote the co-ordination of their policies with other organisms of the same type as CIPEC.

Zur Gewährleistung potenziell widersprüchlicher Ziele – Versorgungssicherheit einerseits, Preisstabilisierung zum andern – vereint das andere Modell (wichtige) Rohstoff exportierende und -importierende Staaten in einer für ein bestimmtes Produkt verantwortlichen Einrichtung, so z.B. in Art. 1, 3 und 6 des Internationalen Kakao-Übereinkommens (2001). Ein anderes Beispiel bietet Ziff. 3 der Satzung der Internationalen Jute-Studiengruppe (2001).

<small>Organisation aus ex- und importierenden Staaten</small>

Der vor allem von/in der UNCTAD verfolgte Ansatz, eine weitere Verschlechterung der »terms of trade« für viele meist existenziell auf die Ausfuhrerlöse eines einzigen oder weniger Rohstoffe angewiesene Entwicklungsländer zu verhindern, führte seit den 60er Jahren des vorigen Jahrhunderts zunächst dazu, in Rohstoffabkommen verschiedene Mechanismen zur Intervention in Rohstoffmärkte einzubauen. Dazu gehörten die Schaffung eines Warenausgleichslagers (»buffer stock«), um durch An- oder Verkäufe zumindest übermäßigen Preisschwankungen auf internationalen Märkten entgegenzuwirken.

<small>Ausgleichslager</small>

International Natural Rubber Agreement 1987, Art. 26

To achieve the objectives of this Agreement, an international Buffer Stock shall be established. The total capacity of the Buffer Stock shall be 550,000 tonnes ... It shall be the sole instrument of market intervention for price stabilization in this Agreement. ...

International Coffee Agreement 1983

Ch. VII, art. 29
For the purpose of this Agreement, the world coffee market shall be divided into Member quota and non-member non-quota markets.

Art. 50
(1) To facilitate the achievement of the objectives set out in paragraph 1 of Art. 1, exporting Members undertake to adopt and to implement a production policy....

Art. 51
(1) To complement the provisions of Ch. VII and of Art. 50, the Council shall, by a distributed two-thirds majority vote, establish a policy relating to coffee stocks in producing Member countries....

... und weitere Interventionsinstrumente

Nach dem Zusammenbruch des Internationalen Zinnrats 1987 wurde diese Vorkehrung auch in anderen Sektoren nicht mehr verwendet. Eingriffe in den Markt erfolgten ferner über Export-, bei »Erzeugerkartellen« wie OPEC auch über Produktions- und Verkaufsquoten, des Weiteren über Lieferverpflichtungen der Ex- und Abnahmeverpflichtungen der Importeure.

International Coffee Agreement 1983

Art. 34
[T]he Council shall, at its last regular session of the coffee year, set a global annual quota taking into account inter alia ...: ...

Art. 42
(1) Exporting Members shall adopt the measures required to ensure full compliance with all provisions of this Agreement relating to quotas. ...
(2) Exporting Members shall not exceed the annual and quarterly quotas allocated to them. ...

Strukturwandel

Seit Mitte der 80er Jahre haben sich Struktur und Aufbau von Rohstoffabkommen wesentlich verändert; anstelle von Interventionen sind andere marktrelevante Bestimmungen in den Vordergrund getreten. So enthält etwa Teil IV des Internationalen Kakaoabkommens 2001 Vorschriften über »Angebot und Nachfrage«, wonach einem aus allen Aus- und Einfuhrländer zusammengesetzten Marktausschuss (in Art. 34 Abs. 1) aufgegeben ist zum größtmöglichen Wachstum der Kakaowirtschaft sowie zur ausgewogenen Entwicklung der Erzeugung und des Verbrauchs beizutragen und auf diese Weise ein dauerhaftes Gleichgewicht zwischen Angebot und Nachfrage sicherzustellen, [mit dem] Ziel d[er] Überprüfung von Tendenzen und Aussichten in Bezug auf die Kakaoerzeugung und den Kakaoverbrauch, die Kakaobestände und -preise sowie d[er] frühzeitige[n] Feststellung von Marktungleichgewichten und Hindernissen, die der Ausweitung des Kakaoverbrauchs sowohl in Ausfuhr- als auch in Einfuhrländern entgegenstehen.

Int. Kakaoabkommen 2001 Art. 34

Ferner finden sich Bestimmungen zur Markttransparenz (Art. 35) und Verbrauchsförderung (Art. 37), über Marktbeobachtung (Art. 40 f.) und im Hinblick auf Erhebung und Verbreitung von Informationen (Art. 42, 45) sowie Durchführung von Untersuchungen (Art. 43, 44). Die gleiche Konzeption verfolgen andere neuere Rohstoffabkommen:

Satzung der Internationalen Jute-Studiengruppe 2001, Ziff. 4

In Verfolgung ihrer Ziele nimmt die Gruppe folgende Aufgaben wahr:
(a) Entwicklung einer geeigneten Strategie zur Verbesserung der Welt-Jutewirtschaft unter besonderer Betonung der Förderung von Jute und Jute-Erzeugnissen im Allgemeinen;
(b) Durchführung von Konsultationen und Informationsaustausch über die internationale Jutewirtschaft;
(c) Anregung, Förderung, Beaufsichtigung, Kontrolle und Beschleunigung von Projekten und ähnlichen Vorhaben, die darauf ausgerichtet sind, die strukturellen Bedingungen der Welt-Jutewirtschaft und das allgemeine wirtschaftliche Wohlergehen ihrer Beschäftigten zu verbessern. In Ausnahmefällen wird die Beteiligung der Gruppe an der Durchführung von Projekten vom Rat unter der Voraussetzung genehmigt, dass diese Beteiligung den Verwaltungshaushalt der Gruppe nicht zusätzlich belastet;
(d) Bereitstellung und Verbesserung statistischer Angaben und der Marktinformation über Jute und juteabhängige Erzeugnisse in Absprache mit der FAO und anderen geeigneten Gremien;
(e) Durchführung von Untersuchungen über verschiedene Aspekte der Welt-Jutewirtschaft und verwandte Themen;
(f) Erörterung von Problemen oder Schwierigkeiten, die in der internationalen Jutewirtschaft entstehen können.

Internationales Kaffee-Übereinkommen 2001, Art. 1

Ziel dieses Übereinkommens ist es,
(1) die internationale Zusammenarbeit in Kaffeefragen zu fördern,
(2) ein Forum für zwischenstaatliche Konsultationen und gegebenenfalls Verhandlungen über Kaffeefragen und Mittel zur Erzielung eines vernünftigen Ausgleichs zwischen Angebot und Nachfrage in der Welt bereitzustellen, der den Verbrauchern eine ausreichende Versorgung

mit Kaffee zu angemessenen Preisen und den Erzeugern den Absatz von Kaffee zu angemessenen Preisen sichert und zu einem Gleichgewicht zwischen Erzeugung und Verbrauch führt,
(3) ein Forum für Konsultationen mit der Privatwirtschaft über Kaffeefragen bereitzustellen,
(4) die Ausweitung und Transparenz des internationalen Kaffeehandels zu erleichtern, ...
(6) die Mitglieder zu ermutigen, eine nachhaltige Kaffeewirtschaft zu entwickeln, ...
(9) Qualität zu fördern ...

Rohstoffabkommen und »nachhaltige Entwicklung«

Zunehmend wird in Abkommen auch das Konzept »nachhaltiger Entwicklung« (»sustainable development«) einbezogen.

Internationales Kakaoabkommen 2001, Art. 39

(1) Die Mitglieder tragen der nachhaltigen Bewirtschaftung der Kakaoressourcen gebührend Rechnung, um allen Beteiligten in der Kakaowirtschaft gerechte Erträge zu bieten, wobei sie die Grundsätze und Ziele einer nachhaltigen Entwicklung beachten, die in der ... von der UNCED verabschiedeten Agenda 21 niedergelegt sind.
(2) Die Organisation fungiert gegebenenfalls als zentrale Anlaufstelle für den ständigen Dialog zwischen allen Beteiligten, um die Entwicklung einer nachhaltigen Kakaowirtschaft zu fördern.
(3) Der Rat verabschiedet nach Abs. 1 Programme und Vorhaben in Bezug auf eine nachhaltige Kakaowirtschaft und überprüft diese regelmäßig.
(4) Hierbei stimmt sich der Rat nötigenfalls mit anderen Gremien ab, um Doppelarbeit zu vermeiden.

Integriertes Rohstoffprogramm der UNCTAD

UNCTAD IV hatte 1976 ein »Integriertes Rohstoffprogramm« für 18 Produkte verabschiedet; um dessen Ziele zu erreichen, wurde schließlich 1989 ein Gemeinsamer Rohstofffonds (Common Fund fror Commodities, CFC) errichtet. In der Präambel des Gründungsabkommens wird die Verbesserung der zwischenstaatlichen Kooperation im Bereich des Rohstoffhandels (noch) als wesentliche Bedingung für die Schaffung einer »Neuen Internationalen Wirtschaftsordnung«, basierend auf »equity« und souveräner Gleichheit aller Staaten, bezeichnet. Der CFC ist eine Intergouvernementale Organisation mit einem Gouverneursrat (»governing council«, Art. 20 f.), einem Exekutivdirektorium (»executive board«, Art. 22 f.) und einem Geschäftsführenden Direktor (Art. 24) als Organen (Art. 19). Bei qualifizierten Mehrheitsentscheidungen besteht eine Verteilung der (gewichteten) Stimmen nach Gruppen, was dazu führt, dass sowohl die Gruppe der 77 als auch eine Gruppe B (westliche Industriestaaten) über eine Sperrminorität verfügen. Auf das Zustandekommen und den Inhalt von Rohstoffabkommen kann der Fonds nicht direkt Einfluss nehmen, er soll deren

Abschluss lediglich erleichtern (Art. 2); in diesen Vereinbarungen kann andererseits eine (enge) Kooperation mit dem CFC vorgesehen werden.

Internationales Kakaoabkommen 2001, Art. 28

(1) Die Organisation nutzt voll und ganz die Möglichkeiten des Gemeinsamen Fonds für Rohstoffe, um die Erarbeitung und Finanzierung von Vorhaben, die für die Kakaowirtschaft von Interesse sind, zu unterstützen.
(2) Die Organisation wird bestrebt sein, mit anderen internationalen Organisationen sowie mit multilateralen und bilateralen Geberorganisationen zusammenzuarbeiten, um gegebenenfalls Finanzmittel für Programme und Vorhaben, die für die Kakaowirtschaft von Interesse sind, zu beschaffen....

Internationales Tropenholz-Übereinkommen 1994, Art. 28

Die Organisation nimmt die Fazilitäten des Gemeinsamen Fonds für Rohstoffe voll in Anspruch.

International Natural Rubber Agreement 1987, Art. 41

When the Common Fund for Commodities becomes operational, the Council shall take full advantage of the facilities of the Common Fund according to the principles set out in the Agreement establishing the CFC. The Council shall for this purpose negotiate with the Common Fund mutually acceptable terms and modalities for an association agreement to be signed with the Common Fund.

Vielmehr wird der CFC in zwei wirtschaftlich und haftungsmäßig getrennten Geschäftsbereichen (»accounts«) tätig: In einem ersten Schalter soll er nach Maßgabe eines mit der jeweiligen Rohstofforganisation geschlossenen Abkommens »buffer stocks« für Vereinbarungen finanzieren, an denen Erzeuger- und Verbraucherländer beteiligt sind; dafür ist primär von den Mitgliedstaaten zu erbringendes »direktes Beitragskapital« bestimmt (Art. 3 [a], 11, 16 B). Über den zweiten Schalter fördert der CFC durch Kredite oder verlorene Zuschüsse die Forschung und Entwicklung zu neuen Produkten, zu Produktivitätssteigerungen o.ä. jeweils in Bezug auf einen bestimmten Rohstoff; diese Tätigkeit wird dadurch beschränkt, dass hierfür nur begrenzt Mittel verfügbar sind bzw. aufgenommen werden dürfen (Art. [3 b], 13, 18 des Übereinkommens).

Zwei »Schalter« des Rohstofffonds

In einem engeren Rahmen, nämlich im Verhältnis der EG und ihrer Mitgliedstaaten zu Entwicklungsländern aus Afrika, der Karibik und dem Pazifik – (AKP-)Staaten – wurden bereits die wesentlichen Zielsetzungen des 4. Lomé-Abkommens (Art. 13 ff.) im Rohstoffsektor auch durch (finanzielle) Zusammenarbeit zu verwirklichen angestrebt.

Rohstoffregeln im Verhältnis EG – AKP-Staaten

Hierzu wurden Systeme für die Stabilisierung der Ausfuhrerlöse landwirtschaftlicher Erzeugnisse (STABEX) sowie von Bergbauprodukten (SYSMIN) geschaffen (Art. 186 ff., 214 ff.); das Folge-Abkommen von Cotonou (2000) führt diese Systeme jedoch nicht fort, auch wenn weiterhin zusätzliche Unterstützung bei Fluktuationen von Exporterlösen vorgesehen ist.

<small>Einschlägige Fazilitäten des IWF</small>

Der IWF richtete bereits 1969 eine spezielle Fazilität zur Finanzierung von »buffer stocks« ein (Buffer Stock Financing Facility, BSFF); 1988 wurde eine bestehende weitere Fazilität zur kompensierenden Finanzierung von Exporterlösausfällen umgestaltet und erweitert zur Compensatory and Contigency Financing Facility (CCFF).

4. (Fairer) Wettbewerb

<small>Bisher keine globalen Regelungen</small>

Regeln zur Herstellung eines unverfälschten oder zur Verhinderung eines unlauteren Wettbewerbs sind bislang im Wesentlichen auf einige regionale wirtschaftliche Integrationen wie insbesondere die EG beschränkt (Art. 3 Abs. 1 [g], 81 ff. EGV). Die letztlich gescheiterte Havanna-Charta hatte Wettbewerbsregelungen einen eigenen Titel gewidmet, der sich jedoch nur gegen die durch wettbewerbsbeschränkende Praktiken verursachten negativen Folgen richtete.

Auf globaler Ebene verabschiedete eine UN-Konferenz 1980 als Empfehlung einen »Set of Multilaterally agreed Equitable Principles and Rules for the Control of Restrictive Business Practices« (RBP-Kodex), deren Einhaltung durch einen Ausschuss der UNCTAD überwacht werden sollte. Im Hinblick auf ein wesentliches Ziel dieses Werks, nämlich die Aktivitäten transnationaler Unternehmen stärker (durch die jeweiligen Gaststaaten) zu kontrollieren, erlangte es jedoch weder breite noch nachhaltige Anerkennung. An die bereits 1947 vereinbarten Regeln knüpfte 1994 wieder, freilich wieder nur im Hinblick auf die Abwehr wettbewerbsverzerrender Handelspraktiken, die WTO an. Schon das GATT 1947 hatte aber in Art. VI Abs. 1 bekundet:

<small>**GATT 1947, Art. VI Abs. 1**</small>

<small>Regelungen des GATT</small>

> Die Vertragsparteien erkennen an, daß ein Dumping, durch das Waren eines Landes unter ihrem normalen Wert auf den Markt eines anderen Landes gebracht werden, zu verurteilen ist, wenn es eine bedeutende Schädigung eines im Gebiet einer Vertragspartei bestehenden Wirtschaftszweiges verursacht oder zu verursachen droht oder wenn es die Errichtung eines inländischen Wirtschaftszweigs erheblich verzögert. Eine Ware gilt dann ... als unter ihrem normalen Wert auf den Markt eines Einfuhrlandes gebracht, wenn der Preis einer von einem Land in ein anderes Land ausgeführten Ware

(a) niedriger ist als der vergleichbare Preis einer gleichartigen Ware im normalen Handelsverkehr, die zur Verwendung im Ausfuhrland bestimmt ist, oder
(b) bei Fehlen eines derartigen Inlandspreises niedriger ist als
(i) der höchste vergleichbare Preis einer im normalen Handelsverkehr zur Ausfuhr nach einem dritten Land bestimmten gleichartigen Ware oder
(ii) die Herstellungskosten dieser Ware im Ursprungsland, zuzüglich einer angemessenen Spanne für Veräußerungskosten und Gewinn.
In jedem Fall müssen Unterschied in den Verkaufsbedingungen und in der Besteuerung sowie sonstige die Vergleichbarkeit der Preise beeinflussende Unterschied gebührend berücksichtigt werden.

Speziell zu Ausfuhrsubventionen besagt Art. XVI B:

... (2) Die Vertragsparteien erkennen an, daß die Gewährung einer Subvention bei der Ausfuhr einer Ware durch eine Vertragspartei für andere einführende oder ausführende Vertragsparteien nachteilige Auswirkungen haben, unbillige Störungen ihrer normalen Handelsinteressen hervorrufen und die Erreichung der Ziele dieses Abkommens behindern kann.

GATT 1947, Art. XVI B

(3) Die Vertragsparteien sollen daher bestrebt sein, die Gewährung von Subventionen bei der Ausfuhr von Grundstoffen zu vermeiden. Gewährt eine Vertragspartei dennoch mittelbar oder unmittelbar eine Subvention, gleich welcher Art, die eine Steigerung der Ausfuhr eines Grundstoffes aus ihrem Gebiet bewirkt, so darf sie diese Situation nicht so handhaben, daß sie dadurch mehr als einen angemessenen Anteil an dem Welthandel mit diesem Erzeugnis erhält; dabei sind die Anteile der Vertragsparteien an dem Handel mit der betreffenden Ware während einer früheren Vergleichsperiode sowie alle etwaigen besonderen Umstände zu berücksichtigen, die diesen Handel beeinflußt haben oder noch beeinflussen.

Weder Dumping noch (bestimmte) Subventionen werden also ausdrücklich verboten, sondern es werden lediglich (nach Maßgabe von Art. VI Abs. 2, 3, und 6 GATT) Gegenmaßnahmen erlaubt!

Im Hinblick auf beide »unfaire« Praktiken (und deren Bekämpfung durch Antidumping- oder Ausgleichszölle) einigten sich aber bereits in früheren GATT-Runden manche, aber nicht alle Parteien dieses Abkommens auf eigenständige Durchführungsvereinbarungen (»side agreements«); seit Errichtung der WTO zählen diese in überarbeiteter Fassung zu den »multilateralen« Übereinkommen des Warenverkehrs. Dabei sieht das »Übereinkommen zur Durchführung des Art. VI GATT« (1994) vor, dass eine Antidumpingmaßnahme nur unter den in Art. VI GATT vorgesehenen Umständen und aufgrund von Untersuchungen angewendet werden, die gemäß diesem Übereinkommen eingeleitet (Art. 5) und durchgeführt werden (Art. 1 S. 1, 18.1.). Dabei

Zusatzabkommen in der Tokio-Runde

Antidumping-Abkommen 1994

(Anti-)Subventions-Abkommen 1994

müssen aber Industrieland-Mitglieder die »spezifische Lage« von Entwicklungsland-Mitgliedern »besonders berücksichtigen« (Art. 15). Das »Übereinkommen über Subventionen und Ausgleichsmaßnahmen« (1994) ist ebenfalls als Ausführungsregelung konzipiert (Art. 10 und 32.1.); es enthält weithin parallele Verfahrensvorschriften (Art. 11 ff.) und präzisiert, welche (von einer »Regierung«) gewährten finanziellen und anderen einkommens- oder preisbezogenen »Subventionen« (Art. 1) verboten (»rot«) oder unbedenklich (»grün«) sind (Art. 3). Eine dritte (»gelbe«) Kategorie zwar spezifischer (Art. 2), aber »nicht anfechtbarer« Subventionen insbesondere für Zwecke der Forschung, des Umweltschutzes und der Regionalförderung (Art. 8) existierte nur bis Ende 1999 und wurde nicht beibehalten (Art. 31). Auch in diesem Übereinkommen ist eine differenzierte Behandlung der Entwicklungsland-Mitglieder vorgesehen (Art. 27).

Keine nähere Regelung im GATS

Das GATS enthält demgegenüber nur eine eher programmatische Bestimmung über »Subventionen« (Art. XV):

GATT 1947, Art. XV

(1) Die Mitglieder erkennen an, daß Subventionen unter bestimmten Umständen zu Verzerrungen im Handel mit Dienstleistungen führen können. Die Mitglieder nehmen zur Vermeidung derartiger handelsverzerrender Auswirkungen Verhandlungen zur Ausarbeitung der erforderlichen multilateralen Disziplinen auf. Die Verhandlungen betreffen auch die Zweckmäßigkeit von Ausgleichsverfahren. Die Verhandlungen erkennen die Rolle von Subventionen für das Entwicklungsprogramm von Entwicklungsländern an und berücksichtigen das Bedürfnis der Mitglieder, insbesondere der Entwicklungsländer, die Mitglieder sind, nach Flexibilität in diesem Bereich...

Daneben handelt Art. IX GATS zwar auch von »gewissen Geschäftspraktiken« von »Dienstleistungserbringern« (Art. XXVIII [g]), die, auch wenn sie nicht von Personen/Unternehmen mit Monopolrechten (Art. VIII) ausgehen, »den Wettbewerb behindern und damit den Handel mit Dienstleistungen beschränken können« (Abs. 1); jedoch wird zur Beseitigung solcher Praktiken den WTO-Mitgliedern lediglich aufgegeben, untereinander Konsultationen (Art. XXII) aufzunehmen (Abs. 2).

Keine nähere Regelung im TRIPS

Auch das TRIPS-Abkommen befasst sich lediglich in einer einzigen Vorschrift mit der »Kontrolle wettbewerbswidriger Praktiken in vertraglichen Lizenzen« (Art. 40):

TRIPS-Abkommen Art. 40

(1) Die Mitglieder sind sich darin einig, daß gewisse Praktiken oder Bestimmungen bei der Vergabe von Lizenzen an Rechten des geistigen Eigentums, die den Wettbewerb beschränken, nachteilige Auswirkungen auf den Handel haben können und die Weitergabe und Verbreitung von Technologie behindern können.
(2) Dieses Übereinkommen hindert die Mitglieder nicht daran, in ihren Rechtsvorschriften Lizenzierungspraktiken und Lizenzbedingungen

aufzuführen, die in bestimmten Fällen einen Mißbrauch von Rechten des geistigen Eigentums mit nachteiligen Auswirkungen auf den Wettbewerb auf dem entsprechenden Markt bilden können. [E]in Mitglied (kann) im Einklang mit den sonstigen Bestimmungen dieses Übereinkommens geeignete Maßnahmen ergreifen, um solche Praktiken, zu denen z.B. Bestimmungen über exklusive Rücklizenzen, über die Verhinderung von Angriffen gegen die Gültigkeit sowie erzwungene Paketlizenzen gehören können, unter Berücksichtigung seiner einschlägigen Gesetze und sonstigen Vorschriften zu verhindern oder zu kontrollieren.

Das allgemeine Verhältnis von »trade and competition« bildet allerdings einen wichtigen Verhandlungsgegenstand innerhalb der WTO seit der ersten Ministerkonferenz (Singapur 1996).

Von ihren Anfängen an befasste sich auch die OECD mit Fragen des Wettbewerbsschutzes und widmete sich zunächst der Verbesserung der Zusammenarbeit der mitgliedstaatlichen Kartellbehörden. Der Rat der Organisation beschloss allerdings auch mehrere Richtlinien zu wettbewerbsbeschränkendem Verhalten im Allgemeinen wie in speziellen Bereichen (etwa beim Technologietransfer). *Aktivitäten der OECD*

5. Schutz der Umwelt

Für internationalen Wirtschaftsverkehr überaus bedeutsam sind zahlreiche multilaterale Umweltschutzabkommen (»multilateral environmental agreements«, MEAs), die entweder direkte Beschränkungen des Handels mit bestimmten Waren (und Dienstleistungen) beinhalten oder sich doch mittelbar auf wirtschaftliche Aktivitäten mit grenzüberschreitendem Bezug auswirken:

Zum ersten Gebiet zählen Verträge wie das Washingtoner Artenschutzübereinkommen 1975 (Convention on International Trade in Endangered Species of Wild Fauna and Flora, CITES), welches den Bestand unterschiedlich stark bedrohter Tier- und Pflanzenarten dadurch schützen will, dass die diesem speziell durch den internationalen Handel drohenden Gefahren minimiert werden. Nur soweit (zulässigerweise) striktere nationale Maßnahmen getroffen werden, sind diese nicht ohne weiteres durch Art. XX lit. (b) GATT gerechtfertigt. Ein anderer wichtiger Fall ist der grenzüberschreitende Transport gefährlicher Abfälle, der sowohl weltweit (durch das Baseler Übereinkommen 1989) als auch regional (durch die Bamako-Konvention 1991) teils auf der Basis der Zustimmung der beteiligten Staaten (»prior infomed consent«), teils durch ein grundsätzliches Exportverbot gesteuert werden soll; beides ist im Hinblick auf Art. XI GATT legitimati- *Wichtige MEAs* onsbedürftig. Ähnliches gilt für Regelungen zum Schutz der Ozonschicht (Montreal-Protokoll 1987); in dessen Art. 4 heißt es u.a.:

Montreal-Protokoll 1987, Art. 4

(1) Mit Wirkung vom 1. Januar 1990 verbietet jede Vertragspartei die Einfuhr der geregelten Stoffe in Anlage A aus jedem Staat, der nicht Vertragspartei des Protokolls ist. ...
(2) Mit Wirkung vom 1. Januar 1993 verbietet jede Vertragspartei die Ausfuhr aller geregelten Stoffe in Anlage A in jeden Staat, der nicht Vertragspartei des Protokolls ist. ...
(5) Jede Vertragspartei wird nach besten Kräften bestrebt sein, der Ausfuhr von Technologie zur Herstellung und Verwendung geregelter Stoffe in den Anlagen A, B, C und E in Staaten, die nicht Vertragsparteien des Protokolls sind, entgegenzuwirken.
(6) Jede Vertragspartei sieht davon ab, neue Subventionen, Hilfen, Kredite, Garantien oder Versicherungsprogramme für die Ausfuhr von Erzeugnissen, Ausrüstung, Anlagen oder Technologie, welche die Herstellung geregelter Stoffe in den Anlagen A, B, C und E erleichtern, in Staaten zur Verfügung zu stellen, die nicht Vertragsparteien des Protokolls sind. ...

Auch für die wirtschaftliche Betätigung ausländischer Investoren auf dem Gebiet eines Gastlandes gilt das völkergewohnheitsrechtliche Prinzip, dass hierdurch keine (erkennbar) erhebliche Schädigungen in anderen Staaten herbeigeführt werden dürfen; umstritten ist allerdings, ob es auch bestimmte besonders riskante (»ultra-hazardous«) Aktivitäten gibt (wie z.B. der Betrieb von Kernkraftwerken), deren Aufnahme dritte Staaten zustimmen oder vor der diese zumindest gehört werden müssen. Einige Räume (Antarktis, Hohe See, Weltraum) und Bereiche (Klima, genetische Vielfalt) mit Bedeutung für die Menschheit als Ganze sollen durch multilaterale Verträge vor schädlichen Nutzungen so weit wie möglich bewahrt werden.

Bereiche von »gemeinsamer« Bedeutung (»common concern«)

Antarktis-Vertrag 1959, Art. V

(1) Kernexplosionen und die Beseitigung radioaktiven Abfalls sind in der Antarktis verboten...

Weltraumvertrag 1967, Art. IV

Die Vertragsstaaten verpflichten sich, keine Gegenstände, die Kernwaffen oder andere Massenvernichtungswaffen tragen, in eine Erdumlaufbahn zu bringen und weder Himmelskörper mit derartigen Waffen zu bestücken noch solche Waffen im Weltraum zu stationieren.
Der Mond und die anderen Himmelskörper werden von allen Vertragsstaaten ausschließlich zu friedlichen Zwecken benutzt. ...

UN-Seerechtsübereinkommen 1982
Art. 119
(1) Bei der Festlegung der zulässigen Fangmenge und anderer Maßnahmen für die Erhaltung der lebenden Ressourcen der Hohen See ergreifen die Staaten Maßnahmen, die auf der Grundlage der besten den betreffenden Staaten zur Verfügung stehenden wissenschaftlichen Angaben darauf gerichtet sind, die Populationen befischter Arten auf einem Stand zu erhalten oder auf diesen zurückzuführen, der den größtmöglichen Dauerertrag sichert ...

Art. 194
(1) Die Staaten ergreifen, je nach den Umständen einzeln oder gemeinsam, alle mit diesem Übereinkommen übereinstimmenden Maßnahmen, die notwendig sind, um die Verschmutzung der Meeresumwelt ungeachtet ihrer Ursache zu verhüten, zu verringern und zu überwachen....

Soweit hier Individuen oder Unternehmen in staatsfreien Gebieten tätig werden könnten, obliegt es dann dem jeweiligen Heimatstaat, auf der Basis seiner Personalhoheit diesen Zweck durch Verbote und Beschränkungen durchzusetzen.

Regelungen mittels Personalhoheit

Weltraumvertrag 1967, Art. VI
Die Vertragsstaaten sind völkerrechtlich verantwortlich für nationale Tätigkeiten im Weltraum ..., gleichviel ob staatliche Stellen oder nichtstaatliche Rechtsträger dort tätig werden, und sorgen dafür, daß nationale Tätigkeiten nach Maßgabe dieses Vertrags durchgeführt werden. Tätigkeiten nichtstaatlicher Rechtsträger ... bedürfen der Genehmigung und ständigen Aufsicht durch den zuständigen Vertragsstaat.

UN-Seerechtsübereinkommen 1982, Art. 117
Jeder Staat ist verpflichtet, in bezug auf seine Angehörigen die erforderlichen Maßnahmen zur Erhaltung der lebenden Ressourcen der Hohen See zu ergreifen...

Heimatstaaten von Investoren können im Hinblick auf die räumliche Begrenzung ihrer Hoheitsmacht »ihre« Unternehmen im Wesentlichen nur wirksam zu einem bestimmten (umwelt- oder auch sozialverträglichen) Verhalten veranlassen, soweit dieses im Inland vor sich geht, also z.B. bei der beabsichtigten Ausfuhr von Gütern, die für ein ausländisches Tochter- oder Zweigunternehmen bestimmt sind, oder indem im Gastland unter Missachtung heimatstaatlicher Standards produzierte Waren nicht (re)importiert werden dürfen. Nicht nur auf Investitionsentscheidungen als solche, sondern auch auf deren »ökologische Qualität« – sei es in Bezug auf den Betrieb eines Unternehmens und die damit einher gehende Umweltbelastung, sei es im

Umweltverträglichkeit ausländischer Investitionen

Hinblick auf die dort produzierten Waren oder Dienstleistungen – kann aber über Finanzierungsmodalitäten Einfluss genommen werden: Dies erfolgt seit längerem insbesondere bei Projektfinanzierungen internationaler Entwicklungsbanken, die häufig eine positive Umweltverträglichkeitsprüfung zur Voraussetzung einer Förderung machen, aber inzwischen auch zunehmend seitens der mit Export- und Investitionsförderung betrauten (staatlichen) Stellen der Industrieländer.

UNEP

Freilich existiert bislang weder im Rahmen der UN oder sonst auf globaler Ebene eine speziell mit Umweltschutzfragen betraute Organisation, sondern gibt es lediglich Ansätze hierzu, wie das 1972 durch eine Resolution der Generalversammlung geschaffene United Nations Environment Programme (UNEP) mit einem 58-köpfigen Governing Council (und seit 1999 einem Global Ministerial Environment Forum), einem kleinen Environment Secretariat unter einem Executive Director (z.Zt. Klaus Töpfer) in Nairobi (Kenia), einem Environment Co-ordination Board und einem (freiwilligen) Environment Fund. Die Hauptaufgaben des Governing Council sind nach Ziff. I.2. der Resolution 2997 (XXVII):

UN-Resolution 2997, XXVII

(a) To promote international cooperation in the field of the environment and to recommend, as appropriate, policies to this end;
(b) To provide general policy guidance for the direction and coordination of environmental programmes within the United Nations system;
(c) To receive and review the periodic reports of the Executive Director of UNEP on the implementation of environmental programmes within the United Nations system;
(d) To keep under review the world environmental situation in order to ensure that emerging environmental problems of wide international significance receive appropriate and adequate consideration by Governments;
(e) To promote the contribution of the relevant international scientific and other professional communities to the acquisition, assessment and exchange of environmental knowledge and information and, as appropriate, to the technical aspects of the formulation and implementation of environmental programmes within the United Nations system;
(f) To maintain under continuing review the impact of national and international environmental policies and measures on developing countries, as well as the problem of additional costs that may be incurred by developing countries in the implementation of environmental programmes and projects, and to ensure that such programmes and projects shall be compatible with the development plans and priorities of those countries;
(g) To review and approve the programme of utilization of resources of the Environment Fund.

Handel und Umwelt (»trade and environment«) ist ein wichtiges Thema in der WTO (und derem einschlägigen Ausschuss). Auch in diesem Rahmen können jedoch nur einzelne, wenn auch wichtige Facetten der komplexen Problematik behandelt und Lösungen zugeführt werden.

WTO und Umwelt(schutz)

6. Wiederholungsfragen

1. Auf welche Weise wird im internationalen Bereich ein wirksamer Schutz vor Enteignungen durch »Gaststaaten« gewährleistet? Lösung S. 179

2. Welchen Ansatz verfolgt das TRIPs beim Schutz geistigen Eigentums? Lösung S. 184

3. Welche beiden Arten von Rohstoffabkommen gibt es? Lösung S. 186 f.

4. Welchen Zweck verfolgt der Gemeinsame Rohstofffonds? Lösung S. 190

5. Welche wettbewerbsrelevanten Regeln trifft das WTO-Recht? Lösung S. 192 ff.

6. Welche Probleme werfen MEAs im Welthandelsrecht auf? Lösung S. 195 ff.

Welthandelsrecht

– Recht des internationalen Warenaustauschs –

1.	**Freiheit und Schranken des Warenverkehrs im GATT und anderen WTO-Abkommen**	**202**
1.1.	Von der Havanna-Charta zur WTO	203
1.2.	GATT-Recht	205
1.3.	Wichtige Sonderabkommen	219
2.	**Sonderregeln für einzelne Sektoren**	**225**
2.1.	Wichtige Sonderabkommen	225
2.2.	Agrarprodukte	226
2.3.	Textilien	228
2.4.	Wiederholungsfragen	229
3.	**Recht des internationalen Dienstleistungsverkehrs**	**230**
3.1.	Entwicklung	230
3.2.	WTO/GATS	231
3.3.	Sonderbereiche	241
3.4.	WTO/GATS und andere internationale Regimes für den Dienstleistungsverkehr	241
3.5.	Wiederholungsfragen	242
4.	**Öffentliche Beschaffung**	**243**
4.1.	Government Procurement	243
4.2.	Wiederholungsfragen	248

1. Freiheit und Schranken des Warenverkehrs im GATT und anderen WTO-Abkommen

Völkerrechtlicher Rahmen für staatliches Außenwirtschaftsrecht

Internationaler Wirtschaftsverkehr ist zwar dadurch gekennzeichnet, dass Ursprung und Ende einer kommerziellen Transaktion in unterschiedlichen Staaten liegen oder zumindest ein anderes grenzüberschreitendes Element (wie die Beteiligung einer ausländischen Person oder der Bezug auf ein Grundstück in einem fremden Staatsgebiet) vorhanden ist. Wichtigste Akteure solcher Transaktionen sind jedoch weder die (National-)Staaten (oder andere Völkerrechtssubjekte) selbst noch aus diesen organisatorisch ausgegliederte, oft auch rechtlich verselbständigte staatliche oder »öffentliche Unternehmen«, sondern natürliche und vor allem juristische Personen privaten Rechts (und in der Organisationsform eines bestimmten, nämlich der herkunftsstaatlichen Handels- bzw. Gesellschaftsrechts). Die von diesen getätigten Geschäfte verlaufen aber innerhalb eines völkerrechtlich, insbesondere völkervertraglich abgesteckten Rahmens, der auch für die Ausgestaltung des jeweils nationalen Außenwirtschaftsgesetzgebung maßgeblich ist: Entweder muss völkervertraglichen Anpassungspflichten genügt werden oder (zu unmittelbarer Anwendung geeignete und bestimmte) international-rechtliche Regelungen verdrängen das innerstaatliche Recht kraft dessen ausdrücklicher (allgemeiner) Anordnung oder als Sondervorschriften (leges speciales) ganz oder teilweise.

AWG § 1

(1) Der Waren-, Dienstleistungs-, Kapital-, Zahlungs- und sonstige Wirtschaftsverkehr mit fremden Wirtschaftsgebieten sowie der Verkehr mit Auslandswerten und Gold zwischen Gebietsansässigen (Außenwirtschaftsverkehr) ist grundsätzlich frei. Er unterliegt den Einschränkungen, die dieses Gesetz enthält oder die durch Rechtsverordnung auf Grund dieses Gesetzes vorgeschrieben werden.

(2) Unberührt bleiben Vorschriften in anderen Gesetzen und Rechtsverordnungen, zwischenstaatliche Vereinbarungen, denen die gesetzgebenden Körperschaften in der Form eines Bundesgesetzes zugestimmt haben, sowie Rechtsvorschriften der Organe zwischenstaatlicher Einrichtungen, denen die Bundesrepublik Deutschland Hoheitsrechte übertragen hat.

AWG § 5

Zur Erfüllung zwischenstaatlicher Vereinbarungen, denen die gesetzgebenden Körperschaften in der Form eines Bundesgesetzes zugestimmt haben, können Rechtsgeschäfte und Handlungen im Außenwirtschaftsverkehr beschränkt und bestehende Beschränkungen aufgehoben werden.

Eine allgemeine (völker)rechtliche Verpflichtung eines Staates, den eigenen Staatsangehörigen und sonstigen sich auf seinem Gebiet befindlichen Personen (und Unternehmen) grenzüberschreitenden Wirtschafts- oder auch nur Warenverkehr zu gestatten, gibt es nicht. Ein- und Ausfuhr- bzw. (umfassender) Außenwirtschaftsfreiheit für bestimmte oder alle (einem Staat angehörenden oder gebietsansässigen) Personen kann freilich, wie in Deutschland durch Art. 12 und 14 GG, durch staatliche Verfassungen gewährleistet werden.

Außenwirtschaftliche Freiheit nur im nationalen Recht

Auf internationaler Ebene werden speziell wirtschaftliche (und soziale) Grundrechte bislang durch (multilaterale) Konventionen nur relativ schwach verbürgt, am ehesten noch auf regionaler Ebene.

EMRK, 1. Zusatzprotokoll, Art. 1

(1) Jede natürliche oder juristische Person hat das Recht auf Achtung ihres Eigentums. Niemandem darf sein Eigentum entzogen werden, es sei denn, daß das öffentliche Interesse es verlangt, und nur unter den durch Gesetz und durch die allgemeinen Grundsätze des Völkerrechts vorgesehenen Bedingungen.
(2) Abs. 1 beeinträchtigt jedoch nicht das Recht des Staates, diejenigen Gesetze anzuwenden, die er für die Regelung der Benutzung des Eigentums im Einklang mit dem Allgemeininteresse oder zur Sicherung der Zahlung der Steuern oder sonstigen Abgaben oder von Geldstrafen für erforderlich hält.

Auch das klassische Fremdenrecht gewährt (fremden) Privaten kein »ius commercii«, sondern belässt die Entscheidung über die Zulassung grenzüberschreitenden (Waren-)Handels dem Staat, aus bzw. in dessen Gebiet die Transaktion erfolgen soll.

Kein »ius commercii«

1.1. Von der Havanna-Charta zur WTO

Bis in die Zeit nach Ende des Zweiten Weltkriegs bewegte sich auch der grenzüberschreitende (kommerzielle) Verkehr mit Waren – d.h. körperlichen Gegenständen des Handelsverkehrs – im Wesentlichen in den Bahnen bilateraler (Freundschafts-,) Handels- (und Schifffahrts-)Verträge (fcn treaties). Eine (vertraglich errichtete) Welthandelsordnung war erst Teil der Nachkriegspläne der USA und Großbritanniens (Atlantik-Charta 1941). Eine 1947 einberufene UN-Konferenz für Handel und Beschäftigung einigte sich auf die nach dem Tagungsort so genannte »Havanna-Charta«, mit einer International Trade Organization (ITO) als institutionellem Kern. Bereits vorher war ein Teil der neuen Regelungen als Allgemeines Zoll- und Handelsabkommen (General Agreement on Tariffs and Trade, GATT) durch ein eigenes

Entstehung des GATT (1947)

Protokoll für ab 1.1.1948 vorläufig anwendbar erklärt worden. Damit galten Art. III – XXIII (= Teil II) GATT bis auf weiteres nur to the fullest extent not inconsistent with national legislation.

Scheitern des ITO-Projekts

Das ITO-Projekt scheiterte, weil die USA keine Ratifizierung mehr anstrebten, desgleichen ein schwächlicher Wiederbelebungsversuch in den 50er Jahren.

GATT-Runden

Die einzige größere Änderung des damit allein – und ohne ordentliche Organisationsstruktur – übrig bleibenden GATT erfolgte 1965 durch Anfügung des Teils IV. Jedoch wurden bis 1961 fünf Zollsenkungsrunden (auf der Basis des Art. XXVIIIbis GATT) durchgeführt, und der Kreis der Vertragsparteien wuchs. In der 1964 bis 1967 stattfindenden »Kennedy«-Runde kam es erstmals zur Erörterung anderer handelspolitischer, also »nichttarifärer« Fragen, die in den Abschluss eines eigenständigen Antidumpingabkommens mündeten. In der thematisch weiter gespannten »Tokio«-Runde (1973 – 1979) wurden weitere Neben-Übereinkommen (und weitere Entscheidungen, etwa zur Streitbeilegung) getroffen, die teilweise noch heute als WTO-Abkommen Bestand haben, wie z.B. das plurilaterale Übereinkommen über den Handel mit Zivilluftfahrzeugen oder das multilaterale TBT-Abkommen (»Standards Code«).

Uruguay-Runde 1986 - 1993

Die 8. Welthandelsrunde wurde formell durch die Ministererklärung von Punta del Este (Uruguay) eingeleitet und bezieht von diesem Ort ihren Namen. Von Anfang an wurde dabei der Dienstleistungssektor einbezogen. Erst kurz vor Abschluss der vor allem im Bereich von Agrarerzeugnisse kontroversen Verhandlungen (Dez. 1993) wurde auch eine Einigung über den neuen institutionellen Überbau (Multilateral bzw. letztlich World Trade Organization) erzielt. Die Schlussakte wurde schließlich am 15.4.1994 in Marrakesh unterzeichnet. Ihren Mittelpunkt bildet das Übereinkommen über die Errichtung der WTO, alle anderen Abkommen und sonstige völkerrechtlich relevanten Erklärungen sind ihm zugeordnet. Auf den Warenverkehr bezieht sich dabei Anlage 1A zum WTO-Übereinkommen, aber auch die beiden noch bestehenden plurilateralen Abkommen (Anlage 4) sind primär auf Waren bezogen, und die Anlagen 2 und 3 (DSU, TPRM) erstrecken sich ebenfalls (auch) auf diesen Hauptzweig der Welthandelsordnung.

1.2. GATT-Recht

Das GATT 1994 besteht zum einen aus dem »alten« GATT, freilich nicht in der ursprünglichen Fassung von 1947, sondern in Gestalt der Berichtigungen, Änderungen und Modifizierungen bis zum Inkrafttreten des WTO-Abkommens. Dazu kommen weitere aufgrund des GATT 1947 angenommene Rechtsinstrumente, nämlich Protokolle und Bestätigungen zu Zollzugeständnissen, Beitrittsprotokolle und (noch gültige) Beschlüsse über Befreiungen (»waiver«) nach Art. XXV Abs. 5 GATT 1947. Ferner gehören zum GATT 1994 sechs (Auslegungs-)Vereinbarungen zu einzelnen Bestimmungen und schließlich das zu ihm festgelegte Marrakesh-Protokoll. In amtlichen »Erläuterungen« werden die nötigen Verknüpfungen antiquierter Begriffe des GATT 1947 mit Bezeichnungen (bzw. Organen) des WTO-Übereinkommens vorgenommen. Unverändert geblieben, freilich durch die Einfügung des GATT 1994 als multilaterales Übereinkommen unter das Dach der WTO inhaltlich erweitert und modifiziert worden ist die Zielsetzung in der Präambel. Das Abkommen wurde demgemäß geschlossen

Elemente des GATT 1994

in der Erkenntnis, daß ihre Handels- und Wirtschaftsbeziehungen auf die Erhöhung des Lebensstandards, auf die Verwirklichung der Vollbe-

GATT, Präambel

schäftigung, auf ein hohes und ständig steigendes Niveau des Realeinkommens und der wirksamen Nachfrage, auf die volle Erschließung der Hilfsquellen der Welt, auf die Steigerung der Produktion und des Austausches von Waren gerichtet sein sollen, und in dem Wunsche, zur Verwirklichung dieser Ziele durch den Abschluß von Vereinbarungen beizutragen, die auf der Grundlage der Gegenseitigkeit und zum gemeinsamen Nutzen auf einen wesentlichen Abbau der Zölle und anderer Handelsschranken sowie auf die Beseitigung der Diskriminierung im internationalen Handel abzielen ...

Der Vorspruch des WTO-Übereinkommens ergänzt dies durch eine Pflicht zu »positiven Bemühungen« um verstärkte Einbeziehung der Entwicklungsländer in die Weltwirtschaft und (im Rahmen der zuvor zitierten »Erkenntnis«) um das »Ziel einer nachhaltigen Entwicklung« (»sustainable development«), als zentralem Konzept modernen Umweltrechts auf internationaler (UNCED 1992) wie nationaler Ebene,

in dem Bestreben, den Schutz und die Erhaltung der Umwelt und gleichzeitig die Steigerung der dafür erforderlichen Mittel zu erreichen, und zwar in einer Weise, die mit den ihrem jeweiligen wirtschaftlichen Entwicklungsstand entsprechenden Bedürfnissen und Anliegen vereinbar ist.

Zentrale, wenn auch nur eher nebenbei ausgesprochene Konzeption des GATT ist die »tariffs only«-Maxime. Deutlich wird diese vor allem aus der generellen Verpflichtung zur »Beseitigung von mengenmäßigen Beschränkungen« in Art. XI Abs. 1:

Außer Zöllen, Abgaben und sonstigen Belastungen darf eine Vertragspartei bei der Einfuhr einer Ware aus dem Gebiet einer anderen Vertragspartei oder bei der Ausfuhr einer Waren oder ihrem Verkauf zwecks Ausfuhr in das Gebiet einer anderen Vertragspartei Verbote oder Beschränkungen, sei es in Form von Kontingenten, Einfuhr- und Ausfuhrbewilligungen oder in Form von anderen Maßnahmen, weder erlassen noch beibehalten.

Finanzielle Belastungen, die lediglich den Preis einer Ware für den Erwerber/Nutzer ändern (verteuern), sind demgegenüber ein vergleichsweise transparentes und weniger restriktives Instrument; diese indirekten Mittel zur Beeinflussung des grenzüberschreitenden Warenverkehrs müssen lediglich so beschaffen sein, dass sie nicht höher als (zur Erreichung eines legitimen Ziels) erforderlich und nicht diskriminierend sind.

Im Hinblick auf alle Hemmnisse des grenzüberschreitenden Handels mit Waren (Ein-, Aus-, Durchfuhr, s. Art. V GATT: »Freiheit der Durchfuhr«) legt das GATT zwei generelle Prinzipien fest, nämlich Meistbegünstigungsbehandlung (»most-favoured nation treatment«, MFN) und Inländergleichbehandlung (»national treatment«); diese gelten auch in anderen Sektoren der WTO und über den Bereich des Welthandelsrechts hinaus, so vor allem auch im Hinblick auf internationale Investitionen.

»Allgemeine« unbedingte, d.h. nicht von einer Gegenleistung abhängige Meistbegünstigung wird durch Art. I Abs. 1 GATT gefordert:

Bei Zöllen und Belastungen aller Art, die anläßlich oder im Zusammenhang mit der Einfuhr oder Ausfuhr oder bei der internationalen Überweisung von Zahlungen für Einfuhren oder Ausfuhren auferlegt werden, bei dem Erhebungsverfahren für solche Zölle und Belastungen, bei allen Vorschriften und Förmlichkeiten im Zusammenhang mit der Einfuhr oder Ausfuhr und bei allen in Art. III Abs. 2 – 4 behandelten Angelegenheiten werden alle Vorteile, Vergünstigungen, Vorrechte oder Befreiungen, die eine Vertragspartei für eine Ware gewährt, welche aus einem anderen Land stammt oder für dieses bestimmt ist, unverzüglich und bedingungslos für alle gleichartigen Waren gewährt, die aus den Gebieten der anderen Vertragsparteien stammen oder für diese bestimmt sind.

WTO-Mitglieder müssen also auch die einem bestimmten Drittland gewährte Behandlung an alle anderen WTO-Mitglieder weitergeben; umgekehrt besteht aber keine derartige Verpflichtung, um den Beitritt zur WTO nicht uninteressant zu machen (»Trittbrettfahren«). Das MFN-Prinzip gilt nur für gleichartige Waren (»like products«). Ausgangspunkt hierfür ist praktisch meist die Zollklassifizierung, entscheidend sind letztlich Geschmack und Gewohnheiten der Nachfrager, hingegen nicht die Methoden der Herstellung. Das WTO-Recht enthält allerdings weder hier noch an anderer Stelle eine Definition dieses wichtigen Begriffs.

Art. I Abs. 2 – 4 GATT bringt eine Ausnahme zugunsten bestehender, »historischer« Präferenzen; weitere ergeben sich für Freihandelszonen und Zollunionen aus Art. XXIV Abs. 4, 5 sowie aus einem »waiver« nach Art. XXV Abs. 5, wie er vor allem bei Entwicklungsländern (z.B. im Falle des GSP) erfolgte.

Art. XIII erstreckt MFN-Behandlung auch auf nicht-tarifäre Handelshemmnisse.

(1) Eine Vertragspartei darf bei der Einfuhr einer Ware aus dem Gebiet einer anderen Vertragspartei oder bei der Ausfuhr einer für das Gebiet einer anderen Vertragspartei bestimmten Waren keine Verbote oder Beschränkungen anwenden, es sei denn, daß die Einfuhr einer gleichartigen Ware aus dritten Ländern oder die Ausfuhr einer gleichartigen Ware nach dritten Ländern entsprechend verboten oder beschränkt wird. ...

Wesen der Meistbegünstigung

GATT, Art. I Abs. 1

Meistbegünstigung nicht nur bei Abgaben

GATT, Art. XIII

Darüber hinaus finden sich spezifische Ausprägungen des Prinzips in mehreren weiteren Bestimmungen, etwa in Art. III Abs. 7 oder V Abs. 2, 5 und 6 GATT.

Bedeutung des »national treatment«

Die Meistbegünstigungs- ist mit der Inländerbehandlung schon in ihrem Tatbestand verknüpft: Jene gilt auch für die in Art. III Abs. 2 und 4 GATT behandelten Angelegenheiten.

Das Gebot der Gleichstellung von ausländischen Waren, welche die (Zoll-)Grenzen passiert haben, mit inländischen Waren, ist eine weitere Kernverpflichtung der GATT-Parteien und in Art. III des Übereinkommens (eingeschränkt durch Abs. 8) niedergelegt. Dabei ist Abs. 1 nur programmatischer Natur, jedoch für die Auslegung der zentralen Pflichten aus Abs. 2 bzw. 4 bedeutsam:

GATT, Art. III

(1) Die Vertragsparteien erkennen an, daß die inneren Abgaben und sonstigen Belastungen, die Gesetze, Verordnungen und sonstige Vorschriften über den Verkauf, das Angebot, den Einkauf, die Beförderung, Verteilung oder Verwendung von Waren im Inland sowie inländische Mengenvorschriften über die Mischung, Veredelung oder Verwendung von Waren nach bestimmten Mengen oder Anteilen auf eingeführte oder inländische Waren nicht derart angewendet werden sollen, daß die inländische Erzeugung geschützt wird.*

(2) Waren, die aus dem Gebiet einer Vertragspartei in das Gebiet einer anderen Vertragspartei eingeführt werden, dürfen weder direkt noch indirekt höheren inneren Abgaben oder sonstigen Belastungen unterworfen werden als gleichartige inländische Waren. Auch sonst darf eine Vertragspartei innere Abgaben oder sonstige Belastungen auf eingeführte oder inländische Waren nicht in einer Weise anwenden, die den Grundsätzen des Abs. 1 widerspricht **......

(4) Waren, die aus dem Gebiet einer Vertragspartei in das Gebiet einer anderen Vertragspartei eingeführt werden, dürfen hinsichtlich aller ... Vorschriften in Bezug auf den Verkauf, das Angebot, den Einkauf, die Beförderung, Verteilung oder Verwendung im Inland keine weniger günstige Behandlung erfahren als gleichartige Waren inländischen Ursprungs. ...

* Die Anwendung des Abs. 1 auf innere Abgaben, die von regionalen oder örtlichen Regierungs- oder Verwaltungsstellen innerhalb des Gebietes einer Vertragspartei erhoben werden, unterliegen Art. XXIV Abs. 12. Der Ausdruck »geeignete Maßnahmen« in dem genannten Absatz bedeutet nicht, daß bsp. geltende Rechtsvorschriften aufgehoben werden müssen, die diese Stellen zur Erhebung innerer Abgaben ermächtigen, welche zwar nicht mit dem Wortlaut, wohl aber mit dem Sinn des Art. III vereinbar sind, wenn die Aufhebung für diese Stellen große finanzielle Härten zur Folge hätte.

** Eine Abgabe, die dem Abs. 2 S. 1 entspricht, gilt nur dann als mit S. 2 unvereinbar, wenn die belastete Ware mit einer anderen unmittelbar konkurrierenden oder zum gleichen Zweck geeigneten, aber nicht mit einer ähnlichen Abgabe belasteten Ware mit Wettbewerb steht.

Auch bei »national treatment« besteht ein zentrales Problem in der Klärung, unter welchen Voraussetzungen importierte und inländische Waren »gleichartig« oder ähnlich sind. Wie bei Art. I, XIII GATT sollen hier subjektive Zielrichtungen oder erzielte Handelsbeeinträchtigungen (»aims and effects«) weniger relevant als objektive Merkmale wie Natur, Qualität und Nutzung. Insbesondere bei Art. III Abs. 4 wird die Unterscheidung zwischen produkt- und produktionsbezogenen Maßnahmen wichtig; letztere (»process and production methods«) sollen nur dann erfasst werden, wenn sie sich in der Ware selbst niederschlagen. Diskriminierende Mengenvorschriften in Bezug auf die Mischung, Veredelung oder Verwendung von Waren (»local content rules«) sind nach Art. III Abs. 5, 7 GATT unzulässig.

<small>Bezug auf »gleichartige« Waren</small>

Umstritten ist die Abgrenzung zwischen Art. XI und III GATT, weil der weite Wortlaut jener Bestimmungen auch Ungleichbehandlungen einbezieht. Interne Anforderungen an ein Produkt oder dessen Vermarktung sind allein an Art. III zu messen, auch wenn sie zugleich für importierte Waren gelten; andererseits werden Vorgaben an den Export inländischer Waren nur von Art. XI GATT erfasst. Obwohl Zölle nach dem GATT das primäre Instrument zur Lenkung des internationalen Handels darstellen, fehlt eine Definition. Jedoch ist eine Abgrenzung nicht nur im Verhältnis zu »non-tariff barriers« (NTB), sondern auch gegenüber anderen Abgaben und Belastungen anlässlich oder im Zusammenhang mit der Einfuhr von Waren nötig. Fußnote 1 zu Art. III GATT stellt klar, dass inländische Abgaben nur von dieser Vorschrift erfasst werden; auch Antidumping- und Ausgleichszölle (»duties«) sowie andere weitere Lasten unterfallen nicht Art. II, sondern Art. VI bzw. VIII GATT (s. Art. II Abs. 2). Schließlich entstehen einige indirekte Steuern nicht wegen, sondern anlässlich des Grenzübertritts von Waren und sind daher ein Anwendungsfall des Art. III Abs. 2. Die Abgrenzung von »Zöllen im eigentlichen Sinne« und sonstigen Grenzabgaben erfolgt allein nach formalen Kriterien; jene sind nur im Fall von fixen, d.h. in absoluten Währungsbeträgen ausgedrückten oder von Wertzöllen gegeben. Bei Fixzöllen sieht Art. II Abs. 6 GATT die Berücksichtigung einer erheblichen Abwertung der relevanten Währung vor, für Wertzölle sind Art. VII sowie das hierzu geschlossene Durchführungsabkommen von wesentlicher Bedeutung.

<small>Abgrenzung zwischen Art. III und XI GATT</small>

<small>Begriff des »Zolls«</small>

Die im Rahmen des GATT von WTO-Mitgliedern untereinander vereinbarten Zölle (»tariffs«) sind in Listen enthalten, die über Art. II Abs. 7 Bestandteil von Teil I des GATT werden. Diese von jedem Mitglied für sich formulierten, zwischen allgemeinen und Präferenzzöllen (Art. I Abs. 2 – 4) unterscheidenden Listen – Teile I, II – von Zoll-»Zuge-

<small>Zoll-Listen und -Zugeständnisse</small>

ständnissen« bestehen aus Warenbeschreibungen, Klassifizierungen (nach einer international vereinheitlichten Nomenklatur) sowie der Höhe des jeweils zulässigen Zollsatzes.

GATT, Art. II

(1)(a) Jede Vertragspartei gewährt dem Handel der anderen Vertragsparteien eine nicht weniger günstige Behandlung, als in dem betreffenden Teil der entsprechenden Liste zu diesem Abkommen vorgesehen ist.
(b) Die im Teil I der Liste einer Vertragspartei angeführten, aus den Gebieten anderer Vertragsparteien stammenden Waren sind bei der Einfuhr in ein Gebiet, auf das sich die Liste bezieht, ... von allen Zöllen im eigentlichen Sinne befreit, welche die in der Liste vorgesehenen Zollsätze zu übersteigen. Desgleichen sind diese Waren von allen anderen Abgaben und Belastungen jeder Art befreit, die anlässlich oder im Zusammenhang mit der Einfuhr auferlegt werden. ...
c) Die im Teil II der Liste einer Vertragspartei angeführten Waren, die aus Gebieten stammen, welche nach Art. I Anspruch auf Präferenzbehandlung bei der Einfuhr in das Gebiet haben, auf das sich die Liste bezieht, sind ... von allen Zöllen im eigentlichen Sinne befreit, welche die im Teil II der Liste vorgesehenen Zollsätze übersteigen. ...

Bei der exakten Berechnung eines konkreten Zolls ist nicht nur die ggf. durch Auslegung nach allgemeinen Regeln (Art. 31, 32 WVRK) zu ermittelnde Klassifizierung der Ware, sondern auch deren Herkunft maßgeblich, sei es im Hinblick auf Freihandelszonen und Zollunionen oder auf Präferenzzölle. In der Regel wird dabei auf den Ort der letzten wesentlichen Veränderung einer Ware abgestellt. Das GATT selbst enthält allerdings in Art. IX nur eine (Gleichbehandlungs-)Vorschrift zu Ursprungsbezeichnungen zum Schutz des Verbrauchers; gefordert wird lediglich eine Herkunftsangabe als solche. Erst mit Errichtung der WTO gilt auch ein multilaterales Übereinkommen über Ursprungsregeln (»rules of origin«) für nicht-präferenzielle Zölle; auch dieser Vertrag stellt aber allein Transparenzge- und Diskriminierungsverbote auf und gibt darüber hinaus auf, harmonisierte Regeln zu erarbeiten. Der hierfür geschaffene spezifische Ausschuss hat bislang noch keine endgültigen Ergebnisse erzielt.

Ursprungsregeln

Da die meisten Zölle Wertzölle sind, bestimmt die Methode der Festlegung des Warenwerts für Zollzwecke maßgeblich die Höhe.

GATT, Art. VII

... (2)(a) Der Zollwert eingeführter Waren soll auf Grund des wirklichen Wertes der eingeführten Ware, für die der Zoll berechnet wird, oder auf Grund des Wertes gleichartiger Waren, nicht aber auf Grund des Wertes von Waren inländischen Ursprungs oder auf Grund willkürlich angenommener oder fiktiver Werte ermittelt werden.
(b) Der »wirkliche Wert« einer Ware soll der Preis sein, zu dem diese oder eine gleichartige Ware im normalen Handelsverkehr unter Bedingungen des freien Wettbewerbs in dem durch die Rechtsvorschriften

des Einfuhrlandes bestimmten Zeitpunkt und Ort verkauft oder angeboten wird. ...
(c) Ist der wirkliche Wert gemäß Buchstabe (b) nicht feststellbar, so soll der Zollwert auf Grund des feststellbaren Wertes ermittelt werden, der dem wirklichen Wert am nächsten kommt.
(3) Der Zollwert einer eingeführten Ware soll den Betrag einer im Ursprungs- oder Ausfuhrland erhobenen inneren Abgabe nicht einschließen, von der diese Ware befreit ist oder die vergütet worden ist oder noch vergütet wird. ...
(5) Die Grundlagen und Verfahren zur Ermittlung des Wertes von Waren, die Zöllen oder sonstigen Belastungen und Beschränkungen unterliegen, welche auf dem Wert beruhen oder irgendwie vom Wert abhängig sind, sollen dauerhaft sein und so veröffentlicht werden, daß die Wirtschaftskreise den Zollwert mit genügender Sicherheit schätzen können.

... (3) Eine Vertragspartei darf ihre Methode zur Ermittlung des Zollwerts oder zur Umrechnung von Währungen nicht derart ändern, daß dadurch der Wert eines Zugeständnisses beeinträchtigt wird. das in der entsprechenden Liste zu diesem Abkommen vorgesehen ist.

GATT, Art. II

Schon in der Tokio-Runde entstand als Konkretisierung ein Zollwertübereinkommen, das nunmehr in modifizierter Fassung zu den multilateralen WTO-Abkommen zählt. Es enthält vor allem detaillierte Regeln zur Bestimmung des Handels- bzw. »Transaktionswerts« von Waren, richtet zwei spezifische Ausschüsse zur Verwaltung des Übereinkommens ein und trägt durch eine Sonderbehandlung dem Umstand Rechnung, dass viele Entwicklungsländer nach wie vor ihren Staatshaushalt primär durch Zolleinnahmen speisen.

Zollzugeständnis-Listen werden in Zollrunden ausgehandelt und verändert; die bisher letzte, neunte war die Ende 1993 abgeschlossene Uruguay-Runde.

(1) Die Vertragsparteien erkennen an, daß Zölle den Handel oft erheblich behindern; von großer Bedeutung für die Ausweitung des internationalen Handels sind daher auf der Grundlage der Gegenseitigkeit und zum gemeinsamen Nutzen geführte Verhandlungen, die eine wesentliche Herabsetzung des allgemeinen Niveaus der Zölle und sonstiger Eingangs- und Ausgangsabgaben und insbesondere eine Herabsetzung der die Einfuhr selbst kleinster Mengen behindernden hohen Zollsätze bezwecken und dabei den Zielen dieses Abkommens sowie den verschiedenen Bedürfnissen der einzelnen Vertragsparteien gebührend Rechnung tragen. Die VERTRAGSPARTEIEN können daher von Zeit zu Zeit derartige Verhandlungen veranstalten.
(2) (a) Verhandlungen im Rahmen dieses Artikels können entweder über einzelne ausgewählte Waren oder nach einem für die beteiligten Vertragsparteien jeweils annehmbaren mehrseitigen Verfahren geführt

GATT, Art. XXVIIbis

werden. Diese Verhandlungen können gerichtet sein auf die Herabsetzung von Zöllen, auf die Bindung von Zöllen auf dem jeweils bestehenden Niveau oder auf die Übernahme der Verpflichtungen, einzelne Zölle oder die durchschnittlichen Zollsätze für bestimmte Warengruppen nicht über ein bestimmtes Niveau zu erhöhen. Die Bindung niedriger Zölle oder der Zollfreiheit gilt grundsätzlich als ein Zugeständnis, das der Herabsetzung hoher Zölle gleichwertig ist.

(b) Die Vertragsparteien erkennen an, daß der Erfolg mehrseitiger Verhandlungen im Allgemeinen davon abhängen wird, daß alle Vertragsparteien, deren gegenseitiger Warenaustausch einen wesentlichen Teil ihres Gesamtaußenhandels darstellt, an diesen Verhandlungen teilnehmen.

(3) Die Verhandlungen werden so geführt, daß folgende Punkte ausreichend berücksichtigt werden können:

(a) die Bedürfnisse einzelner Vertragsparteien und einzelner Wirtschaftszweige;

(b) die Tatsache, daß weniger entwickelte Länder zur Förderung ihrer wirtschaftlichen Entwicklung eine elastische Handhabung ihres Zollschutzes benötigen und daß für sie die Beibehaltung von Finanzzöllen besonders wichtig ist;

(c) alle anderen diesbezüglichen Umstände einschließlich der Bedürfnisse der betreffenden Vertragsparteien in Bezug auf Steuern und ihre wirtschaftliche Entwicklung sowie in strategischer und sonstiger Hinsicht.

Voraussetzungen und Verfahren für Listenänderungen ergeben sich aus Art. XXVIII GATT sowie einer hierzu im Rahmen der Uruguay-Runde getroffenen Auslegungsvereinbarung. Die wichtigste Maßgabe dafür enthält Abs. 2:

GATT, Art. XXVIII Abs. 2

Bei den Verhandlungen und der Einigung, die auch ausgleichende Regelungen bei anderen Waren einschließen können, werden sich die beteiligten Vertragsparteien bemühen, auf der Grundlage der Gegenseitigkeit und zum gemeinsamen Nutzen die Zugeständnisse auf einem Stand zu halten, der insgesamt für den Handel nicht weniger günstig ist, als in diesem Abkommen vor den Verhandlungen vorgesehen war.

Belastungen beim Grenzübertritt von Waren

Für Gebühren und andere Belastungen im Zusammenhang mit Warenein- oder ausfuhr (außer Zöllen und sonstigen Abgaben i. S. v. Art. III) bestimmt Art. VIII Abs. 1, diese seien

GATT, Art. VIII Abs. 1

(a) dem Betrag nach ungefähr auf die Kosten der erbrachten Dienstleistungen zu beschränken; sie dürfen weder einen mittelbaren Schutz für inländische Waren noch eine Besteuerung der Einfuhr oder Ausfuhr zur Erzielung von Einnahmen darstellen.

(b) Die Vertragsparteien erkennen die Notwendigkeit an, die Anzahl und Verschiedenartigkeit der unter lit. (a) genannten Gebühren und Abgaben zu vermindern.

Art. VIII GATT betrifft auch staatlich vorgegebene »Förmlichkeiten« bei Ex- oder Import, beispielhaft aufgezählt in Abs. 4:

(a) konsularische Amtshandlungen ...;
(b) mengenmäßige Beschränkungen;
(c) Bewilligungen;
(d) Devisenkontrolle;
(e) Statistik;
(f) beizubringende Unterlagen, Nachweise und Bescheinigungen;
(g) Analysen und Untersuchungen;
(h) Quarantäne, gesundheitspolizeiliche Überwachung und Desinfektion.

»Zollformalitäten«

**GATT,
Art. VIII Abs. 4**

Abs. 3 hält jede Vertragspartei an,

keine strengen Strafen für geringfügige Verletzungen der Zollvorschriften oder Zollverfahrensvorschriften (zu) verhängen. Insbesondere darf eine Strafe wegen Unterlassungen oder Irrtümern in den Zollpapieren, die leicht richtig gestellt werden können und offensichtlich ohne betrügerische Absicht oder grobe Fahrlässigkeit begangen worden sind, nicht höher sein, als nötig ist, um lediglich eine Warnung auszudrücken.

**GATT,
Art. VIII Abs. 3**

Näheres zu (automatischen wie nicht-automatischen, d.h. eine Entscheidung im Einzelfall bedingenden) Einfuhr-Lizenzen ist wiederum in einem multilateralen Übereinkommen geregelt; dies knüpft zum einen an Art. VIII Abs. 4 (c), zum anderen an Art. XI und XIII (Abs. 3) GATT an und verpflichtet zur fairen und neutralen Anwendung solcher zumindest faktisch als Beschränkung wirkenden Maßnahmen.

Einfuhrlizenzen

Nichttarifäre Handelshemmnisse in Form von Verboten, Kontingenten (Quoten), Ein- oder Ausfuhrgenehmigungen wie anderer lediglich finanzieller Belastungen des Warenim- oder -exports sind nach Art. XI Abs. 1 GATT generell verboten. Dies betrifft einerseits nur staatliche Maßnahmen, erstreckt sich aber auch auf solche, die nicht strikt rechtsverbindlich, aber effektiv wirksam sind. Freilich reicht das Verbot nicht so weit wie Art. 28 EGV und erfasst nicht auch jede »Maßnahme gleicher Wirkung wie mengenmäßige Beschränkungen«. In einer Grauzone wurden vor Inkrafttreten des WTO-Rechts »freiwillige Exportbeschränkungen« (»voluntary export restraints«, VAR) einseitig oder durch Vereinbarung zwischen GATT-Parteien festgelegt; insoweit trifft freilich das multilaterale Abkommen über Schutzmaßnahmen (»safeguards«) nunmehr eine recht klare Regelung in Art. 11 Abs. 1 (b):

Grundsätzliches Verbot nicht-tarifärer Handelshemmnisse

»Grauzonenmaßnahmen«

... und Safeguards Agreement

[E]in Mitglied [darf] freiwillige Ausfuhrbeschränkungen, sonstige Selbstbeschränkungsabkommen oder ähnliche Maßnahmen betreffend die Ausfuhren oder die Einfuhren weder anstreben noch ergreifen noch aufrechterhalten.[4] ... Einschlägige Maßnahmen, die bei Inkrafttreten

Übereinkommen über Schutzmaßnahmen, Art. 11 Abs. 1

des WTO-Abkommens Anwendung finden, werden mit (dem Schutzmassnahmen-)Übereinkommen in Einklang gebracht oder schrittweise beseitigt.

⁴ Zu ähnlichen Maßnahmen gehören beispielsweise: Mäßigung bei der Ausfuhr, Systeme zur Überwachung der Einfuhr- bzw. der Ausfuhrpreise, Überwachung der Einfuhren oder der Ausfuhren, obligatorische Einfuhrkartelle und nichtautomatische Verfahren von Ausfuhr- oder Einfuhrlizenzen, durch die Schutz gewährt wird.

Ausnahmen vom NTB-Verbot

Ausnahmen vom Verbot des Art. XI Abs. 1 GATT sind zum einen in Abs. 3 für drei unterschiedliche Situationen enthalten; im Hinblick auf landwirtschaftliche Erzeugnisse (lit. [c]) wird dies seit 1995 durch das multilaterale Übereinkommen über Landwirtschaft konkretisiert. Weitere spezifische Ausnahmen sind zum Schutz der Zahlungsbilanz (Art. XII), zugunsten von Entwicklungsländern (Art. XVIII B Abs. 9) oder nach Art. XIV Abs. 5 GATT zulässig. Im Hinblick auf alle Verbote und Beschränkungen, überdies auch für Zollkontingente (Art. XIII Abs. 5), schreibt Art. XIII Abs. 2 GATT vor, dass sie, wenn sie rechtmäßig getroffen werden, nicht diskriminierend eingesetzt werden müssen:

GATT, Art. XIII Abs. 2

Bei der Anwendung von Einfuhrbeschränkungen auf eine Ware werden die Vertragsparteien eine Streuung des Handels mit dieser Ware anstreben, die soweit wie möglich den Anteilen entspricht, welche ohne solche Beschränkungen voraussichtlich auf die verschiedenen Vertragsparteien entfallen würden; zu diesem Zweck werden sie folgende Bestimmungen beachten:
(a) Sofern dies durchführbar ist, sind Kontingente festzusetzen, welche die Gesamtmenge der zugelassenen Einfuhren umfassen (nach Lieferländern aufgeteilt oder nicht) ...;
(b) Ist die Festsetzung von Kontingenten nicht durchführbar, so können die Beschränkungen durch die Erteilung von Einfuhrlizenzen oder -bewilligungen ohne Kontingentierung gehandhabt werden;
(c) Außer zur Anwendung der nach lit. (d) dieses Absatzes aufgeteilten Kontingente wird eine Vertragspartei nicht vorschreiben, daß Einfuhrlizenzen oder -bewilligungen für die Einfuhr der betreffenden Ware aus einem bestimmten Land oder einer bestimmten Bezugsquelle verwendet werden müssen;
(d) Teilt eine Vertragspartei, die Beschränkungen anwendet, ein Kontingent unter Lieferländern auf, so kann sie mit allen an der Lieferung der betreffenden Ware wesentlich interessierten Vertragsparteien eine Vereinbarung über die Aufteilung des Kontingents anstreben. Erweist sich dies als nicht durchführbar, so räumt die betreffende Vertragspartei den an der Lieferung der Ware wesentlich interessierten Vertragsparteien Anteile ein, die etwa ihrem Verhältnis an der mengen- oder wertmäßigen Gesamteinfuhr dieser Ware während einer früheren Vergleichsperiode entsprechen; dabei sind alle besonderen Umstände

gebührend zu berücksichtigen, die den Handel mit dieser Ware beeinflusst haben oder noch beeinflussen. ...

Weder WTO-Recht allgemein noch das GATT im speziellen enthalten Privatisierungsgebote; wie der EG-Vertrag (Art. 295) lassen sie die Eigentumsordnung und damit das Verhältnis von privater Wirtschaft und staatlichen bzw. öffentlichen Unternehmen grundsätzlich unberührt. Eine weitere Parallele zum Gemeinschaftsrecht (s. Art. 86 Abs. 1 EGV) ist in Art. XVII GATT niedergelegt, der ein Diskriminierungsverbot statuiert, um eine Umgehung der Freihandelsregeln durch staatliche unternehmerische Betätigungen zu verhindern:

Prinzip der Gleichbehandlung privater und öffentlicher Unternehmen

(1) (a)[1] Jede Vertragspartei, die an irgendeinem Ort ein staatliches Unternehmen errichtet oder betreibt oder einem Unternehmen rechtlich oder tatsächlich ausschließlich oder besondere Vorrechte[2] gewährt, verpflichtet sich sicher zu stellen, daß dieses Unternehmen bei seinen Käufen oder Verkäufen, die Einfuhren oder Ausfuhren zur Folge haben, die allgemeinen Grundsätze der Nichtdiskriminierung beachtet, die nach diesem Abkommen für staatliche Maßnahmen in Bezug auf die Ein- oder Ausfuhr durch Privatunternehmen vorgeschrieben sind.
(b) Auf Grund der lit. (a) sind die staatlichen Unternehmen verpflichtet, unter gebührender Berücksichtigung der anderen Bestimmungen dieses Abkommens solche Käufe und Verkäufe ausschließlich auf Grund von kommerziellen Erwägungen, wie Preis, Qualität, verfügbare Menge, Marktgängigkeit, Beförderungsverhältnisse und andere den Kauf oder Verkauf betreffenden Umstände, vorzunehmen und den Unternehmen anderer Vertragsparteien eine ausreichende Möglichkeit zur Beteiligung an diesen Käufen oder Verkäufen unter Bedingungen des freien Wettbewerbs und auf der Grundlage der üblichen Geschäftspraxis zu geben.
(c) Eine Vertragspartei wird ein ihrer Rechtshoheit unterstehendes Unternehmen (gleichviel ob es sich um eines der in lit. [a] bezeichneten oder um ein anderes Unternehmen handelt) nicht daran hindern, nach den in lits. (a) und (b) enthaltenen Grundsätzen zu handeln. ...
(3) Die Vertragsparteien erkennen an, daß sich aus der Tätigkeit der in Abs. 1 (a) bezeichneten Unternehmen starke Hindernisse für den Handel ergeben können; für die Ausweitung des internationalen Handels ist es daher wichtig, solche Hindernisse auf der Grundlage der Gegenseitigkeit und zum gemeinsamen Nutzen zu begrenzen oder zu verringern.[3]

GATT, Art. XVII

Fußnoten:
[1] ... Die Tätigkeit der von Vertragsparteien geschaffenen Handelsorganisationen, die sich nicht mit Ankäufen oder Verkäufen beschäftigen, sondern Regelungen für den Privathandel treffen, wird durch die in Betracht kommenden Artikel [des GATT] geregelt. ...
[2] Staatliche Maßnahmen, die zur Durchsetzung bestimmter Normen hinsichtlich Qualität und Leistung im Außenhandel durchgeführt wer-

den, oder Vorrechte, die für die Ausbeutung einheimischer Naturschätze gewährt werden, die aber die Regierung nicht ermächtigen, die Handelstätigkeit des betreffenden Unternehmens zu regeln, stellen keine »ausschließlichen oder besonderen Vorrechte« dar.

[3] Die von den Vertragsparteien nach diesem Absatz vereinbarten Verhandlungen können die Senkung von Zöllen und sonstigen Einfuhr- und Ausfuhrbelastungen oder den Abschluß einer anderen, alle Teile zufrieden stellenden Abmachung zum Gegenstand haben, die mit d[em GATT] im Einklang steht. ...

Besonderheiten für Beschaffungswesen

Besonderheiten gelten jedoch, wie Art. XVII Abs. 2 und III Abs. 8 GATT klarstellen, für das öffentliche Beschaffungswesen, bei dem staatliche Stellen als »Auftraggeber« auftreten.

Reaktionen auf »unfaire« Handelspraktiken

»Unfairen« Handelspraktiken anderer WTO-Mitgliedstaaten kann mit Antidumping- und Ausgleichszöllen begegnet werden; aber auch bei an sich rechtmäßigen Verhaltensweisen, die jedoch zu Krisen- oder Notstandssituationen in einem Importland führen, muss diesem eine Abhilfemöglichkeit an die Hand gegeben werden, wenn die Veränderung unzumutbar ist. Art. XIX GATT enthält diesbezüglich relativ enge Voraussetzungen (»escape clause«), verlangt nämlich (in Abs. 1) Einfuhren einer Ware in das Gebiet einer Vertragspartei

GATT, Art. XIX

... infolge unvorhergesehener Entwicklungen und der Auswirkungen der von einer Vertragspartei auf Grund d[es GATT] eingegangenen Verpflichtungen, einschließlich der Zollzugeständnisse, ... in derart erhöhten Mengen und unter derartigen Bedingungen ..., daß dadurch den inländischen Erzeugern gleichartiger oder unmittelbar konkurrierender Waren in diesem Gebet ein ernsthafter Schaden zugefügt wird oder zugefügt zu werden droht ...

Erst in der Uruguay-Runde wurden Streitfragen zur Interpretation der Schutzklausel durch das »safeguard agreement« weithin bereinigt. Dieses Übereinkommen präzisiert Voraussetzungen und Verfahren für Schutzmassnahmen, deren Umfang und Dauer (einschließlich vorläufiger Regelungen) sowie die Zulässigkeit von Kompensationsmaßnahmen durch betroffene andere Staaten.

Übereinkommen über Schutzmaßnahmen, Art. 8

(1) Ein Mitglied, das die Anwendung oder die Verlängerung einer Schutzmaßnahme beabsichtigt, bemüht sich ..., einen Umfang an Zugeständnissen und sonstigen Verpflichtungen aufrecht zu erhalten, der im wesentlich dem entspricht, der gemäß dem GATT 1994 zwischen ihm selbst und den Ausfuhrmitgliedern besteht, die von einer solchen Maßnahme betroffen wären. Um dieses Ziel zu erreichen, können sich die betreffenden Mitglieder über angemessene Handelskompensationen für die negativen Auswirkungen der Maßnahme auf ihren Handel einigen. ...

Das zentrale Problem, inwieweit dem MFN-Grundsatz Rechnung zu tragen ist, soll dadurch gelöst werden, dass in manchen Fällen hiervon abgewichen werden darf.

Abweichung von Meistbegünstigung

Art. 2
... (2) Schutzmaßnahmen werden auf eine eingeführte Ware ungeachtet ihrer Herkunft angewendet.

Übereinkommen über Schutzmaßnahmen

Art. 5
... (2) (a) In den Fällen, in denen ein Kontingent auf Lieferländer aufgeteilt wird, kann sich das Mitglied, das diese Beschränkungen anwendet, darum bemühen, mit allen anderen Mitgliedern, die ein wesentliches Interesse an der Lieferung der fraglichen Ware haben, Einvernehmen über die Zuweisung der Quoten zu erzielen. ....
(b) Ein Mitglied kann von den Bestimmungen unter lit. (a) abweichen, sofern ... eindeutig nachgewiesen wird, daß i) sich die Einfuhren aus bestimmten Mitgliedern im Vergleich zu dem Gesamtanstieg der Einfuhren der fraglichen Ware in dem repräsentativen Zeitraum unverhältnismäßig stark erhöht haben, ii) die Gründe für die Abweichung von den Bestimmungen unter lit. (a) berechtigt sind und iii) die Bedingungen einer solchen Abweichung für alle Lieferanten der fraglichen Ware gerecht sind. ...

Eine WTO-Vertragspartei darf von allen Bestimmungen des GATT abweichen, wenn sie sich hierfür auf bestimme öffentliche, nicht-wirtschaftliche Interessen berufen kann, die entweder als »allgemeine Ausnahme« (»general exception«) in Art. XX oder als spezielle Ausnahme (»security exception«) in Art. XXI GATT normiert sind.

»Allgemeine« und »besondere« Ausnahmen

Unter dem Vorbehalt, daß die folgenden Maßnahmen nicht so angewendet werden, daß sie zu einer willkürlichen und ungerechtfertigten Diskriminierung zwischen Ländern, in denen gleiche Verhältnisse bestehen, oder zu einer verschleierten Beschränkung des internationalen Handels führen, darf keine Bestimmung d(es GATT) so ausgelegt werden, daß sie eine Vertragspartei daran hindert, folgende Maßnahmen zu beschließen oder durchzuführen:
(a) Maßnahmen zum Schutze der öffentlichen Sittlichkeit;
(b) Maßnahmen zum Schutzes des Lebens und der Gesundheit von Menschen, Tieren und Pflanzen,
(c) Maßnahmen für die Ein- oder Ausfuhr von Gold oder Silber;
(d) Maßnahmen, die zur Anwendung von Gesetzen oder sonstigen Vorschriften erforderlich sind, welche nicht gegen dieses Abkommen verstoßen, einschließlich der Bestimmungen über die Durchführung der Zollvorschriften, über die Ausübung der nach Art. II Abs. 4 und Art. XVII gehandhabten Monopole, über den Schutz von Patenten, Warenzeichen und Urheberrechten sowie über die Verhinderung irreführender Praktiken;
(e) Maßnahmen hinsichtlich der in Strafvollzugsanstalten hergestellten Waren;

GATT, Art. XX

(f) Maßnahmen zum Schutze nationalen Kulturgutes von künstlerischem, geschichtlichem oder archäologischem Wert;

(g) Maßnahmen zur Erhaltung erschöpflicher Naturschätze, sofern solche Maßnahmen im Zusammenhang mit Beschränkungen der inländischen Produktion oder des inländischen Verbrauches angewendet werden;

(h) Maßnahmen zur Durchführung von Verpflichtungen im Rahmen eines zwischenstaatlichen Grundstoffabkommens ...,

(i) Maßnahmen, die Beschränkungen der Ausfuhr inländischer Rohstoffe zur Folge haben, welche benötigt werden, um für eine Zeit, in der ihr Inlandpreis im Rahmen eines staatlichen Stabilisierungsplanes unter dem Weltmarktpreis gehalten wird, einem Zweig der inländischen verarbeitenden Industrie die erforderlichen Mengen dieser Rohstoffe zu sichern ...;

(j) Maßnahmen, die für den Erwerb oder die Verteilung von Waren wesentlich sind, an denen ein allgemeiner oder örtlicher Mangel besteht. ...

Bedeutung des »chapeau« in Art. XX GATT

Während darüber, ob Ausnahmen zur Wahrung der eigenen Sicherheit vorliegen, jede Vertragspartei eigenverantwortlich entscheidet, muss im Fall des Art. XX nicht nur einer der in lits. (a) – (j) umschriebenen Sachverhalte gegeben sein, sondern die Maßnahme muss auch so (gesetzlich) geschlossen und (behördlich bzw. gerichtlich) durchgeführt werden, dass sie mit den beiden alternativen Voraussetzungen des Eingangssatzes (»chapeau«) im Einklang steht. Ob die einzelne Merkmale einer Ausnahme im konkreten Fall eingreifen, muss die Vertragspartei, die eine Maßnahme beschließt (und anwendet), nachweisen. In der Streitbeilegungspraxis von GATT/WTO führte bislang die Berufung auf Art. XX GATT nur höchst selten zum Erfolg, weil entweder bereits die legitime Zielsetzung nicht ersichtlich oder doch das zur Verwirklichung dienende Mittel untauglich oder nicht erforderlich war;

Anerkennung einer »Ausnahme« praktisch selten

selbst wenn die Merkmale eines Ausnahmetatbestands an sich bejaht würden, muss aber noch die Hürde des »chapeau« genommen werden. Dies gilt gerade für die oft vorgetragenen Rechtfertigungen aus Gründen des Umwelt- oder Verbraucherschutzes, die vor allem auf Art. XX (b), (g) gestützt werden; kaum praktische Relevanz hat bislang die an sich breite Ausnahme zum Schutz der »öffentlichen Sittlichkeit« (»public morals«) in Art. XX (a) erlangt, was sich freilich vor allem beim Bereich von Nahrungsmitteln ändern könnte.

Transparenzgebot

Für alle den internationalen Handel betreffenden Vorschriften enthält schließlich das GATT (und enthalten auch andere WTO-Regelungen, wie z.B. Art. 12 des Übereinkommens über Schutzmassnahmen oder Art. III GATS) ein Transparenzgebot in Art. X:

GATT, Art. X

(1) Die bei einer Vertragspartei geltenden Gesetze, sonstigen Vorschriften, Gerichts- und Verwaltungsentscheidungen von allgemeiner

Bedeutung, welche die Tarifierung oder die Ermittlung des Zollwertes von Waren, die Sätze von Zöllen, Abgaben und sonstigen Belastungen, die Vorschriften, Beschränkungen und Verbote hinsichtlich der Einfuhr und Ausfuhr sowie die Überweisung von Zahlungsmitteln für Einfuhren oder Ausfuhren betreffen oder sich auf den Verkauf, die Verteilung, Beförderung, Versicherung, Lagerung, Überprüfung, Ausstellung, Veredelung, Vermischung oder eine andere Verwendung dieser Waren beziehen, werden unverzüglich so veröffentlicht, daß Regierungen und Wirtschaftskreise sich mit ihnen vertraut machen können. Internationale handelspolitische Vereinbarungen, die zwischen der Regierung oder einer Regierungsstelle einer Vertragspartei und der Regierung oder einer Regierungsstelle einer anderen Vertragspartei in Kraft sind, werden ebenfalls veröffentlicht. Dieser Absatz verpflichtet eine Vertragspartei nicht zur Preisgabe vertraulicher Informationen, deren Veröffentlichung die Durchführung der Rechtsvorschriften behindern oder sonst dem öffentlichen Interesse zuwider laufen oder die berechtigten Wirtschaftsinteressen bestimmter öffentlicher oder privater Unternehmen schädigen würde.

Damit verbinden sich Mindestanforderungen an ein faires Verfahren und Rechtsschutz (in Art. X Abs. 3): *Verfahren und Rechtsschutz*

(a) Jede Vertragspartei wird alle ihre Gesetze, sonstigen Vorschriften und Entscheidungen der in Abs. 1 genannten Art einheitlich unparteiisch und gerecht anwenden.

(b) Jede Vertragspartei wird Gerichte, Schiedsgerichte, Verwaltungsgerichte oder entsprechende Verfahren beibehalten oder so bald wie möglich einführen, die unter anderem dem Zweck dienen, Verwaltungsakte in Zollangelegenheiten unverzüglich zu überprüfen und richtig zu stellen. Diese Gerichte und Verfahren müssen von den Verwaltungsbehörden unabhängig sein; ihre Entscheidungen müssen von den genannten Behörden durchgeführt werden und für deren Tätigkeit maßgebend sein, sofern nicht bei einem Gericht höherer Instanz innerhalb der für Importeure vorgeschriebenen Rechtsmittelfrist ein Rechtsmittel eingelegt wurde ... *Anforderungen in Bezug auf Verfahren und Rechtsschutz*

1.3. Wichtige Sonderabkommen

Unterschiede aus der bloßen Unterschiedlichkeit technischer Vorschriften (»Standards« i.w.S.) zwischen GATT-Vertragsparteien werden von Art. III Abs. 4 nicht ohne weiteres erfasst. Um deren Wirkung als (nicht-tarifäres) Handelshindernis zu verringern, wurde schon im Rahmen der Tokio-Runde ein »Standards Code« als Zusatzabkommen zum GATT verabschiedet. Das WTO-Recht behandelt einschlägige Fragen nunmehr in zwei sich in ihrem Anwendungsbereich ergänzenden multilateralen Übereinkommen über technische Handelshemmnisse (»technical barriers to trade«, TBT) bzw. zu gesundheitspolizeili- *Handelsrelevanz unterschiedlicher Standards* chen und pflanzenschutzrechtlichen Maßnahmen (»sanitary and phytosanitary measures«, SPS).

TBT-Abkommen

Das TBT-Übereinkommen will seiner Präambel zufolge die Entwicklung internationaler Normen und Konformitätsbewertungssysteme fördern, dabei aber sicherstellen, dass

TBT-Übereinkommen

> technische Vorschriften und Normen einschließlich Erfordernisse der Verpackung, Kennzeichnung und Beschriftung sowie Verfahren zur Bewertung der Übereinstimmung mit technischen Vorschriften und Normen keine unnötigen Hemmnisse für den internationalen Handel schaffen.

Zentrale Begriffe werden nach Art. 1.2 in Anhang I definiert, der weithin auf einen Leitfaden von ISO/IEC verweist, jedoch wichtige Kategorien eigenständig bestimmt:

TBT-Übereinkommen, Anhang I

Legaldefinitionen

1. Technische Vorschrift
Ein Dokument, das Merkmale eines Produkts oder die entsprechenden Verfahren und Produktionsmethoden einschließlich der anwendbaren Verwaltungsbestimmungen festgelegt, deren Einhaltung zwingend vorgeschrieben ist. Es kann u.a. oder ausschließlich Festlegungen über Terminologie, Bildzeichen sowie Verpackungs-, Kennzeichnungs- oder Beschriftungserfordernisse für ein Produkt, ein Verfahren oder eine Produktionsmethode enthalten. ...

2. Norm
Ein von einer anerkannten Stelle angenommenes Dokument, das zur allgemeinen und wiederholten Anwendung Regeln, Richtlinien oder Merkmale für ein Produkt oder die entsprechenden Verfahren oder Produktionsmethoden festlegt, deren Einhaltung nicht zwingend vorgeschrieben ist. ...

3. Konformitätsbewertungsverfahren
Jedes Verfahren, das mittelbar oder unmittelbar der Feststellung dient, daß einschlägige Erfordernisse in technischen Vorschriften oder Normen erfüllt sind.
Erläuternde Bemerkung: Konformitätsbewertungsverfahren schließen u.a. Verfahren für Probenahme, Prüfung und Kontrolle, Bewertung, Nachprüfung und Bescheinigung der Konformität, Registrierung, Akkreditierung und Genehmigung sowie Kombinationen solcher Verfahren ein.

Anwendungsbereich

Das Abkommen erfasst alle Waren einschließlich Industrieprodukte und (vorbehaltlich besonderer Vorschriften des Abkommens über Landwirtschaft) Agrarerzeugnisse (Art. 1.3.); ausgeklammert sind jedoch »Einkaufsspezifikationen« für öffentliche Aufträge, für die nach Art. 1.4. das Government Procurement Agreement gilt, sowie in Anhang A des SPS-Abkommens beschriebene Maßnahmen (Art 1.5.). Im Mittelpunkt des TBT-Übereinkommens steht Art. 2, der Anforderungen an die Ausarbeitung, Annahme und Anwendung »technischer

Vorschriften« durch »Stellen der Zentralregierung« (Anhang I, Nr. 6) festlegt. Dazu zählen Meistbegünstigungs- und Inländergleichbehandlung; verboten sind ferner unnötige, d.h. nicht zum Erreichen von (in Art. 2.2. S. 3 exemplarisch aufgeführten) »berechtigten Zielen« bestimmte und erforderliche Hemmnisse für den internationalen Handel. Bereits bestehende oder unmittelbar vor der Einführung stehende internationale »Normen« dürfen nicht über- und nur ausnahmsweise unterschritten werden (Art. 2.4.); bei deren Beachtung greift eine widerlegliche Vermutung ein, dass kein unnötiges Handelshemmnis existiere (Art. 2.5. S. 2). Die Anerkennung gleichwertiger technischer Vorschriften anderer Mitglieder ist wohlwollend zu prüfen (Art. 2.7.). Bei Fehlen einschlägiger internationaler Normen oder wesentlicher Abweichung hiervon sieht Art. 2.9., 2.10. Veröffentlichungs- und Notifizierungspflichten gegenüber anderen Mitgliedern und dem WTO-Sekretariat vor; in institutioneller Hinsicht knüpft hieran Art. 10 an, wonach jede Vertragspartei eine »Auskunftsstelle« einrichten und betreiben muss, um alle einschlägigen Anfragen anderer Mitglieder zu beantworten.

Generell bestimmt Art. 2.8.:

Soweit angebracht, umschreiben die Mitglieder die technischen Vorschriften eher in Bezug auf die Gebrauchstauglichkeit als in Bezug auf Konstruktion oder beschreibende Merkmale.

TBT-Übereinkommen, Art. 2.8.

Im Hinblick auf »Stellen einer lokalen Regierung oder Verwaltung« und auf »nichtstaatliche Stellen« (Anhang I, Nr. 7, 8) trifft die Zentralregierung eine Pflicht, für die Einhaltung technischer Vorschriften durch diese zu sorgen (Art. 3). In Bezug auf nationale (staatliche wie private) »Normenorganisationen« – zu letzteren zählt etwa das Deutsche Institut für Normung (DIN) als eingetragener Verein – obliegt es den Abkommensparteien zu gewährleisten, dass diese den in Anhang III des Übereinkommens enthaltenen Verhaltenskodex einhalten (Art. 4). Die in Art. 5 ff. niedergelegten Regeln zur förmlichen Bewertung der Übereinstimmung (Konformität) mit technischen Vorschriften und Normen ähneln inhaltlich den Bestimmungen des Art. 2. Das Bestreben zur internationalen Harmonisierung zeigt sich hier vor allem in Art. 9 (Abs. 1):

Umfassender Geltungsanspruch

Wird ein positiver Nachweis der Übereinstimmung mit einer technischen Vorschrift oder Norm verlangt, so werden die Mitglieder, soweit möglich, internationale Konformitätsbewertungssysteme ausarbeiten und annehmen und Mitglieder solcher Konformitätsbewertungssysteme werden oder daran teilnehmen. ...

TBT-Übereinkommen, Art. 9 Abs. 1

Um Fragen technischer Natur gerecht zu werden, wurde nicht nur (in Art. 13) ein spezifischer TBT-Ausschuss eingerichtet, sondern auch die Streitbeilegung entsprechend modifiziert (Art. 14 und Anhang 2).

Institutionelle Fragen

Welthandelsrecht

SPS-Abkommen

»Gesundheitspolizeiliche und pflanzenschutzrechtliche Maßnahmen« werden in Art. 1.2. und Nr. 1 des Anhangs A zu dem einschlägigen Abkommen im Hinblick auf Schutzgüter und diesen drohende Gefahren definiert als alle Maßnahmen, die angewendet werden

Anlage 1 A zum WTO-Übereinkommen, Anhang A

SPS-Maßnahmen: Definition

(a) zum Schutz des Lebens oder der Gesundheit von Tieren oder Pflanzen im Gebiet des Mitglieds vor Gefahren, die durch die Einschleppung, das Auftreten oder die Verbreitung von Schädlingen, Krankheiten, krankheitsübertragenden oder krankheitsverursachenden Organismen entstehen;

(b) zum Schutz des Lebens oder der Gesundheit von Menschen oder Tieren im Gebiet des Mitglieds vor gefahren, die durch Zusätze, Verunreinigungen, Toxine oder krankheitsverursachende Organismen in Nahrungsmitteln, Getränken oder Futtermitteln entstehen;

(c) zum Schutz des Lebens oder der Gesundheit von Menschen im Gebiet des Mitglieds vor Gefahren, die durch von Tieren, Pflanzen oder Waren daraus übertragene Krankheiten oder durch die Einschleppung, das Auftreten oder die Verbreitung von Schädlingen entstehen;

(d) zur Verhütung oder Begrenzung sonstiger Schäden im Gebiet des Mitglieds, die durch die Einschleppung, das Auftreten oder die Verbreitung von Schädlingen entstehen.

Zu [SPS-]Maßnahmen gehören alle einschlägigen Gesetze, Erlasse, Verordnungen, Auflagen und Verfahren, einschließlich Kriterien in Bezug auf das Endprodukt, ferner Verfahren und Produktionsmethoden, Prüf-, Inspektions-, Zertifizierungs- und Genehmigungsverfahren, Quarantänemaßnahmen einschließlich der einschlägigen Vorschriften für die Beförderung von Tieren oder Pflanzen oder die für ihr Überleben während der Beförderung notwendigen materiellen Voraussetzungen, Bestimmungen über einschlägige statistische Verfahren, Verfahren der Probenahme und der Risikobewertung sowie unmittelbar mit der Sicherheit von Nahrungsmitteln zusammenhängende Verpackungs- und Kennzeichnungsvorschriften.

Abgrenzung zum TBT-Abkommen

Abgrenzungsprobleme gegenüber dem TBT-Abkommen werfen vor allem Verpackungs- und Kennzeichnungsregelungen auf.

Ziele des SPS-Abkommens

Das SPS-Abkommen bekräftigt eingangs (im Vorspruch) einerseits die (in Art. 2.1., 2.3. erneut unterstrichene) Tatsache,

Anlage 1 A zum WTO-Übereinkommen, Anhang A

daß kein Land daran gehindert werden soll, Maßnahmen zum Schutz des Lebens oder der Gesundheit von Menschen, Tieren oder Pflanzen zu treffen, sofern solche Maßnahmen nicht so angewendet werden, daß sie ein Mittel zur willkürlichen oder ungerechtfertigten Diskriminierung zwischen Ländern, in denen die gleichen Bedingungen herrschen, oder eine verschleierte Beschränkung des internationalen Handels darstellen,

bekundet aber zum andern auch den Wunsch,

einen multilateralen Rahmen von Regeln und Disziplinen für die Entwicklung, Annahme und Durchsetzung von (SPS-)Maßnahmen zu schaffen, um deren nachteilige Auswirkungen auf den Handel auf ein Mindestmaß zu beschränken,

in Anerkennung dessen, daß internationale Normen, Richtlinien und Empfehlungen in dieser Hinsicht einen wichtigen Beitrag leisten können.

Ähnlich wie im TBT-Übereinkommen werden Meistbegünstigung und Inländerbehandlung normiert; zudem verbietet Art. 2.3. »verschleierte« Handelsbeschränkungen (wie das »chapeau« des Art. XX GATT). Angestrebt wird auch hier eine möglichst weit gehende internationale »Harmonisierung« (Art. 3; Anhang A, Nr. 2); komplementär hierzu legt Art. 4 in Abs. 1 eine Verpflichtung zur Anerkennung ausländischer Maßnahmen als gleichwertig an, wenn

das Ausfuhr- dem Einfuhrmitglied objektiv nachweist, daß seine Maßnahmen das von dem Einfuhrmitglied als angemessen betrachtete gesundheitspolizeiliche oder pflanzenschutzrechtliche Schutzniveau erreicht,

und sieht in Abs. 2 Konsultationen zwischen Mitgliedern vor mit dem Ziel,

bilaterale und multilaterale Übereinkünfte über die Anerkennung der Gleichwertigkeit bestimmter (SPS-) Maßnahmen zu erzielen.

Soweit SPS-Maßnahmen nicht »internationalen Normen, Richtlinien oder Empfehlungen« nach Nr. 3 des Anhangs A entsprechen (Art. 3.2.) oder gar striktere Anforderungen aufstellen, sind sie nur dann abkommenskonform, wenn hierfür entweder eine »wissenschaftliche Begründung« vorliegt oder auf Grund einer »Risikobewertung« (Anhang A, Nr. 4) nach Art. 5 ein »angemessenes gesundheitspolizeiliches oder pflanzenschutzrechtliches Schutzniveau« (Anhang A, Nr. 5) festgelegt worden ist. Vorsorgliche Maßnahmen können dabei nur unter den Voraussetzungen des Art. 5 Abs. 7 erfolgen:

Voraussetzung für striktere nationale Maßnahmen

In Fällen, in denen das einschlägige wissenschaftliche Beweismaterial nicht ausreicht, kann ein Mitglied (SPS-)Maßnahmen vorübergehend auf der Grundlage der verfügbaren einschlägigen Angaben einschließlich Angaben zuständiger Internationaler Organisationen sowie auf der Grundlage der von anderen Mitgliedern angewendeten (SPS-)Maßnahmen einführen. In solchen Fällen bemühen sich die Mitglieder, die notwendigen zusätzlichen Informationen für eine objektivere Risikobewertung einzuholen, und nehmen innerhalb einer vertretbaren Frist eine entsprechende Überprüfung der (SPS-)Maßnahmen vor.

Anlage 1 A zum WTO-Übereinkommen, Anhang A Nr. 5

Im Hormonfleischfall waren sowohl die bei der Risikobewertung zu berücksichtigenden Faktoren (Art. 5.2., 5.3.) als auch die drei (kumula-

Nachweispflichten

tiv zu erfüllenden) Merkmale des Art. 5.5. zwischen den USA und der EG umstritten; letztlich muss aber das eine Maßnahme treffende Mitglied den »hinreichenden wissenschaftlichen« Nachweis für deren Legitimität erbringen (Art. 2.2.) Transparenz- und institutionelle Regelungen (Art. 7 und Anhang B; Art. 11, 12) gleichen denen des TBT-Abkommens. Anforderungen für (nicht übermäßig hinderliche) Kontroll-, Inspektions- und Genehmigungsverfahren ergeben sich nach Art. 8 aus Anhang C.

MEINUNGSVERSCHIEDENHEIT

Verhältnis zu sonstigem WTO-Recht

Sowohl TBT- als auch SPS-Übereinkommen enthalten selbstständige Verpflichtungen neben denen des GATT. Für das Verhältnis zueinander bestimmt Art. 2.4. des SPS-Abkommens:

Anlage 1 A zum WTO-Übereinkommen, Anhang A Art. 2.4.

Gesundheitspolizeiliche oder pflanzenschutzrechtliche Maßnahmen, die mit den einschlägigen Bestimmungen dieses Übereinkommens übereinstimmen, gelten als im Einklang mit den die Anwendung von (SPS-)Maßnahmen betreffenden Verpflichtungen der Mitglieder auf Grund des GATT 1994, insbesondere mit Art. XX (b).

Für das TBT-Abkommen (wie für andere multilaterale Übereinkommen im Anhang 1A) gilt hingegen die »Allgemeine Auslegungsregel« hierzu:

Beim Vorliegen eines Widerspruchs zwischen Bestimmungen des GATT 1994 und Bestimmungen einer anderen Übereinkunft in Anhang 1 A des Abkommens zur Errichtung der WTO ... sind die Bestimmungen der anderen Übereinkunft maßgebend.

2. Sonderregeln für einzelne Sektoren
2.1. Rüstungs- und dual use-Güter

Aus dem allgemeinen Welthandelsrecht ausgeklammert sind seit je her und bis auf weiteres für militärische Zwecke bestimmte Waren (insbesondere Kriegswaffen und andere Rüstungsgüter). Eine diesbezügliche »security exception« enthält das »alte« wie das »neue« GATT in Art. XXI (b) (ii); ein überaus ähnlicher, auch auf die Güter-»Erzeugung« bezogener Vorbehalt ist in Art. 296 Abs. 1 (b) EG(V) festgelegt; die Auflistung solcher Waren kann durch den Rat der EG nur einstimmig geändert werden (Abs. 2).

Für militärische Zwecke bestimmte Waren

Für atomare, biologische und chemische, sog. ABC-Waffen gelten allerdings je spezielle multilaterale völkerrechtliche Verträge, die auch handelsbezogene (Verbots- und Kontroll-)Bestimmungen enthalten.

ABC-Waffen

Können Waren sowohl militärischen als auch zivilen, also doppelten Zwecken (»dual use«) dienen, wird ihre Ausfuhr im EG-Recht zumindest seit der Novellierung der einschlägigen Verordnung im Jahr 2000 der Gemeinsamen Handelspolitik (Art. 133 EGV) zugeordnet. Dabei soll durch die für die Erteilung einer Exportgenehmigung aufgestellten Voraussetzungen und durch eine Kontrolle, ob diese auch eingehalten werden, so weit wie möglich gewährleistet werden, dass (so Erwägungsgründe 1 und 2)

»dual use«-Güter

Güter mit doppeltem Verwendungszweck (einschließlich Software und Technologie) ... bei ihrer Ausfuhr aus der Gemeinschaft wirksam kontrolliert werden (, weil ein) wirksames gemeinsames Ausfuhrkontrollsystem für Güter mit doppeltem Verwendungszweck ... erforderlich (ist), um sicher zu stellen, daß die internationalen Verpflichtungen und Verantwortlichkeiten der Mitgliedstaaten, insbesondere hinsichtlich der Nichtverbreitung, und die der EU eingehalten werden.

EG-Verordnung 1994/2000

Gegenstand der nach Art. 249 Abs. 2 EGV in jedem Mitgliedstaat unmittelbar geltenden Regelung sind nach Art. 2 (a)

Güter, einschließlich Datenverarbeitungsprogramme und Technologie, die sowohl für zivile als auch für militärische Zwecke verwendet werden können; darin eingeschlossen sind alle Waren, die sowohl für nichtexplosive Zwecke als auch für jedwede Form der Unterstützung bei der Herstellung von Kernwaffen oder sonstigen Kernsprengkörpern verwendet werden können.

Genehmigungspflichtig ist der Export aller in einem (nach Art. 11 regelmäßig zu aktualisierenden) Anhang (I) aufgeführten Güter (Art. 3 Abs. 1); darüber hinaus kann einzelstaatlich eine Erlaubnispflicht für bestimmte weitere Güter (mit ABC-Waffenbezug oder bei bestehenden

Waffenembargos, Art. 4; aus »Gründen der öffentlichen Sicherheit« oder »Menschenrechtserwägungen, Art. 5) nach allen oder einigen Bestimmungszielen vorgeschrieben werden (Art. 3 Abs. 2). Für unproblematische Bestimmungsländer (und Güter) gilt eine »allgemeine Ausfuhrgenehmigung der Gemeinschaft« (Art. 6 Abs. 1, 3); ansonsten bedarf es einer Einzelgenehmigung des Staates, in dem der Exporteur seinen Sitz hat, die im gesamten EG-Gebiet rechtswirksam ist (Art. 6 Abs. 2) und regelmäßig eine Endverbleibsklausel als Nebenbestimmung enthält. Wenig klar geregelt sind die Voraussetzungen für eine Genehmigung; offen bleibt, ob ein Rechtsanspruch auf Erteilung besteht:

EG-Dual use-Verordnung, Art. 8
Bei der Entscheidung, ob eine Ausfuhrgenehmigung gemäß dieser Verordnung erteilt wird, berücksichtigen die Mitgliedstaaten alle sachdienlichen Erwägungen, und zwar u. a. folgende Punkte:
(a) die Verpflichtungen und Bindungen, die jeder Mitgliedstaat als Mitglied der jeweiligen internationalen Nichtverbreitungsregime und Ausfuhrkontrollvereinbarungen oder durch die Ratifizierung einschlägiger internationaler Verträge übernommen hat;
(b) ihre Verpflichtungen im Rahmen von Sanktionen, die aufgrund eines vom Rat festgelegten Gemeinsamen Standpunkts oder einer vom Rat verabschiedeten Gemeinsamen Aktion oder aufgrund einer Entscheidung der OSZE oder aufgrund einer verbindlichen Resolution des UN-Sicherheitsrats verhängt wurden;
(c) Überlegungen der nationalen Außen- und Sicherheitspolitik, einschließlich der Aspekte, die vom Verhaltenskodex der EU für Waffenausfuhren erfaßt werden;
(d) Überlegungen über die beabsichtigte Endverwendung und die Gefahr einer Umlenkung.

Festgelegt sind allerdings enge Pflichten zur Kooperation der zuständigen mitgliedstaatlichen Behörden, geregelt wird regelt ferner das Zollverfahren. Nach Art. 22 bleiben sowohl Art. 296 EG- als auch der Euratom-Vertrag von den Vorschriften der dual use-Verordnung unberührt.

2.2. Agrarprodukte

Seit je her Sonderregeln

Bereits das GATT (1947) enthielt – und das GATT 1994 behält dies bei – in Art. XI Abs. 2 (c) eine Bereichsausnahme vom Verbot nichttarifärer Handelshindernisse.

Schrittweiser Abbau der Sonderregelungen

Als Ergebnis der Uruguay-Runde wurde dann auch ein »multilaterales« Übereinkommen über die Landwirtschaft abgeschlossen. Vorrangiges Ziel dieser Vereinbarung ist es der Präambel zufolge,

... eine wesentliche schrittweise Senkung der Stützungs- und Schutzmaßnahmen für die Landwirtschaft ... zu erreichen, damit Beschränkungen und Verzerrungen auf den Weltagrarmärkten korrigiert bzw. verhütet werden.

WTO-Landwirtschaftsabkommen, Präambel

Nicht verkannt wurde jedoch die »Multifunktionalität« des Agrarsektors. Die in das Abkommen einbezogenen »landwirtschaftlichen Erzeugnisse« finden sich im Anhang 1. Wesentliche Komponenten der Reform sind eine Einbindung von Maßnahmen der »internen Stützung« (Art. 6, 7; Anhang 2) sowie von »Ausfuhrsubventionen« (Art. 1 [e], 8 – 11) in das GATT und deren Begrenzung (Art. 3), des weiteren Marktzugangsverpflichtungen, insbesondere Bindungen und Senkungen von Zöllen (Art. 4); dafür gilt nach Art. 5 eine »besondere« Schutzklausel. Senkungsverpflichtungen müssen Entwicklungsländer (außer »least developed countries«) über einen Zeitraum von bis zu 10 Jahren erfüllen (Art. 15 Abs. 2). Art. 13 gebietet »angemessene Zurückhaltung« gegenüber abkommenskonformen Stützungsmassnahmen oder Subventionen, ohne freilich Ausgleichszölle und andere Gegenmaßnahmen völlig auszuschließen. Die eingegangenen Verpflichtungen beziehen sich jeweils auf Festlegungen in der Liste jedes Mitglieds. Für neue Ausfuhrverbote und -beschränkungen in Bezug auf Nahrungsmittel unterwirft Art. 12 die Ausnahme des Art. XI Abs. 2 (a) GATT einer strikten »Disziplin«. Die Kontrolle der Durchführung und Einhaltung eingegangener Verpflichtungen unterliegen einem Ausschuss für Landwirtschaft (Art. 17, 18). Letztlich soll auch für Agrarerzeugnisse eine vollständige »Tarifizierung« erfolgen, d.h. auch in diesem Sektor sollen nur noch Zölle als handelspolitisches Instrument Anwendung finden. Art. 20 sieht eine »Fortsetzung des Reformprozesses« vor.

Endziel Tarifizierung

Für das Verhältnis des Landwirtschafts- zu anderen Übereinkommen über den Warenverkehr gilt:

Art. 14
Die Mitglieder kommen überein, dem Übereinkommen über die Anwendung gesundheitspolizeilicher und pflanzenschutzrechtlicher Maßnahmen Wirksamkeit zu verleihen.

WTO-Landwirtschaftsabkommen

Art. 21
(1) Das GATT 1994 und die anderen Multilateralen Handelsübereinkünfte in Anhang 1A des WTO-Abkommens gelten vorbehaltlich dieses Übereinkommens. ...

Verhältnis von Landwirtschafts- und anderen Abkommen

Das SPS-Übereinkommen ist nach seiner Präambel im Wesentlichen ein Durchführungsabkommen zu Art. XX (b) GATT; wird seinen Anforderungen genügt, so sind derartige Maßnahmen zugleich GATT-konform (Art. 2 Abs. 4). Auch SPS-Maßnahmen dürfen in Bezug auf den internationalen Handel (Art. 1 Abs. 1) von jedem WTO-Mitglied

Verhältnis zum SPS-Abkommen

getroffen werden, wenn und soweit sie »zum Schutz des Lebens oder der Gesundheit von Menschen, Tieren oder Pflanzen notwendig sind« (Art. 2 Abs. 1). Sie sollen jedoch möglichst auf »internationale Normen, Richtlinien oder Empfehlungen« (Anhang A, Ziff. 3) gestützt (Art. 3), auch sollen im Ergebnis gleichwertige Maßnahmen anderer Mitglieder anerkannt werden (Art. 4). Zu beachten ist die Schrankenschranke (»chapeau«) des Art. XX GATT (Art. 2 Abs. 3).

Abgrenzung zu Rohstoff-Regelungen

Zwar erfassen sowohl das Landwirtschafts- als auch das SPS-Abkommen auch Rohstoffe, für die spezielle Übereinkommen bestehen bzw. die in den Bereich des Gemeinsamen Rohstofffonds fallen; die Regelungsgegenstände sind jedoch deutlich unterschieden, etwaige Überschneidungen oder gar Kollisionen können durch Kontakte zwischen den jeweiligen Gremien, zu denen alle Beteiligten organisationsrechtlich gehalten sind, vermieden werden.

2.3. Textilien

Seit Inkrafttreten des WTO-Vertragswerks sind auch Textilwaren und Bekleidung Gegenstand eines nach Art. 9 in seiner Geltungsdauer auf 10 Jahre befristeten multilateralen Abkommens, nachdem für diesen Sektor über Jahrzehnte hinweg in mehr oder weniger großem Umfang von den allgemeinen Vorschriften des GATT abgewichen und eigene Regeln (zuletzt das »multi-fibre agreement«, MFA) getroffen worden waren. Dieses Übereinkommen legt in Art. 1 Abs. 1 die Bestimmungen fest, die von den WTO-Mitgliedern während dieser Übergangszeit bis zur Einbeziehung des Textil- und Bekleidungssektors in das GATT 1994 angewendet werden; die betreffenden Waren sind im Anhang des Abkommens aufgeführt (Art. 1 Abs. 7). Soweit Anfang 1995 mengenmäßige Beschränkungen im Rahmen des MFA in Kraft waren, mussten diese nach Art. 2 Abs. 1, 2 binnen 60 Tagen nach diesem Zeitpunkt (bzw. dem des Beitritts) einem elfköpfigen ständigen Überwachungsgremium (Textiles Monitoring Body, TMB) notifiziert werden; in der Folge gilt nach Art. 2 Abs. 4:

WTO-Textilabkommen

Neue Beschränkungen für bestimmte Waren oder bestimmte Mitglieder dürfen nur nach Maßgabe dieses Übereinkommens oder der einschlägigen Bestimmungen des GATT 1994 eingeführt werden.[3] Beschränkungen, die nicht innerhalb von 60 Tagen nach dem Inkrafttreten des WTO-Abkommens notifiziert worden sind, werden unverzüglich außer Kraft gesetzt.

[3] Für Waren, die noch nicht in das GATT 1994 einbezogen worden sind, gehört Art. XIX nicht zu den einschlägigen Bestimmungen des GATT 1994, sofern nicht in Abs. 3 des Anhangs ausdrücklich etwas Gegenteiliges bestimmt ist.

2.4. Wiederholungsfragen

1. Worin unterschieden sich GATT 1947 und GATT 1994? Lösung S. 203 ff.

2. Was bedeutet die »tariffs only«-Maxime? Lösung S. 206

3. Welche Ausnahmen bestehen zum Verbot nicht-tarifärer Handelshindernisse? Lösung S. 213

4. Welche Funktion har die »general exception«? Lösung S. 217

5. Welche Regelungen gelten für dual use-Güter? Lösung S. 225

6. Was ist das Ziel des WTO-Abkommens über die Landwirtschaft? Lösung S. 227

7. Warum wurde in der Uruguay-Runde ein besonderes Abkommen zu Textilien abgeschlossen? Lösung S. 228

3. Recht des internationalen Dienstleistungsverkehrs

3.1. Entwicklung

Unterscheidung von Dienstleistungen und Waren

Dienstleistungen umfassen eine Vielzahl wirtschaftlicher Güter, deren Vielfalt einheitliche Regelungen bereits auf nationaler, noch mehr freilich auf internationaler Ebene erschwert. Anders als Waren sind Dienstleistungen »unkörperlich« bzw. »unsichtbar« (»invisible«), können daher weder gelagert noch transportiert werden; zunehmend ist auch eine gleichzeitige (physische) Anwesenheit von Dienstleistungserbringer und -empfänger nicht erforderlich.

Frühe Befassung seitens Internationaler Organisationen

Bereits im 19. Jahrhundert wurden internationale Verträge und Organisationen (»Verwaltungsunionen«) im Verkehrs- und Kommunikationssektor geschaffen, so UPU, ITU, die Rheinschifffahrtsakte von 1868 und ein Übereinkommen für den Eisenbahnfrachtverkehr (1890). Gegen Ende des Zweiten Weltkriegs entstand die ICAO.

OECD Invisibles Code

Auf regionaler Ebene waren Festlegungen der OEEC (ab 1961: der OECD) von wesentlicher Bedeutung, die vom Rat dieser Organisation getroffen wurden, nach ihrem Inhalt jedoch auf sämtliche IWF-Mitglieder erstreckt werden sollten. Der (laufend aktualisierte) Code of Liberalisation of Current Invisible Operations umfasst die in Anhang A abschließend aufgeführten (Dienstleistungs-)Vorgänge und zielt auf die Beseitigung sämtlicher Beschränkungen zwischen den Mitgliedsländern ab (Art. 1).

Ziele

OECD-Liberalisierungskodex Dienstleistungen

(a) Members shall eliminate between one another, in accordance with the provisions of Art. 2, restrictions on current invisible transactions and transfers, hereinafter called »current invisible operations«. Measures designed for this purpose are hereinafter called »measures of liberalisation«.
(b) Where Members are not bound, by virtue of the provisions of this Code, to grant authorisations in respect of current invisible operations, they shall deal with applications in as liberal a manner as possible. ...
(d) Members shall endeavour to extend the measures of liberalisation to all members of the I.M.F.

Ausnahmen und Einschränkungen

Freilich bleiben mitgliedstaatliche Vorbehalte (Art. 2 [b]) und Ausnahmen aus Gründen der öffentlichen Sicherheit und Ordnung zulässig (Art. 3). Ebenso erlaubt sind Kontrollen (Art. 5), und eine Aufhebung von Restriktionen kann unter bestimmten Voraussetzungen rückgängig gemacht werden (Art. 7).

(a) If its economic and financial situation justifies such a course, a Member need not take the whole of the measures of liberalisation provided for in Art. 2 (a).
(b) If any measures of liberalisation taken or maintained in accordance with the provisions of Art. 2 (a) result in serious economic disturbance in the Member State concerned, that Member may withdraw those measures.
(c) If the overall balance of payments of a Member develops adversely at a rate and in circumstances, including the state of its monetary reserves, which it considers serious that Member may temporarily suspend the application of measures of liberalisation taken or maintained in accordance with the provisions of Art. 2 (a). ...
(e) Any Member invoking the provisions of this Article shall do so in such a way as to avoid unnecessary damage which bears especially on the commercial or economic interests of another Member and, in particular, shall avoid any discrimination between other Members.

Der EG-Vertrag gewährleistete von Anfang an neben anderen Grundfreiheiten (subsidiär) auch zwischen den Mitgliedstaaten den freien Verkehr mit Dienstleistungen (Art. 59 ff. EGWV; Art. 49 ff. EGV), beschrieb deren Gegenstand jedoch nur vage und durch Beispiele (Art. 60 EWGV; Art. 50 EGV). Nicht in den Anwendungsbereich fallen nach Art. 55 i.V.m. Art. 45 EGV) lediglich

Freier Dienstleistungsverkehr im EG-Recht

... Tätigkeiten, die in einem Mitgliedstaat dauernd oder zeitweise mit der Ausübung öffentlicher Gewalt verbunden sind. ...

Art. 45 EGV

Im Hinblick auf die vom EuGH seit langem anerkannte unmittelbare Wirkung dieser Freiheit sind mitgliedstaatliche Beschränkungen nur zulässig, soweit legitime öffentliche (nicht-wirtschaftliche) Interessen nicht schon durch Vorschriften auf Gemeinschaftsebene geschützt werden und jene Restriktionen nicht weiter gehen, als dies zur Erreichung des Ziels erforderlich ist. Komplettiert wird die Liberalisierung durch eine gegenseitige Anerkennung von (beruflichen) Befähigungsnachweisen (Art. 55 i.V.m. Art. 47 EGV).

Gegenseitige Anerkennung

3.2. WTO/GATS

Die Ergänzung der im GATT niedergelegten warenbezogenen Regelungen durch ähnliche Vorschriften zum Handel mit Dienstleistungen war ein zentrales Diskussionsthema und Ergebnis der Uruguay-Runde. Zur inhaltlichen Verbreiterung des Welthandelsrechts durch ein neues multilaterales Übereinkommen – und einer entsprechenden Erweiterung des zunächst nur auf Waren abstellenden Beschaffungsübereinkommens – kam als institutionelle Absicherung die Einrichtung eines speziellen Rats für den Handel mit Dienstleistungen als des für

Einbeziehung in die Uruguay-Runde

die Überwachung der Wirkungsweise des GATS zuständigen WTO-Organs hinzu (Art. IV Abs. 5 WTO-Abkommen). Demgemäß halten die WTO-Mitglieder in der GATS-Präambel fest:

GATS, Präambel

[ihre] Anerkennung der zunehmenden Bedeutung des Handels mit Dienstleistungen für das Wachstum und die Entwicklung der Weltwirtschaft;

[den] Wunsch, einen multilateralen Rahmen von Grundsätzen und Regeln für den Handel mit Dienstleistungen im Hinblick auf die Ausweitung dieses Handels unter Bedingungen der Transparenz und der fortschreitenden Liberalisierung und zur Förderung des Wirtschaftswachstums aller Handelspartner sowie der Weiterentwicklung der Entwicklungsländer zu schaffen;

[den] Wunsch, so bald wie möglich einen stetig zunehmenden Grad der Liberalisierung des Handels mit Dienstleistungen durch aufeinander folgende Runden multilateraler Verhandlungen zu erreichen mit dem Ziel, die Interessen aller Beteiligten auf der Grundlage des gemeinsamen Nutzens zu fördern und ein insgesamt ausgeglichenes Verhältnis von Rechten und Pflichten unter angemessener Berücksichtigung der nationalen politischen Zielsetzungen zu gewährleisten;

[die] Anerkennung des Rechts der Mitglieder, die Erbringung von Dienstleistungen in ihrem Hoheitsgebiet zu regeln und neue Vorschriften hierfür einzuführen, um ihre nationalen politischen Ziele zu erreichen, sowie ... des besonderen Bedürfnisses der Entwicklungsländer, dieses Recht auszuüben;

[den] Wunsch, die zunehmende Bedeutung der Entwicklungsländer am Handel mit Dienstleistungen und die Ausweitung ihrer Dienstleistungsausfuhren unter anderem durch die Stärkung der Kapazität, Leistungsfähigkeit und Wettbewerbsfähigkeit ihrer inländischen Dienstleistungen zu erleichtern;

[die] besondere Berücksichtigung der schwerwiegenden Probleme der am wenigsten entwickelten Länder angesichts ihrer besonderen wirtschaftlichen Lage und ihrer Bedürfnisse im Entwicklungs-, Handels- und Finanzbereich.

Verhältnis zum GATT

Weniger der Aufbau des GATS als dessen inhaltliche Festlegungen folgen weithin dem GATT; allerdings bleiben zum einen Besonderheiten von Dienstleistungen allgemein nicht außer Acht und werden ferner – in Anlagen, die aber nach Art. XXIX einen wesentlichen Bestandteil des Übereinkommens bilden – für einzelne Sektoren spezielle Regelungen getroffen oder in Aussicht genommen.

Keine Legaldefinition der Dienstleistung

Ebenso wenig wie das GATT zur Ware enthält das GATS zur »Dienstleistung« (»service«) eine Legaldefinition. Im Unterschied zu jener ist diese kein körperlicher Gegenstand. Sowohl diese allgemeine Abgrenzung als auch die Klassifizierung von Dienstleistungs-»Sektoren« (Art. XXVIII [e] GATS) verhindern es freilich nicht, dass im Einzelfall die Zuordnung zu dem einen oder anderen WTO-Übereinkommen überaus schwierig ist. Dabei geht es nicht um Ausschließlichkeit; bei einer Paketbeförderung kommen etwa sowohl Fragen der (Post-)Dienstleistung – Vorgang – als auch des Transports einer Ware – Inhalt – in Betracht, ergeben sich also Probleme des GATS wie des GATT. Kino-Filme werden in Art. IV GATT unter dem Produkt-Gesichtspunkt, ihre Aufführung ist hingegen eine (audiovisuelle) Dienstleistung.

Wichtige Begriffe des GATS werden aber – wenn auch meist ziemlich vage – in Art. XXVIII sowie (und teils korrespondierend zu dieser Vorschrift) bereits in Art. I Abs. 2, 3 erläutert. So bezieht sich das GATS nach Art. I Abs. 1 auf die »Maßnahmen der Mitglieder«, die den »Handel mit Dienstleistungen« beeinträchtigen. Für alle Merkmale dieser Bestimmung finden sich in der Folge Definitionen:

Zentrale Begriffe des GATS

»Maßnahmen« sind nach Art. XXVIII (a) GATS

[alle] von einem Mitglied getroffene[n] Maßnahme[n], unabhängig davon, ob sie in Form eines Gesetzes, einer sonstigen Vorschrift, einer Regel, eines Verfahrens, eines Beschlusses, eines Verwaltungshandelns oder in sonstiger Form getroffen w[e]rd[en].

GATS, Art. XXVIII (a)

Definition

»Maßnahmen der Mitglieder« umfassen nach Art. I Abs. 3 (a) solche

(i) zentraler, regionaler oder örtlicher Regierungen und Behörden sowie
(ii) nichtstaatlicher Stellen in Ausübung der ihnen von zentralen, regionalen oder örtlichen Regierungen oder Behörden übertragenen Befugnisse.

GATS, Art. I Abs. 3 (a)

»Dienstleistungen« erstrecken sich zwar auf jede »Art« in jedem »Sektor«, sparen jedoch diejenigen aus, die »in Ausübung hoheitlicher Gewalt erbracht« werden (Art. I Abs. 3 [b]), was jede Dienstleistung meint ([c]],

die weder zu kommerziellen Zwecken noch im Wettbewerb mit einem oder mehreren Dienstleistungserbringern erbracht wird.

GATS, Art. I Abs. 3 (c)

»Handel mit Dienstleistungen« ist jede »Erbringung einer Dienstleistung«, d.h. nach Art. XXVIII (b)

die Produktion, den Vertrieb, die Vermarktung, den Verkauf und die Bereitstellung der Dienstleistung

GATS, Art. XXVIII (b)

in einer der folgenden Gestaltungen (Art. I Abs. 2):

(a) aus dem Hoheitsgebiet eines Mitglieds in das Hoheitsgebiet eines anderen Mitglieds,
(b) im Hoheitsgebiet eines Mitglieds an den Dienstleistungsnutzer eines anderen Mitglieds,
(c) durch einen Dienstleistungserbringer eines Mitglieds mittels kommerzieller Präsenz im Hoheitsgebiet eines anderen Mitglieds;

GATS, Art. I Abs. 2

Vier »modes« von Dienstleistungen

(d) durch einen Dienstleistungserbringer eines Mitglieds mittels Präsenz natürlicher Personen eines Mitglieds im Hoheitsgebiet eines anderen Mitglieds.

»Nutzer einer Dienstleistung« sowie »natürliche« oder »juristische Person« (»eines anderen Mitglieds«) haben ebenfalls eine abkommensspezifische Bedeutung (Art. XXVIII [i] – [m] GATS).

Weiterer Dienstleistungsbegriff als im EG-Recht

Aus den vier Arten (»modes«) der Erbringung von Dienstleistungen nach Art. I Abs. 2 wird deutlich, dass das GATS einen weiteren Anwendungsbereich abdeckt als die Vorschriften des EG-Vertrags über den freien Dienstleistungsverkehr (Art. 49 ff.). Denn eine Tätigkeit mittels »kommerzieller Präsenz« –

GATS, Art. XXVIII (d)

jede Art geschäftlicher oder beruflicher Niederlassung durch ...
(i) die Errichtung, den Erwerb oder die Fortführung einer juristischen Person oder
(ii) die Errichtung oder Fortführung einer Zweigstelle oder einer Repräsentanz

Unterschiede EGV – GATS

– im Hoheitsgebiet eines anderen Mitglieds (Art. I Abs. 2 [c] GATS) fällt im Gemeinschaftsrecht in den Bereich der Niederlassungsfreiheit (Art. 43 ff. EGV); im Ausland mittels Präsenz einer fremden natürlichen Person erbrachte Dienste (Art. I Abs. 2 [d] GATS) können dort (auch) von der Arbeitnehmer-Freizügigkeit (Art. 39 ff. EGV) erfasst sein. Nur die beiden erstgenannten Arten behandeln grenzüberschreitende Dienstleistungen i.e.S. ([a]) bzw. solche »passiver« Art ([b]), und bei nur temporärer Dauer des Auslandsaufenthalts wird durch Art. I Abs. 2 (c) auch die »aktive« Freiheit verbürgt:

Meistbegünstigung

Art. I GATT ähnlich ist die Bestimmung des Art. II GATS über »Meistbegünstigung«, die jedoch weiter reicht, weil sie sich nicht nur auf gleiche »Produkte«, sondern auch auf gleiche Personen bezieht (Abs. 1). Strukturell entsprechen auch die Ausnahmen in Art. II Abs. 2 und 3 der Regelung in Art. I Abs. 2 – 4 GATT. Freilich sind in der MFN-Liste eines Mitglieds aufgeführte, mit der Meistbegünstigung unvereinbare Maßnahmen in ihrer Geltungsdauer nicht befristet; die hierzu gehörige Anlage zum GATS sieht lediglich periodische Überprüfungen durch den GATS-Rat und eine obligatorische Thematisierung in späteren Liberalisierungsrunden vor.

GATS

Art. II
(1) Jedes Mitglied gewährt hinsichtlich aller Maßnahmen, die unter dieses Übereinkommen fallen, den Dienstleistungen und Dienstleistungserbringern eines anderen Mitglieds sofort und bedingungslos eine Behandlung, die nicht weniger günstig ist als diejenige, die es den gleichen Dienstleistungen oder Dienstleistungserbringern eines anderen Landes gewährt.

(2) Ein Mitglied kann eine Maßnahme, die mit Abs. 1 nicht vereinbar ist, unter der Voraussetzung aufrechterhalten, daß diese Maßnahme in der Anlage zu Ausnahmen von Art. II aufgeführt ist und die Bedingungen jener Anlage erfüllt.

(3) Dieses Übereinkommen ist nicht dahingehend auszulegen, daß einem Mitglied das Recht verwehrt ist, angrenzenden Ländern Vorteile zu gewähren oder einzuräumen, um, beschränkt auf unmittelbare Grenzgebiete, den Austausch von örtlich erbrachten und genutzten Dienstleistungen zu erleichtern.

Art. XXVIII
Für die Zwecke dieses Übereinkommens ...
(g) bedeutet der Begriff »Erbringer einer Dienstleistung« eine Person, die eine Dienstleistung erbringt
Amtliche Fußnote: Wird eine Dienstleistung nicht unmittelbar von einer juristischen Person, sondern durch andere Formen kommerzieller Präsenz wie zum Beispiel eine Zweigstelle oder eine Repräsentanz erbracht, so erhält der Dienstleistungserbringer (d.h. die juristische Person) durch eine solche Präsenz dennoch die Behandlung, die den Dienstleistungserbringern im Rahmen des Übereinkommens gewährt wird. Eine solche Behandlung wird der Präsenz zuteil, durch welche die Dienstleistung erbracht wird; sie braucht sonstigen Betriebsteilen des Erbringers, die außerhalb des Hoheitsgebiets ansässig sind, in dem die Dienstleistung erbracht wird, nicht gewährt zu werden.

Ein derartiger »kleiner Grenzverkehr« wird auch in Art. XXIV Abs. 3 GATT erleichtert. Hingegen wird die »Inländerbehandlung« im GATS nicht als »allgemeine« Verpflichtung – wie die Meistbegünstigung –, sondern (in Art. XVII) als eine »spezifische Verpflichtung« behandelt, die – wie andere dieser Art (Marktzugang, Art. XVI; zusätzliche, Art. XVIII) – nicht automatisch und ohne Weiteres Rechtswirkung entfaltet.

Parallelen zum GATT zeigen sich bei den Vorschriften zu »Notstandsmaßnahmen« (Art. X GATS statuiert hierzu jedoch lediglich eine Pflicht zu multilateralen Verhandlungen), »allgemeinen« und »Sicherheits«-Ausnahmen (Art. XIV, XIVbis), »Zahlungen und Übertragungen« (Art. XI) und »Beschränkungen zum Schutz der Zahlungsbilanz« (Art. XII), ferner bei »Konsultationen« sowie »Streitbeilegung und Durchsetzung« (Art. XXII, XXIII) sowie beim »öffentlichen Beschaffungswesen« (Art. XIII) und bei »Subventionen« (Art. XV), wobei auch insoweit Regeln erst auszuhandeln sind. Transparenzpflichten kennen sowohl GATT (Art. X) als auch GATS (Art. III); auch die »Offenlegung vertraulicher Informationen« (Art. IIIbis GATS) findet sich gleichermaßen in Art. X Abs. 1 S. 3 GATT. An die GATT-Vorschrift über Staatsunternehmen (Art. XVII) lehnt sich Art. VIII

GATS über »Monopole und Dienstleistungserbringer mit ausschließlichen Rechten« an:

GATS, Art. VIII

(1) Jedes Mitglied gewährleistet, daß ein Dienstleistungserbringer mit Monopolstellung im Hoheitgebiet des Mitglieds bei der Erbringung dieser Dienstleistung auf dem entsprechenden Markt nicht in einer Weise handelt, die mit den Pflichten des Mitglieds nach Art. II sowie mit seinen spezifischen Verpflichtungen unvereinbar ist.
(2) Tritt ein Dienstleistungserbringer eines Mitglieds mit Monopolstellung entweder direkt oder über ein verbundenes Unternehmen bei der Erbringung einer Dienstleistung außerhalb eines Monopolbereichs im Wettbewerb auf und unterliegt diese Dienstleistung spezifischen Verpflichtungen dieses Mitglieds, so gewährleistet das Mitglied, daß der Erbringer seine Monopolstellung nicht mißbraucht, indem er in seinem Hoheitgebiet in einer Weise handelt, die mit diesen Verpflichtungen unvereinbar ist. ...
(5) Dieser Artikel gilt auch für Fälle von Dienstleistungserbringern mit ausschließlichen Rechten, sofern ein Mitglied formal oder tatsächlich (a) eine kleine Zahl von Dienstleistungserbringern ermächtigt oder einsetzt und (b) den Wettbewerb unter diesen Erbringern in seinem Hoheitgebiet in erheblichem Maße unterbindet.

Schließlich finden sich weitgehende Übereinstimmungen im Hinblick auf die besondere Behandlung der Entwicklungsländer (Art. XVIII, XXXVI ff. GATT; Art. IV GATS) und das Verhältnis zu (engeren) wirtschaftlichen Integrationen (Art. XXIV GATT, Art. V, V^{bis} GATS).

GATS-spezifische Regeln

Jedoch gibt es auch einige GATS-Vorschriften, die dienstleistungsspezifisch sind und kein oder nur ein entferntes Vorbild im GATT finden: Während das GATT für Waren Marktzugang (indirekt) über Art. II und XI gewährleistet und deren Inländer(gleich)behandlung ohne weiteres durch Art. III GATT eingeräumt wird, sieht das GATS in Art. XVI, XVII insoweit lediglich vor, das eine wie das andere gelte nur kraft und im Rahmen einer weiteren, »spezifischen Verpflichtung«.

GATS

Art. XVI
(1) Hinsichtlich des Marktzugangs durch die in Art. I definierten Erbringungsarten gewährt jedes Mitglied den Dienstleistungen und Dienstleistungserbringern eines anderen Mitglieds eine Behandlung, die nicht weniger günstig ist als die, die nach den in seiner Liste[8] vereinbarten und festgelegten Bestimmungen, Beschränkungen und Bedingungen vorgesehen ist.
[8] Geht ein Mitglied eine Marktzugangsverpflichtung in Bezug auf die Erbringung einer Dienstleistung durch die in Art. I Abs. 2 lit. (a) genannte Erbringungsart ein und stellt der grenzüberschreitende Kapitalverkehr einen wesentlichen Teil der Dienstleistung selbst dar, so ist das Mitglied dadurch verpflichtet, diesen Kapitalverkehr zuzulassen. Geht ein Mitglied eine Marktzugangsverpflichtung in Bezug auf die Erbringung einer Dienstleistung durch die in Art. I Abs. 2 lit. (c) genannte

Erbringungsart ein, so ist das Mitglied dadurch verpflichtet, entsprechende Kapitaltransfers in sein Hoheitsgebiet zuzulassen.

GATS

Art. XVII

(1) In den in seiner Liste aufgeführten Sektoren gewährt jedes Mitglied unter den darin festgelegten Bedingungen und Vorbehalten den Dienstleistungen und Dienstleistungserbringern eines anderen Mitglieds hinsichtlich aller Maßnahmen, welche die Erbringung von Dienstleistungen beeinträchtigten, eine Behandlung, die nicht weniger günstig ist als die, die es seinen eigenen gleichen Dienstleistungen und Dienstleistungserbringern gewährt.[10]

[10] Spezifische Verpflichtungen, die nach diesem Artikel übernommen worden sind, werden nicht so ausgelegt, daß ein Mitglied für etwaige naturgegebene Wettbewerbsnachteile gewähren muß, die sich daraus ergeben, daß die betreffenden Dienstleistungen oder Dienstleistungserbringer aus dem Ausland stammen.

Die hier genannten Listen enthalten also für jede einzelne der vier Erbringungsarten entweder allgemeine oder sektorspezifische »Bestimmungen, Beschränkungen, Bedingungen« bzw. »Vorbehalte« dazu, ob und im welchem Ausmaß ein Mitglied Dienstleistungen und Dienstleistungserbringern eines anderen WTO-Mitglieds (zunächst) Zugang zum eigenen Markt und (dann) Gleichbehandlung mit eigenen »Produkten« und Personen gewähren will. Darüber hinaus bleibt es frei und muss sich zur Rechtfertigung von Handelsbeschränkungen nicht auf die »Ausnahme«-Bestimmungen des Abkommens stützen. Für die Erstellung und Änderung oder Aktualisierung solcher Listen enthält Art. XVI Abs. 2 GATS jedoch Regeln, die gelten, wenn und soweit in einer Liste nichts Abweichendes festgelegt wird, und einem Mitglied verbieten, regional oder für sein gesamtes Hoheitsgebiet folgende Maßnahmen aufrechtzuerhalten oder einzuführen:

Listen spezifischer Verpflichtungen

(a) Beschränkungen der Anzahl der Dienstleistungserbringer in Form von zahlenmäßigen Quoten, Monopolen oder Dienstleistungserbringern mit ausschließlichen Rechten oder des Erfordernisses einer wirtschaftlichen Bedürfnisprüfung;

GATS, Art. XVI Abs. 2

(b) Beschränkungen des Gesamtwerts der Dienstleistungsgeschäfte oder des Betriebsvermögens in Form zahlenmäßiger Quoten oder des Erfordernisses einer wirtschaftlichen Bedürfnisprüfung;

(c) Beschränkungen der Gesamtzahl der Dienstleistungen oder des Gesamtvolumens erbrachter Dienstleistungen durch Festsetzung bestimmter zahlenmäßiger Einheiten in Form von Quoten oder des Erfordernisses einer wirtschaftlichen Bedürfnisprüfung;[9]

(d) Beschränkungen der Gesamtzahl natürlicher Personen, die in einem bestimmten Dienstleistungssektor beschäftigt werden dürfen oder die ein Dienstleistungserbringer beschäftigen darf und die zur Erbringung einer spezifischen Dienstleistung erforderlich sind und in direktem

Zusammenhang damit stehen, in Form zahlenmäßiger Quoten oder des Erfordernisses einer wirtschaftlichen Bedürfnisprüfung;
(e) Maßnahmen, die bestimmte Arten rechtlicher Unternehmensformen oder von Gemeinschaftsunternehmen beschränken oder vorschreiben, durch die ein Dienstleistungserbringer eine Dienstleistung erbringen darf, und
(f) Beschränkungen der Beteiligung ausländischen Kapitals durch Festsetzung einer prozentualen Höchstgrenze für die ausländische Beteiligung oder für den Gesamtwert einzelner oder zusammengefasster ausländischer Investitionen.
[9] Lit. (c) gilt nicht für Maßnahmen eines Mitglieds, die Vorleistungen für die Erbringung von Dienstleistungen beschränken.

Präzisierung der Pflicht zur Inländergleichbehandlung

Im Hinblick auf die Gewährung von »national treatment« finden sich in Art. XVII zwei Klarstellungen:

GATS, Art. XVII

(2) Ein Mitglied kann das Erfordernis des Abs. 1 dadurch erfüllen, daß er Dienstleistungen und Dienstleistungserbringern eines anderen Mitglieds eine Behandlung gewährt, die mit der, die es seinen eigenen gleichen Dienstleistungen oder Dienstleistungserbringern gewährt, entweder formal identisch ist oder sich formal von ihr unterscheidet.

(3) Eine formal identische oder formal unterschiedliche Behandlung gilt dann als weniger günstig, wenn sie die Wettbewerbsbedingungen zugunsten von Dienstleistungen oder Dienstleistungserbringern des Mitglieds gegenüber gleichen Dienstleistungen oder Dienstleistungserbringern eines anderen Mitglieds verändert.

Zusätzliche Verpflichtungen

Auch in Bezug auf Maßnahmen, die nicht in den Anwendungsbereich der Art. XVI oder XVII GATS fallen, können »zusätzliche« Verpflichtungen in die Liste jedes Mitglieds aufgenommen werden; diese können auch, aber nicht nur »Qualifikations-, Normen- oder Zulassungsfragen« betreffen (Art. XVIII). Listen sind erstmalig beim Beitritt zur WTO aufzustellen; Form, Inhalt und rechtliche Qualität ergeben sich aus Art. XX GATS. Auf alle »spezifischen Verpflichtungen« bezogen ist auch die – in ihrer Funktion dem Art. XXVIIIbis GATT entsprechende Vorschrift für eine weitere, fortschreitende Liberalisierung (Art. XIX):

Liberalisierungsrunden

GATS, Art. XIX

(1) Entsprechend den Zielen dieses Übereinkommens treten die Mitglieder in aufeinander folgende Verhandlungsrunden ein, die spätestens fünf Jahre nach Inkrafttreten des WTO-Übereinkommens beginnen und danach regelmäßig stattfinden, um schrittweise einen höheren Stand der Liberalisierung zu erreichen. Die Verhandlungen zielen darauf ab, die nachteiligen Auswirkungen von Maßnahmen auf den Handel mit Dienstleistungen zu vermindern oder zu beseitigen, um dadurch einen effektiven Marktzugang zu erreichen. Dieser Prozeß findet mit dem Ziel statt, die Interessen aller Beteiligten auf der Grundlage des gemeinsamen Nutzens zu fördern und ein insgesamt ausgeglichenes Verhältnis von Rechten und Pflichten zu gewährleisten. ...

(4) Der Prozeß der schrittweisen Liberalisierung ist in jeder derartigen Runde durch bilaterale, plurilaterale oder multilaterale Verhandlungen voranzubringen mit dem Ziel, den allgemeinen Umfang der spezifischen Verpflichtungen, welche die Mitglieder nach diesem Übereinkommen übernommen haben, zu vergrößern.

Änderungen von listenmäßigen Verpflichtungen, die über bloße Berichtigungen hinausgehen, sind nur binnen drei Jahren nach Inkrafttreten der Bindung zulässig; das »ändernde« Mitglied schuldet dafür den Betroffenen je nach Lage des Falls einen Ausgleich für die Beeinträchtigung bisheriger Handelsvorteile (Art. XXI). Praktisch dürfte dies wie beim GATT (Art. XXVIII) zur Dominanz von »Paketlösungen« im Rahmen multilateraler Verhandlungsrunden führen, da hierbei am ehesten ein hinreichender Anreiz zu den je gewünschten Anpassungen besteht.

GATS-spezifisch ist weiterhin Art. VI (»innerstaatliche Regelung«), der sich zunächst auf bereits bestehende sektor-»spezifische Verpflichtungen« bezieht und dort allgemeine (verfahrensmäßige) Anforderungen aufstellt.

»domestic regulation«

(1) [D]ie Mitglieder ... stellen ... sicher, daß alle allgemein geltenden Maßnahmen, die den Handel mit Dienstleistungen betreffen, angemessen, objektiv und unparteiisch angewendet werden.
(2) (a) Jedes Mitglied unterhält oder richtet, sobald dies praktisch durchführbar ist, gerichtliche, schiedsrichterliche und administrative Instanzen oder Verfahren ein, die auf Antrag eines betroffenen Dienstleistungserbringers die umgehende Überprüfung von Verwaltungsentscheidungen mit Auswirkungen auf den Dienstleistungshandel oder in begründeten Fällen geeignete Abhilfemaßnahmen gewährleisten ...
(b) Lit. (a) ist nicht so auszulegen, daß ein Mitglied solche Instanzen oder Verfahren auch dann einzurichten hat, wenn dies mit seiner verfassungsmäßigen Struktur oder seiner Rechtsordnung unvereinbar ist.
(3) Bedarf die Erbringung einer Dienstleistung, für die eine spezifische Verpflichtung übernommen wurde, der Genehmigung, so unterrichten die zuständigen Behörden eines Mitglieds innerhalb einer angemessenen Frist nach der Vorlage eines nach den innerstaatlichen ... Vorschriften als vollständig erachteten Antrags den Antragsteller über die Entscheidung über den Antrag. ....

GATS, Art. VI

Die weiteren Absätze betreffen Qualifikations- sowie Zulassungserfordernisse und -verfahren sowie technische Normen, insoweit mit dem TBT-Abkommen vergleichbar. Neben einer spezifischen Kontrollpflicht in Bezug auf Freie Berufe (Abs. 6) sollen vom GATS-Rat (Art. XXIV) sektorspezifische »Disziplinen« erarbeitet werden, die sicherstellen sollen (Abs. 4 S. 2),

GATS, Art. VI Abs. 4 S. 2

daß solche Erfordernisse u.a.
(a) auf objektiven und transparenten Kriterien wie Kompetenz und Fähigkeit zur Erbringung der Dienstleistung beruhen;
(b) nicht belastender sind als nötig, um die Qualität der Dienstleistung zu gewährleisten;
(c) im Fall von Zulassungsverfahren nicht an sich die Erbringung der Dienstleistung beschränken.

Bis zu deren Inkrafttreten darf nach Abs. 5 (a) kein Mitglied Regelungen oder Normen anwenden,

GATS, Art. VI Abs. 5 (a)

welche die spezifischen Verpflichtungen in einer Weise zunichtemachen oder schmälern,
(i) die mit den in Abs. 4 lits. (a), (b) oder (c) beschriebenen Kriterien nicht vereinbar ist und
(ii) die zu dem Zeitpunkt, zu dem die spezifischen Verpflichtungen in diesen Sektoren übernommen wurden, von dem Mitglied vernünftigerweise nicht erwartet werden konnte.

Bei der Beurteilung, ob ein Mitglied der Pflicht aus Abs. 5 (a) nachkommt, sind auch die von ihm angewendeten internationalen Normen einschlägiger Internationaler Organisationen zu berücksichtigen (Abs. 5 [b]).

Anerkennung von Befähigungsnachweisen

Art. VII GATS zielt auf eine angemessene Qualität von Dienstleistungen ab, die durch hinreichend fachkundige Dienstleistungserbringer gesichert werden soll; zugleich sollen Hindernisse für den grenzüberschreitenden Dienstleistungshandel, wie sie aus dem Verlangen nach je spezifischen (unterschiedlichen) Befähigungsnachweisen in jedem »Gastland« herrühren, dadurch verringert werden, dass in einem anderen (Mitglieds-)Land erworbene Ausbildung oder Berufserfahrung, erfüllte Anforderungen oder erteilte Zulassungen oder Beglaubigungen entweder im Wege der Harmonisierung oder auf andere Weise, nach Abschluss einer entsprechenden Vereinbarung oder autonom anerkannt werden (Abs. 1). Dabei wird so viel Multilateralität wie möglich angestrebt (Abs. 2, 5). Eine generelle Modalität, die dem »chapeau« von Art. XIV entspricht, wird jedem Mitglied durch Art. VII Abs. 3 GATS vorgegeben:

GATS, Art. VII Abs. 3

E[s] darf die Anerkennung nicht in einer Weise gewähren, die bei der Anwendung seiner Normen oder Kriterien für die Ermächtigung, Zulassung oder Beglaubigung von Dienstleistungserbringern ein Mittel zur Diskriminierung zwischen verschiedenen Ländern oder eine verdeckte Beschränkung des Handels mit Dienstleistungen darstellen würde.

Streitbeilegung

Für Streitigkeiten aus dem GATS gelten die Regeln der DSU; im Hinblick auf »Konsultationen« wird in Art. XXII Abs. 1 S. 2 GATS ausdrücklich auf jene verwiesen. Ebenso verfahren Art. XXIII Abs. 1 in Bezug auf einen »violation complaint« und Abs. 3 (S. 1) für den »non-violation complaint«; auch für die Durchsetzung wird auf Art. 22 DSU verwiesen. Wird auf diese Weise ein »Entzug von Handelsvorteilen« gestattet, so ist zudem Art. XXVII GATS bedeutsam.

Streitbeilegung im GATS

Einen Sonderfall behandelt Art. XXII Abs. 3 GATS: Inländergleichbehandlung kann nicht gegenüber Maßnahmen eines anderen WTO-Mitglieds eingewendet werden, die in den Geltungsbereich eines (bilateralen) Doppelbesteuerungsabkommens fallen. Ob eine derartige Einschränkung dieser »spezifischen Verpflichtung« gegeben ist, kann aber (über den GATS-Rat) vor einem Schiedsgericht geklärt werden, dessen Entscheidung endgültig und für die Mitglieder bindend ist.

Doppelbesteuerungsausnahme

3.3. Sonderbereiche

Ebenso wie, wenn nicht gar in noch größerem Ausmaß als bei Waren führen politische und praktische Notwendigkeiten dazu, bestimmte Dienstleistungsbereiche nicht sofort, nur partiell oder unter Festlegung ergänzender Regelungen in das allgemeine Regime des GATS einzuordnen. Soweit prozedurale oder materielle Sonderregeln bereits in Anlagen des GATS enthalten sind, bilden sie einen wesentlichen Bestandteil des Übereinkommens (Art. XXIX). Jedoch haben dort normierte Verhandlungsmandate auch schon zu einigen weiteren Vereinbarungen geführt, die als »Protokolle« zum GATS zustande kamen; als eigenständige völkerrechtliche Verträge sind sie nur für bestimmte WTO-Mitglieder (und auch für diese nur bei einer gesonderten Ratifizierung) bindend. Derartige Vereinbarungen wurden bislang für Finanzdienstleistungen (5. Protokoll) sowie für Telekommunikation (4. Protokoll) getroffen, während bei Verkehrsdienstleistungen noch keine Resultate erzielt wurden.

Sektorspezifische Regelungen

3.4. WTO/GATS und andere internationale Regimes für den Dienstleistungsverkehr

Der EG-Vertrag verbürgt freien Dienstleistungsverkehr nur im Binnenmarkt; der in Art. 50 Abs. 2, 3 EGV umschriebene Anwendungsbereich dieser Grundfreiheit ist enger als der nach Art. I GATS, und schließlich sind ihr gegenüber die Vorschriften über den freien Waren- und Kapitalverkehr (Art. 23 ff., 56 ff.) sowie die Freizügigkeit von Arbeitnehmern wie von Selbständigen (Art. 39 ff., 43 ff. EGV) vorrangig (Art. 50 Abs. 1 EGV). In diesem Rahmen gelten jedoch Liberalisierungsge- und Nichtdiskriminierungsverbote (Art. 52, 54

Dienstleistungsregeln in der EG

EGV), so dass den Anforderungen des Art. V GATS für eine »wirtschaftliche Integration« genügt wird.

Grenzüberschreitende Dienstleistungen im NAFTA-Vertrag

Auch das NAFTA-Abkommen enthält ein eigenes Kapitel über »Cross-Border Trade in Services« (Art. 1201 ff.), aus dem Luftverkehr und Beschaffungswesen ausgeklammert sind und weitere sektorale Besonderheiten (etwa für »professional services« oder »civil engineers« gelten). Umfasst wird allgemein

NAFTA, Art. 1213

the provision of a service:
(a) from the territory of a Party into the territory of another Party,
(b) in the territory of a Party by a person of that Party to a person of another Party, or
(c) by a national of a Party in the territory of another Party,
but ... not include the provision of a service in the territory of a Party by an investment, as defined in Art. 1139 ..., in that territory.

Dienstleistungserbringern anderer Vertragsparteien wird (in den Schranken des Art. 1211) nach Art. 1202 – 1204, je nachdem, was günstiger ist, entweder Inländerbehandlung oder Meistbegünstigung gewährleistet; nicht verlangt werden darf auch eine »local presence« als Voraussetzung für das grenzüberschreitende Erbringen einer Dienstleistung (Art. 1205). Die Anerkennung gleichwertiger ausländischer sach- oder personenbezogener Nachweise wird in Art. 1210 näher geregelt

3.5. Wiederholungsfragen

1. Welche Zielsetzung und Struktur hat der OECD-Kodex zur Liberalisierung von Dienstleistungen? Lösung S. 230

2. Was sind die wesentlichen Unterschiede zwischen dem Begriff der Dienstleistungen im GATS und in der EG? Lösung S. 231 ff.

3. Worin unterscheiden sich Inländergleichbehandlung im GATT und im GATS? Lösung S. 235

4. Auf welche Weise wird Besonderheiten einzelner Dienstleistungssektoren im GATS Rechnung getragen? Lösung S. 237

5. Welche Arten von Dienstleistungen stimmen bei GATS und NAFTA überein? Lösung S. 242

4. Öffentliche Beschaffung

4.1. Government Procurement

Im Bereich Öffentliche Beschaffung – häufig auch als öffentliches Auftrags- oder Vergabewesen bezeichnet, englisch »government procurement« – tritt der Staat als Käufer für seinen Eigenbedarf auf. Vergaberecht ist mithin die Gesamtheit der Regeln und Vorschriften, die staatlichen Stellen eine bestimmte Vorgehensweise beim entgeltlichen Erwerb von Gütern und Leistungen vorschreiben. Die wirtschaftliche Bedeutung öffentlicher Beschaffung ist trotz seit einigen Jahren fortschreitender Privatisierung ehemals staatlicher Monopole weltweit weiterhin groß. Das Gesamtvolumen wird in den industrialisierten Ländern Nordamerikas und Westeuropas auf 10 – 20 % des Bruttoinlandsproduktes veranschlagt. In der EU hatte das öffentliche Beschaffungswesen im Zeitraum 1993 bis 1998 einen durchschnittlichen Anteil von etwa 14 % des BIP; 1998 entsprach dies einem absoluten Wert von mehr als 1 Mrd. €. Bestimmte Wirtschaftszweige sind von der staatlichen Auftragsvergabe beinahe vollständig abhängig, wie etwa die Rüstungs- und die Tiefbauindustrie, andere erzielen hieraus wenigstens einen erheblichen Teil ihres Umsatzes. Auf Grund dieses hohen Volumens und zugleich der beschränkten finanziellen Mittel der Öffentlichen Hand ist vorrangiges Ziel der öffentlichen Beschaffung, Aufträge im Wettbewerb an den wirtschaftlichsten, d.h. qualitativ wie preislich günstigsten Anbieter zu vergeben. Die öffentliche Beschaffung wird aber traditionell auch zur Verfolgung so genannter Sekundärzwecke (secondary policies) genutzt, so zur Verwirklichung der Wettbewerbs-, Konjunktur-, Arbeitsmarkt-, Industriepolitik sowie zu Struktur- und regionale Entwicklungsförderung. Weiter angestrebt werden sozialpolitische Ziele, etwa der Ausgleich unverschuldet eingetretener sozialer Benachteiligungen, die Sicherung der Finanzkraft des Sozialversicherungssystems oder die Steigerung des Ausbildungsplatzangebotes für Berufsanfänger, und endlich zunehmend umweltpolitische Ziele, wie die Steigerung der Nachfrage nach umweltverträglichen Produkten.

Im internationalen Wirtschaftsverkehr gibt es zahlreiche Rechtsgrundlagen im Hinblick auf die öffentliche Beschaffung. Neben Richtlinien der EG Gemeinschaft sind hier insbesondere »guidelines« für die Vergabe von Darlehen durch die IBRD oder IDA sowie Regelungen der Kreditanstalt für Wiederaufbau für den Bereich der finanziellen Zusammenarbeit der Bundesrepublik Deutschland mit Entwicklungsländern zu nennen. Auch existiert seit 1994 ein UNCITRAL-Modellgesetz für die öffentliche Auftragsvergabe; es ist an Staaten gerichtet, welche Vergabevorschriften verbessern oder neu schaffen wollen. Im

Begriff des Vergaberechts

Wirtschaftliche Bedeutung

Primär- und Sekundärzwecke

Regelungsvielfalt

UNCITRAL Model Law

UNCITRAl Model Law — Gegensatz zu internationalen Übereinkommen sind Modellgesetze lediglich unverbindliche Regelungsmuster. Dem einzelnen Staat steht es frei, ob er den Entwurf ganz oder teilweise in nationales Recht übernehmen will oder nicht. Zudem muss das Gesetz nicht als Ganzes transformiert werden. Ergänzt wird das Model Law durch einen Leitfaden zu seiner Umsetzung, der gerade Staaten, die bisher mit Regeln für das Vergabewesen wenig vertraut waren, als Hilfestellung dienen soll. Das Mustergesetz entspricht weitgehend den Vorgaben des seit 1994 geltenden GPA als des bedeutsamsten internationalen Abkommens über öffentliche Beschaffung, welches auch den Rahmen für das europäische und deutsche Recht absteckt.

GPA 1979 und 1994 — Das GPA 1994 – Anhang 4 des WTO-Übereinkommens – ist eine revidierte Fassung des Übereinkommens über öffentliches Beschaffungswesen der Tokio-Runde. Im Gegensatz zu anderen seinerzeit geschlossenen GATT-Zusatzübereinkommen ist es nicht gelungen, das GPA zu »multilateralisieren«; die Materie der öffentlichen Beschaffung ist weder in das GATT noch – soweit sie Dienstleistungen betrifft – in das GATS eingegliedert worden. Vielmehr blieb das GPA bis heute ein plurilaterales Abkommen i.S.v. Art II Abs. 3 des WTO-Übereinkommens, ein eigenständiger völkerrechtlicher Vertrag zwischen (z. Zt. 28) Vertragsparteien. Drei Staaten befinden sich in Beitrittsverhandlungen, weitere 23 sowie drei Internationale Organisationen (IWF, ITC und OECD) haben einen Beobachterstatus.

Anwendungsbereich des GPA 1994 — Artikel I GPA umreißt den Anwendungsbereich des Abkommens in persönlicher und sachlicher Hinsicht: Seine Regelungen sind auf alle Beschaffungsverträge über Waren und Dienstleistungen jeglichen Typs, die von den Beschaffungsstellen der Zentralregierung einer Vertragspartei wie der Ebenen unterhalb derselben geschlossen werden, anwendbar. Die dem GPA 1994 unterworfenen Beschaffungsstellen werden explizit in den Anhängen 1 bis 5 aufgeführt. Anders als

Erstreckung auf regionale und lokale Stellen und auf »Sektoren« — bisher erstreckt sich das Abkommen auf regionale und lokale Vergabestellen, und zudem gilt es auch in den »Sektoren« Wasserversorgung, Häfen, Flughäfen, Stromversorgung und öffentlicher Nahverkehr für staatlich beherrschte Unternehmen, also etwa für die Deutsche Telekom AG. Sachlich bezieht sich das GPA auf Beschaffungsaufträge jeder Vertragsart, sei dies Kauf, Leasing, Miete oder eine andere, und erfasst neben Warenlieferungen auch Dienst- und Bauleistungen. Das Ausmaß der Einbeziehung können die Vertragsparteien durch Positiv- oder Negativlisten steuern (Anlage 4 und 5 zu Anhang I). Auch für die einzubeziehenden Sektoren und Vergabestellen enthält Anlage 3 des Abkommens Positivlisten, denn nicht jedes Land ist für jeden Sektor dieselben Verpflichtungen eingegangen.

Eine weitere Eingrenzung erfolgt dadurch, dass das Abkommen nur auf Beschaffungen Anwendung findet, deren Wert in jeweiligen Länderlisten aufgeführte Schwellenwerte übersteigt. Diese werden nach betroffenen Vergabestellen und Art des zu vergebenen Auftrags im Anhang I für jedes Jahr geplant und gesondert festgelegt und sind für die verschiedenen Beschaffungskategorien unterschiedlich hoch.

Anwendung nur oberhalb bestimmter Schwellenwerte

Die Schwellenwerte für die Bundesrepublik Deutschland betragen:

Schwellenwerte für Deutschland

Beschaffungsstellen und Güter	*SZR*
Zentralregierung, Waren	130.000 €
Dienstleistungen ohne Bauleistungen	130.000 €
Bauleistungen	5.000.000 €
Ebene unterhalb der Zentralregierung, Waren	200.000 €
Dienstleistungen ohne Bauleistungen	200.000 €
Bauleistungen	5.000.000 €
Andere Beschaffungsstellen (staatlich beherrschte Unternehmen), Waren	400.000 €
Dienstleistungen ohne Bauleistungen	400.000 €
Bauleistungen	5.000.000 €

Zentrale Grundsätze des GPA 1994 sind Nichtdiskriminierung und Transparenz. Nach Art. III müssen alle beschaffungsrelevanten Vorschriften und Verfahren von den Vertragsparteien so gehandhabt werden, dass ausländische Anbieter weder gegenüber inländischen Konkurrenten (Inländergleichbehandlung) noch untereinander (Meistbegünstigung) benachteiligt werden. Die meisten Vertragsparteien haben zu Artikel III GPA Vorbehalte erklärt, die in der jeweiligen Anlage 1 aufgeführt sind. Ausnahmen vom Grundsatz der Nichtdiskriminierung beziehen sich auf Lieferungen bestimmter Waren und Dienstleistungen durch bestimmte Vertragsparteien. Grund hierfür ist das Fehlen von »Basisreziprozität«, d.h. einer Gegenseitigkeit beim Verpflichtungsumfang der je betroffenen Partei(en).

Prinzipien des GPA

Der Grundsatz der Transparenz spiegelt sich insbesondere in den spezifischen Vorgaben für Vergabeverfahren in Hinblick auf Ausschreibung, Fristen, Dokumentation und Modalitäten der Vergabe

Drei Verfahrensarten

sowie den Zuschlag wider. Das GPA 1994 unterscheidet drei Verfahrensarten:

Bei »offenen Verfahren« kann jeder interessierte Anbieter ein Angebot abgeben. Die damit erzielte breite Beteiligungsmöglichkeit soll dem Staat die nötige Marktübersicht verschaffen, durch Wettbewerb vieler Bieter preisgünstigen Einkauf sichern, Gleichbehandlung gewährleisten und sachwidrige Einflüsse ausschließen. Dagegen können im »nicht offenen Verfahren« nur Anbieter, die von einer Vergabestelle aufgefordert werden, Angebote abgeben. Vergabestellen sind verpflichtet, hierbei die größtmögliche Anzahl qualifizierter Lieferanten zur Angebotsabgabe aufzufordern, um einen optimal wirksamen Wettbewerb selbst in diesem eingeschränkten Rahmen zu sichern. Führt eine Stelle ständige Listen qualifizierter Lieferanten, kann sie aus diesen Listen auswählen, wen sie auffordert. Art. VII Abs. 3 GPA gewährleistet aber auch nicht aufgeforderten, jedoch als qualifiziert geltenden Lieferanten ein subjektives Recht auf Angebotsabgabe. Selbst ein noch nicht qualifizierter Bewerber ist damit auf Antrag hin in Betracht zu ziehen und ein Qualifikationsverfahren einzuleiten, sofern noch genügend Zeit vorhanden ist, um es abzuschließen. Die Anzahl der zusätzlichen Interessenten, der die Teilnahme erlaubt wird, darf allein aus Gründen der effizienten Abwicklung der Beschaffung abgelehnt werden. Bei »eingeschränkter Vergabe« wendet sich die Vergabestelle direkt an einzelne Lieferanten. Art. XV GPA darf nur angewandt werden, wenn im Rahmen eines offenen oder nicht offenen Verfahrens keine anforderungsgerechten Angebote eingegangen sind.

Rechtsschutz

Die Einhaltung der Vergabevorschriften wird über zwei Rechtsschutzmöglichkeiten gesichert: Streitigkeiten zwischen den GPA-Vertragsparteien können zum einem im Rahmen des WTO-Streitbeilegungsverfahrens (mit einigen Detailabweichungen auf Grund des plurilateralen Charakters des GPA) ausgetragen werden (Art. XXII). Darüber hinaus verpflichtet Art. XX GPA die Vertragsparteien zur Einrichtung eines nationalen Widerspruchs-/Rechtsbehelfsverfahrens, in dem Bieter eines konkreten Vergabeverfahrens Verstöße gegen das GPA geltend machen können. Der als Rechtsfolge vorgesehene Schadensersatz kann allerdings auf die Kosten für die Ausarbeitung des Angebotes begrenzt werden.

Entwicklungen

Mit der Thematik der öffentlichen Beschaffung beschäftigen sich neben dem Ausschuss für das öffentliche Beschaffungswesen (Art. XXI GPA) gegenwärtig zwei multilaterale Arbeitsgruppen in der WTO: Auf der Ministerkonferenz von Singapur 1996 wurde eine Arbeitsgruppe zu Transparenz eingesetzt, die die Beschaffungsregeln aller WTO-Mitglieder untersuchen und Vorschläge für ein Übereinkommen über Transparenz erarbeiten soll. Daneben sieht Art. XXIII

Abs. 2 GATS multilaterale Verhandlungen über die öffentliche Beschaffung von Dienstleistungen vor, die zwei Jahre nach dem Inkrafttreten des WTO-Übereinkommens starteten, bisher jedoch keine Ergebnisse erzielten.

Spezielle Bestimmungen auch hierzu sind im NAFTA-Abkommen niedergelegt (Art. 1001 ff.); sie gelten für Kauf- und ähnliche Verträge über Waren und Dienstleistungen auf allen staatlichen Ebenen über gewissen unterschiedlichen Schwellenwerten. Art. 1003 sieht Inländergleichbehandlung und (sonstige) Nichtdiskriminierung vor. Eingehend geregelt sind vor allem die Vorgaben für Ausschreibungen (»tendering procedures«, Art. 1008 ff.).

Beschaffungsregeln im NAFTA-Vertrag

4.2. Wiederholungsfragen

1. Was ist unter »öffentlicher Beschaffung« zu verstehen? Lösung S. 243

2. Welche internationalen Rechtsgrundlagen der öffentlichen Beschaffung gibt es? Lösung S. 243 f.

3. Wie ist der sachliche Anwendungsbereich des GPA 1994 abzugrenzen? Lösung S. 244

4. Wie weit reicht der persönliche Anwendungsbereich des GPA 1994? Lösung S. 244

5. Was sind die zentralen Grundsätze des GPA 1994? Lösung S. 245

6. Welche Vergabeverfahren unterscheidet das GPA 1994? Lösung S. 245

7. Welche Rechtsschutzmöglichkeiten sieht das GPA 1994 vor? Lösung S. 246

Weltwährungs- und -finanzrecht

1.	**Recht des IWF**	**250**
1.1.	Regelungen zu Kapitalverkehr	250
1.2.	Wiederholungsfragen	256
2.	**Weitere Regelungen finanzieller Art**	**257**
2.1.	Kapital- und Zahlungsverkehr	257
2.2.	Standards guter Praxis	262
3.	**Wiederholungsfragen**	**264**

1. Recht des IWF

INTERNATIONALER WÄHRUNGSFONDS

1.1. Regelungen zu Kapitalverkehr

Ziele

Eines der Ziele des Internationalen Währungsfonds besteht nach Art. I (iv) des Gründungsabkommens darin,

> bei der Errichtung eines multilateralen Zahlungssystems für die laufenden Geschäfte zwischen den Mitgliedern und der Beseitigung von Devisenverkehrsbeschränkungen, die das Wachsen des Welthandels hemmen, mitzuwirken.

Kaum Vorschriften zum Kapitalverkehr

Bislang enthält das IWF-Übereinkommen im Hinblick auf Kapitalbewegungen allerdings nur rudimentäre Regelungen:

IWF-Übereinkommen, Art. VI

> (1) (a) (E)in Mitglied (darf) die allgemeinen Fondsmittel nicht dazu verwenden, einen beträchtlichen oder anhaltenden Kapitalabfluß zu decken; der Fonds kann ein Mitglied auffordern, Kontrollen auszuüben, um eine solche Verwendung der allgemeinen Fondsmittel zu verhindern...
> (b) Dieser Abschnitt ist nicht so auszulegen,
> (i) als solle er die Verwendung der allgemeinen Fondsmittel für Kapitalübertragungen angemessenen Umfangs verhindern, soweit sie für die Ausweitung der Ausfuhr oder im gewöhnlichen Handels-, Bank- oder Geschäftsverkehr notwendig sind, oder
> (ii) als solle er Kapitalbewegungen beeinträchtigen, die das Mitglied selbst finanzieren;
> die Mitglieder werden jedoch dafür sorgen, daß solche Kapitalbewegungen mit den Zielen des Fonds in Einklang stehen. ...
> (3) Die Mitglieder dürfen die zur Kontrolle internationaler Kapitalbewegungen notwendigen Maßnahmen treffen; kein Mitglied darf jedoch

diese Kontrollen in einer Weise handhaben, daß.. Zahlungen für laufende Geschäfte eingeschränkt oder Übertragungen von Mitteln zur Erfüllung von Verbindlichkeiten ungebührlich verzögert werden.

Seit mehreren Jahren laufen Bestrebungen zu einer stärkeren Einbeziehung des Kapitalverkehrs in das Recht des IWF durch eine weitere Modifizierung des Übereinkommens. Bislang haben diese jedoch noch nicht dazu geführt, dass das Verfahren zur Abkommensänderung eingeleitet wurde.

Anders als der Terminus »Kapital(bewegung)« wird der Begriff »Zahlungen für laufende Transaktionen« in Art. XXX (d) des Übereinkommens definiert, allerdings zunächst nur negativ dahin, dass solche Zahlungen nicht der Übertragung von Kapital dienen. Im Zweifel kann der Gouverneursrat bestimmen, ob eine Transaktion als laufende Zahlung oder als Kapitalbewegung anzusehen ist. »Current payments« umfassen »ohne Einschränkung«:

Regelungen in Bezug auf Zahlungen

Definition »laufende Zahlungen«

(1) alle Zahlungen, die im Zusammenhang mit dem Außenhandel, anderen laufenden Geschäften einschließlich Dienstleistungen sowie normalen Bank- und Kreditgeschäften geschuldet werden;
(2) Zahlungen von Beträgen, die als Kreditzinsen sowie als Nettoerträge aus anderen Anlagen geschuldet werden;
(3) Zahlungen in mäßiger Höhe für die Tilgung von Krediten oder für die Abschreibung von Direktinvestitionen und
(4) Überweisungen in mäßiger Höhe zur Bestreitung des Familienunterhalts.

IWF-Übereinkommen, Art. XXX (d)

Im Hinblick auf freie internationale (laufende) Zahlungen ergeben sich Bindungen aller Mitglieder des IWF aus Art. VIII des Übereinkommens. Die in dieser »Übergangsregelung« des Art. XIV enthaltenen Vorgaben sind allerdings zeitlich unbefristet, so dass sich in der Praxis eine Zweiteilung zwischen Staaten mit liberalen und anderen mit restriktiven Bestimmungen zum internationalen Zahlungsverkehr ergibt, die sich nur ganz langsam in Richtung auf jenes Regime bewegt.

Dualität der Regeln: Art. XIV vs. Art. VIII

(1) Jedes Mitglied unterrichtet den Fonds darüber, ob es beabsichtigt, von den Übergangsregelungen des Abschn. 2 Gebrauch zu machen, oder ob es bereit ist, die Verpflichtungen aus Art. VIII Abschn. 2, 3 und 4 zu übernehmen...
(2) (E)in Mitglied, das den Fonds von seiner Absicht unterrichtet hat, von den Übergangsregelungen nach dieser Bestimmung Gebrauch zu machen, (darf) diejenigen Zahlungs- und Überweisungsbeschränkungen für laufende internationale Transaktionen aufrechterhalten und wechselnden Umständen anpassen, die zum Zeitpunkt seines Beitritts in Kraft waren. In ihrer Devisenpolitik haben die Mitglieder jedoch ständig die Ziele des Fonds im Auge zu behalten und, sobald es die Umstände erlauben, alle möglichen Maßnahmen zu treffen, um mit

IWF-Übereinkommen, Art. XIV

anderen Mitgliedern Handels- und Finanzvereinbarungen zur Erleichterung des internationalen Zahlungsverkehrs und zur Förderung eines stabilen Wechselkurssystems auszuarbeiten. Insbesondere haben die Mitglieder die nach diesem Abschnitt aufrechterhaltenen Beschränkungen aufzuheben, sobald sie davon überzeugt sind, daß sie auch ohne diese Beschränkungen in der Lage sein werden, ihre Zahlungsbilanz derart auszugleichen, daß sie ihre Zugriffsmöglichkeiten auf die allgemeinen Fondsmittel nicht übermäßig stark in Anspruch nehmen müssen.

Zentrale Verpflichtungen nach Art. VIII

Für den Normalfall normiert Art. VIII »allgemeine« Verpflichtungen der IWF-Mitglieder. Für den internationalen Zahlungsverkehr grundlegend sind dabei Abschn. 2 und 3:

IWF-Übereinkommen, Art. VIII

(2) (a) Vorbehaltlich des .. Art. XIV Abschn. 2 darf ein Mitglied nicht ohne Zustimmung des Fonds Zahlungen und Übertragungen für laufende internationale Geschäfte Beschränkungen unterwerfen.
(b) Aus Devisenkontrakten, welche die Währung eines Mitglieds berühren und den von diesem Mitglied in Übereinstimmung mit diesem Übereinkommen aufrechterhaltenen oder eingeführten Devisenkontrollbestimmungen zuwiderlaufen, kann in den Hoheitsgebieten der Mitglieder nicht geklagt werden...
(3) Ein Mitglied darf sich nicht auf diskriminierende Währungsregelungen oder auf multiple Kurspraktiken einlassen... und dies auch nicht seinen ... Währungsbehörden erlauben, sofern nicht solche Regelungen oder Praktiken nach diesem Übereinkommen zulässig oder vom Fonds genehmigt sind. Bestehen solche Regelungen und Praktiken zu dem Zeitpunkt, in dem dieses Übereinkommen in Kraft tritt, so hat das betreffende Mitglied den Fonds über ihre allmähliche Aufhebung zu konsultieren, sofern sie nicht nach Art. XIV Abschn. 2 aufrechterhalten oder eingeführt werden...

Keine große praktische Bedeutung mehr hat hingegen die Vorschrift über die »Konvertibilität von Guthaben des Auslands« (Art. VIII Abschn. 4), zumal diese nur im zwischenstaatlichen Verhältnis gilt, also nicht (direkt) für auf Devisen angewiesene Privatpersonen:

IWF-Übereinkommen, Art. VIII Abschn. 4

(a) Jedes Mitglied hat auf seine Währung lautende Guthaben eines anderen Mitglieds zu kaufen, wenn das Mitglied darum ersucht und dabei geltend macht,
(i) daß die zu kaufenden Guthaben kürzlich aus laufenden Geschäften angefallen sind oder
(ii) daß ihr Umtausch zwecks Zahlungen für laufende Geschäfte erforderlich ist.
Das kaufende Land hat die Wahl, entweder in Sonderziehungsrechten nach Maßgabe des Art. XIX Abschn. 4 oder in der Währung des ersuchenden Landes zu zahlen...

Für Kapital- und Zahlungsverkehr gleichermaßen wichtig sind die Wechselkurs-Vorschriften des IWF-Übereinkommens, d.h. des Außenwertes einer Währung (im Verhältnis zu anderen bzw. einer Leitwährung oder Währungseinheit). Hier sind nach 1971 durch die damals seitens der U.S-Regierung einseitig erklärte Beendigung der festen Beziehung (Parität) zwischen US-$ und Gold, die meist als »Zusammenbruch« des (alten) Bretton Woods-Systems bezeichnet wird, nach einer turbulenten Phase zum 1.4.1978 Vertragsänderungen wirksam geworden (sog. zweite Satzungsnovelle), die flexiblere Regeln festgelegt haben.

Wechselkursregelungen

Verpflichtungen auf dem Gebiet der Wechselkursregelungen ergeben sich für alle IWF-Mitglieder aus Art. IV des Übereinkommens: Nach Abschn. 1 verpflichtet sich jedes Mitglied

[i]n der Erkenntnis, daß der eigentliche Zweck des internationalen Währungssystems die Schaffung von Rahmenbedingungen zur Erleichterung des Waren-, Dienstleistungs- und Kapitalverkehrs zwischen den Ländern und zur Aufrechterhaltung eines gesunden Wirtschaftswachstums ist und daß ein Hauptziel darin besteht, die geordneten Grundbedingungen ständig weiterzuentwickeln, welche für die Währungs- und Wirtschaftsstabilität notwendig sind,

IWF-Übereinkommen, Art. IV Abschn. 1

sowohl mit den Organen des Fonds als auch mit anderen Mitgliedern zusammenzuarbeiten,

um geordnete Wechselkursregelungen zu gewährleisten und ein stabiles Wechselkurssystem zu fördern. Insbesondere wird jedes Mitglied
(i) bestrebt sein, seine Wirtschafts- und Währungspolitik unter angemessener Berücksichtigung seiner Situation auf das Ziel eines geordneten Wirtschaftswachstums bei angemessener Preisstabilität auszurichten;
(ii) um Stabilität bemüht sein, indem es geordnete Wirtschafts- und Währungsverhältnisse und ein Währungssystem anstrebt, das nicht dazu neigt, erratische Störungen auszulösen;
(iii) Manipulationen der Wechselkurse oder des internationalen Währungssystems mit dem Ziel, eine wirksame Zahlungsbilanzanpassung zu verhindern oder einen unfairen Wettbewerbsvorteil gegenüber anderen Mitgliedern zu erlangen, vermeiden und
(iv) eine Wechselkurspolitik verfolgen, die mit den Verpflichtungen aus diesem Abschnitt vereinbar ist.

IWF-Übereinkommen, Art. IV Abschn. 1

Welche allgemeine Wechselkursregelung ein Mitglied wählt, steht ihm frei; es muss diese (und spätere Änderungen) lediglich dem Fonds mitteilen (Art. IV Abschn. 2 [a]). Als mögliche Regelungen nennt Art. IV Abschn. 2 (b) unter anderem:

Wahlmöglichkeiten

IWF-Übereinkommen, Art. IV Abschn. 2 (b)

(i) Aufrechterhaltung des Wertes einer Währung durch das betreffende Mitglied in Sonderziehungsrechten oder in einem, vom Mitglied gewählten Maßstab außer Gold,
(ii) Gemeinschaftsregelungen, nach denen Mitglieder den Wert ihrer Währungen im Verhältnis zum Wert der Währung oder Währungen anderer Mitglieder aufrechterhalten, oder
(iii) andere Wechselkursregelungen nach Wahl des Mitglieds.

Unter lit. (ii) fällt z.B. das Europäische Währungssystem in der Erstfassung (EWS I) vor Inkrafttreten der Währungsunion (1999) und in der späteren Version (EWS II) zwischen den (noch) nicht an dieser teilnehmenden EG-Staaten. Mehrere Länder (u.a. in Lateinamerika) sind dazu – wie nach lit. (i) zulässig – übergegangen, ihre Währungen an den US-$ zu binden (Currency Board-System) oder diese fremde staatliche Währung sogar als alleiniges Zahlungsmittel einzuführen (Panama, Ecuador; Liberia); der Preis hierfür ist der Verzicht auf eine eigene Geld- und Währungspolitik.

Sollen für Wechselkursregelungen Vorkehrungen getroffen werden, um der Entwicklung des internationalen Währungssystems Rechnung zu tragen (Art. IV Abschn. 2 [c]), oder soll gar wieder ein »weit verbreitetes System auf der Grundlage stabiler, aber anpassungsfähiger Paritäten« eingeführt werden (Art. IV Abschn. 4), bedarf es hierfür einer Mehrheit von 85 v.H. aller Stimmen; derartige Änderungen können also nicht gegen die USA durchgesetzt werden.

»surveillance« über Währungs- und Wirtschaftspolitik

Primär – aber nicht nur – für die Wechselkurspolitik jedes Mitglieds maßgeblich ist auch Art. IV Abschn. 3 in Bezug auf die IWF-Kompetenz zur »Überwachung« (»surveillance«).

Internationaler Währungsfonds

Zentrale Internationale Finanzinstitution
Keine Welt-Zentralbank
Einfluss auf Währungs- und Wirtschaftspolitik der Mitglieder

↙ ↘

Differenzierte, mit Bedingungen verknüpfte »Kreditvergabe«   Surveillance

Dominanz der Industrieländer durch Stimmenwägung und Mehrheitserfordernisse für wichtige Entscheidungen

Der IWF ist keine Welt-Zentralbank; bei der Ausgestaltung des ursprünglichen Übereinkommens, aber auch bei späteren Änderungen haben Pläne, (auch) ein Welt-Geld zu schaffen, nicht zum Erfolg geführt. Jedoch wurde durch die 1. Satzungsnovelle 1969 als neue internationale Währungsreserve (neben Gold, Devisen und Reservepositionen der Mitglieder im Fonds) das Sonderziehungsrecht (»special drawing right«, SDR) geschaffen und enthält das Übereinkommen seither einschlägige Vorschriften in Art. XV – XXV. Die dem SZR in Art. XV Abschn. 1 zugedachte Rolle hat heute keine große Bedeutung mehr; Ende 2002 bestand nur ca. 1 Prozent der Währungsreserven (außer Gold) aus diesem Medium. Hingegen dient es als Rechnungseinheit des IWF (auch und gerade in Operationen und Transaktionen mit seinen Mitgliedern im Rahmen einer besonderen Abteilung, Art. XVI) und zahlreicher anderer intergouvernementaler Organisationen. Sonderziehungsrechte stellen weder (Einheiten) eine(r) Währung dar noch sind sie Forderungen gegenüber dem IWF. Sie können aber von allen Inhabern, also von Mitgliedstaaten, denen SZR zugeteilt sind, vom Fonds selbst und von »sonstigen Inhabern« (Art. XVII Abschn. 3) zum Erwerb der (frei verwendbaren) Währung jedes IWF-Mitglieds genutzt werden.

Sonderziehungsrechte

Für die Zuteilung (und Einziehung) von SZR stellt Art. XVIII Abschn. 1 einige Grundsätze auf:

Zuteilung von SZR

Bei allen Beschlüssen über die Zuteilung und Einziehung von Sonderziehungsrechten sucht der Fonds dem in Zukunft etwa entstehenden langfristigen weltweiten Bedarf nach Ergänzung der vorhandenen Währungsreserven so zu entsprechen, daß die Verwirklichung der Ziele des Fonds gefördert wird und wirtschaftliche Stagnation und Deflation in der Welt ebenso vermieden werden wie Übernachfrage und Inflation.

IWF-Übereinkommen, Art. XVIII Abschn. 1

Da nur die Staaten SZR erhalten können, die zum jeweiligen Zuteilungszeitpunkt (Art. XVIII Abschn. 2 – 4) Partei des IWF-Übereinkommens sind, haben sich seit 1969 erhebliche Verzerrungen zwischen alten und neu hinzugekommenen Mitgliedern ergeben. Deren Beseitigung durch neue, gleichsam kompensierende Zuteilungen (vor allem an Entwicklungsländer) wäre jedoch nur über eine Stimmenmehrheit von 85 % im Gouverneursrat möglich (Art. XVIII Abschn. 4 [a], [d]). Für die Bewertung des SZR enthält das IWF-Übereinkommen lediglich Verfahrensregelungen (in Art. XV Abschn. 2). Ursprünglich wurde sein Wert als Äquivalent zu 0,888671 g Feingold festgelegt, d.h. seinerzeit dem Gegenwert eines U.S-$. 1974 erfolgte eine Neudefinition als Währungskorb; seit 1999 besteht dieser aus vier Währungen mit folgendem Anteil:

Zusammensetzung und Wert des SZR	U.S.-$	00.577
	Euro	00.426
	Japanischer Yen	21.0
	Pfund Sterling	00.0984

Die Zusammensetzung des Korbs und die jeweiligen Anteile der Währungen in diesem werden im Abstand von 5 Jahren überprüft, um sicherzustellen, dass die dort vertretenen Währungen für die bei internationalen Transaktionen verwendeten repräsentativ sind und die Gewichtung ihre aktuelle Bedeutung im Welthandels- und -finanzsystem widerspiegelt. Die letzte reguläre Überprüfung fand im Oktober 2000 statt und wurde Anfang 2001 wirksam. Der Satz für SZR-Zinsen (auf den Bestand) und Gebühren (für Nettozuteilungen) – Art. XX – wird wöchentlich festgelegt und richtet sich nach einem gewichteten Durchschnitt repräsentativer Zinssätze für kurzfristige Verbindlichkeiten auf den Geldmärkten des jeweiligen Korb-Landes; in Bezug auf den Euro ist dies der Dreimonats-EURIBOR (Euro Interbank Offered Rate).

Sonderziehungsrechte werden häufig in Gründungsverträgen anderer Internationaler Organisationen als Bezugsgröße verwendet (z.B. Art. 5 MIGA-Übereinkommen, Art. 5 Weltpostvertrag 1999).

1.2. Wiederholungsfragen

1. Inwieweit befasst sich der IWF mit Fragen des Kapitalverkehrs? Lösung S. 250 ff.

2. Welche Grundregeln enthält Art. VIII IWF-Übereinkommen? Lösung S. 252

3. Welche Vorgaben beinhaltet das IWF-Übereinkommen in Bezug auf die Wechselkurse der Mitgliedstaaten? Lösung S. 253

4. Welche Rolle haben Sonderziehungsrechte, und wie sind sie konstruiert? Lösung S. 255

2. Weitere Regelungen finanzieller Art

2.1. Kapital- und Zahlungsverkehr

Regelungen über möglichst ungehinderten grenzüberschreitenden Kapital- und Zahlungsverkehr sind auch Gegenstand völkerrechtlicher Verträge, die sich speziell mit der Förderung und dem Schutz von Kapitalanlagen im Staat des Vertragspartners oder allgemeiner mit bi- oder auch multilateraler wirtschaftlicher Zusammenarbeit befassen.

Regelungen in völkerrechtlichen Verträgen

Das NAFTA-Abkommen widmet sein Kap. 11 der Behandlung von Investitionen (sec. A) sowie Streitbeilegung zwischen einem Vertragsstaat und dem Investor einer anderen Partei (sec. B). Sind ausländische »investments« (Art. 1139) einmal rechtmäßig im Gebiet eines Vertragsstaates getätigt worden, bestimmt Art. 1109 über Transfers:

NAFTA

(1) Each Party shall permit all transfers relating to an investment of an investor of another Party in the territory of the Party to be made freely and without delay. Such transfers include:
(a) profits, dividends, interest, capital gains, royalty payments, management fees, technical assistance and other fees, returns in kind and other amounts derived from the investment;
(b) proceeds from the sale of all or any part of the investment or from the partial or complete liquidation of the investment;
(c) payments made under a contract entered into by the investor, or its investment, including payments made pursuant to a loan agreement;
(d) payments made pursuant to Art. 1110; and
(e) payments arising under Sec. B.
(2) Each Party shall permit transfers to be made in a freely usable currency at the market rate of exchange prevailing on the date of transfer with respect to spot transactions in the currency to be transferred.
(3) No Party may require its investors to transfer, or penalize its investors that fail to transfer, the income, earnings, profits or other amounts derived from, or attributable to, investments in the territory of another Party.
(4) Notwithstanding paras. 1 and 2, a Party may prevent a transfer through the equitable, non-discriminatory and good faith application of its laws relating to:
(a) bankruptcy, insolvency or the protection of the rights of creditors;
(b) issuing, trading or dealing in securities;
(c) criminal or penal offenses;
(d) reports of transfers of currency or other monetary instruments; or
(e) ensuring the satisfaction of judgments in adjudicatory proceedings.
(5) Para. 3 shall not be construed to prevent a Party from imposing any measure through the equitable, non-discriminatory and good faith

NAFTA-Abkommen
Art. 1109

application of its laws relating to the matters set out in subparas. (a) through (e) of para. 4.

(6) Notwithstanding para. 1, a Party may restrict transfers of returns in kind in circumstances where it could otherwise restrict such transfers under this Agreement, including as set out in para. 4.

Zahlungen bei Eigentumsentziehung

Der dort in Bezug genommene Art. 1110 befasst sich mit »expropriation and compensation« und dabei geschuldeten Zahlungen:

NAFTA-Abkommen Art. 1110

(1) No Party may directly or indirectly nationalize or expropriate an investment of an investor of another Party in its territory or take a measure tantamount to nationalization or expropriation of such an investment (»expropriation«), except:
(a) for a public purpose;
(b) on a non-discriminatory basis;
(c) in accordance with due process of law ...; and
(d) on payment of compensation in accordance with paras. 2 through 6.
(2) Compensation shall be equivalent to the fair market value of the expropriated investment immediately before the expropriation took place ..., and shall not reflect any change in value occurring because the intended expropriation had become known earlier. Valuation criteria shall include going concern value, asset value including declared tax value of tangible property, and other criteria, as appropriate, to determine fair market value.
(3) Compensation shall be paid without delay and be fully realizable....
(6) On payment, compensation shall be freely transferable as provided in Art. 1109. ...

OECD-Kodex

Bereits in der OEEC entstand und 1961 von der OECD übernommen wurde der als Rats-Beschluss ergangene, des Öfteren aktualisierte »Code of Liberalisation of Capital Movements«. Art. 1 statuiert als »allgemeine Verpflichtung«:

Pflicht zur Liberalisierung des Kapitalverkehrs

OECD-Kodex Part I, Art. 1

(a) Members shall progressively abolish between one another, in accordance with the provisions of Article 2, restrictions on movements of capital to the extent necessary for effective economic co-operation. Measures designed to eliminate such restrictions are hereinafter called »measures of liberalisation«.
(b) Members shall, in particular, endeavour:
(i) to treat all non-resident-owned assets in the same way irrespective of the date of their formation, and
(ii) to permit the liquidation of all non-resident-owned assets and the transfer of such assets or of their liquidation proceeds. ...
(d) Members shall endeavour to extend the measures of liberalisation to all members of the International Monetary Fund
(e) Members shall endeavour to avoid introducing any new exchange restrictions on the movements of capital or the use of non-resident-

owned funds and shall endeavour to avoid making existing regulations more restrictive.

Die nach Abs. 2 Abs. 1 prinzipiell zu liberalisierenden Transaktionen und Transfers sind in Anhängen A (wofür zudem ein Verbot der Diskriminierung zwischen den Mitgliedern des Kodex nach Art. 9 gilt) und B aufgelistet; an erster Stelle werden hier Vornahme und Liquidation von Direktinvestitionen genannt. Art. 3 enthält den gleichen Vorbehalt zugunsten von »public order and security« wie der »Invisibles Code«, Parallelen zu diesem bestehen auch in Bezug auf Kontrollen und Formalitäten (Art. 5) sowie die Schutzklauseln

Umfang und Grenzen der Liberalisierung

1976 wurde von den Regierungen der OECD-Mitgliedstaaten eine Declaration on International Investment and Multinational Enterprises als politische Verpflichtung zur Schaffung eines besseren Investitionsklimas verabschiedet; diese enthält u.a. eine Zusage, Unternehmen unter ausländischer Kontrolle nicht schlechter als inländische zu behandeln.

Erklärung zu multinationalen Unternehmen

INVESTITIONSKLIMA

Freien Kapital- und Zahlungsverkehr gewährleistet Art. 56 EGV auch im Verhältnis zu Drittländern; Beschränkungen durch Maßnahmen mitgliedstaatlicher oder von EG-Organe bleiben lediglich nach Maßgabe der Art. 57 – 60 zulässig. Dies erstreckt sich auch auf den freien Transfer von Kapitalerträgen, obgleich dieser nicht mehr – wie früher in Art. 67 Abs. 2 EWGV – ausdrücklich erwähnt wird.

Freiheit des Kapital- und Zahlungsverkehrs im EG-Recht

Der multilaterale Energiecharta-Vertrag verlautet in Art. 14 zu »Transfers im Zusammenhang mit Investitionen«:

Energiecharta-Vertrag

Energiecharta-Vertrag, Art. 14

Kapital- und Zahlungsverkehrsregeln im Energiecharta-Vertrag

(1) Jede Vertragspartei gewährleistet in Bezug auf Investitionen in ihrem Gebiet von Investoren einer anderen Vertragspartei die Freiheit des Transfers in ihr Gebiet und aus ihrem Gebiet einschließlich des Transfers
(a) des Gründungskapitals und jedes weiteren Kapitals zur Aufrechterhaltung und Entwicklung einer Investition;
(b) der Erträge;
(c) der Zahlungen im Rahmen eines Vertrags, einschließlich der Tilgung von Kapital und aufgelaufenen Zinsen aufgrund eines Darlehensvertrags;
(d) der nicht ausgegebenen Einkünfte und sonstigen Vergütungen des Personals, das im Zusammenhang mit der Investition aus dem Ausland angeworben wurde;
(e) der Erlöse aus dem Verkauf oder der Liquidation einer Investition oder eines Teiles derselben;
(f) der Zahlungen infolge der Beilegung einer Streitigkeit und
(g) der Entschädigungszahlungen nach den Art. 12 und 13.
(2) Transfers nach Abs. 1 erfolgen unverzüglich und (außer im Falle eines Ertrags in Naturalien) in einer frei konvertierbaren Währung.
(3) Transfers werden zu dem am Tag des Transfers am Markt geltenden Wechselkurs für Spotgeschäfte in der zu transferierenden Währung vorgenommen. In Ermangelung eines Devisenmarktes ist – je nachdem, was für den Investor günstiger ist – der letztgültige Kurs für in das Gastland gerichtete Direktinvestitionen oder der letztgültige Kurs für die Umrechnung von Devisen in Sonderziehungsrechte heranzuziehen.
(4) Ungeachtet der Abs. 1 bis 3 kann eine Vertragspartei die Rechte von Gläubigern schützen oder die Einhaltung der Gesetze über die Ausgabe, den Handel und den Verkehr mit Wertpapieren oder die Vollstreckung von Urteilen zivil-, verwaltungs- und strafrechtlicher Verfahren gewährleisten, indem sie ihre Gesetze und sonstigen Rechtsvorschriften in gerechter und nicht diskriminierender Weise nach Treu und Glauben anwendet. ...

Kapital- und Zahlungsverkehrsregeln in »investment treaties«

Auch bilaterale »investment treaties« beinhalten durchweg Vorschriften wie im folgenden Beispiel:

Kapitalschutzvertrag zwischen Deutschland und Ghana 1995
Art. 4
... (2) Kapitalanlagen von Staatsangehörigen oder Gesellschaften einer Vertragspartei dürfen im Hoheitsgebiet der anderen Vertragspartei nur im öffentlichen Interesse im Zusammenhang mit den innerstaatlichen Notwendigkeiten der Vertragspartei und gegen Entschädigung enteignet, verstaatlicht oder anderen Maßnahmen unterworfen werden, die in ihren Auswirkungen einer Enteignung oder Verstaatlichung gleichkommen (im folgenden ... »Enteignung« ...). Die enteignende Vertragspartei beachtet die folgenden Bedingungen: ...

(3) Die Entschädigung muß unverzüglich geleistet werden und ist bis zum Zeitpunkt der Zahlung mit dem üblichen bankmäßigen Zinssatz zu verzinsen.
(4) Die Entschädigung muß tatsächlich verwertbar und frei transferierbar sein. ...
Art. 5
Staatsangehörige oder Gesellschaften einer Vertragspartei, die durch Krieg oder sonstige bewaffnete Auseinandersetzungen, Revolution, Staatsnotstand oder Aufruhr im Hoheitsgebiet der anderen Vertragspartei Verluste an Kapitalanlagen erleiden, werden von dieser Vertragspartei hinsichtlich der Rückerstattungen, Abfindungen, Entschädigungen oder sonstigen Gegenleistungen nicht weniger günstig behandelt als ihre eigenen Staatsangehörigen oder Gesellschaften oder Staatsangehörige oder Gesellschaften dritter Staaten. Solche Zahlungen müssen frei transferierbar sein.

Art. 6
Jede Vertragspartei gewährleistet den Staatsangehörigen oder Gesellschaften der anderen Vertragspartei den freien Transfer der im Zusammenhang mit einer Kapitalanlage stehenden Zahlungen, insbesondere
(a) des Kapitals und zusätzlicher Beträge zur Aufrechterhaltung oder Ausweitung der Kapitalanlage;
(b) der Erträge aus der Kapitalanlage;
(c) der Rückzahlung von Darlehen;
(d) der Lizenz- oder anderer Entgelte ...;
(e) des Erlöses im Fall vollständiger oder teilweiser Liquidation oder Veräußerung der Kapitalanlage.
Art. 7
Leistet eine Vertragspartei ihren Staatsangehörigen oder Gesellschaften Zahlungen aufgrund einer Gewährleistung für eine Kapitalanlage im Hoheitsgebiet der anderen Vertragspartei, so erkennt diese andere Vertragspartei ...die Übertragung aller Rechte oder Ansprüche dieser Staatsangehörigen oder Gesellschaften kraft Gesetzes oder aufgrund Rechtsgeschäfts auf die erstgenannte Vertragspartei an. Ferner erkennt die andere Vertragspartei den Eintritt der erstgenannten Vertragspartei in alle diese Rechte oder Ansprüche ... an, welche die erstgenannte Vertragspartei in demselben Umfang wie ihr Rechtsvorgänger auszuüben berechtigt ist. Für den Transfer von Zahlungen aufgrund der übertragenen Ansprüche gelten die Art. 4, 5 und 6 entsprechend.
Art. 8
(1) Transferierungen nach den Art. 4, 5, 6 und 7 erfolgen unverzüglich zu dem jeweils gültigen Kurs.
(2) Dieser Kurs muß dem Kreuzkurs (cross rate) entsprechen, der sich aus denjenigen Umrechnungskursen ergibt, die der IWF zum Zeitpunkt der Zahlung Umrechnungen der betreffenden Währungen in Sonderziehungsrechte zugrunde legen würde.

2.2. Standards guter Praxis

Verhaltensvorgaben durch IWF und andere

Zusammen mit anderen internationalen Finanzinstitutionen formuliert der IWF seit einigen Jahren »benchmarks of good practice« in Form von international weithin anerkannten »standards« und »codes« für drei Gruppen (Transparenz, Finanzsektor, Marktintegrität) und insgesamt 12 Bereiche, mit dem primären Ziel, globale oder regionale Finanzkrisen möglichst zu verhindern. Für größere Transparenz sollen der Special Data Dissemination Standard und das General Data Dissemination System sorgen: Durch Teilnahme am SDSS verpflichten sich Staaten, für den Zugang zu internationalen Kapitalmärkten relevante Daten in bestimmter Form zu veröffentlichen und zu erläutern; das GDSS steht allen Mitgliedstaaten offen und umfasst sozio-demographische, makroökonomische und finanzielle Informationen, deren Erfassung und Auswertung optimiert werden soll. Ein vom Fonds publizierter »Code of Good Practices in Fiscal Transparency« soll eine gut informierte öffentliche Diskussion über Konzepte und Resultate der Finanzpolitik anregen und letztlich Regierungen veranlassen, hierüber Rechenschaft abzulegen. Ein weiterer Kodex über »Good Practices on Transparency in Monetary and Financial Policies« bezieht sich auf die angemessene Transparenz von Daten bei Zentralbanken und anderen Finanzeinrichtungen. Bei »financial sector standards« kooperieren IWF und IBRD mit Gremien wie BCBS, IOSCO, IAIS und CPSS, die je für einen bestimmten Bereich federführend sind (»core principles for banking supervision« des BCBS; »objectives and principles for securities regulation« der IOSCO; »insurance core principles« der IAIS; »recommendations for securities settlement systems« von CPSS/IOSCO; »core principles for systematically important payment systems« des CPSS). Die Weltbank selbst ist zuständig für Fragen der »institutional and market infrastructure« und (zusammen mit UNCITRAL) für Insolvenzregeln. Neuerdings befassen sich beide Bretton Woods-Einrichtungen auch mit der Einbeziehung der Empfehlungen der Financial Action Task Force (FATF) zur Bekämpfung von Geldwäsche (1990) bzw. der Finanzierung terroristischer Aktivitäten (2001). »Market integrity standards« schließlich sind primär bei der Weltbank angesiedelt; neben dem Fonds wirken dabei auch die OECD (»principles of corporate governance«), der non-gouvernementale International Accounting Standards Board (IASB) und die ebenfalls private International Federation of Accountants (IFAC) mit (»international accounting standards« [IAS] bzw. »international standards on auditing« [ISA]). Ob und wie ein (Mitglied-)Staat diese international anerkannten Standards und Kodizes einhält, wird durch IWF- und Weltbankpersonal kontrolliert und in Berichten – »Reports on the Observance of Standards and Codes (ROSCs)« – in zusammengefasster Form veröffentlicht. Soweit diese Berichte sich auf den Finanzsektor sowie auf Transparenz der Währungs- und Finanzpolitik beziehen, werden sie üblicherweise im Rahmen eines »Financial Sector Assessment Program (FSAP)« erarbeitet. Diese gemeinsame Initiative von IWF und IBRD dient speziell dazu, Stärken und Schwächen der mitgliedstaatlichen Finanzsektoren zu ermitteln und zu bewerten. Ein »rating« oder eine andere Aussage darüber, wie gut ein Land bei dieser Beurteilung abschneidet, erfolgt nicht; auch können nur Empfehlungen für eine Politikänderung erteilt werden, wobei aber bei einer Umsetzung technische Hilfe angefordert (und gegeben) werden kann.

Im Rahmen von »surveillance«, »technical assistance« wie bei der Kreditvergabe bemüht sich der IWF um die Verwirklichung von »good governance« in umfassendem Sinne; dazu zählt nach einer Formulierung des Gouverneursrates auch

Oberziel »good governance«

ensuring the rule of law, improving the efficiency and accountability of the public sector, and tackling corruption, as essential elements of a framework within which economies can prosper.

Überwachung regelkonformen Verhaltens

3. Wiederholungsfragen

1. In welchen völkerrechtlichen Verträgen finden sich Regelungen zum Kapital- bzw. Zahlungsverkehr? Lösung S. 250 f.

2. Welche Rolle spielen »standards of good practice« im IWR? Lösung S. 262

3. Warum arbeiten IWF und Weltbank beim Setzen und Überwachen solcher »standards« zusammen? Lösung S. 262

3. Was meint »good governance« (für den IWF)? Lösung S. 263

Recht des internationalen Personenverkehrs

– wirtschaftliche und politische Migration –

1.	Freizügigkeit	266
2.	Rechtsstellung natürlicher und juristischer Personen außerhalb des Heimatstaates	267
3.	Flüchtlinge	268
4.	Vorübergehender Aufenthalt im Ausland aus wirtschaftlichen Gründen	269
5.	Wiederholungsfragen	270

1. Freizügigkeit

Freizügigkeit als wirtschaftliches Grundrecht

Nur wenige ökonomische Aktivitäten sind ortsgebunden (wie Bergbau oder Teile der Urproduktion); immobil ist allein der Produktionsfaktor Boden, hingegen können Geld- oder Sach-Kapital ebenso wie menschliche Arbeitskraft mehr oder weniger leicht auch staatliche Grenzen überqueren. Historisch und systematisch ist das Grundrecht der »Freizügigkeit« (Art. 11 GG) eng mit der Berufsfreiheit (Art. 12) verwandt, auch wenn es nur den Wohnort- bzw. Sitzwechsel »im Bundesgebiet« umfasst und zudem lediglich das Recht zur Ein-, nicht aber auch zur Ausreise oder gar Auswanderung verbürgt.

Freizügigkeit als wirtschaftliche Grundfreiheit

Auf der Ebene der EG wandelt sich jedoch diese Perspektive: Die beiden Aspekte des freien Personenverkehrs i.e.S., die Freizügigkeit des (unselbständigen, weisungsgebundenen) Arbeitgebers (Art. 39 ff. EGV) sowie die Niederlassungsfreiheit von (selbständigen) Individuen (Art. 43 ff.) und Gesellschaften (Art. 48), zielen jeweils auf eine mit der wirtschaftlichen Betätigung zusammenhängende weit gehende Gleichbehandlung der ausländischen mit der einheimischen Person ab und treiben überdies den Abbau von ungerechtfertigten Beschränkungen voran. Im einen wie im anderen Fall bleiben jedoch nicht nur »staatliche« oder »staatsnahe« Betätigungen den eigenen Staatsangehörigen vorbehalten (Art. 39 Abs. 4, 45 Abs. 1), sondern werden nach wie vor (unter den Kategorien »öffentliche Ordnung« oder »Sicherheit«) nichtökonomisch motivierte Sonderregelungen auch gegenüber Angehörigen anderer EG-Mitgliedstaaten akzeptiert (s. Art. 39 Abs. 3, 46 Abs. 1 EGV). Daran hat auch die Erweiterung der Stellung von EG-Ausländern durch Einführung der »Unionsbürgerschaft« (Art. 17 ff. EGV) im Kern nichts geändert, wie die gleichzeitige Einfügung des Titels über »Politiken betreffend den freien Personenverkehr« (Art. 61 ff.) deutlich macht.

Unionsbürgerschaft

Freizügigkeit in der EMRK

Im Rahmen des Europarats haben die Staaten, die das 4. Zusatzprotokoll zur EMRK (1963) ratifiziert haben, nur scheinbar umfassendere Garantien der Freizügigkeit anerkannt, denn das in Art. 2 Abs. 2 verbürgte Recht jeder Person,

EMRK

jedes Land, einschließlich des eigenen, zu verlassen,

unterliegt nicht zuletzt (gesetzlich normierten und in einer demokratischen Gesellschaft notwendigen) Einschränkungen in Bezug auf die »nationale oder öffentliche Sicherheit« (Abs. 3). Allerdings verbietet Art. 4 dieses Protokolls jede »Kollektivausweisung ausländischer Personen«, also auch wenn dafür volkswirtschaftliche Erwägungen ins Feld geführt würden.

Verbot von Kollektivausweisung

2. Rechtsstellung natürlicher und juristischer Personen außerhalb des Heimatstaates

Art. 16 des UN-Paktes über bürgerliche und politische Rechte (1966) schreibt für »jedermann«, d.h. jeden Menschen, das Recht fest, überall als rechtsfähig anerkannt zu werden.

Menschenrecht auf Rechtsfähigkeit

Damit wird weltweit eine notwendige, wenn auch allein noch nicht hinreichende Voraussetzung für die Teilnahme am Rechts- und Wirtschaftsverkehr geschaffen. Anderseits wird damit generell bekräftigt, dass über keinen Menschen wie über eine Ware verfügt werden kann; insoweit ergibt sich bereits aus der (Anti-)Sklaverei-Konvention von 1926 ein absolutes Verbot der Versklavung wie des Sklavenhandels, welches durch weitere multilaterale Verträge zur Unterdrückung von Frauen- und Kinderhandel komplettiert wird soll. Handlungspflichten für alle Vertragsparteien ergeben sich insoweit auch aus Art. 6 des Übereinkommens zur Beseitigung jeder Form der Diskriminierung der Frau (1979) und Art. 35 der Kinderrechte-Konvention (1989).

Verbote des Menschenhandels

Auf die durchgängige Anerkennung jedes Menschen als Rechtssubjekt gründet sodann die Zuerkennung eines Mindestmasses an materiellen und Verfahrensrechten, sei es durch fremden- oder (in zunehmendem Umfang vertraglich-institutionell ausformuliert) durch menschenrechtliche Normen. Auf diese Weise bleibt der der wirtschaftlichen Entfaltung des Einzelnen eröffnete Raum immer weniger auf das Gebiet des »eigenen« Staats beschränkt.

Mindeststandard an Menschenrechten

Durch universelle wie durch regionale Menschenrechtsinstrumente gewährleistet ist auch die Vereinigungsfreiheit (z.B. in Art. 22 IPBPR oder Art. 11 EMRK), die einzelnen Personen auch Zusammenschlüsse zu wirtschaftlichen Zwecken und nicht zuletzt die Gründung von Gewerkschaften ermöglicht. Wenn und soweit deren rechtliche Existenz (als »juristische Person«) aber auf eine bestimmte Rechtsordnung zurück bezogen werden muss, ist das Verlangen nach einer Neugründung in jedem weiteren »Gaststaat« zunächst nur folgerichtig. Zugleich bildet es aber ein hohes Hindernis für jede grenzüberschreitende wirtschaftliche Aktivität, die ohne eine feste Präsenz vor Ort nicht sinnvoll vonstatten gehen kann. Trotz dieser Auswirkungen ist eine Regelung, die für eine (nicht nur kurzfristige) inländische Betätigung die Errichtung einer lokalen (Tochter-)Gesellschaft oder einer Zweigniederlassung oder auch eines »gemischten Unternehmens« (joint venture) mit obligatorischer Beteiligung einheimischer Gesellschafter nach wie vor weithin üblich; dem GATS widerspricht sie nur, wenn insoweit posi-

Reichweite der Niederlassungsfreiheit

tive Verpflichtungen nach Art. XVI eingegangen wurden. Im engeren Verbund der EG ist allerdings zweifelhaft, ob Vorschriften nationalen Gesellschaftsrechts, die Auslandsgeschäfte behindern, mit der Niederlassungsfreiheit im Einklang stehen (EuGH-Urteile Centros, Überseering, Inspire Art).

3. Flüchtlinge

Status politischer Flüchtlinge

Die internationale Mobilität von Menschen erfolgt nicht immer oder hauptsächlich aus freien Stücken und aus ökonomischen Motiven (»brain drain«); vielfach wird sie auch oder sogar primär durch politische Ereignisse im Heimatstaat bzw. durch (dissidente) politisch-weltanschauliche Einstellungen ausgelöst. Die enorme volkswirtschaftliche Bedeutung von (Völker-)Wanderungen ist evident; für Herkunfts- wie für Aufnahmeländer ist dies aber regelmäßig nachrangig, stehen soziale und humanitäre Erwägungen im Vordergrund. Immerhin enthält die Genfer Konvention (1951/1967) über die Rechtsstellung von (politischen) Flüchtlingen für diese Personengruppe auch Bestimmungen zur Erwerbstätigkeit (Art. 17 – 19), die sie allerdings nicht wesentlich besser stellt als andere fremde Staatsangehörige.

4. Vorübergehender Aufenthalt im Ausland aus wirtschaftlichen Gründen

Eine Liberalisierung des speziell wirtschaftsrelevanten internationalen Personenverkehrs ergibt sich im Hinblick darauf, dass ein Dienstleistungsmodus des GATS das Erbringen mittels Präsenz natürlicher Personen eines Mitglieds im Hoheitsgebiet eines anderen Mitglieds betrifft (Art. I Abs. 2 [d]). Eine Anlage zum GATS stellt allerdings in Abs. 2 klar:

Erbringungsart 4 des GATS

Das Übereinkommen gilt weder für Maßnahmen betreffend natürliche Personen, die sich um Zugang zum Beschäftigungsmarkts eines Mitglieds bemühen, noch für Maßnahmen, welche die Staatsangehörigkeit, den Daueraufenthalt oder die Dauerbeschäftigung betreffen.

Auch hindert gem. Abs. 4 das Übereinkommen kein Mitglied daran,

Vorbehalt des (Ausländer-)Polizeirechts

Maßnahmen zur Regelung der Einreise oder des vorübergehenden Aufenthalts natürlicher Personen in seinem Hoheitsgebiet einschließlich solcher Maßnahmen zu treffen, die zum Schutz der Unversehrtheit seiner Grenzen und zur Gewährleistung des ordnungsgemäßen Verkehrs natürlicher Personen über seine Grenzen erforderlich sind; jedoch dürfen solche Maßnahmen nicht auf eine Weise angewendet werden, dass sie die Handelsvorteile, die einem Mitglied aufgrund der Bedingungen einer spezifischen Verpflichtung zustehen, zunichte macht oder schmälert.[13]

[13] Allein die Tatsache, dass für natürliche Personen bestimmter Mitglieder im Gegensatz zu natürlichen Personen anderer Mitglieder ein Visum gefordert wird, wird nicht als Zunichtemachung oder Schmälerung von Handelsvorteilen aufgrund einer spezifischen Verpflichtung betrachtet.

1996 kam für diese Materie ein Drittes Protokoll zum GATS zustande; diesem sind Verpflichtungen verschiedener WTO-Mitglieder, auch der EG und ihrer Mitgliedstaaten, beigefügt, welche die entsprechenden ursprünglichen Angaben in der betreffenden Liste spezifischer Verpflichtungen ersetzen oder ergänzen. Noch wenig klar ist die Grenzziehung gegenüber der Dienstleistungserbringung mittels »kommerzieller Präsenz« (Art. I Abs. 2 [c], XXVIII [d] GATS), bei der sich ebenfalls natürliche Personen mehr oder weniger lange im Ausland aufhalten.

Drittes Protokoll zum GATS

Abgrenzung zur Erbringungsart 3

Kap. 16 des NAFTA-Abkommens befasst sich ebenfalls mit »Temporary Entry for Business Persons«. Art. 1601 nennt als Grundsätze (und Leitlinie für die in Art. 1602 skizzierten allgemeinen Verpflichtungen:

Vorübergehende Einreise für Geschäftsleute in der NAFTA

[T]his Chapter reflects the preferential trading relationship between the Parties, the desirability of facilitating temporary entry on a reciprocal basis and of establishing transparent criteria and procedures for temporary entry, and the need to ensure border security and to protect the

NAFTA, Art. 1602

domestic labour force and permanent employment in their respective territories.

Begriff der »business person«

Definition

Für eine »business person«, d.h.

a citizen of a Party who is engaged in trade in goods, the provision of services or the conduct of investment activities

kann eine vorübergehende Einreise nur aus Gründen von »public health and safety« sowie »national security« verweigert (und dies dann hinreichend begründet) werden (Art. 1603); dabei wird weiter (in einem Anhang zu dieser Vorschrift) zwischen »business visitors«, »traders« und »investors«, » intra-company transferees« und »professionals« unterschieden.

5. Wiederholungsfragen

1. Welche unterschiedliche Bedeutung hat »Freizügigkeit«?
Lösung S. 266.

2. Inwieweit sind Regelungen des GATS für Freizügigkeit relevant?
Lösung S. 267 f., 269.

Klausurfälle

1. »Heiße Diamanten« 272
2. »Demokratisierung der WTO« 274
3. »Flüchtiges Kapital« 277

1. »Heiße Diamanten«

Sachverhalt

Der Rat der EU verbietet mit Wirkung ab 01.04.2004 die direkte und indirekte Einfuhr von bestimmten Rohdiamanten aus S in das Gebiet der EG (Art. 1 des Rechtsakts). Ausgenommen hiervon sind lediglich Rohdiamanten, bei deren Import eine von der Regierung von S ausgestellte Erklärung vorgelegt wird, dass die Edelsteine aus S stammen und zum Export bestimmt sind. Die Rats-Verordnung bezieht sich auf eine entsprechende Resolution des UN-Sicherheitsrats aufgrund von Kap. VII der UN-Charta. Die Verordnung gilt gem. Art. 4 unbeschadet aller Rechte und Pflichten, die sich aus vor ihrem Inkrafttreten unterzeichneten internationalen Übereinkünften, geschlossenen Verträgen oder erteilten Lizenzen oder Genehmigungen ergeben. Gem. Art. 5 der Verordnung bestimmt jeder Mitgliedstaat, welche »wirksamen, angemessenen und abschreckenden« Sanktionen im Falle von Verstößen gegen diesen Rechtsakt anzuwenden sind.

1. Auf welche EG-Rechtsgrundlage kann sich dieses Verbot stützen? Welche Maßnahme(n) setzt der Rechtsakt ggf. voraus?

2. Auf welche Weise und auf welcher Grundlage kann Deutschland die Vorgaben des Art. 5 der Verordnung verwirklichen?

3. Welche (Art von) Regelungen werden in Art. 4 der Verordnung in Bezug genommen?

4. Entspricht der Verordnungsinhalt den Anforderungen des WTO-Rechts?

Lösungsskizze

1. a) Die Maßnahme des EU-Rates (Art. 202 ff. EGV) beinhaltet ein generelles Verbot der Einfuhr bestimmter Waren (Diamanten) aus einem Drittstaat in das gesamte EG-Gebiet (Art. 299 EGV). Im Hinblick auf den Gegenstand liegt die Einordnung bei der in die ausschließliche Zuständigkeit der EG fallenden Gemeinsamen (Außen-) Handelspolitik (Art. 131, 133 EGV) nahe, da hierfür das (politische) Motiv des Verbots mit Befreiungsvorbehalts irrelevant ist und auch keine Bereichsausnahme vorliegt. Insbesondere fallen auch Roh-Diamanten nicht unter »landwirtschaftliche Erzeugnisse« (Art. 32 Abs. 1, 3 EGV i. V. m. Anhang I).

b) Jedoch liegt hier auch, wenn nicht vorrangig eine »Einschränkung« der »Wirtschaftsbeziehungen« zu einem dritten Land i. S. v. Art. 301

EGV vor. Denn zur Ausgestaltung der Gemeinsamen Außen- und Sicherheitspolitik (als wichtigem Ziel der EU, Art. 2 EUV) gehört auch, was hier gegeben ist, die Umsetzung von Maßnahmen von UN-Organen (unten, 4.) bzw. die Verwirklichung der Grundsätze der UN-Charta (Art. 11 Abs. 1 EUV). Als Mittel hierzu kommen – auf einer ersten Stufe – Gemeinsame Aktionen (Art. 14) oder Gemeinsame Standpunkte (Art. 15 EUV) des Rates in Betracht, die dann, soweit eine (Verbands-)Kompetenz der EG (und nicht der Mitgliedstaaten, s. oben, a]) gegeben ist, durch Rechtsakte des Rates (auf Vorschlag der Kommission, Art. 211 ff. EGV) auf einer zweiten Stufe umgesetzt werden. Art. 301 EGV lässt allerdings nur »erforderliche Sofortmaßnahmen« zu; Voraussetzung dafür sind Dringlichkeit und Verhältnismäßigkeit; der Rat hat hier, wofür es einer qualifizierten Mehrheit nach Art. 205 Abs. 2 EGV bedurfte, kein absolutes Verbot verhängt, sondern zur Wahrung einer angemessenen Zweck-Mittel-Relation bestimmte Ausnahmen vorgesehen.

2. Jede Internationale Organisation, auch eine supranationale Einrichtung wie die EG hat nur eine sich aus ihrem Gründungsvertrag (und anderem Primärrecht) ergebende begrenzte Zuständigkeit, keine Kompetenz-Kompetenz wie Staaten. Um eine ordnungsgemäße Umsetzung der Sicherheitsrats-Resolution herbeizuführen, wozu die EG-Mitgliedstaaten aufgrund ihrer UN-Mitgliedschaft vertraglich gehalten sind und sich die EG im Hinblick auf Art. 2, 11 ff. EUV verpflichtet hat, muss auch das EG-Mitglied Deutschland (nach Art. 10 Abs. 1 EGV) die notwendigen ergänzenden Maßnahmen treffen. Für den Erlass von Strafvorschriften ist die EG generell nicht zuständig. Die in Art. 5 der EG-Verordnung (Art. 249 Abs. 2 EGV) geforderten Sanktionen können daher nur, müssen aber auch durch den Bundesgesetzgeber (Art. 74 Abs. 1 Nr. 1 i. V. m. Art. 72 GG) im Wege des Erlasses straf- oder auch zivilrechtlicher Bestimmungen (Stichwort: Schadensersatz) getroffen werden.

3. Mit Art. 4 der Verordnung ist die EG bestrebt, rechtlichen Bindungen unterschiedlicher Art Rechnung zu tragen. »Internationale Übereinkünfte« sind bei Erlass bzw. Inkrafttreten des EG-Rechtsakts bereits bestehende (gültige) völkerrechtliche Verträge, deren Parteien die EG oder auch – im Hinblick auf Art. 307 Abs. 1 EGV – deren Mitgliedstaaten und andererseits der Staat S sind. Damit wird die völkergewohnheitsrechtliche, auch in Art. 26 WVRK niedergelegte Regel »pacta sunt servanda« beachtet. Demgegenüber bezieht sich der Vorbehalt für »»Verträge« auf Vereinbarungen privatrechtlicher Art in Bezug auf die Einfuhr von Diamanten aus S, soweit die EG-Verordnung sachlich, räumlich und persönlich reicht, und nimmt diese »Alt«-Verträge damit vom Verbot aus. »Lizenzen« oder andere »Genehmigungen« schließ-

lich meinen von Behörden der EG-Mitgliedstaaten erlassene (begünstigende) Verwaltungsakte in Bezug auf die Einfuhr von Diamanten aus S. Insgesamt sichert Art. 4 der Verordnung damit den völkergewohnheitsrechtlich anerkannten Mindeststandard des Schutzes von Eigentum (im Sinne von »wohlerworbenen Rechten«, acquired rights) ab.

4. WTO-Regelungen sind zunächst nur einschlägig, wenn nicht nur die EG und ihr Mitgliedsstaat Deutschland, sondern auch S dieser Internationalen Organisation angehören (Art. XI Abs. 1 WTO-Übereinkommen [WTOÜ]). Damit gilt dann in diesem Verhältnis automatisch auch jedes multilaterale Abkommen (Art. II Abs. 2 WTOÜ), nicht zuletzt das GATT. Auch ein bedingtes Verbot der Einfuhr ist eine nach Art. XI Abs. 1 GATT regelmäßig unzulässige »mengenmäßige Beschränkung«. Dieses nichttarifäre Handelshindernis fällt auch nicht in den Bereich zulässiger Ausnahmen nach Art. XI Abs. 2 GATT. Jedoch sieht Art. XXXI lit. (c) GATT vor, dass keine Bestimmung dieses Vertrags – auch nicht Art. XI Abs. 1 – eine Vertragspartei (d.h. die EG) daran hindert, Maßnahmen »aufgrund ihrer Verpflichtungen aus der UN-Charta zur Erhaltung des internationalen Friedens und der internationalen Sicherheit« zu treffen. Wie oben unter 2. gezeigt, trifft letztlich auch die EG eine solche Verpflichtung, die sich hier aus Art. 41 UN-Charta ergibt; nach dieser Bestimmung kann der Sicherheitsrat (Art. 23 ff.) als nichtmilitärische Sanktion auch mit verbindlicher Wirkung (Art. 39) die (teilweise) »Unterbrechung von Wirtschaftsbeziehungen« (mit einem Staat) beschließen.

2. Demokratisierung der WTO?

Sachverhalt

Die Bundesregierung beabsichtigt zur Beseitigung eines »Demokratiedefizits« in der WTO, die Errichtung einer Parlamentarischen Versammlung als eines weiteren Organs dieser Internationalen Organisation voranzutreiben. Weil sie in der EG hierfür keine Mehrheit findet, möchte sie allein initiativ werden.

1. Welcher Weg müsste beschritten werden, um ein solches Organ einzurichten?

2. In welchem Verhältnis würde die Versammlung zu Ministerkonferenz und Allgemeinem Rat stehen, wenn an das Modell des Europarats angeknüpft würde?

3. Kommen andere internationale Vorbilder in Betracht?

Lösungsskizze

1. a) Das WTO-Übereinkommen (WTOÜ) sieht bisher eine Parlamentarische Versammlung als Organ dieser Internationalen Organisation (Art. VIII) nicht vor; um diese einzurichten, wäre daher eine Vertragsänderung gem. Art. X WTOÜ notwendig.

b) Vorschläge zur daher notwendigen Änderung/Ergänzung des WTOÜ kann jedes ursprüngliche (Art. XI Abs. 1) wie später beigetretene (Art. XII) Mitglied der WTO in der Ministerkonferenz (Art. IV Abs. 1) einbringen (Art. X Abs. 1 S. 1 WTOÜ). WTO-rechtlich sind also sowohl die EG als auch Deutschland antragsbefugt. Für das Verfahren der Ministerkonferenz ist weder Art. X Abs. 2 – da kein Fall des Art. IX WTOÜ – noch Abs. 5 oder 6 (weil diese sich nur auf GATS bzw. TRIPS beziehen) relevant Damit ist nach Art. X Abs. 1 S. 4 WTOÜ im Konsens (Art. IX Abs. 1) darüber zu entscheiden, ob nach Art. X Abs. 3 oder Abs. 4 vorzugehen ist. Wird ein Konsens erreicht, so wird die vorgeschlagene Änderung unverzüglich den WTO-Mitgliedern zur Annahme vorgelegt; ist dies nicht der Fall, so wird hierüber durch die Ministerkonferenz mit Zweidrittelmehrheit der Mitglieder entschieden (Art. X Abs. 1 S. 5, 6 WTOÜ). Die Entscheidung, dass Abs. 4 (und nicht Abs. 3) anzuwenden ist, muss in der Ministerkonferenz mit Dreiviertelmehrheit der Mitglieder getroffen werden (Art. X Abs. S. 7 WTOÜ).

c) Art. X Abs. 3 WTOÜ bezieht sich nur auf Änderungen, die so beschaffen sind, dass sie die Rechte und Pflichten der Mitglieder ändern würden. Ob dies der Fall ist, hängt davon ab, ob eine Parlamentarische Versammlung lediglich beratende oder auch (mit)entscheidende Befugnisse erhalten soll; nur im letztgenannten Fall verändert sich mit der Verschiebung in der Organstruktur auch die Rechtsstellung von Mitglieder in der WTO. Angenommen werden dem Abs. 3 unterfallende Änderungen für jedes Mitglied, das mit diesen einverstanden ist, wenn eine Billigung durch zwei Drittel der WTO-Mitglieder erreicht ist, für jedes weitere Mitglied dann sofort, wenn dieses die Änderung ebenfalls annimmt (Art. X Abs. 3 S. 1 WTOÜ). Wird hingegen nach Art. X Abs. 4 WTOÜ verfahren, so führt eine Annahme durch zwei Drittel der Mitglieder dazu, dass die Änderung für alle Mitglieder in Kraft tritt.

d) Im Hinblick auf die EG und ihre Mitgliedstaaten sind (im Innenverhältnis) die Zuständigkeiten zwischen beiden Ebenen geteilt (so auch EuGH, Rs. 1/94 – WTO-Gutachten). Zuständigkeiten der EG ergeben sich aus dem (durch die Verträge von Amsterdam und Nizza inhaltlich verbreiterten) Art. 133 EGV (Gemeinsame Handelspolitik) und darüber hinaus unter dem Gesichtspunkt einer Parallelität von Innen- und Außenkompetenz; soweit EG-Organe im Hinblick auf den Binnenmarkt im Rahmen des Primärrechts Rechtsakte erlassen haben, führt dies auch im Verhältnis zu Drittstaaten zu einer Verlagerung der Zustän-

digkeit auf die Gemeinschaftsebene. Trotzdem verbleiben im Hinblick auf die WTO auch mitgliedstaatliche Kompetenzen, nicht zuletzt in Bezug auf institutionelle Fragen.

e) Ein Dissens zwischen EG und dem Mitgliedstaat Deutschland ist (intern) letztlich über die Pflichten zur Gemeinschaftstreue (Art. 10 EGV) zu lösen. Im Verhältnis zur WTO kann jedoch nicht nur die EG auftreten, sondern auch jeder ihrer Mitgliedstaaten; ein wirksamer Antrag auf Vertragsänderung kann daher (nach dem Modell der Art. 27, 46 WVRK) auch von Deutschland allein gestellt werden, selbst wenn intern eine Zustimmung der EG(-Organe) erforderlich ist.

2. Der Europarat hat gem. Art. 10 seiner Satzung zwei Organe. Hauptorgan ist das Ministerkomitee (Art. 13 ff.), dem in der WTO Ministerkonferenz bzw. der dieser funktional äquivalente Allgemeine Rat (Art. IV Abs. 2 WTOÜ) entspricht; insofern besteht eine Parallele zum Allgemeinen Ausschuss im Europarat. Die Versammlung nach Art. 22 ff. der Satzung hat nur beratende Aufgaben; sie ist weder im Hinblick auf ihre Wahl und Zusammensetzung noch auf die begrenzten Aufgaben ein echtes Parlament (mit Kontrollfunktion gegenüber dem Ministerrat oder zumindest dem Allgemeinen Ausschuss). Das Europaratsmodell wäre also durchaus auf die WTO übertragbar, würde im Hinblick auf die fehlende Legitimationsfunktion (in Bezug auf Ministerkonferenz, Allgemeinen Rat oder auch GATT-, GATS- bzw. TRIPS-Rat, Art. IV Abs. 5 WTOÜ) jedoch keine wesentliche Reduzierung des »Demokratiedefizits« herbeiführen können.

3. Auf internationaler Ebene ist nationalen Parlamenten im Hinblick auf Bestellung und Aufgaben am ehesten ähnlich das Europäische Parlament (Art. 189 ff. EGV). Parlamentarische Versammlungen aus von mitgliedstaatlichen Parlamenten entsandten Abgeordneten, die auf beratende Funktionen beschränkt sind und allenfalls gewisse Haushaltsbefugnisse haben, finden sich jedoch in mehreren Internationalen Organisationen. Zu nennen sind etwa die Westeuropäische Union (WEU), die North Atlantic Treaty Organization (NATO), die Organisation für Sicherheit und Zusammenarbeit in Europa (OSZE), der Nordische Rat, ferner die Andengemeinschaft, Mercosur sowie weitere wirtschaftliche Integrationen in Zentralamerika und Afrika (s. http://www.bundestag.de/internat/ interparl.html).

3. Flüchtiges Kapital

Sachverhalt

Die EG-Kommission befürchtet, dass viele Inländer ihre €-Guthaben in die Schweiz oder in die USA transferieren wollen, weil sie der €-Währung kein Vertrauen entgegen bringen. Zum andern droht ein rasch ansteigender Zufluss von Geldmittel aus dem Nahen Osten in diese Währung und damit Inflation. Die Kommission möchte daher alle zufließenden Gelder auf Inlandskonten »einfrieren« sowie das Eröffnen und Unterhalten von Guthaben bei Banken in Drittländern durch in der EG ansässige Personen, ferner das Verbringen von €-Bargeld in solche Staaten einer Genehmigungspflicht zu unterwerfen.

Sind die geplanten Regelungen mit EG- und/oder mit Völkerrecht vereinbar?

Lösungsskizze

1. Materiell-rechtliche Prüfung

a) Als Maßnahme ist zum einen ein »Bardepot« (wie früher in § 6a AWG) vorgesehen, d.h. ein hoheitliches Gebot, das Personen, denen Gelder aus dem Ausland zufließen, verpflichtet, auf einem Bankkonto (i.d. R. bei der Zentralbank) anzulegen und hierüber nicht zu verfügen; ergänzend werden eine bestimmte oder alle Banken verpflichtet, mit den genannten Personen Verträge über die Einlage von Geldmitteln einzugehen. Die weiteren Maßnahmen zielen auf die Einführung von Genehmigungspflichten in Bezug auf den »Export« von (in € denominiertem) Buch- bzw. Bargeld in Drittländern, d.h. nicht zur EG gehörende Staaten.

b)aa) Art. 56 EGV gewährleistet sowohl im Verhältnis der EG-Mitgliedstaaten zueinander als auch gegenüber Drittländern Kapital- wie Zahlungsverkehrsfreiheit für alle im EG-Gebiet ansässige (natürliche und juristische) Personen. Beschränkungen sind also nur zulässig, soweit hierzu in den Art. 57 – 60 EGV ermächtigt wird. Genehmigungspflichten sind bereits formell Beschränkungen, weil sie den Kapital-/Zahlungsverkehr auch bei Erteilung zumindest verzögern und dadurch behindern; materiell wirken sie wie Verbote, wenn die beantragte Genehmigung versagt wird. Ein »Bardepot« ist demgegenüber keine direkte Beschränkung, aber eine Maßnahme gleicher Wirkung, da durch das »Einfrieren« bezweckt wird, den Anreiz für weiteren Geld-/Kapitalimporte zu beseitigen, vor allem dann, wenn für die Dauer der »Zwangseinlage« keine Guthabenzinsen gezahlt werden (müssen).

bb) Sowohl Rechtsakte nach Art. 57 Abs. 2 als auch nach Art. 59 EGV setzen voraus, dass es sich um »Kapitalverkehr« handelt. Nach einer auch vom EuGH verwendeten Faustregel unterscheiden sich die hierzu zählenden Transaktionen von »Zahlungen« dadurch, dass sie keine (direkte) Gegenleistung für eine Warenlieferung, die Erbringung einer Dienstleistung oder auch das Zur-Verfügung-Stellen von Kapital sind. Zudem kann die im Anhang zur (formal außer Kraft gesetzten) 4. Kapitalverkehrsliberalisierungsrichtlinie (88/361/EWG) enthaltene Liste typischer Kapitalverkehrstransaktionen herangezogen werden. Dort sind nicht nur (Direkt- wie Portfolio-)Investitionen sowie (Bank-)Kredite (Darlehen) und –Einlagen, sondern auch Transfers von Bargeld aufgeführt.

cc) Beschränkungen des Kapitalverkehrs zu Drittländern durch sekundäres Gemeinschaftsrecht könnten sich, bezogen auf Art. 57 Abs. 2 (S. 1) EGV, allenfalls auf eine der vier dort aufgeführten Tatbestände, nämlich das »Erbringen von Finanzdienstleistungen« beziehen. Jedoch zielen die geplanten Maßnahmen nicht (primär) auf das Verhalten von Banken oder anderen Finanzdienstleistern, sondern richten sich allgemein an deren Kunden, die Finanzdienstleistungen (wie das Führen von Bankkonten oder die Durchführung von Zahlungen) »nur« entgegennehmen. Auch die Voraussetzungen des Art. 60 (Abs. 1) bzw. Art. 58 (Abs. 1, 3) EGV liegen hier nicht vor, weil zum einen keine – notwendig vorausgehende – Maßnahme der GASP (Art. 11 ff. EUV) erfolgt ist, es zum andern nicht um mitgliedstaatliche, sondern um gemeinschaftliche Restriktionen geht. Als Ermächtigungsgrundlage bleibt daher allein Art. 59 EGV; die Anwendung dieser Vorschrift setzt voraus, dass Kapitalbewegungen aus dritten Ländern das Funktionieren der (Wirtschafts- und) Währungsunion (Art. 2, 4 Abs. 2 EGV) »schwerwiegend« (zu) stören (drohen) und zudem »außergewöhnliche Umstände« vorliegen; nach dem Sachverhalt ist weder das eine noch das andere anzunehmen.

dd) Für den (sowohl bei Art. 57 Abs. 2 als auch bei Art. 59 EGV) erforderlichen Kommissionsvorschlag fehlen daher bereits jeweils notwendige Tatbestandsvoraussetzungen.

c)aa) Die EG ist nicht Vertragspartei des IWF-Übereinkommens (IWFÜ), ebenso wenig das selbst weder rechts- noch handlungsfähige Europäische System der Zentralbanken (ESZB) oder die Europäische Zentralbank (EZB), da das Übereinkommen nur eine Mitgliedschaft von Staaten kennt (Art. II IWFÜ). EG-Handeln ist daher nicht direkt an den Vorgaben des IWFÜ zu messen, wie sich auch aus Art. 111 (Abs. 5) EGV ergibt. Ein Währungssystem wie in der EG – im Rahmen des ESZB – ist aber andererseits in Art. IV Abs. 2 IWFÜ ausdrücklich vorgesehen. Daher ist davon auszugehen, dass durch die Vergemeinschaftung der Währungen mehrerer IWF-Mitgliedstaaten deren Bindungen als IWF-Mitglieder nicht obsolet werden können (pacta sunt servanda), sondern auch für die neue einheitliche (€-)Währung die völkervertraglichen Verpflichtungen bedeutsam bleiben. Insoweit ist maßgeblich, dass Bindungen des IWF-Rechts im Wesentlichen nur für »laufende Zahlungen« (Art. XXX [d] IWFÜ) bestehen, hingegen (bislang) Kapitalverkehrsregelungen nur am Rande in die Zuständigkeit des IMF fallen (Art. VI IWFÜ); im vorliegenden Fall sind die Voraussetzungen dafür offensichtlich nicht gegeben.

bb) Zwar gelten die Verpflichtungen aus Art. VIII IWFÜ nur vorbehaltlich des Art. XIV, jedoch haben alle EG-Mitgliedstaaten den Schritt aus dem »Übergangs«- in das normale Regime vollzogen. Nach dem damit einschlägigen Art. VIII Abschn. 2 (a) IWFÜ darf kein Mitglied des IWF ohne dessen Zustimmung – zuständig ist nach Art. XII Abschn. 2 [a], 3[a] IWFÜ das Exekutivdirektorium – »restrictions on the making of payments and transfers for international current payments« treffen; »exchange contracts which involve the currency of (a) member« des Fonds sind unwirksam, zumindest aber nicht (gerichtlich) durchsetzbar (Art. VIII Abschn. 2 [b]). Zwar ist formal keine Währung eines einzelnen IWF-Mitglieds betroffen; jedoch sind alle Mitglieder der Europäischen Währungsunion bzw. des ESZB auch Mitglieder des IWF, so dass auch im Hinblick auf die €-Währung Art. VIII Abschn. 2 IWFÜ Anwendung finden muss. Da im Ergebnis über Gelder, die einem Bardepot unterliegen, nicht verfügt werden kann, handelt es sich auch hier – und nicht allein bei den geplanten Genehmigungspflichten i..e.S. – um »restrictions« im Sinne dieser Vorschrift. Maßstab für die Erteilung oder Versagung der Zustimmung durch den IWF sind die Ziele des Art. I IWFÜ.

2. Verfahren

a) Maßnahmen (Rechtsakte) nach Art. 57 Abs. 2 bzw. Art. 59 EGV obliegen dem Rat (Art. 202 ff.); bei Art. 59 beschließt dieses Organ nach Anhörung der EZB (Art. 107 Abs. 2 i.V.m. 105 Abs. 4) mit qualifizierter Mehrheit (Art. 205 Abs. 2 EGV).

b) Fraglich ist, wer bei nach Art. VIII Abschn. 2 (a) IWFÜ erforderlichen Antrag auf Zustimmung stellen muss. Im Verhältnis zwischen EG und Mitgliedstaaten ist hierfür Art. 111 EGV maßgeblich, der für Wechselkursfragen wesentliche Kompetenzen nicht bei der EZB, sondern beim Rat ansiedelt (Abs. 1 – 4), wobei allerdings die EZB zu beteiligen ist; nach Abs. 5 bleiben aber bestehende mitgliedstaatliche Rechte in »internationalen Gremien« unberührt. Gegenüber dem IWF müssen also (nach und auf Grundlage einer Ratsentscheidung, sei es nach Art. 111, sei es nach Art. 59 EGV) die 12 Teilnehmerstaaten an der Währungsunion um Zustimmung zu den vorgesehenen »restrictions« nachsuchen.

Hinweise zur Vertiefung

Das einzige deutschsprachige (Kurz-)Lehrbuch zum IWR stammt von M. Herdegen (4.A. 2003). Überblicke über das »Außenwirtschaftsrecht« bzw. das »internationale Recht für den Austausch von Waren und Dienstleistungen« geben Bryde und Wolfrum, in: R. Schmidt (Hrsg.), Öffentliches Wirtschaftsrecht, Besonderer Teil 2, 1996, über das IWR Gloria, Kap. 10, in: K. Ipsen, Völkerrecht (4.A. 1999). Speziell mit dem Welthandelsrecht befassen sich Senti (WTO, 2000), Stoll/Schorkopf (WTO, 2002) und Weiss/Herrmann (Welthandelsrecht, 2003); weit mehr, als der Titel verspricht, enthält auch Hohmann/John (Hrsg.), Ausfuhrrecht, 2002. Die Deutsche Bundesbank veröffentlicht (auch im Internet, <www.bundesbank.de>) Monographien zu »weltweiten« bzw. zu »europäischen Organisationen und Gremien im Bereich von Währung und Wirtschaft«.

Einschlägige Rechtstexte finden sich vor allem im Sartorius II (Internationale Verträge – Europarecht), zur WTO in der dtv-Ausgabe von Tietje; eine (ältere) Sammlung von »basic documents« des IWR stammt von Kunig/Lau/Meng (2.A. 1993).

Register

A

ABC-Waffen ⇨ Abkürzung für atomare, biologische und chemische Waffen; für den (internationalen) Handel mit diesen Waren gelten restriktive Sonderregeln. S. 225

Abkommen von Cartagena. Wichtigste völkervertragliche Grundlage (1969) von ⇨ Andenpakt und ⇨ Andengemeinschaft. S. 44, 96 ff.

Abkommen von Trujillo. Gründungsvertrag (1996) der ⇨ Andengemeinschaft. S. 97 f.

Afrikanische Entwicklungsbank (African Development Bank, AfDB; www.afdb.org). Regionale ⇨ Entwicklungsbank, Kern der AfDB-Gruppe. S. 75 f., 167

Afrikanischer Entwicklungsfonds (African Development Fund, AfDF). Primär von Zuflüssen nichtregionaler Staaten gespeister Fonds zur Finanzierung regionaler Entwicklungsprogramme und -projekte, Teil der AfDB-Gruppe. S. 75

AKP-Staaten. Staatliche Parteien der ⇨ Lomé-Abkommen und des ⇨ Cotonou-Abkommens aus dem afrikanischen, karibischen und pazifischen Raum. S. 83, 128 f., 176, 191

Amsterdamer Vertrag. ⇨ Völkerrechtlicher Vertrag (1997) zwischen den Mitgliedstaaten der ⇨ Europäischen Union, der zahlreiche Änderungen des EG-und EU-Vertrags und vor allen eine neue Nummerierung von deren Vorschriften bewirkt hat. S. 137 ff.

Andengemeinschaft (Comunidad Andina, CAN; www.comudidadandina.org). ⇨ Internationale Organisation (⇨ wirtschaftliche[r] Integration[sverbund]) in Lateinamerika mit einer Parlamentarischen Versammlung (Parlandino) und einem Gerichtshof. S. 83, 97 ff., 100

Anden-Integrationssystem. ⇨ Andengemeinschaft.

Andenpakt (Pacto Andino, PA). Vorläuferorganisation der ⇨ Andengemeinschaft. S. 44, 96

Annexion, Verbot der -. Regel des ⇨ Völkergewohnheitsrechts, nach der ein durch Krieg/Gewalt herbeigeführter Wechsel der ⇨ Staatsgewalt über ein bestimmtes ⇨ Staatsgebiet rechtswidrig-unwirksam ist. S. 12

Antarktis-Vertrag. Multilateraler ⇨ völkerrechtlicher Vertrag (1959) über die rechtliche Stellung des »Sechsten Kontinents«. S. 19, 196

Antidumping-Abkommen. Multilaterales Abkommen zum ⇨ Warenverkehr (in Konkretisierung von Art. VI des ⇨ GATT) im Rahmen der ⇨ WTO. S. 193

Antidumpingzölle. Abgabe zur Abschöpfung der »unfairen« Dumpingspanne (zwischen dem Preis im Ursprungsland und dem beim Warenimport), deren Voraussetzungen und Höhe sich aus Art. VI des ⇨ GATT und dem ⇨ Antidumping-Abkommen der ⇨ WTO ergeben. S. 193, 209, 216

(Anti-)Subventions-Abkommen. Multilaterales Abkommen zum ⇨ Warenverkehr (in Konkretisierung der Art. VI, XVI des ⇨ GATT) im Rahmen der ⇨ WTO. S. 194

Arab Bank for Economic Development in Africa (BADEA, www.badea.org). ⇨ Entwicklungsbank zur Unterstützung nichtarabischer ⇨ Entwicklungsländer in Afrika. S. 86

Arab Fund for Social and Economic Development (AFSED, www.arabfund.org). ⇨ Internationale Finanzinstitutionen zur Förderung von Projekten im arabischen Raum. S. 86

Asian Free Trade Area (AFTA, www.aseansec.org/economic/afta/afta.htm). Beabsichtigte ⇨ Freihandelszone in Südasien. S. 113

Asia-Pacific Economic Cooperation (APEC: www.apecsec.org) Institutionell (noch) schwach ausgeprägte(r) ⇨ wirtschaftliche(r) Integration(sverband) im Pazifischen Raum. S. 130

Asiatische Entwicklungsbank (Asian Development Bank, ADB; www.adb.org). Regionale ⇨ Entwicklungsbank für Asien. S. 72 ff.

Asiatischer Entwicklungsfonds (Asian Development Fund, ADF). Primär aus Zuflüssen nichtregionaler ADB-Mitglieder gespeister Fonds zur Finanzierung regionaler Entwicklungsprogramme und -projekte; Teil der ADB-Gruppe. S. 74

Asociación Latinoamericana de Integración (Lateinamerikanische Integrationsassoziation, ALADI; www.aladi.org; Latin American Integration Association, LAIA) Regionale(r) ⇨ wirtschaftliche(r) Integration(sverband) für Südamerika. S. 96, 101 f.

Asociación Latinoamericana de Libre Comercio (Lateinamerikanische Freihandelsorganisation, ALALC;. Latin American Free Trade Association, LAFTA). Vorgängereinrichtung der ALADI. S. 95 f.

Association of Southeast Asian Nations (ASEAN, www.aseansec.org). Über wirtschaftliche Fragen hinausreichende institutionalisierte Zusammenarbeit zwischen (heute) zehn südostasiatischen Staaten. S. 83, 113

Assoziierung(sabkommen). ⇨ Völkerrechtliche Verträge mit wirtschaftlichen, entwicklungsbezogenen und sonstigen Vorschriften zu institutionellen Strukturen. Oft Vorstufe zum Beitritt zu einer ⇨ intergouvernementalen Organisation. S. 102, 126

Ausgleichszölle (countervailing duties). Abgaben zur Abschöpfung ausländischer ⇨ Subventionen, deren Voraussetzungen und Höhe sich aus Art. VI, XVI des ⇨ GATT und (zusammen mit Verfahrensregeln) aus dem ⇨ (Anti-)Subventions-Abkommen der ⇨ WTO ergeben. S. 193, 209, 216, 227

Außenwirtschaftsgesetz (AWG). Zentrale Regelung des deutschen ⇨ Außenwirtschaftsrechts (von 1961), die inhaltlich weitgehend durch Vorschriften des Rechts der ⇨ Europäischen Gemeinschaft überlagert wird. S. 7, 23, 159, 184, 202

Außenwirtschaftsrecht. Rechtsvorschriften in Bezug auf den grenzüberschreitenden ⇨ Waren-, ⇨ Personen-, ⇨ Dienstleistungs-, ⇨ Kapital- und ⇨ Zahlungsverkehr. S. 7, 23, 147 f., 159, 184, 202

Außenwirtschaftsverordnung (AWV). Rechtsverordnung zur Durchführung des AWG (von 1961). S. 7, 159

Bankenaufsicht(sbehörden). (Staatliche Stellen für) Überwachung der Bankentätigkeit. S. 52, 131

Bank für Internationalen Zahlungsausgleich (BIZ; Bank for International Settlements; www.bis.org). ⇨ Internationale Finanzinstitution (⇨ Internationale Organisation) mit Sitz in Basel, bei der weitere wichtige Akteure der ⇨ internationalen Finanzarchitektur, wie etwa das ⇨ Basel Committee on Banking Supervision, angesiedelt sind. S. 32, 52, 59 ff., 131

Banque Centrale des Etats de l'Afrique Centrale (BEAC). (Gemeinsame) ⇨ Zentralbank mehrerer Staaten Zentralafrikas. S. 76

Banque de Développement des Etats de l'Afrique Centrale (BDEAC). Subregionale ⇨ Entwicklungsbank in Zentralafrika. S. 76, 111

Banque Ouest-Africaine de Développement (BOAD; www.boad.org). Subregionale ⇨ Entwicklungsbank in Westafrika. S. 76

Basel Committee on Banking Supervision (BCBS, Baseler Ausschuss; www.bis.org/bcbs). Durch das Sekretariat der ⇨ Bank für Internationalen Zahlungsausgleich unterstütztes Gremium, das als »standard setter« in Fragen der ⇨ Bankenaufsicht vor allem für international tätige Banken tätig wird. S. 52, 131, 262

Baseler (Abfall-)Übereinkommen. Wichtiges ⇨ Multilateral Environment Agreement (1989) mit Handelsbeschränkungen für Abfallex-/-importe. S. 195

Berner Konvention/Berner Union. Aus dem 19. Jahrhundert stammender multilateraler ⇨ völkerrechtlicher Vertrag zu Fragen von ⇨ intellectual property, der zugleich eine ⇨ Verwaltungsunion schuf. S. 122 ff., 182 ff.

Berufsfreiheit. Nur durch staatliche Verfassungen gewährleistetes zentrales wirtschaftliches ⇨ Grundrecht. S. 6, 266

Buffer Stock Financing Facility (BSFF). (Kredit-)Fazilität des ⇨ IMF für Zwecke der Finanzierung von Rohstofflagern bei ⇨ Rohstoffabkommen. S. 192

Bundesrepublik Deutschland. S. 8, 21 ff., 42, 54, 71, 78, 120, 122, 132, 135, 140, 147, 159, 178, 184, 202 f., 243, 245, 260

Bundesstaat. Aus zwei Ebenen (⇨ Zentralstaat und ⇨ Gliedstaaten) bestehende Staatenverbindung, bei der letztere keine ⇨ Souveränität mehr haben, im Unterschied zum Staatenbund, der die souveräne Gleichheit seiner Mitglieder wahrt. S. 22, 27 f.

Business and Industry Advisory Committee to the OECD (BIAC; www.biac.org). Beratendes Nebenorgan der ⇨ OECD, nur mit Vertretern der Wirtschaft besetzt. S. 125

Calvo-Doktrin. Nach einem argentinischen Außenminister des 19. Jahrhunderts genannte, lediglich in Lateinamerika als (regionales) ⇨ Völkerrecht anerkannte Auffassung, die eine ⇨ Diskriminierung von Inländern gegenüber Ausländern, d.h. eine Besserstellung der letztgenannten Gruppe verbietet. S. 170

Caribbean Community. Karibische Gemeinschaft (CARICOM; www.caricom.org). ⇨ wirtschaftliche(r) Integration(sverband) karibischer Klein-/Inselstaaten. S. 79, 106 f.

Caribbean Development Bank (CDB; www.caribank.org). Subregionale ⇨ Entwicklungsbank in der Karibik. S. 77 ff., 167

Caribbean Free Trade Association (CARIFTA). Von der ⇨ CARICOM 1973 abgelöste ⇨ Freihandelszone in der Karibik. S. 106

CAURIS Investissement SA (www.boad.org/institutions/cauris). Teil der Gruppe der ⇨ Banque Ouest-Africaine de Développement. S. 76

Central American Bank for Economic Integration (Banco Centroamericano de Integración Económica, CABEI; www.bcie.org). Subregionale ⇨ Entwicklungsbank in Zentralamerika. S. 79

Central American Common Market (CACM)/Mercado común centroamericano (MCCA). ⇨ wirtschaftliche(r) Integration(sverband) in Mittelamerika, in dem auch eine Parlamentarische Versammlung existiert. S. 83

Central American Free Trade Area (CAFTA). Geplante ⇨ Freihandelszone zwischen mehreren Staaten Zentralamerikas. S. 110

»Chapeau«. Geläufige Bezeichnung für den Einleitungssatz des Art. XX ⇨ GATT. S. 218, 223, 228, 240

Charta der wirtschaftlichen Rechte und Pflichten der Staaten (Charter of Economic Rights and Duties of States, CERDS). Rechtlich unverbindliche Entschließung der Generalversammlung der UN (1974), Kern der ⇨ »Neuen Internationalen Wirtschaftsordnung«. S. 25 f.

Chicago Convention. ⇨ Völkerrechtlicher (Gründungs-)Vertrag (1944) der ⇨ International Civil Aviation Organization. S. 18, 22,

CISG (Convention on the International Sale of Goods) ⇨ Internationaler Warenkauf, Abkommen über den

Cochabamba-Protokoll. ⇨ Völkerrechtlicher Vertrag (1979) über die Errichtung eines Gerichtshofs der (heutigen) ⇨ Andengemeinschaft. S. 99 f.

codes (of good practice). Vor allem vom ⇨ IMF und anderen ⇨ Internationalen Finanzinstitutionen formulierte Verhaltensregeln, deren Beachtung von diesen Einrichtungen überwacht wird (⇨ surveillance). S. 262

Comisión Económica para América Latina y el Caribe (Economic Commission for Latin American and the Carribean, CEPAL; www.eclac.cl). Regionales Gremium der ⇨ UN. S. 94 f., 118

Comité des représentants permanents (COREPER). Gremium, das auf politischer Ebene in der ⇨ Europäischen Union Ent-

scheidungen des ⇨ (Minister-)Rats vorbereitet.
S. 140, 144

Committee on Payment and Settlement Systems (CPSS; www.bis.org/cpss). Bei der ⇨ Bank für Internationalen Zahlungsausgleich angesiedelter Ausschuss für Fragen insbesondere internationaler Zahlungs- und Abrechnungssysteme. S. 52, 60, 262

Committee on the Global Financial System (CGFS; www.bis.org/cgfs). Ausschuss bei der ⇨ Bank für Internationalen Zahlungsausgleich für Fragen des internationalen Finanzsystems (⇨ internationale Finanzinstitutionen). S. 52, 60

common heritage of mankind. Auch in einigen multilateralen ⇨ völkerrechtlichen Verträgen (⇨ UNCLOS III) und von Konferenzen (z.B. ⇨ UNCED) verwendete Bezeichnung für Güter/Bereiche, die für alle Staaten / Völker / Generationen wertvoll und schützenswert sind, wie z.B. die ⇨ Hohe See oder das Klima. S. 26

Communauté Economique et Monétaire de l'Afrique Centrale (CEMAC). Wirtschafts- und Währungsunion zwischen mehreren Staaten Zentralafrikas mit einer gemeinsamen ⇨ Zentralbank (⇨ Banque Centrale des Etats de l'Afrique Centrale). S. 76, 110 f.

Compensatory and Contingency Financing Facility (CCFF) ⇨ Spezielle (Kredit-)Fazilität des ⇨ IMF. S. 192

concessional lending. Auf das Erreichen bestimmter (nicht-monetärer) Zwecke gerichtete Kreditvergabe durch den ⇨ IMF.
S. 59, 166

Contingent Credit Lines (CCL). Spezielle, nie wirksam gewordene (Kredit-)Fazilität des ⇨ IMF. S. 58

Convention on International Trade in Endangered Species (CITES). Washingtoner Abkommen über den Schutz gefährdeter Tier- und Pflanzenarten (1973), ein wichtiges ⇨ Multilateral Environment Agreement. S. 195

Cotonou-Abkommen. ⇨ Völkerrechtlicher Vertrag in der Nachfolge des (4). ⇨ Lomé-Abkommens, das zwischen EG- und Mitgliedstaaten einer-, den ⇨ AKP-Staaten andererseits als ⇨ gemischtes Abkommen eine »Entwicklungspartnerschaft« begründet.
S. 83, 113, 128 ff., 176 f., 192

Deutsche Investitions- und Entwicklungsgesellschaft mbH (DEG; www.deginvest.de). Für die ⇨ Bundesrepublik Deutschland im Bereich der Entwicklungszusammenarbeit handelndes öffentliches ⇨ Unternehmen. S. 76

Deutsches Institut für Normung e.V. (DIN; www.din.de). Nationale Einrichtung für Normung / Standardisierung, verknüpft mit europäischen und internationalen Normungsorganisationen (⇨ International Standardization Organization). S. 132, 221

Development Assistance Committee (DAC; www.oecd.org/dac). Ausschuss (des Rates) der ⇨ OECD, der die technische und finanzielle Unterstützung von ⇨ Entwicklungsländern durch die Mitgliedstaaten dieser ⇨ Internationalen Organisation koordiniert. S. 125

Development Committee. Gemeinsamer Ausschuss von ⇨ IBRD und ⇨ IMF, der die Organe dieser beiden wichtigsten ⇨ Internationalen Finanzinstitutionen im Hinblick auf die besonderen Probleme der ⇨ Entwicklungsländer berät und die Politiken beider aufeinander abstimmt. S. 54 f.

Dienstleistungen. Im Unterschied zu Waren unkörperliche, «unsichtbare» Gegenstände des Wirtschaftsverkehrs. S. 61, 81, 85 ff., 101 f., 110 f., 114 ff., 124, 126, 145, 152, 157, 165, 185, 194 f., 230 ff., 242 ff., 251, 253, 269

Dienstleistungsverkehr. (Internationaler) Verkehr mit unkörperlichen Gegenständen (⇨ Dienstleistungen, »invisibles«), dessen möglichst umfassende Freiheit global durch das ⇨ GATS und auf europäischer Ebene durch das Recht der ⇨ Europäischen Gemeinschaft verbürgt wird. S. 124, 126, 230 ff., 253

diplomatischer Schutz. Mittel auf der Ebene des ⇨ Völkerrechts, die ein Staat bei Verletzung seiner Rechte (in Form einer völkerrechtswidrigen Behandlung seiner Staatsangehörigen durch andere ⇨ Völkerrechtssubjekte) gegen diese einsetzt, um eine Korrektur des Verhaltens herbeizuführen, etwa durch Einleitung eines Verfahrens vor einem internationalen ⇨ Schiedsgericht wie im Rahmen der ⇨ ICSID oder eine Streitbeilegung im Kontext der ⇨ WTO. In der Regel muss zuvor der innerstaatliche Rechtsweg beschritten und ausgeschöpft werden (⇨ local remedies rule). S. 3, 6, 20, 22, 71, 152, 171

(Nicht-)Diskriminierung. Zentrales Prinzip (auch) des ⇨ IWR, das Gleichbehandlung in Bezug auf (in-/ausländische) Waren oder ⇨ Dienstleistungen und/oder Personen verlangt. S. 15, 18, 115, 121, 148, 186, 206, 217, 240, 259

Doppelbesteuerung(sabkommen). (Bilateraler ⇨ völkerrechtlicher Vertrag im Hinblick auf) Besteuerung desselben Sachverhalts durch mehr als einen Staat. Mit diesen Abkommen, die oft auf der Basis von der ⇨ OECD oder der ⇨ UN aufgestellter Muster abgeschlossen werden, wird durch Zuordnung und Aufteilung bewirkt, dass ein Steuerpflichtiger im Ergebnis nur einmal belastet wird. S. 125, 179, 241

dual use-Güter. Güter (Waren und Technologie) mit doppeltem, d.h. militärischem und zivilem Verwendungszweck. S. 157, 225 f.

Dumping. Wettbewerbsverzerrendes Verhalten eines ⇨ Unternehmens mittels Verwendung nicht kostendeckender Preise, das im internationalen Warenverkehr nach Art. VI des ⇨ GATT durch jedes betroffene (Import-)Land durch ⇨ Antidumping-Zölle abgewehrt werden kann. S. 98, 192 f.

Economic and Social Commission for Asia and the Pacific (ESCAP; www.unescap.org). Wie ⇨ ECE und ⇨ CEPAL regionales Gremium der ⇨ UN. S. 118

Economic Commission for Europe (ECE; www.unece.org). Für Europa zuständiges regionales Gremium der ⇨ UN. S. 118

Economic and Social Council of the U.N. (ECOSOC). Der UN-Generalversammlung zugeordnetes Neben-Organ der ⇨ UN. S. 91, 117 f.

Economic Community of West African States (ECOWAS; www.ecowas.int). 1975 errichtete(r) ⇨ wirtschaftliche(r) Integration(s-verband) (⇨ Internationale Organisation) in Westafrika. S. 76, 110

Eigentum. Neben der ⇨ Berufsfreiheit zentrales wirtschaftliches ⇨ Grundrecht, durch die ⇨ Europäische Menschenrechtskonvention und in nationalen Verfassungen verbürgt. S. 6, 11, 45, 92, 122, 154, 170, 181, 184, 203

Einfuhrlizenzen. Genehmigung(spflicht)en für Waren-Einfuhren, als wesentlicher Fall ⇨ mengenmäßiger Beschränkungen näher geregelt in einem multilateralen, das ⇨ GATT ergänzenden Abkommen zum ⇨ Warenverkehr im Rahmen der ⇨ WTO. S. 213 f.

Einheitliche Europäische Akte (EEA). ⇨ Völkerrechtlicher Vertrag (1986/87) zur Änderung der ⇨ Römischen Verträge, wesentlicher Schritt zur Vertiefung der ⇨ Europäischen Gemeinschaften. S. 136, 141

Einheitliche Richtlinien für Inkassi (ERI). Von der ⇨ International Chamber of Commerce formulierte Regeln, Beispiel von ⇨ transnationalem Recht. S. 150

Einheitliche Richtlinien und Gebräuche für Dokumentenakkreditive (ERA). Wie die ERI von der ⇨ International Chamber of Commerce aufgestellte Regeln (⇨ transnationalen Rechts) für internationalen ⇨ Zahlungsverkehr. S. 8, 150

Embargo. In der Regel auf eine Verhaltensänderung bei bestimmten anderen Staaten abzielende, politisch motivierte Beschränkungen für internationalen Wirtschaftsverkehr mit diesen, die (auch) ⇨ Unternehmen am ⇨ Warenverkehr und anderen Transaktionen hindert. S. 158 f.

Energiecharta-Vertrag. Multilateraler ⇨ völkerrechtlicher Vertrag (1994) in Bezug auf den Energiesektor u.a. mit Bestimmungen zum Schutz von ⇨ Investitionen. S. 71, 174, 259 f.

Enhanced Structural Adjustment Facility (ESAF). Spezielle, vor allem an Bedürfnissen von ⇨ Entwicklungsländern ausgerichtete (Kredit-)Fazilität des ⇨ IMF. S. 58

Enteignung. Hoheitlicher Entzug von ⇨ Eigentum, gegenüber Ausländern nur bei Beachtung der Voraussetzungen des ⇨ Fremdenrechts oder von ⇨ investment treaties und gegen angemessene Entschädigung zulässig. S. 5 f., 20, 31, 171, 179 f., 260

Entwicklungsbanken. ⇨ Internationale Finanzinstitutionen mit dem Auftrag der Finanzierung und Beratung insbesondere von ⇨ Entwicklungsländern, die entweder – wie die ⇨ IBRD – weltweit oder - wie regionale oder subregionale Einrichtungen – nur im Gebiet eines Kontinents oder eines Teils desselben aktiv werden. In diesem Falle tragen häufig nicht-regionale Mitglieder zum Aufbringen der erforderlichen Mittel bei. S. 46, 72, 75 ff., 84, 153, 166 f., 198

Entwicklungsländer (less developed countries, LDCs; »Dritte Welt«-Staaten). Durch die ⇨ G 77 repräsentierte Gruppe wirtschaftlich wenig entwickelter Staaten vor allem in Asien und dem Pazifik, Afrika und Lateinamerika (einschließlich Karibik), die aus diesem Grund im ⇨ IWR oft eine spezielle und differenzierte Behandlung genießen. Besondere Merkmale weisen vor allem die ⇨ LLDCs und die ⇨ HIPCs auf. Anderseits nähern sich ⇨ Schwellenländer zumindest teilweise den ⇨ Industrieländern an. S. 17, 66 ff., 74, 85, 94, 116, 125, 134, 154, 160 ff., 173, 181, 187, 191, 194, 206 f. 211, 214, 227, 232, 236, 243, 255

Europäische Atomgemeinschaft (EAG, Euratom). Gemeinsam mit der ⇨ Europäischen Wirtschaftsgemeinschaft 1957 durch die ⇨ Römischen Verträge errichtete ⇨ supranationale Organisation für Fragen der Nutzung der Kernenergie, seit 1993 wie diese unter dem Dach der ⇨ Europäischen Union; kooperiert bei ihrer Kontrollaufgabe eng mit der ⇨ International Atomic Energy Agency. S. 37, 44, 135 f., 139 f.

Europäische Bank für Wiederaufbau und Entwicklung (European Bank on Reconstruction and Development, EBRD; www.ebrd.org). 1990 gegründete regionale ⇨ Entwicklungsbank zur Unterstützung der osteuropäischen ⇨ Transformationsländer. S. 32, 80 ff.

Europäische Gemeinschaft(en) / EG (www.europa.eu.int). Bei Verwendung im Plural bis 2002 drei, seither zwei ⇨ supranationale Organisationen, nämlich ⇨ Europäische Atomgemeinschaft und die 1993 durch den ⇨ Vertrag von Maastricht in Europäische Gemeinschaft – Singular! – umbenannte ⇨ Europäische Wirtschaftsgemeinschaft, die die »erste Säule« der ⇨ Europäischen Union bilden. S. 37, 135 ff.

Europäische Gemeinschaft für Kohle und Stahl (EGKS, Montanunion). Erste (auf zwei wirtschaftliche Bereiche beschränkte) ⇨ supranationale Organisation in Westeuropa, die nach 50 Jahren Dauer 2002 zu bestehen aufhörte. Wichtigstes Organ war die als «Hohe Behörde» handelnde ⇨ Kommission (der EG). S. 37, 126, 135 f., 140, 144

Europäische Investitionsbank (EIB, www.eib.org). Rechtlich gegenüber der ⇨ Europäischen Gemeinschaft selbstständige Bank mit dem Auftrag, Projekte der EG und im EG-Raum zu finanzieren. S. 81 ff.

Europäischer Investitionsfonds (EIF, www.eif.org). Mit der ⇨ Europäischen Investitionsbank verknüpfte, selbstständige Organisation zur (finanziellen) Förderung kleinerer und mittlerer ⇨ Unternehmen im Gebiet der ⇨ Europäischen Gemeinschaft und der ⇨ European Free Trade Association. S. 83

Europäische Menschenrechtskonvention (EMRK). Im Rahmen des ⇨ Europarats 1950 abgeschlossener ⇨ völkerrechtlicher Vertrag zum Schutz der ⇨ Menschenrechte, der später durch mehrere ⇨ Protokolle ergänzt wurde; hierdurch wurde u.a. das Recht auf ⇨ Eigentum gewährleistet sowie Stellung und Verfahren des ⇨ Europäischen Gerichtshofs für Menschenrechte neu geregelt. S. 6, 203, 266 f.

Europäische Politische Zusammenarbeit (EPZ). In der ⇨ Einheitlichen Europäischen Akte vorgesehene Form intergouvernementaler Kooperation zwischen den EG-Mitgliedstaaten; Vorläufer der GASP in der ⇨ Europäischen Union. S. 137 ff.

Europäischer Gerichtshof. Rechtsprechungsorgan der ⇨ Europäischen Gemeinschaft, bestehend aus einem Europäischen Gericht Erster Instanz (EuG) und dem Europäischen Gerichtshof, der auch über Rechtsmittel gegen Entscheidungen des EuG befindet. S. 18, 139, 143, 147, 152, 231, 268

Europäischer Gerichtshof für Menschenrechte (EGMR, www.echr.coe.int). Seit der Neufassung der ⇨ Europäischen Menschenrechtskonvention 1998 einziges Rechtsprechungsorgan im Rahmen des ⇨ Europarats, das sowohl über Rechtsbehelfe von Staaten als auch von Privatpersonen entscheidet. S. 289

Europäischer Konvent. Pluralistisch zusammengesetztes Gremium mit dem Auftrag der Erarbeitung einer »europäischen Verfassung«; der Konvents-Entwurf wurde Ende 2003 (noch) nicht gebilligt. S. 137 ff.

Europäischer Wirtschaftsraum (EWR). ⇨ Gemischtes Abkommen zwischen der ⇨ Europäischen Gemeinschaft und deren Mitgliedstaaten sowie drei weiteren, der ⇨ European Free Trade Association angehörenden Ländern, durch das das EG-Recht eine räumliche Erweiterung erfährt, seine Anwendung in den Nicht-EG-Staaten aber einer speziellen Überwachung durch eigene Organe unterworfen wird. S. 91, 126 f.

Europäisches Parlament. Aus durch unmittelbare Wahlen in den Mitgliedstaaten bestellten Abgeordneten bestehende Versammlung der ⇨ Europäischen Gemeinschaft, die neben und zusammen mit dem ⇨ (Minister-)Rat die Rechtsvorschriften der EG erlässt, aber (noch) geringere Befugnisse hat als klassische staatliche Parlamente (»Demokratiedefizit« der EG). S. 33, 44, 51, 136, 139 ff.

Europäische Union (EU). Durch den ⇨ Vertrag von Maastricht errichtetes »Dach« über den fortbestehenden (drei, seit 2002 zwei) ⇨ Europäischen Gemeinschaften (E[W]G, EAG) - ⇨ supranationalen Organisationen – und weiteren Bereichen (»Säulen«) intergouvernementaler Kooperation, wie der Gemeinsamen Außen- und Sicherheitspolitik (GASP) und der polizeilichen und justiziellen Zusammenarbeit (PJZS). Ihre Leitlinien bestimmt der Europäische Rat aus den Staats- und Regierungschefs der Mitgliedstaaten und dem Präsidenten der ⇨ Kommission der EG. S. 135 ff.

Europäisches Währungssystem (EWS). 1979 erfolgte engere Verknüpfung zwischen den Währungen verschiedener EG-Mitgliedstaaten; nach Schaffung der Europäischen Währungsunion bzw. der ⇨ Europäischen Zentralbank seit 1999 zwischen den (noch) nicht an jener teilnehmenden Staaten (als EWS II) weitergeführt. S. 254

Europäische Wirtschaftsgemeinschaft (EWG). Durch die ⇨ Römischen Verträge 1957 neben der ⇨ Europäischen Atomgemeinschaft errichtete ⇨ supranationale Organisation, durch den ⇨ Vertrag von Maastricht im Hinblick auf erweiterte Aufgaben Umbenennung in ⇨ Europäische Gemeinschaft (EG). S. 37, 135 f., 144 f., 152

Europäische Zentralbank (European Central Bank, EZB; www.ecb.int). Rechtlich selbständige Einrichtung der ⇨ EG, die zusammen mit (derzeit 12) nationalen ⇨ Zentralbanken das Europäische System der Zentralbanken (ESZB) bildet. Die EZB ist für die Geldpolitik in Bezug auf die einheitliche Währung (Euro, E) verantwortlich. S. 52, 133

Europarat (Conseil d'Europe, CE ; www.coe.int). 1949 gegründete ⇨ intergouvernementale Organisation mit einem Ministerkomitee und einer (beratenden) Parlamentarischen Versammlung als Hauptorganen. Seine Ziele, Sicherung von Rechtsstaat und Demokratie, verfolgt der Europarat u.a. durch Erarbeitung ⇨ völkerrechtlicher Verträge wie etwa der ⇨ Europäischen Menschenrechtskonvention. S. 31, 47

European Free Trade Organisation (EFTA, www.efta.int). 1960 durch den ⇨ Vertrag von Stockholm als Gegenstück zur ⇨ Europäischen Wirtschaft errichtete ⇨ Freihandelszone; die meisten Mitglieder sind inzwischen ausgeschieden und Mitglieder der ⇨ Europäischen Union geworden. Die restlichen EFTA-Staaten (außer der Schweiz) bilden zusammen mit der ⇨ EG den ⇨ Europäischen Wirtschaftsraum. S. 38, 84, 91 f., 126 f.

Exklave. Teil eines ⇨ Staatsgebiets, das vom Rest getrennt ist und regelmäßig zollrechtlich als Zollausschluss, d.h. wie das dieses Gebiet umgebende Ausland behandelt wird. S. 12 f.

Financial Action Task Force (FATF; www.fatf-gafi.org). Internationales Gremium zur Bekämpfung der Geldwäsche und anderer unlauterer finanzieller Transaktionen. S. 132, 262

Financial Stability Forum (FSF; www.fsforum.org). 1999 errichtetes Gremium, in dessen Rahmen ⇨ Internationale Finanzinstitutionen und andere Stellen kooperieren; Nukleus einer ⇨ internationalen Finanzarchitektur. S. 52, 60

Financial Stability Institute (FSI; www.bis.org/fsi). Einrichtung im Rahmen der ⇨ Bank für Internationalen Zahlungsausgleich. S. 60

Finanzdienstleistungen. Art von ⇨ Dienstleistungen, die im ⇨ GATS u.a. durch ein zusätzliches (5.)⇨ Protokoll eine spezifische Regelung erfahren. S. 61, 85

Flusskommissionen. Teils schon im 19. Jahrhundert (z.B. durch die ⇨ Rheinschifffahrtsakte) errichtete ⇨ Internationale Organisationen mit der Aufgabe, die Freiheit der Schifffahrt auf bestimmten Flüssen zu sichern. S. 15

Fonds de Coopération, de Compensation et de Développement de la Communauté Economique des Etats de l'Afrique de l'Ouest. Offizielle Bezeichnung des ⇨ ECOWAS Fund (www.ecowas-fund.org). S. 76, 110

Fonds de Garantie des Investissements Privés en Afrique de l'Ouest (Fonds GARI; www.boad.org/institutions/gari). Der ⇨ MIGA ähnliche subregionale Einrichtung zur Absicherung von Investitionsrisiken. S. 76

Food and Agricultural Organization of the United Nations (FAO, www.fao.org). Sonderorganisation der ⇨ UN für die Bereiche Ernährung und Landwirtschaft. S. 30, 189

Free Trade Area of the Americas (FTAA). Geplante Freihandelszone für Nord-, Mittel- und Südamerika. S. 94, 106, 110

Freihandelszone. Unter bestimmten Voraussetzungen gem. Art. XXIV des ⇨ GATT zulässiger ⇨ wirtschaftlicher Integrationsverband, bei dem ⇨ Zölle und andere Handelsbeschränkungen lediglich im Innenverhältnis zwischen den Mitgliedern aufgehoben werden. S. 91 ff., 100, 106, 110, 112 ff., 163, 207, 210

Freiwillige Exportbeschränkungen (voluntary export restraints, VAR). Von Exportländern (oder dort ansässigen Unternehmen) angesichts drohender Importbeschränkungen getroffene Maßnahmen, die in ihrer Wirkung ⇨ mengenmäßigen Beschränkungen des ⇨ Warenverkehrs gleichkommen und daher im Rahmen der ⇨ WTO durch das Abkommen über ⇨ Schutzmaßnahmen verboten wurden. S. 213

Freizügigkeit. Gegenüber dem eigenen Staat wirtschaftlich bedeutsames ⇨ Grundrecht (Mobilität), gegenüber anderen Mitgliedstaaten eines ⇨ wirtschaftlichen Integrationsverbandes wie der ⇨ Europäischen Gemeinschaft ⇨ Grundfreiheit des ⇨ Personenverkehrs, die sowohl für Arbeitnehmer als auch – in Form der ⇨ Niederlassungsfreiheit – für Selbstständige gewährleistet wird. S. 6, 27, 106 f., 110, 126, 234, 241, 266 ff.

Fremdenrecht. Primär durch ⇨ Völkergewohnheitsrecht gewährleistete Regelungen über Rechtsstellung und Behandlung von ausländischen Staatsangehörigen. S. 6, 203

G 5 (Group of 5, Fünfergruppe). Gruppe aus 5 großen ⇨ Industrieländern zur Koordinierung der Wirtschaftspolitiken, in die G 7 aufgegangen. S. 132

G 10 (Group of Ten, Zehnergruppe; www.bis.org/about/gten) . Zuerst beim Abschluss der ⇨ General Arrangements to Borrow vereinte Gruppe von 10 (später 11) ⇨ Industrieländern. S. 132 f.

G 20 (Group of Twenty; www.g20.org). Gruppe von ⇨ Industrie- und ⇨ Schwellenländern im Rahmen der ⇨ internationalen Finanzarchitektur mit dem Ziel einer Stabilisierung des internationalen Finanzsystems. S. 133

G 24 (www.g24.org) Gruppe aus 24 ⇨ Schwellen- und ⇨ Entwicklungsländern beim ⇨ IMF zur Wahrung von deren spezifischen Belangen in dieser ⇨ Internationalen Finanzinstitution. S. 134

G 77 (Gruppe der 77; www.g77.org). Ursprünglich im Rahmen der ⇨ UNCTAD gebildete Gruppe von ⇨ Entwicklungsländern zur Wahrung der eigenen wirtschaftlichen Interessen gegenüber ⇨ Industrieländern. S. 133

Gebietshoheit. Aspekt staatlicher ⇨ Souveränität, der umfassende Hoheitsrechte über das eigene ⇨ Staatsgebiet beinhaltet. S. 20, 22

Gemeinsame Handelspolitik. Im Verhältnis zu ihren Mitgliedstaaten ausschließliche Zuständigkeit der ⇨ Europäischen Gemeinschaft für vertragliche und autonome Regelung des ⇨ Waren- und anderer (aber nicht aller) Bereiche des Wirtschaftsverkehrs mit Drittländern. S. 145

gemischte Abkommen. Im Hinblick auf die zwischen der ⇨ Europäischen Gemeinschaft und ihren Mitgliedstaaten geteilten Zuständigkeiten von beiden mit Drittstaaten abgeschlossene ⇨ völkerrechtliche Verträge, z.B. ⇨ Assoziierungsabkommen. S. 126, 128, 145 f.

gemischte Unternehmen (joint venture). ⇨ Unternehmen, an denen Private (auch ausländische) und staatliche Stellen beteiligt sind. S. 267

General Agreement on Trade in Services (Allgemeines Abkommen über den Dienstleistungsverkehr, GATS). Als Ergebnis der ⇨ Uruguay-Runde abgeschlossenes multilaterales Übereinkommen der ⇨ WTO, das die Liberalisierung nach Sektoren und vier Erbringungsarten gegliederter internationaler ⇨ Dienstleistungen anstrebt und nach Inhalt und Aufbau weithin dem ⇨ GATT ähnelt. S. 87, 114 ff., 146, 156 f., 164 f., 173, 194, 205, 231 ff., 247, 269 f.

General Agreement on Tariffs and Trade (Allgemeines Zoll- und Handelsabkommen, GATT). 1947/48 als Teil der ⇨ Havanna-Charta vorläufig in Kraft gesetzter multilateraler ⇨ völkerrechtlicher Vertrag (GATT 1947), der im Ergebnis der ⇨ Uruguay-Runde weithin unverändert in die neu errichtete ⇨ WTO einbezogen wurde (GATT 1994). Das GATT betrifft im Unterschied zum ⇨ GATS allein den ⇨ Warenverkehr und sieht als handelspolitisches Instrument lediglich ⇨ Zölle vor, wobei deren Reduzierung im Rahmen von wiederkehrenden ⇨ Zollrunden angestrebt wird.
S. 30, 35, 42 f., 47, 53, 87 ff., 92, 114 ff., 135, 144 ff., 156 ff., 173 f., 182, 192 ff., 202 ff.,

General Arrangement to Borrow (GAB). Allgemeine Kreditvereinbarung zwischen ⇨ IMF und einigen Mitgliedern (meist ⇨ Industrieländern), um bei Bedarf die finanziellen Mittel dieser ⇨ Internationalen Finanzinstitution aufzustocken. S. 56

General Data Dissemination System (GDSS). Vorkehrung im Rahmen des ⇨ IMF zur Erhebung und Verbreitung wichtiger monetärer und ökonomischer Daten. S. 262

general exception. Aus nichtwirtschaftlichen Gründen zulässige Ausnahmen von den Bestimmungen des ⇨ GATT (Art. XX) und anderer Abkommen der ⇨ WTO. S. 156, 217

Generalized System of Preferences (GSP). Im Rahmen der ⇨ UNCTAD konzipierte Zollpräferenzen für ⇨ Entwicklungsländer, im ⇨ GATT durch eine »enabling clause« legitimiert. S. 162 f., 166, 207

Genfer (Flüchtlings-)Konvention. Multilateraler ⇨ völkerrechtlicher Vertrag (1951/67) über die Rechtsstellung und Behandlung von aus ihrem Heimatstaat vertriebenen oder geflohenen Personen in Gaststaaten. S. 268

Gesellschaftsrecht. Regeln über Organisation und Haftung von in einem Unternehmen oder einer anderen Einheit zusammengeschlossenen mehreren Personen. S. 3, 5, 202, 268

Gesundheitspolizeiliche und pflanzenschutzrechtliche Maßnahmen. ⇨ SPS-Abkommen

Gesundheitsschutz. Auch im Recht der ⇨ WTO anerkannter Belang des Allgemeinwohl (⇨ general exception). S. 45, 47, 51, 156, 164, 183, 217, 222, 228

Gliedstaat. Zweite Ebene in einem ⇨ Bundesstaat, die ebenfalls über Staatsmerkmale (⇨ Staatsgebiet, ⇨ -gewalt, ⇨ -volk) verfügt. S. 22, 27, 37

good governance. Konzept für Staatsleitung im Interesse des Gemeinwohls, zunehmend auch Maßstab für finanzielle Unterstützung durch ⇨ Internationale Finanzinstitutionen. S. 85, 263

Government Procurement Agreement (GPA). 1994 als plurilaterales Abkommen in die ⇨ WTO einbezogener ⇨ völkerrechtlicher Vertrag, der ⇨ Inländergleichbehandlung und ⇨ Transparenz bei der Beschaffung von Waren und ⇨ Dienstleistungen oberhalb bestimmter Schwellenwerte durch staatliche Stellen und gewisse (öffentliche) ⇨ Unternehmen sichern soll. S. 87, 220, 244

Grundfreiheiten. Im EG-Vertrag gewährleistete, unmittelbar anwendbare Rechte, die Staatsangehörigen eines EG-Mitgliedstaats in / gegenüber anderen Mitgliedstaaten Gleichbehandlung mit den dortigen Staatsangehörigen verbürgen. Erfasst werden ⇨ Personen-, ⇨ Waren-, ⇨ Dienstleistungs-, ⇨ Kapital- und ⇨ Zahlungsverkehr. S. 3, 51, 117 f., 137, 157, 231, 241, 266

Grundrechte. In ⇨ völkerrechtlichen Verträgen (wie der ⇨ Europäischen Menschenrechtskonvention), im EG-Recht sowie durch nationale Verfassungen gewährleistete wesentliche persönliche und wirtschaftliche Rechtspositionen (⇨ Berufsfreiheit, ⇨ Eigentum, ⇨ Vereinigungsfreiheit) gegenüber der (eigenen) ⇨ Staatsgewalt (bzw. der Hoheitsgewalt einer ⇨ supranationalen Organisation wie der ⇨ Europäischen Gemeinschaft). S. 3, 26, 179, 203, 266

Gulf Cooperation Council (Golfkooperationsrat, GCC, www.gcc.sg.org). ⇨ Internationale Organisation im Nahen Osten / am Persischen Golf. S. 111

Handels-, Freundschafts- und Schifffahrtsvertrag (treaty on friendship, commerce and navigation, fcn treaty). Typus eines vor allem von den USA geschlossenen bilateralen ⇨ völkerrechtlichen Vertrags, der eine Liberalisierung des ⇨ Warenverkehrs und ⇨ Niederlassungsfreiheit anstrebt. S. 4, 203

Havanna-Charta. Umfassend angelegtes, aber mangels ⇨ Ratifikation durch die USA nicht verwirklichtes Projekt eines multilateralen ⇨ völkerrechtlichen Vertrags zum internationalen ⇨ Warenverkehr mit Regelungen über eine ⇨ International Trade Organization (ITO). S. 161, 186, 192, 203

Heavily Indebted Poor Countries (HIPC). Gruppe von ⇨ Entwicklungsländern, die im Hinblick auf ihre übermäßige Auslandsverschuldung besondere Unterstützung seitens des ⇨ IMF und anderer ⇨ Internationaler Finanzinstitutionen erfährt. S. 59

Hoheitsakte, extraterritoriale. Mit der territorialen ⇨ Souveränität des von solchen Maßnahmen betroffenen Staates an sich kollidierende, meist auf die ⇨ Personalhoheit gestützte Rechtsetzungs- oder Vollzugs-Maßnahmen eines anderen Staates, die nur dann völkerrechtlich zulässig sind, wenn jener darin einwilligt oder ausnahmsweise eine anerkannte Kompetenz zu Regelungen / Maßnahmen mit Auslandsbezug besteht. S. 22 f.

Hohe See. Von Wasser bedeckter Teil der Erdoberfläche, der nicht zu einem ⇨ Staatsgebiet gehört, so dass Verhaltensregeln nur kraft der ⇨ Personalhoheit eines Staates erfolgen können. Wichtige Freiheiten der Hohen See sind durch multilaterale ⇨ völkerrechtliche Verträge (wie ⇨ UNCLOS III) gewährleistet. S. 14 ff., 19, 196 f.

IMF (International Monetary Fund, Internationaler Währungsfonds, www.imf.org). Neben der ⇨ IBRD wichtigste ⇨ Internationale Finanzinstitution, wie jene ⇨ intergouvernementale Organisation ebenfalls 1944 in Bretton Woods gegründet. Seit 1969 gibt der IMF ⇨ Sonderziehungsrechte aus. Mitglieder können (abhängig von ihrer ⇨ Quote) Mittel des Fonds im Rahmen verschiedener Fazilitäten direkt oder im Wege von ⇨ stand-by arrangements in Anspruch nehmen. Im Rahmen einer ⇨ internationalen Finanzarchitektur überwacht der IWF die Währungs- und Wirtschaftspolitik seiner Mitglieder (⇨ surveillance) anhand von ihm maßgeblich formulierter Verhaltensregeln (⇨ codes, ⇨ standards). S. 53, 279

Immunität (Befreiung). Für Staaten völkergewohnheitsrechtlich verankerte, für ⇨ intergouvernementale Organisationen durch ⇨ völkerrechtlichen Vertrag (Sitzkommen) verbürgte Freistellung von Gerichtsverfahren (»jurisdiction«) und Vollstreckungsmaßnahmen (»execution«). S. 24, 30 f., 60, 153

Incoterms. Abkürzung für International Commercial Terms, von der ⇨ International Chamber of Commerce aufgestellte, im internationalen Verkehr übliche Regeln (⇨ transnationales Recht) über die Verteilung des Risikos zwischen Verkäufer und Käufer. S. 8

Industrial property. Teilbereich von ⇨ intellectual property (insbes. Marken, ⇨ Patente).

Industrieländer. Wirtschaftlich entwickelte Staaten (überwiegend im nordatlantischen Raum), die vor allem in der ⇨ OECD zusammenarbeiten und auch andere ⇨ Internationale Organisationen, vor allem ⇨ Internationale Finanzinstitutionen, im Wege der ⇨ Stimmenwägung dominieren. S. 25, 95, 125, 133, 160, 163, 165, 198, 254

Inländergleichbehandlung (national treatment). Im Recht vieler ⇨ Internationaler Organisationen, z.B. der ⇨ WTO, sowie in bilateralen ⇨ völkerrechtlichen Verträgen (wie fcn treaties oder ⇨ investment treaties) vorgesehene Gleichstellung der Angehörigen der anderen Vertragspartei(en) mit denen des In-/Gastlands. S. 160, 170, 173, 179, 185, 206, 208, 221, 223, 235 f., 238, 241 f., 247

intellectual property (geistiges Eigentum). Oberbegriff für immaterielle, dem ⇨ Eigentum an körperlichen Gegenständen nachgebildete (absolute) Rechte, wie z.B. Urheberrechte, Marken oder ⇨ Patente. S. 87, 91, 93, 122 f., 181 f.

intergouvernementale Organisation (international governmental organization, IGO). Auf ⇨ völkerrechtlichem Vertrag beruhende Organisation mit jeweils speziellen, durch die »Verfassung« (Gründungs-/Änderungsverträge) funktionellen begrenzten Aufgaben, wofür ihr (und ihren Bediensteten) ⇨ Immunität zukommt. S. 31 f.

Intergovernmental Council of Copper Exporting Countries (CIPEC). ⇨ Rohstoffabkommen zwischen Erzeugerstaaten. S. 186 f.

Inter-Amerikanische Entwicklungsbank (Inter-American Development Bank, IDB; www.iadb.org). Kern der IDB-Gruppe, regionale ⇨ Entwicklungsbank für (Mittel- und Süd-) Amerika. S. 76 f.

Inter-American Investment Corporation (IIC, www.iic.int). Teil der IDB-Gruppe, mit ähnlicher Aufgabenstellung wie die ⇨ IFC in der ⇨ Weltbank-Gruppe. S. 77

International Accounting Standards Board (IASB, www.iasb.org.uk). ⇨ Internationale nicht-gouvernementale Organisation für Fragen der Rechnungslegung, die vor allem die International Accounting Standards (IAS) erarbeitet. S. 52, 262

International Air Transport Association (IATA, www.iata.org). Wichtige ⇨ internationale nicht-gouvernementale Organisation im Bereich der Luftfahrt. S. 149

International Association of Deposit Insurers (IADI, www.iadi.org) ⇨ Internationale Organisation im Bereich des Bankwesens. S. 60

International Association of Insurance Supervisors (IAIS, www.iaisweb.org) ⇨ Internationale Organisation im Bereich der Versicherungsaufsicht. S. 60

International Atomic Energy Agency (IAEA, www.iaea.org). ⇨ Intergouvernementale Organisation (⇨ Sonderorganisation der ⇨ UN) für Fragen der (friedlichen) Nutzung der Kernenergie. S. 125

International Bank for Reconstruction and Development (IBRD, Weltbank; www.worldbank.org). Zusammen mit dem ⇨ IMF 1944 in Bretton Woods, New Hampshire (USA) gegründete ⇨ internationale Finanzinstitutionen, der nur IMF-Mitglieder angehören können, die als universelle ⇨ Entwicklungsbank agiert und vor allem im Hinblick auf die Unterstützung von ⇨ HIPCs und ⇨ LLDCs eng mit dem Fonds kooperiert. Kern der ⇨ Weltbank-Gruppe. S. 49, 55, 62 ff., 243, 262 f.

International Centre for the Settlement of Investment Disputes (ICSID, www.worldbank.org/icsid). Eng mit der ⇨ IBRD verzahnte, aber rechtlich selbstständige ⇨ intergouvernementale Organisation, in deren Rahmen Vergleichs- und Schiedsverfahren über Investitionsstreitigkeiten – und über eine »additional facility« auch weitere Streitsachen – zwischen (ausländischem) Investor und Gaststaat ausgetragen werden können. S. 46, 62 ff., 70 f., 173, 180

International Chamber of Commerce (Internationale Handelskammer, ICC, www.iccwbo.org). Wichtige ⇨ internationale nicht-gouvernementale Organisation, deren Schwerpunkte auf den Gebieten der privaten internationalen Schiedsgerichtsbarkeit sowie der Formulierung von Regeln ⇨ transnationalen Rechts liegen. S. 149 f., 154

International Civil Aviation Organisation (ICAO, www.icao.org). Durch die ⇨ Chicago Convention 1944 gegründete ⇨ Internationale Organisation im Bereich der Zivilluftfahrt. S. 230

International Development Association (IDA). ⇨ Internationale Organisation (Schwestereinrichtung der ⇨ IBRD) mit dem Auftrag, vor allem ⇨ LLDs finanziell zu unterstützen. S. 62, 64, 67 ff., 166, 243

International Electrotechnical Commission (IEC, www.iec.ch). Branchenspezifische internationale Normungsorganisation, die eng mit der ⇨ International Standardization Organization, aber auch mit der ⇨ WTO und der ⇨ Internationalen Fernmeldeunion kooperiert. S. 132, 220

International Energy Agency (IEA, www.iea.org). Autonome Einrichtung im Rahmen der ⇨ OECD zur Sicherung der Energieversorgung der Mitgliedstaaten dieser ⇨ intergouvernementalen Organisation. S. 125

Internationaler Gerichtshof (IGH, www.icj-cij.org). Rechtsprechungsorgan der ⇨ UN. S. 17, 20, 70, 121

International Federation of Accountants (IFAC, www.ifac.org) ⇨ Internationale nicht-gouvernementale Organisation im Bereich des Rechnungswesens. S. 262

Internationale Fernmeldeunion (International Telecommunication Union, ITU; www.itu.int). Heute Sonderorganisation der ⇨ UN, bereits im 19. Jahrhundert als ⇨ Verwaltungsunion errichtet. S. 18, 132, 230

International Finance Corporation (IFC, www.ifc.org). Rechtlich selbstständiger Teil der ⇨ Weltbank-Gruppe mit dem Ziel, vor allem in ⇨ Entwicklungsländern öffentliche und private ⇨ Investitionen zu finanzieren. S. 62 ff.

internationale Finanzarchitektur. Bezeichnung für vielfältige Zusammenarbeit und Vernetzung ⇨ internationaler Finanzinstitutionen (mit dem ⇨ Financial Stability Forum im Kern) einschließlich von diesen erlassener Regeln (⇨ codes oder ⇨ standards).
S. 52 f., 133

Internationale Finanzinstitution. ⇨ Internationale Organisationen (sowohl IGOs als auch INGOs) mit Aufgaben wirtschaftlicher, monetärer und finanzieller Art. S. 32, 79, 254

Internationale Organisation. Im engeren Sinne ⇨ intergouvernementale Organisation (IGO), neben Staaten wichtiges ⇨ Völkerrechtssubjekt, im weiteren Sinne jede Einrichtung, die Mitglieder aus mehreren Staaten vereint und auf mehr als einem ⇨ Staatsgebiet tätig ist. S. 29 ff.

Internationaler Warenkauf, UN-Abkommen über den -. Wichtiger ⇨ völkerrechtlicher Vertrag (1980) zur Vereinheitlichung des ⇨ Internationalen Privatrechts. S. 7 ff.

Internationales Privatrecht. Durch ⇨ völkerrechtliche Verträge oder nationales Recht getroffene Regeln zur Anwendbarkeit eines bestimmten (staatlichen) Rechts auf Sachverhalte mit Auslandsbezug. S. 2, 7

Internationales Übereinkommen über Milcherzeugnisse. Ende 1997 ausgelaufenes plurilaterales Abkommen (neben dem ⇨ GATT) im Rahmen der ⇨ WTO. S. 87

Internationales Wirtschaftsrecht (IWR). Bezeichnung entweder für einen Teilbereich des ⇨ Völkerrechts (Wirtschaftsvölkerrecht) oder für alle Regelungen in Bezug auf grenzüberschreitenden Wirtschaftsverkehr.
S. 2 ff., 170

International Fund for Agricultural Development (IFAD, www.ifad.org). ⇨ Internationale Organisation zur (Finanzierung der) Bekämpfung von Hunger und ländlicher Armut in ⇨ Entwicklungsländern. S. 85

International Labour Organization (ILO, www.ilo.org). 1919 gegründete ⇨ intergouvernementale Organisation, seit 1946 Sonderorganisation der ⇨ UN mit spezieller »dreigeteilter« Struktur. S. 38, 118 ff., 154

International Monetary and Financial Committee (IMFC) Als Nachfolger des Interimsausschusses funktionell als Ersatz des Rates auf Ministerebene im ⇨ IMF halbjährlich zusammentretendes Beratungsgremium.
S. 54 f., 133

International Non-Governmental Organization / internationale nicht-gouvernementale Organisation (INGO). Typ ⇨ Internationaler Organisation, in der nicht Staaten und andere ⇨ Völkerrechtssubjekte auf der Basis eines ⇨ völkerrechtlichen (Gründungs-) Vertrags zusammenarbeiten, sondern Private / ⇨ Unternehmen aus mehreren Staaten.
S. 149 ff.

International Standardization Organization (ISO, www.iso.ch). ⇨ International Non-Governmental Organization, der zahlreiche nationale Einrichtungen (wie z.b. das ⇨ DIN) angehören, die sich mit Fragen weltweiter technischer Normung (Standardisierung) befasst und eng mit branchenspezifischen Einrichtungen (wie ⇨ IEC) sowie der ⇨ WTO und der ⇨ ITU kooperiert. S. 132, 220

International Trade Organization (ITO). Letztlich an der Ablehnung durch die USA gescheitertes Nachkriegs-Projekt einer globalen ⇨ Internationalen Organisation neben ⇨ IWF und ⇨ Weltbank für Fragen des internationalen Handels, über die Regeln in der ⇨ Havanna-Charta festgelegt waren. Inhaltlich Vorläuferin der ⇨ WTO. S. 53, 203 f.

Interventionsverbot. Zentraler Grundsatz der Charta der ⇨ UN, der sowohl dieser ⇨ inter-gouvernementalen Organisation als auch anderen die Einmischung in die «inneren» Angelegenheiten eines Mitgliedstaats verbietet; darüber hinaus betrifft er auch das Verhältnis von Staaten untereinander in gleicher Weise. S. 5, 25, 49

Investition (investment). Vorgang und/oder Ergebnis einer Anlage von Sach- oder Geldkapital, entweder als bloße finanzielle Beteiligung als Portfolio- oder bei (beabsichtigter) unternehmerischer Kontrolle als Direktinvestition. S. 62 ff., 69 ff., 81 ff., 110 ff., 166, 170 ff., 197 f., 207, 238, 251, 257 ff.

investment treaties. In Deutschland als Kapitalschutzverträge bezeichnete (meist) bilaterale ⇨ völkerrechtliche Verträge über Zulassung, Behandlung (insbesondere im Falle einer ⇨ Enteignung) und Schutz (auch durch ⇨ Schiedsgerichte, insbesondere im Rahmen des ⇨ ICSID) von ⇨ Investitionen (Kapital-

anlagen) in einem «Gaststaat». S. 71, 178, 260

International Organization of Securities Commissions (IOSCO, www.iosco.org) ⇨ Internationale Organisation, in deren Rahmen nationale Behörden der Finanzmarktaufsicht kooperieren. S. 52, 131, 262

IPIC-Vertrag. S. 184 f.

ISA. S. 262

Islamic Corporation for the Development of the Private Sector (ICD, www.icd-idb.org). Teil der I(s)DB-Gruppe. S. 84

Islamic Corporation for Investments and Export Credit (ICIEC, www.iciec.com). Teil der I(s)DB-Gruppe. S. 84

Islamic Development Bank (I(s)DB, www.isbd.org). Atypische regionale ⇨ Entwicklungsbank im Hinblick auf die Ausrichtung ihrer Geschäftsaktivitäten an religiösen Vorgaben (Islam). Kern der I(s)DB-Gruppe. S. 84

Islamic Research & Training Institute (IRTI, www.irti.org). Teil der I(s)DB-Gruppe. S. 85

Jurisdiktion (Hoheitsgewalt). Aus der staatlichen ⇨ Souveränität über ⇨ Staatsgebiet und ⇨ Staatsvolk herrührende Befugnis, das Verhalten von Personen/⇨ Unternehmen durch Rechtsvorschriften zu regeln («prescribe») und deren Beachtung nötigenfalls durchzusetzen («enforce»). S. 21 ff.

Jute-Studiengruppe, Internationale. ⇨ Rohstoffabkommen. S. 187, 189

Kaffeeabkommen (1983), Internationales. ⇨ Rohstoffabkommen. S. 188

Kaffeeabkommen (2001), Internationales ⇨ Rohstoffabkommen. S. 189 f.

Kakao-Übereinkommen (2001), Internationales ⇨ Rohstoffabkommen. S. 187

Kapitalschutzverträge ⇨ investment treaties. S. 178 f., 260

Kapitalverkehr. (Internationale) Bewegungen von (Geld- oder Sach-)Kapital, im Unterschied vom ⇨ Zahlungsverkehr nicht notwendig mit einer monetären Gegenleistung (Zahlung) verbunden. S. 56, 107, 111, 124, 126, 175 f., 236, 241, 250 ff.

»Kennedy«-Runde. Nach dem seinerzeitigen US-Präsidenten benannte ⇨ Zollrunde im Rahmen des ⇨ GATT, bei der erstmals auch Abkommen über ⇨ non-tariff barriers (NTBs) abgeschlossen wurden. S. 204

Kommission (der EG). Eines der Hauptorgane der ⇨ Europäischen Gemeinschaft mit Exekutiv- und Legislativbefugnissen, dem bisher mindestens ein Angehöriger aus jedem Mitgliedstaat angehört, geleitet von einem Präsidenten. S. 47, 126, 129, 138 ff., 176

Kompetenz-Kompetenz. Eigenschaft von Staaten oder von (internationalen) Gerichten, über das Vorliegen der eigenen Zuständigkeit zu befinden; bei Staaten Attribut der ⇨ Souveränität. S. 28

Konditionalität. Verknüpfung der Zusage von Mitteln des ⇨ IMF mit dem (in einem »letter of intent« niedergelegten) Versprechen eines Mitgliedstaates, die Gelder in bestimmter Weise zu verwenden. S. 58, 166

Konsens. Von der ⇨ Unanimität zu unterscheidendes Verfahren der Beschlussfassung in ⇨ Internationalen Organisationen, z.B. in der ⇨ WTO, bei dem der Vorsitzende eines Gremiums die Ergebnisse zusammenfasst, wenn kein Widerspruch (mehr) geäußert wird. S. 42, 54, 89 f., 93

Landwirtschaft, Abkommen über -. Multilateraler ⇨ völkerrechtlicher Vertrag zu Fragen des ⇨ Warenverkehrs, Sonderregelung zum ⇨ GATT im Rahmen der ⇨ WTO. S. 76, 102, 113, 140, 163, 214, 220, 226 f.

least developed countries (LLDCs). Gruppe von ⇨ Entwicklungsländern («Vierte Welt«-Staaten), die im Hinblick auf ihre allgemeine wirtschaftliche Situation mehr als die der «Dritten Welt« generell geschuldete Unterstützung benötigen. LLDCs sind meist auch ⇨ HIPCs und Begünstigte spezieller finanzieller Hilfen, wie der ⇨ Poverty Reduction and Growth Facility des ⇨ IMF. S. 161

lex mercatoria. Andere Bezeichnung für ⇨ transnationales Recht. S. 8

local remedies rule. Erfordernis, vor der Befassung internationaler ⇨ (Schieds-)Gerichte den innerstaatlichen Rechtsweg auszuschöpfen. S. 302

Lomé-Abkommen. Vier aufeinander folgende ⇨ gemischte Abkommen der ⇨ Europäischen Gemeinschaft und ihrer Mitgliedsländer mit ⇨ AKP-Staaten, abgelöst durch das ⇨ Cotonou-Abkommen.

Maghreb-Union (Union du Maghreb Arabe, UMA, www.maghrebarabe.org). ⇨ Internationale Organisation in Nordafrika. S. 111 f.

Meistbegünstigung (Most-Favoured Nation Treatment). Zentrales Konzept des ⇨ IWR, üblich in der ⇨ WTO, aber auch in ⇨ investment treaties, wobei die einem anderen Staat für dessen Güter oder Personen (durch ⇨ völkerrechtlichen Vertrag) zugesagte Behandlung auch jedem weiteren Staat zu gewähren ist. S. 4, 101, 114, 160, 162 f., 165, 174, 179, 185, 206 ff., 217, 221, 223, 234 f., 242

mengenmäßige Beschränkungen. Verbote, Kontingente, Genehmigungspflichten und alle anderen unmittelbar den grenzüberschreitenden ⇨ Waren- oder sonstigen Wirtschaftsverkehr beschränkenden hoheitlichen Maßnahmen, nach Art. XI Abs. 1 ⇨ GATT grundsätzlich unzulässig. S. 47, 206, 213, 228

Menschenrechte ⇨ Grundrechte, die jedem Menschen unabhängig von seiner ⇨ Staatsangehörigkeit durch ⇨ völkerrechtliche Verträge (wie die ⇨ UN-Menschenrechtspakte oder die ⇨ Europäische Menschenrechtskonvention), im Kern auch durch ⇨ Völkergewohnheitsrecht und durch nationales (Verfassungs-)Recht gewährleistet werden. S. 6, 20, 23, 49, 51, 80, 117 f., 137, 147, 158, 176, 267

Menschenrechtserklärung, Allgemeine. 1948 von der Generalversammlung der ⇨ UN verabschiedete, an sich nicht rechtsverbindliche, aber teils als ⇨ Völkergewohnheitsrecht geltende grundlegende Bestimmungen über ⇨ Menschenrechte. S. 6, 20, 176

Menschenrechtspakte der UN. Jedem Staat offen stehende ⇨ völkerrechtliche Verträge (1966) zum Schutz der ⇨ Menschenrechte in Bezug auf ⇨ politische und bürgerliche sowie auf wirtschaftliche, soziale und kulturelle Rechte; am Anfang beider Pakte wird auch das Recht jedes Volkes auf ⇨ Selbstbestimmung garantiert. S. 24

Mercosur. Kurzbezeichnung für ⇨ wirtschaftliche(n) Integration(sverband) zwischen vier südamerikanischen Staaten. S. 71, 79, 83, 100 ff., 175

Mindeststandard (minimum standard). Zentrale Kategorie des ⇨ Fremdenrechts vor allem im Hinblick auf Eingriffe eines Gaststaates in persönliche und wirtschaftliche ⇨ Grundrechte von Ausländern. S. 6, 170, 174, 267

(Minister-)Rat (der EG). Bis heute wichtigstes, weil für die Rechtsetzung maßgebliches Hauptorgan der ⇨ Europäischen Gemeinschaft (und der ⇨ Europäischen Union), zusammengesetzt aus Fachministern der Mitgliedstaaten. Der Vorsitz wechselt halbjährlich. S. 126, 225

Montreal-Protokoll. Wichtiges ⇨ multilateral environment agreement zum Schutz der Ozonsphäre (und des Klimas). S. 93, 196

Multi-Fibre Agreement (MFA). Vorläufer des Abkommens über ⇨ Textilien, eines gegenüber dem ⇨ GATT speziellen multilateralen ⇨ völkerrechtlichen Vertrags im Rahmen der ⇨ WTO. S. 228

Multilateral Agreement on Investment (MAI). 1998 (vorläufig) gescheitertes Projekt im Rahmen der ⇨ OECD, einen auch für ⇨ Entwicklungsländer offenen multilateralen ⇨ investment treaty auszuarbeiten. S. 173

Multilateral Environment Agreements (MEAs). Multilaterale ⇨ völkerrechtliche Verträge zum Schutz verschiedener Aspekte der ⇨ Umwelt (auch) mittels handelspolitischer Instrumente, wie z.B. das ⇨ Baseler (Abfall-) Übereinkommen. S. 195

Multilateral Investment Fund (MIF, www.iadb.org/mif) Spezieller Fonds im Rahmen der IDB-Gruppe. S. 77

Multilateral Investment Guarantee Agency (MIGA, www.miga.org). 1985 errichtete jüngste ⇨ intergouvernementale Organisation innerhalb der ⇨ Weltbankgruppe, die ergänzend zu nationalen Einrichtungen ⇨ Investitionen in anderen Vertragsstaaten gegen Risiken wie ⇨ Enteignung durch den Gaststaat schützt und weitere Maßnahmen für die Verbesserung des Investitionsklimas dort treffen soll. S. 62, 69

Neue Weltwirtschaftsordnung. Vor allem von Seiten der ⇨ Entwicklungsländer (⇨ G 77, ⇨ UNCTAD) angestrebtes Modell einer Umwälzung der »alten«, primär für ⇨ Industrieländer vorteilhaften Ordnung, das in der ⇨ Charta der wirtschaftlichen Rechte und Pflichten der Staaten kulminierte, aber letztlich nicht zu wesentlichen Änderungen des ⇨ Völkerrechts bzw. des ⇨ IWR führte. S. 25, 167

New Arrangement to Borrow (NAB). Das frühere ⇨ General Arrangement to Borrow ergänzende Vereinbarung zwischen ⇨ IMF und alten Partnern der GAB wie zusätzlichen Mitgliedstaaten, dem Fonds nötigenfalls Kreditmittel zur Verfügung zu stellen. S. 56

Nichtregierungsorganisationen (NROs). Teils zu den ⇨ international non-governmental organizations zählende, teils lediglich auf nationaler oder lokaler Ebene tätige Verbände (»civil society«) mit wirtschaftlichen oder nichtwirtschaftlichen (»ideellen«) Zielen, die zunehmend etwa als Beobachter bei Organen ⇨ intergouvernementaler Organisationen mitwirken (dürfen). S. 45, 59, 85

Niederlassungsfreiheit. Aspekt des (vor allem innerhalb der ⇨ Europäischen Gemeinschaft als ⇨ Grundfreiheit gewährleisteten) freien ⇨ Personenverkehrs, bezogen auf (Einwanderung bzw.) dauerhafte wirtschaftliche Betätigung in einem anderen als dem Heimatstaat. S. 4, 110, 175, 234, 266 ff.

Non-tariff barrier (NTB, nicht-tarifäres Handelshemmnis). Hindernisse für internationalen ⇨ Waren(- und sonstigen Wirtschafts)verkehr, die nicht die Form von ⇨ Zöllen haben und daher nach Art. XI Abs. 1 des ⇨ GATT prinzipiell unzulässig sind. Hauptform sind ⇨ mengenmäßige Beschränkungen. S. 116, 162, 209, 227

non-violation complaint. Im Verfahren der Streitbeilegung bei der ⇨ WTO Form der Beschwerde, bei der nicht (notwendig) ein rechtswidriges Verhalten eines anderen WTO-Mitglieds, sondern lediglich eine Schmälerung von Vorteilen gerügt werden muss. S. 241

Normen, technische. Von internationalen, regionalen oder nationalen Normungsorganisationen (wie ⇨ ISO, ⇨ IEC, ⇨ DIN) aufgestellte (Qualitäts-)Standards vor allem für Waren, die im internationalen Wirtschaftsverkehr ⇨ non-tariff barriers bilden können und daher auch einem speziellen Abkommen im Rahmen der ⇨ WTO entsprechen müssen (⇨ TBT-Abkommen). S. 239

North American Free Trade Area (NAFTA, www.nafta-sec.alena.org) ⇨ Völkerrechtlicher Vertrag zwischen Kanada, Mexico und den USA zur Errichtung einer ⇨ Freihandelszone und weiteren Maßnahmen ⇨ wirtschaftlicher Integration zwischen den beteiligten Staaten. S. 71, 92 f., 101, 174, 242, 247, 257 f., 269 f.

Nuclear Energy Agency (NEA, www.nea.fr) Einrichtung innerhalb der ⇨ OECD für Fragen der Nutzung der Kernenergie. S. 125

(öffentliches) Beschaffungswesen. Regeln über Bezug von Waren und ⇨ Dienstleistungen durch staatliche Stellen (und gewisse öffentliche ⇨ Unternehmen), auf internationaler Ebene durch das plurilaterale ⇨ Government Procurement Agreement im Rahmen der ⇨ WTO vereinheitlicht. S. 87, 147, 216, 235, 242 ff.

öffentliches Recht. Durch Über- / Unterordnungsbeziehung bzw. öffentliches Interesse gekennzeichneter Bereich der Rechtsordnung, dessen Geltung prinzipiell auf ein bestimmtes ⇨ Staatsgebiet beschränkt ist. S. 2 ff.

OPEC Fund for International Development (OPEC Fund, www.opecfund.org) ⇨ Internationale Organisation im Rahmen der ⇨ OPEC zur Finanzierung von Projekten in ⇨ Entwicklungsländern. S. 85

Organization for European Economic Cooperation (OEEC). Auf europäische Staaten beschränkte Vorläufer-Organisation der ⇨ OECD, 1948 errichtet. S. 35, 123 f., 230, 258

Organisation für wirtschaftliche Zusammenarbeit und Entwicklung (Organization for Economic Cooperation and Development, OECD; www.oecd.org). Durch Erweiterung des Mitgliederkreises auf nichteuropäische Industriestaaten (und später auf Schwellen- und Transformationsländer) 1960 aus der ⇨ OEEC entstandene ⇨ intergouvernementale Organisation, die auf vielen wirtschaftlichen Gebieten (von ⇨ Doppelbesteuerung bis zu ⇨ Investitionen) Regeln ausarbeitet und mehrere Einrichtungen zu speziellen Fragen (wie ⇨ DAC oder ⇨ NEA) installiert hat. S. 35, 38, 50, 52, 123 ff., 133, 154, 172 f., 195, 230, 258 f., 262

Organization of the Petroleum Exporting Countries (OPEC, www.opec.org). ⇨ Rohstoffabkommen (und ⇨ Internationale Organisation), dem/der nur Erzeugerstaaten angehören. S. 85, 186, 188

Pariser Verbandsübereinkunft (PVÜ)/Pariser Union Ende des 19. Jahrhunderts durch ⇨ völkerrechtlichen Vertrag errichtete ⇨ Verwaltungsunion, auf deren zentralen Bestimmungen das ⇨ TRIPS-Abkommen (im Rahmen der ⇨ WTO) aufbaut. S. 122 ff., 182

Parteiautonomie. Zentrales Konzept des ⇨ Privatrechts und des ⇨ Internationalen Privatrechts. S. 7 f.

Patente. Zu ⇨ intellectual property zählende Rechte, die auf internationaler Ebene in den Zuständigkeitsbereich der ⇨ World Intellectual Property Organization und der ⇨ WTO fallen. S. 152, 164, 181 ff., 217

Personalhoheit. Aus der Verknüpfung von ⇨ Staatsvolk und ⇨ Staatsgewalt folgende Zuständigkeit zur Regelung des Verhaltens der eigenen Staatsangehörigen jenseits des eigenen ⇨ Staatsgebiets. S. 2, 7, 21 f., 197

Personenverkehr. Sowohl auf Selbstständige/⇨ Unternehmen (⇨ Niederlassungsfreiheit) als auch auf Arbeitnehmer (⇨ Freizügigkeit) bezogene (grenzüberschreitende) Ortsveränderung zwecks wirtschaftlicher Betätigung. S. 111, 136 f., 145, 266 ff.

politische Rechte. Auf politische Aktivitäten (wie Teilnahme an Wahlen) bezogene ⇨ Grundrechte. S. 6, 267

Poverty Reduction and Growth Facility (PRGF). ⇨ (Kredit-)Fazilität des ⇨ IMF speziell im Interesse von ⇨ LLDCs und ⇨ HIPCs, wobei die Vorlage eines Poverty Reduction Strategy Paper (PRSP) durch den Mitgliedstaat als Entscheidungsgrundlage dient. S. 57 ff., 166

Privatrecht. Gegenstück zum ⇨ Öffentlichen Recht; anders als dieses gekennzeichnet durch Gleichordnung der Personen in ihren rechtlichen Beziehungen und ⇨ Privatautonomie bei deren Gestaltung. S. 2, 7, 14, 24, 153

Protokoll. Bezeichnung für ⇨ völkerrechtlichen Vertrag, meist bei Anhängen oder Ergänzung zu einem (anderen) Abkommen, etwa zum ⇨ GATS. S. 4, 39

Quote. Vor allem beim ⇨ IMF verwendete Bezeichnung für (Höhe des) Anteils am Kapital einer ⇨ Internationalen Finanzinstitution, von der außer dem Stimmrecht auch der Umfang des Rechts zur Inanspruchnahme der Mittel des Fonds abhängt. S. 39, 41 ff., 53 ff., 64, 143, 188, 217, 237 f.

Ratifikation(sklausel). Förmliche Billigung eines ⇨ völkerrechtlichen Vertrags durch die zuständigen Organe einer Vertragspartei, teils durch das Abkommen selbst gefordert, teils aufgrund nationalen (Verfassungs-)Rechts geboten. S. 4

rating. Bewertung von Staaten (oder ⇨ Unternehmen) auf internationalen Finanzmärkten. S. 66, 263

RBP-Kodex. S. 192

Regional Trade Agreement (RTA). Oberbegriff für ⇨ Freihandelszone, ⇨ Zollunion und ähnliche ⇨ wirtschaftliche Integrationsverbände (als Ausnahmen von der Verpflichtung zur ⇨ Meistbegünstigung in der ⇨ WTO). S. 114

Report on Observance of Standards and Codes (ROSCs). Vom ⇨ IMF im Rahmen der ⇨ surveillance erstellter Bericht über die Erfüllung von (in ⇨ codes bzw. ⇨ standards enthaltenen) währungs- und wirtschaftspolitischen Vorgaben durch einen Mitgliedstaat. S. 262

Repressalie. Gegenmaßnahme (⇨ Sanktion) zur Abwehr eines - im Unterschied zur Retorsion – völkerrechtswidrigen Verhaltens eines anderen ⇨ Völkerrechtssubjekts. S. 5

Reziprozität. Gegenseitigkeit; zentrales Konzept, um bei Verhandlungen, wie z.B. ⇨ Zollrunden, im Rahmen des ⇨ GATT oder des ⇨ GATS Fortschritte bei der Liberalisierung des internationalen Wirtschaftsverkehrs zu erreichen. S. 156, 161, 245

Rheinschifffahrtsakte. ⇨ Völkerrechtlicher Vertrag in Bezug auf die Nutzung des Rheins zu Schifffahrtszwecken; Grundlage einer der ältesten ⇨ Flusskommissionen. S. 13, 15, 230

Römische Verträge. In Rom 1957 geschlossene Verträge zur Gründung der ⇨ Europäischen Wirtschaftsgemeinschaft und ⇨ Europäischen Atomgemeinschaft. S. 135 f.

Rohstoffabkommen. Multilaterale ⇨ völkerrechtliche Verträge zur Regelung des Handels mit einem bestimmten (landwirtschaftlichen oder mineralischen Rohstoff) durch eine zu diesem Zweck errichtete ⇨ intergouvernementale Organisation nur aus Erzeuger- oder aus Erzeuger- und Verbraucherstaaten. S. 186 ff.

Rohstofffonds, Gemeinsamer (Common Fund for Commodities, CFC; www.commonfund.org) Im Rahmen der ⇨ UNCTAD geschaffene ⇨ intergouvernementale Organisation mit dem Auftrag, im Hinblick auf insgesamt 18 Rohstoffe Finanzierungs- und Beratungsaktivitäten durchzuführen. S. 186 ff., 228

Rom-Abkommen. S. 184 f.

South Asian Association for Regional Cooperation (SAARC, www.saarc-sec.org) ⇨ Wirtschaftliche(r) Integration(sverband) in Südasien. S. 113

Southern African Development Community (SADC, www.sadc.int). ⇨ Wirtschaftliche(r) Integration(sverband) im südlichen Afrika. S. 113

Sanktionen. Maßnahme eines ⇨ Völkerrechtssubjekts, die darauf abzielt, ein rechtswidriges oder sonst ungünstiges Verhalten eines anderen Staats abzustellen. S. 57, 118, 157 f., 226

Schiedsgerichte. Teils private, d.h. von nationalen oder internationalen Einrichtungen (wie der ⇨ International Chamber of Commerce) betriebene, teils internationale, durch ⇨ völkerrechtlichen Vertrag vorgesehene Vorkehrungen zur Beilegung von Streitigkeiten entweder zwischen ⇨ Unternehmen, zwischen Staaten oder zwischen Unternehmen und Staaten (wie bei ⇨ ICSID), die regelmäßig nur zur Entscheidung eines konkreten Falls tätig werden und bei denen die Beteiligten den Entscheidungsmaßstab bestimmen können (⇨ Völkerrecht, ⇨ transnationales Recht, nationales Recht einschließlich ⇨ Internationalen Privatrechts). S. 8, 60, 70 f., 94, 106, 149 f., 173, 180 f., 219, 241

Schiedsverfahren(srecht). Regeln über Zusammensetzung und Verfahren von privaten / internationalen⇨ Schiedsgerichten, teils (wie bei ⇨ ICSID) durch ⇨ völkerrechtlichen Vertrag festgelegt. S. 8, 70 ff., 173, 180

Schutzklausel (escape clause). Im GATT (Art. XIX) und anderen ⇨ völkerrechtlichen Verträge vorgesehene Ausnahmeregelung, die in Not- oder Krisenfällen auch aus wirtschaftlichen Gründen vorübergehende Einschränkungen des internationalen Wirtschaftsverkehrs erlaubt. S. 216, 227, 259

Schutzmaßnahmen. In wirtschaftlichen Not- oder Krisensituationen ausnahmsweise nach Art. XIX ⇨ GATT zulässige Maßnahmen auch gegenüber anderen Mitgliedern der ⇨ WTO, in einem multilateralen Abkommen (safeguards agreement) nach Zeitpunkt, Art und Umfang näher konkretisiert. S. 213, 216 f., 227

Schweizerische Nationalbank (www.snb.ch). S. 56

Schwellenländer (emerging countries). Staaten an der Schwelle vom ⇨ Entwicklungs- zum ⇨ Industrieland, die keine umfassende spezielle und differenzierte Behandlung (wie jene) mehr beanspruchen können. S. 57, 161

Secretaría General del Sistema de la Integración Centroamericana (SICA, www.sgsica.org) ⇨ Kern der ⇨ wirtschaftlichen Integration in Mittelamerika. S. 108 f.

security exception. Weitere Ausnahme (neben der ⇨ general exception) von der Bindung an die Regelungen des ⇨ GATT (Art. XXI) und weiterer Abkommen der ⇨ WTO, um die ⇨ Souveränität der Mitgliedstaaten im Bereich der (äußeren und inneren) Sicherheit nicht anzutasten. S. 156 f., 217, 225

Selbstbestimmung, Recht auf -. Ausfluss der ⇨ Souveränität im Verhältnis zu anderen Staaten, bezogen aber auch auf ein nach bestimmten Kriterien abgrenzbares, homogenes Volk, sowohl gegenüber Beherrschung durch ausländische Regierung – Dekolonialisierung – als auch durch eine von der Mehrheitsbevölkerung getragene Regierung mit dem Ziel größerer Autonomie bis hin zur Sezession (Bildung eigenen Staates). S. 5, 24, 117

Sitzabkommen ⇨ Völkerrechtlicher Vertrag zwischen ⇨ intergouvernementaler Organisation und dem Staat, in dem jene ihren Sitz hat, über die Gewährung von Privilegien und ⇨

Immunitäten für die Organisation wie für deren Bedienstete. S. 32

South African Customs Union (SACU). ⇨ Zollunion im südlichen Afrika. S. 112 f.

South Asian Free Trade Area (SAFTA). Geplante ⇨ Freihandelszone in Südasien. S. 113

Souveränität. Merkmal eines Staates (als des originären ⇨ Völkerrechtssubjekts), sowohl im Hinblick auf eine umfassende, nur durch ⇨ Völkerrecht begrenzte ⇨ Staatsgewalt über das eigene ⇨ Staatsgebiet (territoriale S., ⇨ Gebietshoheit) als auch nach außen, als souveräne Gleichheit im Verhältnis zu anderen Staaten. S. 10 f., 13, 16, 18, 21 f., 27, 40, 171

Special Data Dissemination Standard (SDSS). Vom ⇨ IMF verwendeter ⇨ standard für die Verbreitung monetärer und ökonomischer Daten seiner Mitgliedstaaten. S. 262

Sonderziehungsrechte (SZR) / Special Drawing Right (SDR). Durch Änderung des Übereinkommens über den ⇨ IMF von dieser ⇨ intergouvernementalen Organisation 1969 geschaffene internationale Währungseinheit, die auch von anderen ⇨ Internationalen Organisationen verwendet wird. S. 53, 55 ff., 64, 69, 84, 245, 255 f.

SPS-Abkommen (Agreement on Sanitary and Phytosanitary Measures). Multilaterales Übereinkommen über gesundheitspolizeiliche und pflanzenschutzrechtliche Maßnahmen im Hinblick auf den ⇨ Warenverkehr, Sonderregelung im Verhältnis zum ⇨ GATT im Rahmen der ⇨ WTO. S. 47, 220, 222 ff.

Staat. Ursprüngliches ⇨ Völkerrechtssubjekt, für das drei Merkmale (⇨ Staatsgebiet, ⇨ Staatsgewalt, ⇨ Staatsvolk) kennzeichnend sind und das daher (innere und äußere) ⇨ Souveränität besitzt. S. 10 ff.

Staatenlose. Natürliche Personen, die keine ⇨ Staatsangehörigkeit besitzen. S. 19 f.

Staatsangehörigkeit (Nationalität). Durch Abstammung, Geburtsort oder Rechtsakt (Einbürgerung) vermittelte »echte Beziehung« (»genuine link«) eines Menschen zu einem (oder mehreren) Staat(en). Die Gesamtheit der Staatsangehörigen bildet das ⇨ Staatsvolk, ihre Stellung und ihr Verhalten kann auch außerhalb des Heimatstaats kraft dessen ⇨ Personalhoheit geregelt werden. S. 2, 5 ff., 16 f., 19 ff., 31, 61, 71 f., 116, 142, 170, 176, 179, 203, 260 f., 269

Staatsgebiet. Durch Land- und Seegrenzen abgegrenzter Teil der Erdoberfläche einschließlich des Luft-, aber nicht des ⇨ Weltraums; auf alle sich dort aufhaltenden Menschen und dort ansässigen ⇨ Unternehmen erstreckt sich die ⇨ Gebietshoheit. S. 2, 4, 7, 11 ff., 20 ff., 170, 202

Staatsgewalt. Umfassende ⇨ Kompetenz-Kompetenz über ein bestimmtes ⇨ **Staatsgebiet** (⇨ Gebietshoheit) und in Bezug auf das eigene ⇨ Staatsvolk (⇨ Personalhoheit), einschließlich der einem Staat zugehörigen ⇨ Unternehmen; ⇨ Souveränität nach außen ist regelmäßig, aber nicht zwingend gegeben. S. 21 f.

Staatsvolk. Alle Menschen, die eine bestimmte ⇨ Staatsangehörigkeit haben, unabhängig von ihrem Aufenthaltsort. S. 19 f.

Staatszugehörigkeit. Parallele zur ⇨ Staatsangehörigkeit bei Menschen (natürlichen Personen) im Hinblick auf juristische Personen, meist ⇨ Unternehmen. Eine »echte Beziehung«

zu einem ⇨ Staatsgebiet wird durch Gründung gemäß einer bestimmten staatlichen Rechtsordnung und/oder (tatsächlichen) Sitz in diesem Gebiet hergestellt. Von der Staatszugehörigkeit einer Gesellschaft, nicht der Staatsangehörigkeit der Gesellschafter hängt ab, welcher Staat zur Ausübung ⇨ diplomatischen Schutzes berechtigt ist. S. 20 ff., 152

Standards. Teils gleichbedeutend mit ⇨ (technischen) Normen (wie beim ⇨ Standards Code), teils allgemeine Bezeichnung für (rechtlich nicht verbindliche) Verhaltensregeln im finanziell-monetären Bereich, etwa bei ⇨ Reports on the Observance of Standards and Codes. S. 52, 112, 121, 150, 204, 219, 262

Standards Code. In der ⇨ Tokio-Runde des ⇨ GATT abgeschlossener ⇨ völkerrechtlicher Vertrag, Vorläufer des ⇨ TBT-Abkommens. S. 204, 219

stand-by arrangement. Art der (Kredit-) Vergabe durch den ⇨ IMF, bei der die Mittel (nur) zum Abruf durch den Mitgliedstaat bereitgestellt werden. S. 57 f.

Stimmenwägung, -gewichtung (weighted voting) Vor allem in ⇨ Internationalen Finanzinstitutionen, aber auch in der ⇨ Europäischen Gemeinschaft eingesetzte Regel, die die Stimmen der Mitglieder je nach Bevölkerungszahl und/oder Wirtschaftskraft unterschiedlich gewichtet. S. 41 ff., 142, 254

Stockholmer Konvention. Gründungsvertrag (1960) der ⇨ European Free Trade Association. S. 91

Subrogationsklausel. In ⇨ investment treaties übliche Vorschrift, nach der der Heimatstaat eines Investors, wenn er einen diesem durch vertragswidriges Verhalten des Gaststaats verursachten Schaden ersetzt, an die Stelle des Investors tritt und selbst vom Schädiger Ersatz (auch im Rahmen des ⇨ ICSID) fordern kann. S. 180

Subventionen. Leistungen aus staatlichen Mitteln an ein (nicht notwendig privates) ⇨ Unternehmen ohne marktmäßige Gegenleistung. Sowohl das ⇨ GATT (Art. XVI B) als auch das ⇨ (Anti-)Subventionsabkommen der ⇨ WTO gestatten es, Ausfuhr- und andere »spezifische« Subventionen im ⇨ Warenverkehr durch ⇨ Ausgleichszölle abzuschöpfen. S. 59, 98, 163 f., 193 f., 235

supranationale Organisation. ⇨ Internationale Organisation, deren Organe Vorschriften und Maßnahmen mit unmittelbarer Wirkung für die Angehörigen der Mitgliedstaaten (und nicht nur für diese selbst) treffen können, wie dies vor allem in der ⇨ EG vorgesehen ist. S. 28, 44 f., 99, 135, 144, 159

surveillance. Überwachung der Währungs- und Wirtschaftspolitik der Mitgliedstaaten durch den ⇨ IMF, auch im Hinblick auf die Beachtung von ⇨ codes und ⇨ standards. S. 52, 132, 254, 263

Sveriges Riskbank (www.risksbank.se)

Tarifizierung. Umwandlung von ⇨ non-tariff barriers in ⇨ Zölle, im Rahmen der ⇨ WTO durch das Abkommen über ⇨ Landwirtschaft vorgesehen. S. 227

TBT-Abkommen. Multilateraler ⇨ völkerrechtlicher Vertrag im Rahmen der ⇨ WTO im

Hinblick auf »technical barriers to trade« (verbindliche technische Vorschriften und ⇨ [technische] Normen), komplementär zum ⇨ SPS-Abkommen sowie zum ⇨ GATT. S. 164, 204, 219 ff., 239

technical assistance. Unterstützung für ⇨ Entwicklungsländer nicht in finanzieller Form, sondern durch unterschiedliche Formen der Beratung (durch ⇨ Entwicklungsbanken oder nationale Einrichtungen wie die ⇨ DEG). S. 69, 73, 77, 123, 257, 263

Textilien, Abkommen über -. Multilaterales Abkommen im Rahmen der ⇨ WTO, mit dem dieser bis 1995 z.B. durch das ⇨ Multi-Fibre Agreement speziell geregelte Bereich schrittweise in die allgemeinen Bestimmungen des ⇨ GATT einbezogen werden soll. S. 228

Tokio-Runde. Von 1973 – 1979 dauernde ⇨ Zollrunde des ⇨ GATT, als deren Ergebnis auch weitere ⇨ völkerrechtliche Verträge geschlossen wurden, die (in modifizierter Form) als Teile des Rechts der ⇨ WTO fortgelten (wie z.B. das ⇨ Government Procurement Agreement). S. 162, 193, 211, 219, 244

Trade Policy Review Mechanism (TPRM). Vorkehrung zur periodischen Überwachung der (Fortschritte der) Handelspolitik jedes Mitglieds im Rahmen der ⇨ WTO durch deren Allgemeinen Rat. S. 87, 166

Trade-Related Intellectual Property Rights (TRIPS). Handelsbezogene Rechte des geistigen Eigentums (⇨ intellectual property), in dem dritten, neben ⇨ GATT und ⇨ GATS zentralen multilateralen Übereinkommen der ⇨ WTO behandelt, wobei zum einen an alte ⇨ völkerrechtliche Verträge (wie die ⇨ Pariser Verbandsübereinkunft) angeknüpft wird, zum anderen generelle Prinzipien wie ⇨ Meistbegünstigung und ⇨ Inländergleichbehandlung verankert werden. S. 43, 87, 146, 148, 157, 164, 182 ff., 205

Trade-Related Investment Measures (TRIMs). In einem multilateralen ⇨ völkerrechtlichen Vertrag im Rahmen der ⇨ WTO geregelte, speziell auf ⇨ Investitionen bezogene ⇨ non-tariff barriers. S. 173

Trade Union Advisory Committee to the OECD (TUAC, www.tuac.org). Parallel zum ⇨ BIAC eingerichtetes beratendes Gremium zur Wahrung der Belange von Arbeitnehmern / Gewerkschaften in der ⇨ OECD. S. 125

Transformationsländer. Staaten vor allem Osteuropas (früherer «Ostblock»), die im Hinblick auf Probleme des Übergangs zu marktwirtschaftlichen Strukturen eine gewisse Sonderbehandlung erfahren. S. 161

transnationales Recht. Regeln für private internationale Wirtschaftsbeziehungen, die weder dem ⇨ Völkerrecht noch nationalem Recht angehören, wie z.B. die ⇨ Incoterms. S. 8

Transparenz. Zentrales Prinzip im Recht der ⇨ WTO und in anderen Bereichen des ⇨ IWR. S. 69, 93, 112, 152, 174, 189 f., 210, 218 f., 224, 232, 235, 240, 245 f., 262 f.

Tropenholz-Übereinkommen (1994), Internationales ⇨ Rohstoffabkommen. S. 191

Übereinkunft über Rindfleisch. Plurilaterales Abkommen im Rahmen der ⇨ WTO, Ende 1997 abgelaufen. S. 87

Umwelt. Der Schutz der den Menschen umgebenden, sein (Über-)Leben erst ermöglichenden (natürlichen) organischen und anorganischen Umwelt für die jetzigen wie für künftige Generationen (»sustainable development«) ist ein auch durch zahlreiche ⇨ völkerrechtliche Verträge (teils ⇨ multilateral environment agreements, teils bilaterale Abkommen) anerkannter öffentlicher Belang, im Hinblick auf ⇨ Hohe See, ⇨ Weltraum oder Klima sogar für die Staatengemeinschaft als Ganze (als ⇨ common heritage of mankind). Vorschriften oder Maßnahmen mit ökologischer Zielsetzung können daher auch nach dem Recht der ⇨ WTO oder der ⇨ Europäischen Gemeinschaft zulässige Beschränkungen des internationalen Wirtschaftsverkehrs darstellen. S. 26, 82, 93, 125 f., 147 f., 150, 156, 183, 194 ff., 206, 218, 243

United Nations (Organization)/UN(O) (www.un.org). 1945 gegründete Weltorganisation, wichtigste ⇨ intergouvernementale Organisation mit zahlreichen mit ihr über den ⇨ ECOSOC verbundenen Sonderorganisationen (specialized agencies) und weiteren Einrichtungen (Konferenzen) wie ⇨ UNCITRAL oder ⇨ UNCTAD. Hauptorgane sind der 15-köpfige Sicherheitsrat, die aus allen Mitgliedstaaten bestehende Generalversammlung und der ⇨ Internationale Gerichtshof. S. 10, 29 f., 36, 45, 81, 90 f., 117 f., 137, 158, 165

Unanimität. Erfordernis einstimmiger Beschlussfassung in ⇨ Internationalen Organisationen, wobei z.B. im Rat der ⇨ EG Enthaltungen unschädlich sind. S. 42, 89

United Nations Commission on International Trade Law (UNCITRAL, www.uncitral.org). Einrichtung der ⇨ UN zur Behandlung des (privaten) internationalen Handelsrechts, vor allem durch Erarbeitung von Model Laws, auch zum ⇨ Schiedsverfahren(srecht). S. 72, 243 f., 262

United Nations Conference(s) on the Law of the Sea (UNCLOS). Im Rahmen der ⇨ UN veranstaltete Seerechtskonferenzen, die bisher wichtigste (UNCLOS III) endete 1982 und verabschiedete das (3.) Seerechtsübereinkommen (SRÜ). S. 13

United Nations Conference on Trade and Development (UNCTAD, www.unctad.org). Durch Resolution der Generalversammlung der ⇨ UN errichtete ⇨ Internationale Organisation, als Gegenstück bzw. Ergänzung zum ⇨ GATT, in erster Linie an den (Schutz-)Bedürfnissen der ⇨ Entwicklungsländer orientiert. S. 90, 133, 161, 167, 187, 190, 192

United Nations Conference on Environment and Development (UNCED). 1992 in Rio durchgeführte Konferenz mit der Ziel der Konkretisierung eines «sustainable development«, auf der wichtige ⇨ Multilateral Environment Agreements wie das Klimaübereinkommen ausgearbeitet wurden. S. 190, 206

United Nations Environment Programme, UNEP, www.unep.org). Einrichtung der ⇨ UN ohne eigene ⇨ Völkerrechtssubjektivität für Umweltfragen. S. 198

United Nations Educational, Scientific and Cultural Organization (UNESCO, www. unesco.org). Sonderorganisation der ⇨ UN für Bildung, Wissenschaft und Kultur, auf diesem Feld auch um Erhaltung des ⇨ common heritage of mankind bemüht. S. 34, 49

Union Douanière et Economique des Etats de l'Afrique Centrale (UDEAC). ⇨ Zoll- und Wirtschaftsunion zwischen zentralafrikanischen Staaten. S. 110

Vertrag von Maastricht (Unionsvertrag) Am 1.11. 1993 in Kraft getretene Änderung der Verträge über die (drei) ⇨ Europäischen Gemeinschaften, zugleich Gründungsvertrag der ⇨ Europäischen Union als »Dach« über die weiterhin als selbstständige ⇨ Völkerrechtssubjekte fortbestehende ⇨ supranationalen Organisationen. S. 137, 175

Universal Postal Union (UPU, www.upu.int). Neben der ⇨ Internationalen Fernmeldeunion eine der ältesten ⇨ Verwaltungsunionen, die sich im Unterschied zu jener mit körperlichen Sendungen (Briefe, Pakete) befasst. S. 230

Unternehmen. In der Regel in die Form einer juristischen Person gekleidete wirtschaftliche Einheit, deren Träger Privatpersonen, aber auch – bei öffentlichen bzw. ⇨ gemischten Unternehmen – ganz oder teilweise Staaten oder andere öffentliche Stellen sein können. Im Wirtschaftsverkehr sind beide Arten grundsätzlich gleichzubehandeln, kann aber eine öffentliche Aufgabe Monopol- oder Sonderrechte letzterer rechtfertigen. Werden Unternehmen in mehr als einem ⇨ Staatsgebiet tätig oder haben sie Tochtergesellschaften oder (Zweig-)Niederlassungen in zwei oder mehr Staaten, sind sie (bzw. ist ihre Aktivität) »multi«- bzw. »transnational«. S. 2 f., 20, 24, 29, 81 ff., 149 f., 152 ff., 156, 170, 174, 192, 194, 197, 202 f., 215, 219, 236, 245, 259

Urheberrechte. Wie Marken oder ⇨ Patente Gegenstände des Schutzes von ⇨ intellectual property, auf internationaler Ebene in den Zuständigkeitsbereich der ⇨ WIPO, insbesondere aber (über das ⇨ TRIPS-Abkommen) der ⇨ WTO fallend. S. 151, 184 f., 217

Ursprungsregeln (rules or origin). Im Hinblick auf die Erhebung und Höhe von ⇨ Zöllen, z.B. bei ⇨ Freihandelszonen oder im ⇨ Generalized System of Preferences, wichtige Zuordnung zu einem bestimmten Staat; im Rahmen der ⇨ WTO durch ein multilaterales Abkommen im Bereich des ⇨ GATT näher geregelt. S. 210

Uruguay-Runde. Von 1986 bis 1993 laufende, bisher letzte Verhandlungsrunde im Rahmen des ⇨ GATT 1947, an deren Ende die Errichtung der ⇨ WTO stand. S. 86 f., 101, 145, 163, 204, 211 f. 216, 226, 231

USA. S. 12 f., 15, 42, 53 ff., 76 f., 92, 95, 100, 110, 120, 132, 147 f., 158, 171, 181, 203 f., 224, 254

Verbraucherschutz. Durch öffentliche (soziale) Interessen gerechtfertigter Schutz typischerweise unerfahrener Personengruppen im Verhältnis zu ⇨ Unternehmen; um diesen angemessenen Schutz zu gewährleisten, können auch Beschränkungen des internationalen Wirtschaftsverkehrs zulässig sein. S. 148, 156

Vereinigtes Königreich. S. 15, 54, 120, 132

Vereinigungsfreiheit. Auch für Gründung und Tätigkeiten von ⇨ Unternehmen wichtiges wirtschaftliches ⇨ Grundrecht. S. 120 f., 267

Vertrag von Montevideo. Gründungsvertrag der ⇨ ALADI. S. 95 f.

Vertrag von Nizza. 2000 geschlossener Änderungsvertrag im Hinblick auf ⇨ Europäische Gemeinschaft und ⇨ Europäische Union mit Verschiebungen von Zuständigkeiten aus dem intergouvernementalen in den supranationalen Bereich. S. 138, 141 f., 146, 182

Verwaltungsunion. Ursprüngliche Form ⇨ Internationaler Organisationen mit Aufgaben technisch-administrativer Art, z.B. ⇨ Flusskommissionen, ⇨ Internationale Fernmeldeunion. S. 230

violation complaint. Regelfall für die Einleitung einer Streitbeilegung in der ⇨ WTO, bei der ein Verstoß gegen Vorschriften eines WTO-Übereinkommens gerügt wird. S. 241

Völkergewohnheitsrecht. Durch (in der Regel länger andauernde) Übung (consuetudo) in der Überzeugung, dass diese rechtmäßig sei (opinio iuris), entstandene, oft durch Gerichte ausgesprochene Regeln des ⇨ Völkerrechts. S. 5, 8, 12, 15, 172,

Völkerrecht. Nicht Recht der (Staats-)Völker, sondern »international law«, rechtliche Regeln für Beziehungen zwischen Staaten und anderen ⇨ Völkerrechtssubjekten. Hierzu zählen ⇨ völkerrechtliche Verträge, ⇨ Völkergewohnheitsrecht und allgemeine Rechtsgrundsätze (der »zivilisierten Nationen«), d.h. allen wesentlichen nationalen Rechtsordnungen gemeinsame Prinzipien (wie Treu und Glauben); diese Rechtsquellen sind auch für den Teilbereich des Wirtschaftsvölkerrechts maßgeblich. S. 2, 4, 6 ff., 10, 12, 14, 19, 21, 25, 27, 149, 167, 175, 181

völkerrechtlicher Vertrag. Zwischen zwei oder mehr ⇨ Völkerrechtssubjekten geschlossene Übereinkunft zu einem Gegenstand, der ebenfalls dem ⇨ Völkerrecht angehören muss. S. 4, 15, 23 f., 26, 31, 118, 123, 130, 149, 153, 173 f., 182, 225, 241, 244, 257

Völkerrechtssubjekt(ivität). (Eigenschaft,) Träger von Rechten und Pflichten im Bereich des ⇨ Völkerrechts (zu sein); bei Staaten Kennzeichen der (äußeren) ⇨ Souveränität, bei ⇨ intergouvernementalen Organisationen nur im Rahmen ihrer jeweiligen Aufgabenstellung. S. 2 ff., 10, 14, 20, 29, 31 f., 37, 145, 149, 154, 181, 202

Währungspolitik. Teils (vor allem im Innern) von einer nationalen ⇨ Zentralbank (oder der ⇨ Europäischen Zentralbank), teils (nach außen, meist im Rahmen der Mitgliedschaft eines Staates im ⇨ IMF) verfolgte Politik zur Stabilisierung der Kaufkraft einer Währung (»Binnenwert«) und/oder von deren Wechselkurs (»Außenwert«). S. 34, 58, 60, 253 f.

waiver (Verzicht/Ausnahme). Im ⇨ GATT, aber auch sonst im Recht der ⇨ WTO vorgesehene Ermächtigung, mit qualifizierter Mehrheit in speziellen Situationen von allgemeinen Regeln abzuweichen, praktiziert etwa im Hinblick auf das ⇨ Generalized System of Preferences und in anderen Fällen zugunsten von ⇨ Entwicklungsländern. S. 89, 116, 163, 166, 205, 207

Warenverkehr (Regeln über). Ein-, Aus- und Durchfuhr von Waren (körperlichen Gegenständen des Handelsverkehrs). Eine Beeinflussung ist zwischen Mitgliedern der ⇨ WTO nur über ⇨ Zölle zulässig, innerhalb von ⇨ Freihandelszonen und ähnlichen ⇨ wirtschaftlichen Integration(sverbänd)en sind auch andere Hindernisse (⇨ non-tariff barriers) aufzuheben. S. 27, 126, 145, 193, 202 ff., 227

Weltbankgruppe. Personell und sachlich miteinander eng verknüpfte ⇨ intergouvernementale Organisationen im Umfeld der ⇨ IBRD; zu ihr gehören ⇨ IFC, ⇨ IDA, ⇨ ICSID und ⇨ MIGA. S. 54, 62, 66 f., 88, 166, 173

Weltraum. Jenseits des (noch zum ⇨ Staatsgebiet gehörenden) Luftraums befindlicher Bereich, der aufgrund eines multilateralen ⇨ völkerrechtlichen Vertrags als ⇨ common heritage of mankind angesehen wird und keiner nationalen ⇨ Staatsgewalt unterliegt. S. 18 f., 196 f.

Wiener Übereinkommen über das Recht der Verträge (WVRK). 1969 abgeschlossener multilateraler ⇨ völkerrechtlicher Vertrag über Zustandekommen, Geltung und Beendigung solcher Verträge zwischen Staaten. S. 35, 210

wirtschaftliche(r) Integration(sverband). Oft als ⇨ Freihandelszone oder ⇨ Zollunion, aber auch als breiter angelegte ⇨ Assoziation oder Wirtschaftsgemeinschaft ausgestaltete Form internationaler institutionalisierter Zusammenarbeit (regelmäßig als ⇨ intergouvernementale Organisation). S. 3, 79, 94 ff., 110, 179, 192, 236, 242

World Intellectual Property Organization (WIPO, www.wipo.org) Sonderorganisation der ⇨ UN mit der Aufgabe, für das Funktionieren zahlreicher ⇨ völkerrechtlicher Verträge zu geistigem Eigentum (⇨ intellectual property) zu sorgen. S. 122 f., 186

WTO (World Trade Organization, Welthandelsorganisation; www.wto.org). Als Ergebnis der ⇨ Uruguay-Runde Anfang 1995 errichtete ⇨ intergouvernementale Organisation, die ein Forum für internationale Handelsdebatten und ein «Dach» für diesbezügliche ⇨ völkerrechtliche Verträge bildet; daneben stellt sie einen Mechanismus zur Streitbeilegung und einen weiteren zur Überwachung der Handelspolitik ihrer Mitglieder. Wichtige «multilaterale», d.h. für alle WTO-Mitglieder verbindliche Übereinkommen sind ⇨ GATT, ⇨ GATS, das ⇨ TRIPS-Abkommen – für jedes ist ein spezieller Rat zuständig - und das «dispute settlement understanding» (DSU); ferner bestehen zwei «plurilaterale», nur für bestimmte diesen beigetretene Mitglieder geltende Abkommen, darunter das ⇨ Government Procurement Agreement. Hauptorgane der WTO sind die alle zwei Jahre tagende Ministerkonferenz und ein in der Zwischenzeit agierender Allgemeiner Rat, der auch als «dispute settlement body» agiert. S. 30, 35, 37, 40 f., 86 ff., 114 ff., 144 ff., 156 ff., 173, 182, 184, 186, 192, 199, 202 ff., 227 f., 231 ff., 237 ff., 241 ff., 269

Zahlungen. Bewirken von Geldleistungen, im Wirtschaftsverkehr in der Regel als Gegenleistung für die Lieferung einer Ware oder das Erbringen einer ⇨ Dienstleistung. S. 207, 235, 251 f., 258, 260 f.

Zahlungsbilanz. In verschiedene Punkte gegliederte Aufstellung der während eines bestimmten Zeitraums in einen Staat ein- und aus ihm herausfließenden ⇨ Zahlungen. Ungleichgewichte behindern auch die jeweiligen Gegenleistungen, so dass eine derartige Krisensituationen den Einsatz sowohl handelspolitischer Instrumente (ohne Verstoß gegen das Recht der ⇨ WTO) als auch von Mitteln des ⇨ IMF rechtfertigt S. 34, 56, 58, 214, 235, 252

Zahlungsverkehr. Vornahme (von) internationalen ⇨ Zahlungen durch Privatpersonen, ⇨ Unternehmen und insbesondere Banken, deren Liberalisierung prinzipiell gleichzeitig mit der des ⇨ Waren- und sonstigen Wirtschaftsverkehrs erfolgt. Freiheit gegenüber staatlichen Beschränkungen ist sowohl durch das Recht des ⇨ IMF als auch durch den EG-Vertrag weithin gewährleistet. S. 27, 174, 251 ff., 257, 259

Zentralbank. Währungs- und Notenbank eines Staates oder – wie bei der ⇨ Europäischen Zentralbank – einer supranationalen Organisation (⇨ EG). S. 24, 52, 55, 76, 104, 110, 113, 153, 254 f.

Zentralstaat. Übergeordnete staatliche Ebene im ⇨ Bundesstaat. S. 27

Zivilluftfahrzeuge, Übereinkommen über den Handel mit - . Schon in der ⇨ Tokio-Runde abgeschlossener ⇨ völkerrechtlicher Vertrag, heute plurilaterales Übereinkommen der ⇨ WTO. S. 204

Zoll. Abgabe, die auf den grenzüberschreitenden ⇨ Warenverkehr (meist beim Import) als Fix- oder Wertzoll erhoben werden. Die Höhe (Zollsatz) kann über Zollkontingente oder bei Präferenzzöllen (wie im ⇨ Generalized System of Preferences) abgestuft und (auch nach Zollzugeständnissen im Rahmen von ⇨ Zollrunden im ⇨ GATT) in der Weise gebunden werden, dass eine bestimmte Obergrenze nicht mehr überschritten werden darf. Gemeinsame Zollsätze (Tarife, daher tariff) gelten in ⇨ Zollunionen gegenüber Drittländern. Zu Zollformalitäten gehört auch die Überwachung der Einhaltung anderer Vorschriften für den internationalen Wirtschaftsverkehr, z.B. von ⇨ Einfuhrlizenzen. S. 16, 27, 86, 110, 113, 147, 203, 208, 209 f.

Zollrunde. Im Rahmen des ⇨ GATT durchgeführte multilaterale Verhandlungen (bisher 9), bei denen anhand von Zolllisten im Verhältnis zwischen interessierten Verhandlungspartnern gemachte Zollzugeständnisse (etwa Zollbindungen) über die Anwendung von ⇨ Meistbegünstigung auf alle GATT- (bzw. seit 1995: WTO-)Parteien ausgedehnt werden. S. 204

Zollunion (customs union). Im Verhältnis zur ⇨ Freihandelszone intensivere Form eines ⇨ wirtschaftlichen Integrationsverbands, bei der nicht nur im Innern Handelshindernissen aufgehoben werden, sondern auch ein gemeinsamer Außenzoll eingeführt wird (wie in der ⇨ Europäischen Wirtschaftsgemeinschaft Ende der 60er Jahre). Im Hinblick auf den Widerspruch zur ⇨ Meistbegünstigung muss eine Zollunion zwischen WTO-Mitgliedern die Voraussetzungen des Art. XXIV GATT erfüllen.

S. 91, 97, 104, 106, 108, 114 f., 145, 156, 186, 207, 210

Zollwert. Für die Bemessung von Wertzölle maßgebliche Größe, deren Regelung im ⇨ GATT durch ein multilaterales Durchführungsabkommen im Rahmen der ⇨ WTO präzisiert wird. S. 210 f., 219

Zustimmungsgesetz. Billigung eines völkerrechtlichen Vertrags durch Parlament in Gesetzesform. S. 8

MIX
Papier aus verantwortungsvollen Quellen
Paper from responsible sources
FSC® C105338

If you have any concerns about our products,
you can contact us on
ProductSafety@springernature.com

In case Publisher is established outside the EU,
the EU authorized representative is:
**Springer Nature Customer Service Center GmbH
Europaplatz 3, 69115 Heidelberg, Germany**

Printed by Libri Plureos GmbH
in Hamburg, Germany